走出思想的边界

knowledge-power
读行者

千古学案

夏商周断代工程解密记

岳南 著

湖南文艺出版社
博集天卷

© 中南博集天卷文化传媒有限公司。本书版权受法律保护。未经权利人许可，任何人不得以任何方式使用本书包括正文、插图、封面、版式等任何部分内容，违者将受到法律制裁。

图书在版编目（CIP）数据

考古中国：全11册 / 岳南, 杨仕, 商成勇著. -- 长沙：湖南文艺出版社, 2023.8
ISBN 978-7-5726-1269-5

Ⅰ.①考… Ⅱ.①岳… ②杨… ③商… Ⅲ.①考古发现—中国 Ⅳ.①K87

中国国家版本馆CIP数据核字（2023）第121236号

上架建议：考古·纪实

KAOGU ZHONGGUO:QUAN 11 CE
考古中国：全11册

著　　者：	岳　南　杨　仕　商成勇
出 版 人：	陈新文
责任编辑：	匡杨乐
监　　制：	秦　青
策划编辑：	康晓硕
营销编辑：	柯慧萍
封面设计：	利　锐
版式设计：	李　洁
内文排版：	麦莫瑞
出　　版：	湖南文艺出版社
	（长沙市雨花区东二环一段508号　邮编：410014）
网　　址：	www.hnwy.net
印　　刷：	三河市鑫金马印装有限公司
经　　销：	新华书店
开　　本：	680 mm × 955 mm　1/16
字　　数：	5314千字
印　　张：	335.5
版　　次：	2023年8月第1版
印　　次：	2023年8月第1次印刷
书　　号：	ISBN 978-7-5726-1269-5
定　　价：	900.00元（全11册）

若有质量问题，请致电质量监督电话：010-59096394
团购电话：010-59320018

阳城遗址

龙山陶鬶

河南偃师二里头夏代遗址

二里头遗址发掘现场

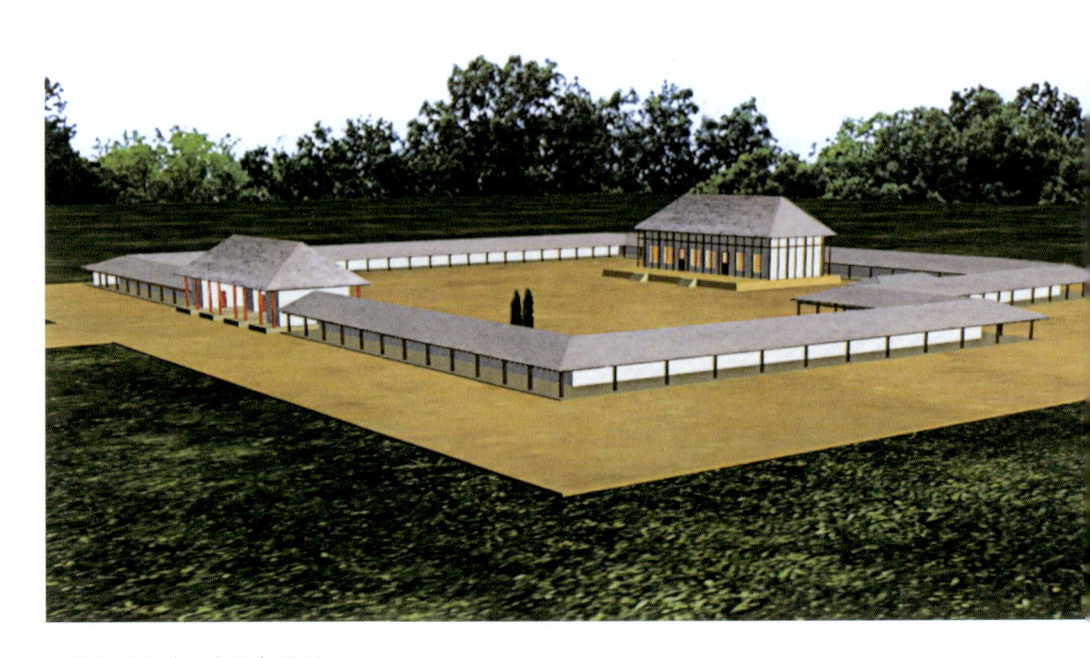

二里头夏代遗址宫殿复原图

二里头夏代遗址宫殿复原模型

二里头遗址出土的玉石器

二里头遗址出土的青铜爵

二里头遗址出土的绿松石

二里头遗址出土的绿松石铜牌饰

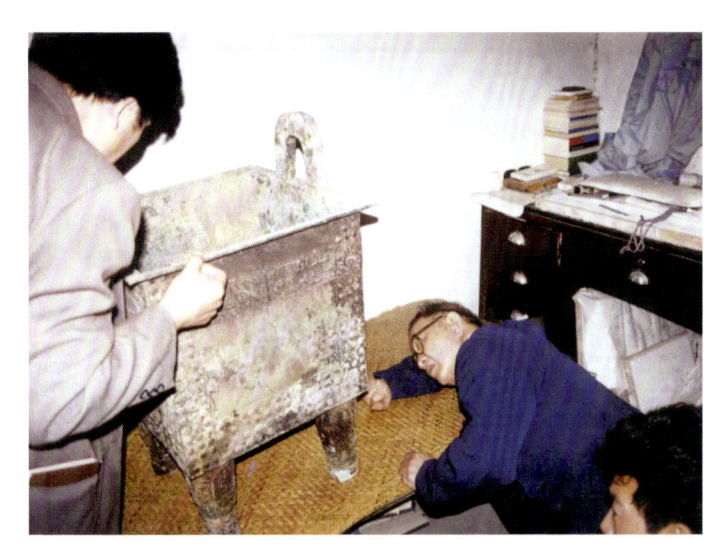

邹衡参观郑州商城出土的兽面乳钉纹大铜方鼎

二里头遗址出土的绿松石龙

偃师商城小城东北角发掘现场

殷墟花园庄东地发现的甲骨坑

洹北商城发掘现场

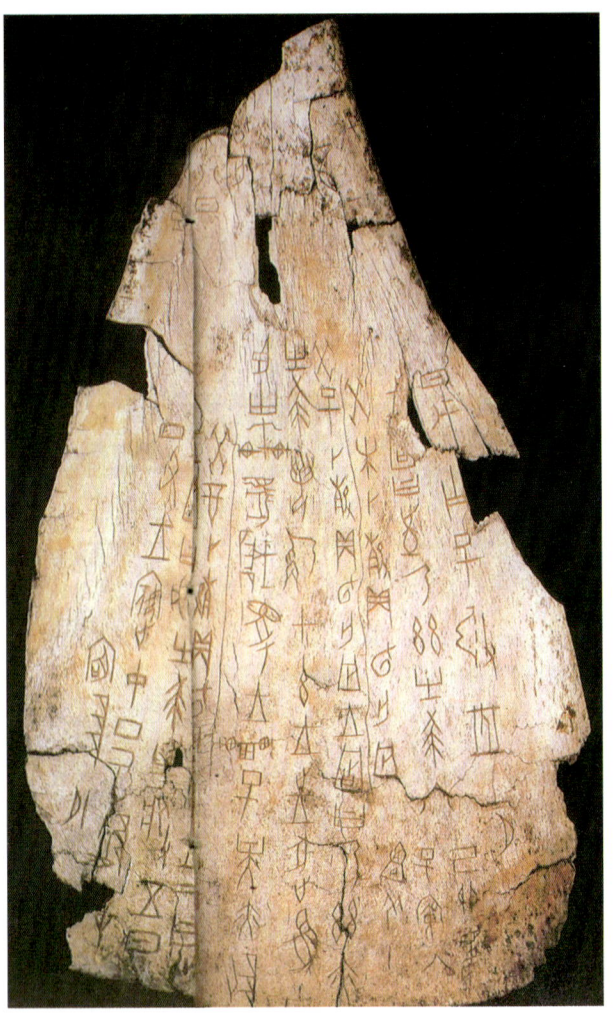

殷墟出土刻有卜辞的卜甲

洹北商城出土的宫殿夯土台基

殷墟出土刻有卜辞的卜甲

安阳殷墟宫殿宗庙区鸟瞰

大贝为殷墟墓葬出土，小贝为妇好墓出土，为商代后期遗物

殷墟妇好墓出土的玉凤

殷墟妇好墓出土的玉人

沣西 T1H18 坑发掘现场

夏商周断代工程专家组成员考察 T1H18 坑发掘现场

T1H18 坑坑壁显现的文化层　　T1H18 坑出土的典型陶簋

琉璃河西周燕国墓地出土的罍及罍盖上的铭文

琉璃河西周燕国墓地出土的盉

琉璃河西周燕国墓地第253号墓出土的围簋

琉璃河西周燕国遗址发掘的M1193大墓

鲜簋

陕西眉县发现的西周时期青铜器窖藏

吴虎鼎

陕西临潼出土的利簋，又称武王克商簋

日本出光美术馆收藏的西周时期静方鼎

毛公鼎铭文

西周毛公鼎

晋侯墓地出土的青铜鸟尊

晋侯墓地被盗掘后残存的两件晋侯稣钟之一

晋侯墓地出土的青铜猪尊

晋侯墓地出土的青铜兔尊

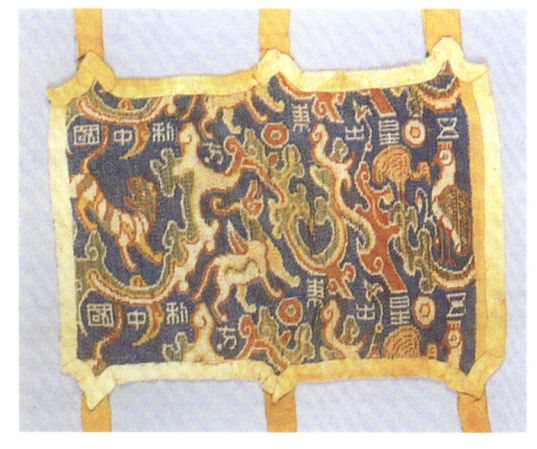

新疆民丰尼雅遗址出土的汉晋"五星出东方利中国"锦质护膊

上海博物馆从香港古玩肆中购回的十四件晋侯稣钟

塔城人民在观察"天再旦"天象

1997年3月9日，新疆塔城"天再旦"之后太阳带食跃出地平线

太阳再度跃出云海

夏商周断代工程领导小组合影

夏商周断代工程专家组会议现场

夏商周断代工程四位首席科学家在商讨

夏商周断代工程专题研究会议现场

目 录
Contents

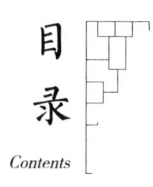

序　章　千年梦寻 /001

第一章　直面历史的遗产 /009
　　一位外国科学家的启示 /010
　　走出书斋觅知音 /017
　　突破传统的围墙 /029

第二章　世界文明的折光 /041
　　一页历史科学的空白 /042
　　埃及文明的湮没与发现 /045
　　解开罗赛塔碑之谜 /052
　　废墟下的亚述帝国 /056
　　雾霭中的赫梯文明 /063
　　透视世界诸文明 /068

第三章　往事越千年 /079
　　追索历史的踪迹 /080
　　岁月之河 /086
　　疑古思潮的兴起 /097

第四章　众里寻他千百度 /109

龙骨泄露的天机 /110

安特生与仰韶文化 /123

殷墟的发掘 /130

揭开层叠的历史画卷 /135

郑州商城的发现 /143

第五章　探寻夏文化的迷宫 /153

曙光初露 /154

走向夏墟 /156

二里头遗址的发掘 /163

真假亳都之争 /170

偃师商城横空出世 /176

第一个学术悬案的了结 /183

第六章　夏代纪年的推算 /191

放射性碳素的革命 /192

苦难的历程 /198

二里头文化的界定 /203

王城岗与瓦店遗址的发现 /207

加速器质谱学与裹尸布案 /211

从牛津到北大 /218

AMS 测年技术的应用 /220

科学与人 /230

奇异的夏代天象 /238

第七章　商代早期文明 /247

夏商界标的论争 /248

小双桥遗址 /262

洹北商城的重大发现 /264

商代前期纪年的推算 /269

第八章　商代后期诸王的年代 /271

帝国的荣耀 /272

贞人的发现与甲骨分期 /284

殷墟甲骨的测年 /290

"三焰食日"之谜 /300

甲骨文天象的回推 /307

盘庚迁殷与列王的年代 /314

第九章　武王克商之战 /319

牧野鹰扬唱大风 /320

战鼓何时敲响 /326

沣西的考古发现 /331

琉璃河燕国墓地的发现 /344

寻找早期的晋国都邑 /359

武王征商簋的面世 /372

叩问苍穹 /375

千古学案的冰释 /382

第十章　西周王朝的兴衰 /385

晋侯墓地的分期与年代测定 /386

青铜器透露的秘密 /404

揭秘正在继续 /425

"天再旦"天象的观测与推算 /430

西周金文历谱的排定 /444

第十一章　当惊世界殊 /453

学界大检阅 /454

科学进程的里程碑 /465

世纪回声 /475

附录一　商后期课题组甲骨测年研讨会纪要 /479

附录二　席泽宗院士与夏商周断代工程 /491

主要参考文献 /499

后　记 /507

序 章

千年梦寻

西汉元鼎五年（公元前112年）夏，关东大地一场暴雨刚过，河东郡汾阴县脽上后土祠巫锦，忽然发现祠堂旁原有的一条小路上有个地方呈钩状陷了下去。出于好奇，锦拿了一把锄头照下陷的地方挖掘起来，想不到那锄头一落入泥坑，便砰然发出金属撞击的声响。锦先是一惊，继而想到莫非这地下有什么秘藏的宝贝？想到此处，一股热血涌入头顶，索性甩开膀子挖了下去。只一会儿工夫，坑中露出了一件长方形的金属铸造物。"果然有宝贝。"锦惊喜交加，更加起劲地挖掘起来。随着泥坑的不断加深扩大，整个铸造物的原形全面暴露——这是一件看上去极其古老的青铜大鼎，此鼎硕大异常，器腹如城墙般雄壮，整个造型厚重典雅、威严肃穆，周身透出咄咄逼人的恢宏气势。见到此器，锦在一阵狂喜之后，又蓦地意识到此事非同小可，必须立即报告官府，否则，说不定会引来什么意想不到的横祸。

当地官吏闻讯，觉得此事颇为新奇，便跟着锦前来现场察看，果然看见一硕大青铜鼎静卧于泥坑之中。这地方官吏从未见过有如此精美、庞大的青铜鼎，隐约感到了什么，便决定派人飞马驰报河东郡太守。河东太守闻听此报，先是大惊，接着半信半疑地亲自带人前来观察。这河东太守本是儒生出身，对古物颇有钻研，一见大鼎便两眼放光，惊叹不已。待反复验看之后，他的嘴角露出了一丝外人难以察觉的微笑。

河东太守心中明白，鼎作为祭祀等用的礼器，在商周时期常被奴隶主贵族用来"别上下，明贵贱"，鼎是一种按照大小轻重来划分统治者权力、身份、等级的标志性器物，传言得重鼎者得天下，故才有了"问鼎中原"等成语。五年前，不可一世的汉武帝于汾水河畔得一大鼎，认为是天降吉兆，将鼎迎于长安后，接连摆宴庆贺五日，并大赦天下，不久又将年号改为元鼎，以示对这次得鼎事件的纪念。那得鼎、迎鼎和送鼎甚至是以鼎为由头在皇帝面前拍马溜须者，自然是升官发财，各有所得，朝廷内外皆大欢喜。有了这个先例，河东太守不敢怠慢，除命当地官吏对此鼎严加看护外，立即回府写就奏章呈报汉武帝。汉武帝闻听汾阴又出一重鼎，龙心大悦，认为苍天又一次授意，福星高照，在证实确切无误后，便立即下诏，将鼎掘出，由河东太守亲自护送到京都长安设祠供奉。

当鼎进入长安后，朝中群臣公卿认为又一次升官发财的机会到来了，便八仙过海，各显神通，极尽吹捧奉迎之能事，将此鼎誉为旷世珍宝、天下罕见之神品。更有阿谀奉承之徒如齐人公孙卿等，觉得只是一味吹捧尚不足以引起皇帝的重视，便引经据典，较其他人更胜一筹地趁机进言道："黄帝作宝鼎三，象天地人也。禹收九牧之金，铸九鼎，皆尝鬺烹上帝鬼神。遭圣则兴，迁于夏商。周德衰，宋之社亡，鼎乃沦伏而不见。"而后又借一个叫申功的古人之口奉迎道："汉兴复当黄帝之时。汉之圣者在高祖之孙且曾孙也。宝鼎出而与神通，封禅。封禅七十二王，唯黄帝得上泰山封。……汉主亦当上封，上封则能仙登天矣。"

齐人公孙卿等一番云遮雾罩的吹捧和花言巧语的谄媚，搞得汉武帝激情喷涌，热血沸腾，既然得宝鼎预示着兴旺发达，又可同上古时代的黄帝一样上泰山封禅，而上泰山封禅又可以得道成仙，这样的好事怎能错过。于是，汉武帝下令群臣公卿迅速制订封禅的礼仪，以备登泰山之用。

封禅之事，不过是传说中远古时代的一种礼仪，这种礼仪到底是什么样子，到春秋时期的孔子已说不清楚。秦始皇统一六国之后，因梦想得道成仙，曾到泰山封禅，据说因不明礼仪，结果到泰山后遭到暴风雨的袭击，给后人留下了笑柄。而自秦始皇至汉武帝又过了八十余年，这封禅的礼仪就更难以弄清了。但既然皇帝一心想要封禅成仙，齐人公孙卿等当然不能失去这个难得的讨好机会，很快按照古代传说和自己的想象创制了一套封禅礼仪和礼器。当汉武帝将这套礼仪、礼器出示给太史令司马谈、祠官宽舒等人观看并征求意见时，司马谈等群儒却依据《尚书》《周官》《王制》等古籍留下的线索，固执地认为齐人公孙卿等搞的那一套与古代不同，纯属胡闹，根本不能启用。当汉武帝问搞个啥样子才能合乎古礼并不算胡闹时，群儒们又言人人殊，难以做出一致的结论。齐人公孙卿等眼看好事行将流产，便攻击司马谈等群儒只知拘泥经典，不知因时制宜，于是朝堂之上爆发了一场激烈的礼仪之争。就在群儒与公孙卿之间吵吵嚷嚷、相互指责又各不相让之时，焦躁难耐的汉武帝一气之下，索性抛开公孙卿与司马谈两派，于元封元年（公元前110年）四月与侍中奉车子侯等人去泰山搞起了轰轰烈烈的封禅大典。

群儒公卿一看皇帝不辞而别，顿时目瞪口呆。这封禅大典乃是百年不遇的隆兴之事，能随天子登封泰山，该是一件多么难得和荣耀的事情。但皇帝无情地抛下了他们，独自与侍中奉车子侯之流去了泰山，这对群儒公卿该是怎样的打击！就当时执掌天官事的太史令司马谈而言，不能以自己的身份和职责随天子登泰山并记下这汉朝开国以来最隆盛的大事，与其说是一种遗憾，不如说是一种羞辱。他无法承受如此沉重的心灵打击，自此一病不起。

就在司马谈滞留于河、洛之间忍受着官宦生涯失意的煎熬和病痛的折磨之际，他年轻的儿子司马迁恰从奉使出征的西南前线风风火火地归来。司马迁的突然出现，如同暗夜中燃起的火苗，使正处于孤独、愤懑、羞愧、哀婉、绝望中的司马谈在感到欣慰的同时，又燃起了生命与灵魂之旅继续行进的希望之火。司马谈躺在病榻上，在撒手人寰前的最后一刻，流着悲伤的泪水，拉着儿子的手做了如下凄婉苍凉又充满期望的告别：

"我们家的祖先是周王室的太史，虞夏的时候就担任天官一职，曾立下功业扬名于当时，其后就衰落了。这祖宗的事业莫非就要断送在我的手上吗？……当今天子上接虞夏商周以来的正统，在泰山封禅，而我虽身为太史却不能跟随前往，这是命啊，是命啊！我死以后，你一定要继任为太史。担任太史职位，不要忘记我想做而尚未做成的修史志愿。男儿的孝道小则忠事双亲，再者忠事国君，而最大的孝道则是修诚立身，扬名于后世，光耀祖宗。天下人称颂周公，是因为周公撰述歌颂周文王、周武王的功德文章，宣扬周朝的教化，使西周自后稷以来的文化传统昭示天下。可是周厉王、周幽王以后，王道缺失，礼乐崩坏，孔子修旧起废，论《诗》《书》，作《春秋》，至今仍是学者的典范。自孔子死后至今近四百年，这期间诸侯纷争，史书缺失。当今汉朝鼎盛，天下一统，明主贤君，忠臣义士不可胜数，我身为太史却没有记载论述，荒废天下史文，每念及此，寝食难安，死不瞑目呵！你要牢记我的话，完成我的未竟事业。"

司马迁像

听罢父亲的遗言，司马迁泪流满面，他俯下身，恭敬而虔诚地回答道："孩儿虽然笨拙，一定不辜负您的期望，完成您老人家的未竟事业，不敢有半点缺失。"

司马谈的遭遇以及临终遗嘱，令年轻的司马迁刻骨难忘并由此产生了继承祖业的恒心大愿。就在司马谈去世三年之后的元封三年（公元前108年），司马迁继承父业出任太史令一职。自太初元年（公元前104年）参与修订历法后，又将主要精力投入著述之中。出乎意料的是，到了天汉三年（公元前98年）春，司马迁为李陵败于匈奴之事辩护，触怒了汉武帝，被以"诬罔"主上的罪名判处死刑。面对从天而降的大祸，司马迁以接受腐刑为条件保全了性命。尽管遭此奇耻大辱，但继续完成父亲未竟事业的恒心没有改变。之后，司马迁将自己的全部才学、卓识和文化良知倾注笔端，终于写出了饱含血泪的不朽之作《史记》。这部被后人誉为"史家之绝唱，无韵之离骚"的千秋名著，以"究天人之际，通古今之变，成一家之言"为主旨，以四项史源取材，五种体裁编纂，记载了中国自黄帝以来直到汉武帝时期三千年的历史文化和民族风情，为后世留下了一笔丰厚的文化遗产——

序　章　千年梦寻

　　维昔黄帝，法天则地，四圣遵序，各成法度；唐尧逊位，虞舜不台；厥美帝功，万世载之。作《五帝本纪》第一。

　　维禹之功，九州攸同，光唐虞际，德流苗裔；夏桀淫骄，乃放鸣条。作《夏本纪》第二。

　　维契作商，爰及成汤；太甲居桐，德盛阿衡；武丁得说，乃称高宗；帝辛湛湎，诸侯不享。作《殷本纪》第三。

　　维弃作稷，德盛西伯；武王牧野，实抚天下；幽厉昏乱，既丧丰镐；陵迟至赧，洛邑不祀。作《周本纪》第四。①

司马迁《史记》封面

　　《史记》开创了中国史学一个崭新的时代，堪称中国史学史上一座无法逾越的丰碑。就在司马迁本人以学识的广博和人格的光辉而获得了"史圣"的称誉流芳百世的同时，他也为后人留下了一个难解之谜。

　　尽管司马迁"年十岁则诵古文。二十而南游江、淮，上会稽，探禹穴，窥九疑，浮于沅、湘；北涉汶、泗，讲业齐、鲁之都，观孔子之遗风，乡射邹、峄……"，并"罔罗

《史记》书影

陕西韩城司马迁祠，大门上方"史笔昭世"的匾牌格外醒目

天下放失旧闻，王迹所兴，原始察终，见盛观衰，论考之行事……"②，但中国历史自东周起，诸侯相兼，史记放绝，文献、典籍散失、毁坏严重。秦始皇统一六国，又坑杀儒生，焚烧诗书，酿成了空前的文化劫难。原本许多上古之人的传说和上古之事到孔子的时代已模糊不清，从孔子到司马迁时代，历史的河流又流淌了将近四百年，远古之事自然就更难以考证确凿。在这种"并时异世，年差不明"的学术困境中，司马迁凭着史家的良知，在其所著的《史记·十二诸侯年表》中，将中国有史以来的确切纪年定为西周共和元年，即公元前841年。再往前，只记人和事，而具体的年代就只有大略推论了。

毫无疑问，历史之所以被称为历史，是因为其记录了发生于时间和空间之中的人类的活动。可以想象的是，司马迁在考证自黄帝到夏、商、西周三代的具体历史年代时，一定是竭尽心力，百般穷究，反复推研，设法求本溯源，追之史实。但由于条件所囿，最终未能将中国远古文明的链条清晰而确凿地连接起来。这让后人在对太史公求真务实的精神产生敬仰之时，也掺杂着些许遗憾——这是司马迁的不幸，也是中国远古文明史的不幸。

这双重的不幸，在历史长河的流动中，渐渐郁结为一枚情感的化石，在华夏子孙的心中膨胀。它压迫人们的血肉，牵动民族的神经，使后人为三代年代学的勘定，不惜疲精劳神，费尽心思。司马迁之后的两千多年来，无数历史学家、自然科学家如班固、刘歆、皇甫谧、僧一行、邵雍、金履祥、顾炎武、阎若璩、梁启超、章鸿钊、刘朝阳、董作宾、唐兰、陈梦家、张钰哲等鸿儒贤哲，从古代流传下来和不断发现的文献、甲骨文、金文、天文记录中寻找蛛丝马迹，对东周之前的史实做了无数论证与推断，但由于历史本身的纷繁复杂以及研究条件所限，总是难以如愿，司马迁当年所推定的共和元年以前的历史纪年依然是迷雾重重，难以廓清。中国五千年文明史的链条，特别是自黄帝以来至夏、商、西周三代的确切纪年问题，便成为最撩人心弦、催人遐想的千古学术悬案。

当人类在20世纪苦难与悲凉、光荣与梦想交织的河流中缓缓蹚过，中华民族子孙在21世纪的曙光中开始伟大的民族复兴之时，2000年11月，新华通讯社向世界播发了这样一条消息：

《夏商周年表》正式公布
我国历史纪年向前延伸一千两百多年

新华社北京11月9日讯 自司马迁作《史记》以来的两千年间一直困扰中华文明史的一个千古谜团，终于在现代科学研究面前有了较为清晰的答案：今天正式公布的《夏商周年表》，把我国的历史纪年由公元前841年向前延伸了一千两百多年，使中华文明发展的重要时期夏商周三代有了年代学标尺。

中华文明是举世公认的具有独立起源的文明之一，又是世界上唯一没有中断、一直绵延流传的文明。遗憾的是我国传世文献上记载的古代确切年代只能追溯到公元前841年，这之前的历史纪年都湮没在千古尘烟之中，成为中国历史以及世界历史上的重大缺憾。

而世纪之交得以完成的这份《夏商周年表》，为填补我国古代纪年中的空白作出了巨大而坚实的努力。它为我国公元前841年以前的历史，建立起了一千两百多年的三代年代框架。

根据这份年表，我国的夏代始年约为公元前2070年；夏商分界约为公元前1600年；盘庚迁殷约为公元前1300年；商周分界为公元前1046年。年表还排出了西周10王具体在位年，排出了商代后期从盘庚到帝辛（纣）的12王大致在位年。这些夏商周年代学研究的阶段性成果，不仅解决了我国历史纪年中长期未定的疑难问题，更为探索中华文明起源、揭示中华五千年文明史起承转合的发展脉络，给后代留下一份完整的文明编年史，打下了良好的基础。

工程首席科学家李学勤在今天的新闻发布会上说，1996年5月启动的国家"九五"重点科技攻关项目"夏商周断代工程"，勇敢地向千百年来的历史难题发起了冲击。五年来，这一工程集中了我国历史学、考古学、天文学和科技测年学等学科门类的两百多名老中青专家学者，并依照系统工程的要求，分别设立了9个课题44个专题，从不同角度、不同侧面，以不同方法、不同方式对夏商周三代的年代学问题进行了全面和全新的研究、考证。与以往千余年传统年代学研究所不同的是，这一工程采取了多学科联合攻关、交叉研究的方法，力求使每一个结论都得到多线索、多角度的支持。

随着这条消息的播发，全世界的目光在骤然投向东方地平线上这座辉煌的文明大厦之时，也以复杂的情感，热切地追索着中国科学界在探寻这座文明大厦的过程中所走过的艰辛而悠长的路。

注释：

① 出自《史记·太史公自序》。
② 出自《史记·太史公自序》。

第一章 直面历史的遗产

国务委员宋健出访，一份亚述学成果报告，触动了他的心弦。面对五千年灿烂的中华文明和司马迁留下的千古学术悬案，中国学术界将以怎样的心态和行动直面历史的遗产？经过社会各界充分的酝酿，举世瞩目的夏商周断代工程拉开了序幕。

一位外国科学家的启示

1995年夏季的一个傍晚,中国国务委员兼国家科委主任宋健吃过晚饭,像往常一样,在夫人的陪同下散步约一个小时,便回到自己的书房开始了夜晚的工作。

每晚坚持学习、工作,是宋健从青年求学时起就一直保持下来的习惯。或许,正是由于这种勤奋、拼搏的精神,才成就了他在中国乃至世界科学界非凡的功业。

以往,每当宋健坐在书桌前,主要精力总是倾注到自然科学领域和他的专长——控制论、科学与社会系统论方面的研究中。但是今天,在这样一个宁静的夜晚,他的惯例被打破了,他的书桌上堆放着一部部诸如《史记》《汉书》《中国通史》《世界史》等社会科学方面的书籍,他如醉如痴地翻阅着,并不时地摘抄着一些片段。事实上,像这样全身心地投入中外历史的学习与研究,他早在十几天前就开始了,而促使他这样做的一个直接动因则源于对以色列的访问之行。

不久前,宋健率领一个国家科学考察团访问了以色列,就在这次访问中,他结识了这个国家的国家科学院副院长、著名亚述学家、中东和以色列古代史专家特德莫先生。这位已过花甲之年的特德莫老先生尽管是纯粹的以色列人,却出生于中国的哈尔滨。为此,他一直视中国为自己的第二个故乡,对中国的历史和风土人情具有浓厚的兴趣与感情。这次面对中国官员及科学界人士的来访,特德莫自然是满怀热情。在一番倾心而愉快的交流之后,特德莫送给宋健一份关于亚述学研究方面的最新成果材料作为纪念,这份材料的大意是:19世纪中叶,几位学者成功地破译了亚述巴尼拔[①]王宫馆藏泥版文书上的楔形文字,后来的学者利用这些破译的文字并借助天文学理论,终于解决了阿卡德王国之后的精确纪年问题，而巴比伦第一王朝②第十个王的在位时间，也由天文学家根据出土的金星泥板中记载的天象记录推算了出来。学者们根据史料和考古遗存以及^{14}C测年技术等，基本上将古巴比伦王国的年代框架构建起来，从而使湮没已久的巴比伦文明大厦再次崛起于两河流域，为世界所瞩目。

特德莫所赠的这份材料，尽管有些地方艰涩难懂，论证方法烦琐复杂，很难让局外人全部弄清其中的来龙去脉，但宋健明显感到这份材料的研究套路与借助的资料，跟埃及年代学的建立有异曲同工之妙，两者之间有很大一部分是相同、相通的。令宋健记忆犹新的是，在这次访问以色列之前，他曾到非洲访问并在埃及做了短暂停留。就在这短暂的停留之际，他在中国驻埃及大使杨福昌的陪同下，参观了举世闻名的金字塔和卢克索神庙遗址。从陪同者的介绍以及与当地学者的交谈中宋健得知，埃及的神庙建筑存在的时间要比金字塔长一倍以上，几乎和古埃及文明相一致。但古老伟大的埃及文明在经历了几千年的风风雨雨之后，终于在公元前332年遭受了前所未有的灾难，随着亚历山大大帝对埃及的征服，法老埃及的政治生命就此终结，辉煌的古埃及文化一蹶不振。后来在希腊文化、基督教和伊斯兰教的影响下，古埃及文明逐渐走向衰落，留给后世的只是像卢克索那样无法用人力完全毁灭的一座座神庙和石头堆砌的遗迹。

就在古埃及文明衰落几千年之后，随着拿破仑于1798年的入侵，特别是1822年法国天才学者商博良等人破译了罗塞塔石碑上的象形文字，古埃及文明开始复活，之后又经过法、英、德、美等国考古学家和学者100多年的努力，古埃

埃及卢克索神庙

及文明的大厦开始得以显现出来。曾在埃及古代史上延续了31个王朝的断代问题，通过对古文献、古遗址、古文字、天文学记录等进行综合性研究，已基本得到解决。年代学学者还根据天狼星偕日出的记录，确定了古埃及某个王统治的绝对年代，如著名埃及年代学家帕克根据古埃及第十二王朝第五王塞索斯特里斯三世的第七年第二季4月16日的天狼星记录，把这一年定为公元前1872年。以天狼星日期记录建立的古埃及天文绝对年代框架，逐渐成为构筑整个古埃及文明大厦切实而重要的支柱。

当宋健将要告别以色列科学院时，特德莫对他说："中国与古埃及、古巴比伦、古印度一起，被公认为是世界上最古老的独立发展的四大文明古国，并在世界文明长河中占有举足轻重的地位，如果中国学术界对华夏文明的早期历史能集中精力进行探索性的断代研究，其成就将不比亚述学、埃及学逊色，其成果的取得不仅对中国，而且对整个世界文明史的研究也必将产生巨大贡献和深远影响。"特德莫表示，如果需要，他愿意怀着对中国历史的热情与挚诚，像参加亚述学研究一样，同中国的学者共为建立中华文明早期历史的年代学构架尽自己的绵薄之力。

尽管宋健对特德莫所表露的一片真情，只做了"表示欢迎"之类的礼节性的回答，但这件事本身却给予他一个刺激和启迪，同时也深深地印刻在他的心中而挥之不去了。几年前，宋健曾赴印度进行国事访问，在此期间，时任联合国环境署执行主任的埃及人托尔巴和宋健一同被邀请去参加印度部长举行的欢迎宴会，在这个宴会上，托尔巴曾兴奋而自豪地致辞："我们，世界上三个最伟大的文明古国的代表在这里欢聚，无疑具有历史性的意义，因为保护环境是我们古代文明的要义……"听着托尔巴的慷慨陈词，宋健顿感热血沸腾，民族的自豪感油然而生。

毋庸置疑的是，在历史上曾称雄于世的四大文明古国中，古埃及、古印度和古巴比伦由于各种各样复杂的原因，其文明相继在发展、延续的进程中产生了断裂、颓败或者被彻底毁灭，只有中华文明历悠悠五千年而延绵不绝。在激流奔涌的历史长河中，无论是战乱、暴政、外族入侵还是水旱灾疫，都未能割裂和阻止中华民族的延续与发展。正是在这延绵不绝的文明滋养、哺育之下，才培养了伟大的民族精神，才使处于世界东方的中华民族以坚毅不屈的性格和非凡的创造力岿然屹立于世界民族之林。然而，就是这样一个曾对世界人类文明做出过杰出贡献的民族，在年代学研究方面，近世的成果却远远落后于古代埃及和两河流域。而最大的缺憾则是自司马迁开始就未能建立起中国古代文明从形成特色到走向繁荣的最为重要的三代纪年，没有正式公布过西周共和元年（公元前841年）以前的纪年参考体系。继司马迁之后的两千多年来，人们对这位伟大的史学之父所作的《史记》中的前三篇，即《五帝本纪》《夏本纪》和《殷本纪》，以及其他人所著的《书》《礼》等古代文献记录，或信，或疑，或释，或者从根本上给予否定，这种彼此歧异的论争一直延续到现代都未曾停止。如现代史学巨擘郭沫若在1929年曾断言："《尚书》是开始于唐虞，《史记》是开始于黄帝，但这些都是靠不住的，商代才是中国历史真正的起头。"与郭沫若同时代的另一位史学大家范文澜在其主编的《中国通史》中，将五帝、夏朝全部视为传说，在夏朝、商朝的年代之后用问号表示怀疑，将夏代遗迹统统视为假设。而在由毛泽东主席倡议、周恩来总理督编的权威性的《辞海》后附录的"中国历史纪年表"中，将中国古代确切纪年的起始年定为同《史记》记载一样的西周共和元年。还有1981年由人民出版社出版的大学教科书《世界史·古代史》所列的一张"世界古代史比较表"中，在公元前21世纪栏内有"禹传子启，夏朝建立"八个字，在公元前17世纪栏内有"商汤灭夏，商朝建立"八字。当年司马迁在《史记》中所列的"五帝"被弃之未用。

或许，正是中国学术界自己对本民族古代历史纪年的迷茫和纷乱，才导致了日本人"尧舜禹抹杀论"的出台，才有了西方人所认为的中国文化西来说。20世纪20年代，瑞典考古学家安特生[③]就鼓吹中国的彩陶制作技术是先在西方成熟后才传入中国的。由美国伊利诺伊大学斯塔尔等人编著，于1964年出版的《世界史》中宣称：中国古代文明的起源晚于美索不达米亚，且是受后者影响而发展起来的，中国的青铜器出现在公元前1500年左右，炼铁技术是公元前1000年后从西方传入的。中国古代文明在商之后才迅速发展起来，商朝的年代为公元前1523—前1027年，安阳地区出土的文物是唯一的物证。

与斯塔尔等人观点相同的英国人罗伯兹在1993年出版的《世界史》中称，中国古代的商朝于公元前1700年左右统治河南一带约4万平方英里[④]的地域，比英国今天的面积还小。商代是美索不达米亚古文明以东的有证据的唯一文明，可能于公元前1027年为周朝所灭。罗伯兹还直言不讳地指出："（西方学术界）一致公认，中国的文明史从商开始，长期以来这是研究中国历史的基础。因为中国只有公元前8世纪以后的纪年，没有更早的像埃及那样的纪年表。"

对于外国人的这些观点，大多数中华民族子孙当然无法认同。早在20世纪50年代中期，中国的考古学家尹达就对安特生所鼓吹的中国文化西来说进行了驳斥。而另一位考古学大师李济对西方人的种族偏见、价值偏见给予了严厉的揭露和批判，他曾在自己的讲演中说道，"譬如讲到（中国的）年代，西洋人在选择两个可能的年代时，总要偏向较晚的一个"。例如武王伐纣的年代，"考古学家董作宾定在公元前1111年，而西洋人（以及少数中国人）一定要定在公元前1027年，一笔抹杀了较早的公元前1111年"。在周口店北京人的年代问题上，他们也是这样，"以便在讨论文化、人种和活动方向时，他们可以随意安排"。在安阳出土的青铜刀问题上，"一些美国的汉学家认为中国的铜刀子与北方的有关，而在时代上，中国的比西伯利亚的晚。我相信这是他们把武王伐纣年代定在公元前1027年的主要依据。把中国拉下几十年，再把西伯利亚提早几十年，于是就可以证明中国文化是从他们那里来的了"。

李济在揭露和批判某些西方人的种族偏见、价值偏见的同时，也对中国的古代文明史提出了令人深思的见解，他于1953年在《安阳的发现对谱写中国可考历史新的首章的重要性》中讲到，"在20年代初，即被称为中国文艺复兴的那个短暂的时期以来，知识界有很重要的一伙人自称是疑古派。这些不可知论者怀疑整个中国古代传统，声称所谓的殷代不管包括什么内涵，仍然

安阳殷墟出土的带有卜辞的卜骨

第一章 直面历史的遗产

处在石器时代。这些疑古派，多数都曾受业于名人章炳麟门下，而在那个文艺复兴的浪潮里却又造了他们老师的反，但是积极的贡献并不多。然而这段思想十分混乱的时期也不是没有产生任何社会价值，至少它催生了中国的科学考古学。尽管科学考古学后来证明，在中国古代这个问题上，章炳麟和他的造反的学生都错了。……随着安阳发现的公开，那些疑古派们也就不再发表某些最激烈的胡话了。……事实上，司马迁《史记》中《殷本纪》记载的帝系上的名字，几乎全都能在新发现的考古标本——卜辞上找到"，由此"重新肯定了两千多年前司马迁在《史记》中所载原始材料的高度真实性"。

　　当然，对古代史料的可靠性充满信心者，并非肇始于安阳甲骨文的发现，事实上，继司马迁之后一直大有人在。唐朝的著名学者张守节在他的《史记正义》中，就曾认为中华文明确从黄帝开始，并推算出从黄帝到西汉天汉四年（公元前97年）共2413年，即黄帝纪元的始年为公元前2510年。张守节的这一论断得到了唐代之后1000多年来许多政治家和治史学者的认同，只是在年代坐标上做了不同的修订。如1905年孙中山建立同盟会，为了表示与清朝划清界限，便在于日本东京创办的《民报》上，改用从黄帝开始的纪年。根据东京历史学家的推算，黄帝纪元开始于公元前2698年，以此下推，将清光绪三十一年（1905年）定为"中国开国纪元4603年"，并在首页印制了"中国民族开国之始祖，世界第一民族主义大伟人黄帝"画像。到1911年辛亥革命成功，孙中山被推选为临时大总统后，正式决定

黄帝陵

015

中华民国改用按《民报》推算的黄帝纪年，将1911年定为黄帝4609年。通电发出后，由于孙中山的威望，这一纪年方法为多数革命家所接受，各省群起响应，多数报刊纷纷改用新的纪元方法。在举国上下一片改天换地的欢呼声中，也有不同的声音传出，如江苏的当权者根据当地历史学家的推算，坚持认为1911年应为黄帝4402年，民国元年应为这个数字，于是江苏的报纸采用了自己推算的纪年，比"法定"纪年晚了207年。另外有一位叫黄藻的历史学者编辑了一本叫作《黄帝魂》的书，此书初版于1903年，之后又多次修订再版，在学界产生了较大影响，其中刊出由其他历史学家推算的黄帝纪元，将民国元年定为黄帝4622年，比"法定"纪元又早了13年。由此可见，历代政治家、学者在对史料充满信心的同时，也存在着研究方法的不同，致使中国的历史纪年难以达成共识。或许正是由于这个原因，黄帝纪元最终宣告流产。

尽管孙中山倡导的黄帝纪元没有得以全面而长期地施行，但中国的纪年问题作为一个情结始终在中国人心中挥之不去，难以释怀。20世纪80年代的改革开放，使古老的中国展现出青春的光芒和辉煌的前景。在这样一个伟大变革的时代，人们对历史的挚爱和对古代文明的追索也越发变得强烈和执着。1995年1月2日，学者袁晓园在《光明日报》发表署名文章，疾呼史学界勘定黄帝纪年作为中国的开国纪年。袁晓园在文中写道：

近年，随着我国改革开放事业的发展，各行各业，各条战线都呈现出空前的兴隆昌盛。文化界也追始溯源，弘扬我们传统中的优秀文化，并兴起一股"炎黄文化"热潮，有"炎黄文化研究会"的成立，《炎黄春秋》杂志的出版，以及"炎黄艺术馆"的创建等。在河南郑州兴建炎黄二帝巨像，各方响应热烈。研究领域也不断向着深度、广度发展。

中华民族传统文化的特点，可以用三句话来概括：源远流长，博大精深，多彩多姿。这些早已为中外学界所公认。……窃以为我国似可采用两种纪年法：国际通行，使用公元纪年法；国内则用文化始祖黄帝元年为我国国历之始。我们是名副其实的"有五千年文化"的国家。据《辞源》记载黄帝元年为公元前2698年，那么，我国今年应为4693年！

世界上的古老国家中，在四五千年前也曾创有文字与文化，但随着国家灭亡，文字与文化也随之俱亡。惟有中国文字与文化创始于黄帝，绵续至今从未中断,且代代有进展,对人类文明作出重大的贡献。以中华民族文化的始祖——黄帝为纪元,可以把海内外炎黄子孙统一起来,提高中华民族的自尊心和自信心,增强全民族的凝聚力和向心力。

袁晓园的呼吁绝非个例,改革开放的现实不是冷落、淡忘了历史,而是给予历史更高的热情和关注,为了这种热情和关注,人们开始向史学和史家提出了更高的要求与期望。

自古以来,中国史家就有一种对社会负责的使命感,绵延不绝的史学著作正是中华民族建国、立国、治国思想基石的重要组成部分,当历史的长河流淌到今天,中国学术界是否到了应该直面历史遗产的时候?司马迁留下的千古学案是否能够得到破解?古埃及与两河流域古文明的研究已经做出了成功的示范,中国是否也可以在借鉴这些经验的基础上,借助现代已有的科学条件和先进技术,使自己祖国的古文明研究有一个新的突破?诚如著名考古学家李济所言,"中国历史是人类全部历史最光荣的一面,只有把它放在全体人类的背景上面,它的光辉才显得更加鲜明。把它关在一间老屋子内孤芳自赏的日子已经过去了"。坐在灯下的宋健在翻看着各种书籍和资料的同时,一个念头也在心中悄悄滋生。

❀走出书斋觅知音

为了心中的这个念头,一连十几天,宋健除了处理繁忙的日常事务和参加一些摆脱不掉的应酬外,闲暇时间特别是晚上,他总是尽可能地找一些与古代文明研究有关的书籍和资料进行研读,他深知,中国和外国的国情毕竟有些差异。要将心中的念头变成一个切实的计划或方案,到底可行性有多大?需要投入多少人力物力?最终的结果如何?这些并不是他目前就能全面把握的,因为他毕竟不是以研究社会科学而是以对自然科学的研究与贡献名世的。

1931年底,宋健出生于山东半岛一个贫穷的木匠之家,5岁入本村小学就读，12岁远离家门求学，13岁参加八路军，在东海军分区当护士，1948年秋入华东工矿部工业干部学校学习，1951年春，刚刚20岁的宋健被推荐到哈尔滨工业大学学习。1953年，他通过留苏学生的选拔考试，幸运地跨入了苏联莫斯科鲍曼高等工学院的大门。

然而，就读于莫斯科鲍曼高等工学院炮兵工程系的宋健并未就此满足，为了学到更多的知识，大学三年级时他又报考了莫斯科大学数学力学系夜大。从此，他每天来回奔波，昼夜就读于两个学校的不同专业。三年夜大苦读下来，他不仅学完了数学力学系的全部课程，而且掌握了严谨的逻辑思维方法，丰富了想象力和创造力，为他以后的研究工作奠定了坚实的基础。1957年，宋健拜见了苏联控制论科学家、最优控制理论的开拓者费德包姆教授，并在这位学术大师的指导下做毕业论文。半年后，他完成了当时世界上第一个三维空间最优控制系统设计和试验。论文发表后，引起了国际学术界的瞩目和震动，他的学术导师费德包姆教授为此赞叹道："了不起啊！宋健代表了中国人的智慧和精神。中国能有这样的科学家，前途无量！"

1958年，正在筹划中国导弹研究工作的钱学森出访苏联，由于钱学森与费德包姆教授私交甚好，钱学森与费德包姆教授商议后，决定让成绩全优并荣获了金质奖章的宋健继续留在苏联攻读研究生，意在重点学习研究苏联的地空导弹技术，回国后为发展中国的导弹事业做贡献。

在苏联攻读研究生的三年时间里，宋健除了在有限的条件下努力学习导弹技术外，又在最优控制论领域有了飞跃性的发展。他在该领域取得的一系列研究成果，不仅引起了苏联科学家的高度重视，而且还被世界科学界认定是对现代控制论的一大贡献。为此，他的导师和其他科学界前辈一致要求苏联科学院破格授予宋健博士学位，但由于不久后中苏关系恶化并破裂，只得了副博士学位的宋健，立即整装回国，投入中国的导弹、航天事业之中。三十年河东，三十年河西，当20世纪80年代中苏关系恢复时，宋健以国务委员兼国家科委主任的身份应邀访苏，莫斯科鲍曼高等工学院鉴于宋健在控制论方面的突出贡献，授予了这位当年受到不公正待遇的学生由全苏联最高学术委员会颁发的博士学位。

回国后的宋健很快在导弹研究领域大显身手。他于60年代担任了地空导弹的主任设计师，70年代担任了核潜艇水下发射火箭的第一副总设计师，80

年代后出任航天部副部长，领导了中国第一颗同步通信卫星的发射和飞行控制试验。在此期间，受钱学森的委托，他于1964年起开始修订早在1954年就由美国出版的《工程控制论》。为了尽快完成该书的修订工作，他带头组织并亲自撰稿，终于使这部长达120万字的鸿篇巨制得以顺利完成，为中国的控制论工程蓄积了一笔宝贵的财富。20世纪70年代末，十年动乱刚过，中国科技界如噩梦初醒，忧国忧民的宋健深切感到，中国面临着人口、资源和环境这三大问题的挑战，这些问题必须有自然科学界的参与才能得到解决，而最亟待解决的是人口的增长速度问题。于是，他和于景元等科学家开始研究中国的人口控制问题，不久便成功地把控制论的基本概念和方法应用到人口学这门本属于社会科学范畴的学科之中，从而创建了"人口控制论"这门新兴的交叉学科，发表了大量专著和论文，引起了世界人口学界的强烈反响。为此，他荣获了国际数学建模学会1987年爱因斯坦最高奖。几乎与此同时，他向党中央提出的控制全国人口增长的具体建议，为党和政府制订人口政策和发展战略提供了宝贵的科学依据。

1986年，作为科学家的宋健受命出任国务委员兼国家科委主任，领衔主管国家科技事业，统领中华科学界几代天骄。从此，他率领科委一班人，播"星火"，举"火炬"，搞"攀登"，实施"863"计划，为中国科技事业的腾飞立下了赫赫功勋。

但是，宋健并不以此居功自傲，反而觉得如若他人受命于此岗位，可能比自己做得更好。半生的坎坷经历使他深信，国家的兴旺，事业的成功，人生的成就，莫不需要机遇。用他自己的话说："我绝不轻易放过这个机会。我要竭尽绵薄，为人民能得科技之惠，为学者能为国尽其才，鞠躬尽瘁，贡献出自己的智慧、心血和生命。"

天时地利不常有，良机难得，稍纵即逝。20世纪的晚钟即将敲响，人类的脚步在跨入21世纪门槛的同时，也将迈进一个新的千年。如果能在这新的世纪和千年之交，将华夏远古文明的大厦构筑起来，无疑可为正在复兴的中华民族增强信心。此时的宋健已不满足于独坐灯下翻看史书和资料了，他要走出书斋，跳出自己熟悉的圈子，融入社会科学和自然科学两门学科的学者之中，在做深入调查了解的同时，看能否将萦绕于心中的念头转变成切实可行的计划。

几天后，宋健通过历史学家朱学文，先后找到了历史学家李学勤，考古学家严文明、俞伟超、中国科学院院士、天文学家席泽宗，^{14}C测年专家仇士华等五位一流学者。1995年9月29日上午，5位科学家来到中南海国务院小会议室，由宋健主持召开座谈会，就中国古文明的年代学大厦是否可以探寻、构建的问题展开讨论。由于这次讨论只是征求专家的意见，没有条条框框的禁锢，学者们畅所欲言，满怀热情地倾吐自己的见地。

按照五位学者的看法，就中国古文明的研究而言，年代学在先秦史上可谓是最为棘手的问题，但无疑也是一个亟待解决的问题。研究古代史离不开年代坐标，若无此坐标或坐标不确切，许多问题会永远处于混沌、迷惘和争论不休之中。司马迁在著《史记》时，对中国古史的年代做了认真研究，他编的《十二诸侯年表》把纪年问题上推到西周共和元年，对这之前的夏商周年代，他认为由于所见资料记载不一，取舍不易，只好放弃。因而，《史记》虽有《三代世表》，却没有明确的编年。在司马迁之后，试图推定共和元年之前的夏商周三代编年者，世不乏人，如西汉晚期的刘歆、三国时的谯周、晋代的皇甫谧等。但他们都只能以传世文献为依据，而在汉以后能见到传世古文献的可能性又越来越小，因而他们在推算中就不免带有种种主观推想的成分。如刘歆在他的名著《世经》中就称夏代的积年为432年，商朝629年，周朝867年，商汤伐桀之年相当于公元前1751年，武王伐纣之年相当于公元前1122年，等等。由于刘歆与其父刘向曾在西汉朝廷任过校中秘书一职，在学术、文化上均做出过较大贡献，故有许多学者认为他的推论可信度较大，但同时也有陈忠等学者认为此说并不可信。因此，关于刘歆之说是对是错的问题，学界历两千年的争论尚无一个确切的结论。

19世纪后叶以来，由于商周金文和甲骨文的发现，复原夏商周三代纪年才有了新的依据和希望。从此以后，国内外的许多学者利用这方面的资料对夏商周的年代学进行研究，并取得一系列重要成果。自20世纪20年代开始，随着中国现代考古学的兴起，学者们找到了一条书面文献以外的研究古代文明的道路，这就是通过科学考古发现的遗址和遗物。正是由于这些遗址、遗物所提供的文化信息，才对仰韶文化（约公元前5000—前3000年）、大汶口文化（约公元前4500—前2500年）、龙山文化（约公元前2600—前2000年），以及二里头夏代文化等有了较为准确的破译和了解，并为中国古代文明在年代学上的研究提供了全新的视角和佐证。因此,现实的中国已经具备了对夏商周年代学进行多学科联合攻关的条件。这样说的根据是:首先,新中国成立以来考古学得到空前的迅速发展,发现了大量夏商周时期的遗址和墓葬,随着研究的深入,这一时期各种考古学文化得到了更加明晰的认识。此外,在历史学方面,对殷墟甲骨、周原甲骨及西周金文的分期研究和考释,对若干典籍真伪的辨识,对夏商周三代历史的研究等,也有一系列综合论著和成果问世。所有这些,都说明在近期对中国古史年代学的研究是适时的、科学的,其条件是基本成熟的。

当然,科学的发展并不是哪一门学科孤立地进行的,各学科之间总是相互关联又相互促进,现代物理学的迅猛发展,为考古学提供了比过去更多、更有力的帮助。自20世纪50年代末,国内开始了放射性^{14}C测年研究,科技考古工作逐渐发展,中国社科院考古研究所、中国科学院古脊椎动物与古人类研究所、北京大学等单位的测年工作已积累了丰富的经验。从80年代起,北京大学建成了先进的加速器质谱仪(AMS),如果经过进一步改进,可望达到国际先进水平,这就使得对古代遗址出土的标本进行高精确度的年代测定成为可能。而由于现代科技运算手段的应用,古代天文历法的研究也有了较大进展,任何有规律可循的古代天文现象记录都可以利用电子计算机极快地算出其发生的时间。如紫金山天文台天文年代学家张培瑜已通过计算机的运算结果,编出《3500年历日天象》一书。此书记载了自公元前1500年到公元2052年的合朔、满月、分至、八节、日食等历日和天象,倘若用他的计算程序,再向前推1500年,得到其间的历日和天象,并不是一件太困难的事情。所有这些都为古代文明的年代学研究创造了条件,而专门研究甲骨文和金文的古文字学,近年来也有了长足的进步和发展,对殷墟甲骨、周原甲骨及西周金文的分期研究和考释都有新的成果问世。如果将这些成果配合天文历法研究,可建构商代后期与西周年代的历谱。如果选择一些典型甲骨标本,通过高精度的^{14}C测年实验,将会使其数据与商、周的王年对应、联系起来,这对古代年代学的建立将是一个革命性的突破。

除此之外,由于古代遗址的发现和考古学的发展,历史学者在文献学的研究中对若干传世文献的真伪有了新的评估,而这不同于以往任何时代的新的评估,又为考古学及天文历法的研究提供了更多、更坚实的基础。

正是有了以上的诸种条件，才使探寻、构筑中华远古文明大厦的计划成为可能。但是，五千年的文明史渊邃浩瀚，源远流长，从历史学的角度看，这尚缺年代学标尺的两千多年的文明史，大致包括五帝时代和夏商周三代两个大的部分，若构筑这座古代文明大厦，必先构筑夏商周三代的基础，只有这个基础得以坚实地建立起来，才有可能将整个大厦构筑成功。众所周知的是，夏商周三代正是中国古文明形成特色、走向繁荣的重要转折时期，由此往上，可追溯中国文明的起源，往下可明了中国文明的基本格局和走向。首先搭建夏商周三代文明的年代学框架，无论是对文明起源的研究还是对中国文明的走向与发展的研究都有着极其重大而深刻的意义。因此，在这个座谈会将要结束之时，五位学者根据学术研究的规律和存在的现实条件，建议首先进行以探索中华古文明起源为最终目标的夏商周年代学研究，并冷静而客观地表示，处在民族复兴这个伟大历史转折时期的中国科学家，既有得天独厚的时运，也有难得再遇的历史幸运，伟大的时代可遇而不可求，当代史家生活着的中国，是正在向21世纪迈进的幅员广大、人口众多的国家。由于岁月积淀和世界交往的汇集，当然有数不清的亟待解决的关乎国计民生的问题，而解决这些问题，不仅需要科学技术，也需要包括史学在内的人文科学和社会科学的参与。在现实问题的解析中，历史也是一把钥匙，作为这个时代的科学家没有理由忽视时代对历史的热望，而应以更大的热情关注时代，关注历史和现实社会的发展。任何民族都有一个历史源头，这是既体现于物质又体现于精神的民族之根，对夏商周三代的年代学研究，正是寻找民族之根的具体表现，而寻根的意义在于跨越包括社会、文化、思想等各方面的隔阂，达到精神上的共识，从而找到中华民族文化上的认同感和心理上的归宿感。有了它，民族感情才有所寄托。换言之，一个民族在寻找到自己的精神家园，并获得了精神上的超越之后，才能在纷繁复杂的现实面前，更具有凝聚力和向心力，并将精神的超越转化成现实的超越，继而转化成一种巨大的创造力量贡献于社会，造福于当今和未来的人类。

在中国传延千古的史实里，每当一次改朝换代或重大的社会变迁之后，总会有许多沉潜会通的有心人站出来，矢志不移地汲汲于兴灭继绝的文化整理、传道解惑的知识普及——孔子的汇编古籍、有教无类；刘向父子的校理众书、编目提要；郑玄的博古知今、遍注群经；还有孔颖达的《五经正

义》，朱熹的《四书集注》，王心斋的深入民众、乐学教育……他们或以个人的力量，或由政府的推动，分别为中国文化做了修旧起废、变通传承的伟大事业。如果说春秋时代的震荡产生了《左传》，战国秦汉的演变造就了千秋《史记》，那么在这样一个伟大的民族复兴时期，夏商周年代学标尺的建立的任务，将历史性地落在跨世纪的中国科学家这一群体的肩上，只要自然科学、社会科学等界的科学家通力合作、密切配合，中国古文明的大厦一定会在不断的探寻中显现于世。

孔子整理并向学生传授"六经"情景

经过一个上午的座谈讨论，大家对相关问题初步取得了共识：自19世纪末叶以来，历史学、考古学界关于夏商周年代学的研究在文献、考古和天文历法等方面已取得很多成果。但是，从总体上看，无论在国内还是在国外，都还没有对夏商周年代学做出多学科的综合攻关，一般都是个人就某一问题进行独立研究，其工作比较分散，不够系统，所获数据也不够充分。而从事这方面研究，单凭个人力量显然是不够的，通过政府组织，进行多学科的交叉协作研究是其发展的必然趋势。而考古学和测年技术等方面已取得的许多重大进展，说明现在已到了组织多学科联合攻关的时候。机不可失，时不我待。最后，由宋健提议，如果这项工作能够得到实施，就取名为"夏商周断代工程"。

这次座谈会，使宋健既看到了希望又增强了信心。之后，他与中共中央政治局委员、国务委员李铁映共同多次主

持会议，更广泛地征求专家们的意见，并联络相关的部委，一起酝酿夏商周断代工程，进一步明确研究目标。这项工程既是以解决公元前841年以前的夏、商、西周三代纪年问题为宗旨，多学科联合攻关的大型年代学项目，也是自信有五千年文明史的中华民族，为寻找两千八百多年前历史年代坐标而进行的一次多学科合作的科学实践。

1995年12月21日，李铁映、宋健主持会议，进一步对夏商周断代工程问题做了研究和部署。会议决定：

一、夏商周断代工程列为国家重大科研课题。研究工作应坚持以我为主，并采用政府支持、专家研究、权威学术机构公布成果的方式。课题1996年开始启动，要求于1999年10月1日（新中国成立五十周年）前完成并公布阶段性研究成果。

二、由李铁映、宋健担任"工程"的特别顾问。为了加强对夏商周断代工程的统一领导和便于有关学科的协调配合，成立"工程"课题领导小组，负责管理课题经费、审批工作计划、定期听取汇报并部署工作等事宜。重大问题报国务院。国务院一年听取一次课题领导小组的汇报。其领导小组成员为：

组　　长：邓　楠　国家科委副主任
副组长：陈佳洱　国家自然科学基金会副主任
　　　　　　　（后晋升为主任）
成　　员：韦　钰　国家教委副主任
　　　　　路甬祥　中国科学院副院长（后晋升为院长）
　　　　　滕　藤　中国社会科学院副院长
　　　　　　　　　（后改为继任副院长江蓝生）
　　　　　张德勤　国家文物局局长

孔子删定的"六经"是《诗》《书》《礼》《易》《乐》《春秋》六书。其中除《乐》原书不存外，其余五经尚存。图为后人辑注的《毛诗传笺》《书经》《礼经通论》《虞氏易》《春秋集语》

（后改为继任局长张文彬）
刘　恕　中国科协书记处书记
甘师俊　国家科委社会发展科技司司长
（后改为继任司长刘燕华）

三、聘任李学勤等四人为夏商周断代工程首席科学家，并由领导小组聘任相关学科专家成立夏商周断代工程专家组，负责组织科研工作。专家组组长由李学勤担任，仇士华等三人任副组长。其成员和学科构成为：

李学勤　首席科学家、专家组组长、中国社会科学院历史研究所所长、研究员

仇士华　首席科学家、专家组副组长、中国社会科学院考古研究所研究员

李伯谦　首席科学家、专家组副组长、北京大学考古文博学院院长、教授

席泽宗　首席科学家、专家组副组长、中国科学院自然科学史研究所研究员、院士

四、为保证夏商周断代工程研究工作如期完成，由国家科委、国家自然科学基金会、国家文物局、中国科学院共同安排经费900万元人民币，另由财政部自1996年至1999年，每年拨款100万元支持。

夏商周断代工程的提出，意味着中华民族对悠久文明史的认识将进一步深化。对学术界而言，这将是一个极富挑战性的重任，而

李铁映、宋健（前排左六、七）与"工程"领导小组成员及专家组成员合影于中南海会议室

这项任务一旦实施，将立刻成为普遍牵动海内外中华民族子孙情感的大事。因此，这次会议之后，为了聆听社会各界的心声，宋健不断地致函国内外所熟悉的科学界前辈和朋友，对这一项目进行探讨、论证。当他得知正在上海养病的前人大常委会副委员长、著名社会活动家、当代史学巨擘周谷城身体渐渐康复后，便致函问候并报告夏商周断代工程的有关事宜。信函的原文是：

周谷老：

知您大为康复，科学界不胜欣慰，故以崇敬之诚，冒昧报诉近事如下：

为推动中国古代史的系统研究，促进社会科学与自然科学结合，拟于"九五"发起"夏商周断代工程"，将中国古代纪元推至夏初，比2000年前司马迁所记西周共和元年（公元前841年）前推1400年，以缩短中国古代史与埃及学、亚述学等差距。自然科学，特别是天文学、放射性物理学等可能大规模介入并提供帮助。古书古迹关于天文现象记录，可成为新一轮研究起点，精密确定夏初（"五星联珠"）、周初（"一日再旦"）的纪元。碳14断代有可能精确测定殷墟、郑州商城的年代。物理学家告，精度可达±20年。此项工程的完成，可能补足中国古代史研究之遗阙，从而减少"疑古"的范围。已聘请四位首席科学家，另邀当代少长群贤，参与工作。期望"九五"完成，公诸于世。

现奉上《会议纪要》一份，呈您阅示。仰慕中国史和世界史研究的先驱和巨擘，伫望得到您的指点。

时值严冬，衷望为国珍摄。敬祝跨越三纪，益寿齐彭，创科学时代之新峰。
敬颂大安

宋健
1996年元月廿日

周谷城在接到信函后，以极度的欣喜之情抱病复函：

尊敬的宋主委：

承赐教言，无上荣幸。兹特不揣冒昧，略抒喜悦之意：（1）夏商周断

第一章 直面历史的遗产

代工程,重要伟大。过去无人敢提,今天主委宋公,高瞻远瞩,言近旨远,登高一呼,史学界皆大欢喜。谷城坚决拥护。(2)将古史年代向上延伸至夏初,令人敬服。过去如讲向上延伸,定遭打击,今则可以畅所欲言矣。(3)所有工作难度都大,但自然科学家与社会科学家合力攻关,政府支持,不出数年之后,当有大成。先此预祝,谨致敬礼。

周谷城上
1996年2月于沪

从两人往复的函件中可以看到,宋健在字里行间无不透露着自己的真挚与诚恳,已是99岁高龄的史学大师周谷城,则对这项工程能够实施的喜悦之情溢于言表。可以说,周谷城对这项工程的前景是满怀信心与希望的。遗憾的是,这位著名的历史学家、杰出的爱国民主战士和社会活动家,未能亲眼看到夏商周断代工程的成果,于1996年11月10日在上海逝世。

1996年3月,宋健将自己所作关于夏商周断代工程启动意义的《超越疑古,走出迷茫》的第五次修订稿,交由中国驻联合国代表孔德涌,转致美国哈佛大学人类学系主任、著名华裔考古学家张光直教授,征求这位享有国际声誉的学者对文稿和开展夏商周断代工程的意见和建议。张光直于4月4日复函孔德涌,称宋健的文稿"是我近年来在人文社会科学范围里所看到的文章中最有气魄的一篇"。对于夏商周断代工程的看法,张光直直言不讳地发表了自己的见地:"这个题目……不是一个人、两个人可以做的,只有靠国家的力量,组织彻底研究三代年代的财力和人力资源,才能解决古史研究中最令人迷茫的一些问题,而在这些问题中,最巨大的、最关键性的一把钥匙,就是宋博士提出来的年代学。……我对这个主张举双手赞成。"

1996年4月24日,刚刚获得国际亚洲研究的最高奖——1996年度亚洲研究杰出贡献奖(AAS奖)的张光直,来到北京进行学术访问。4月26日,受宋健的邀请,张光直在夏商周断代工程专家组李学勤、席泽宗、张长寿等学者的陪同下,在中南海紫光阁与宋健会见,并着重就夏商周断代工程如何具体实施的若干问题进行了深入探讨。张光直认为中国政府决定即将把夏商周断代工程纳为"九五"计划重中之重的科研项目,具有非常重大的意义。并预言,只要中国的学术界通力合作,找到合适的方法去做,一定会在古史年

张光直访问中国大陆期间与学者交流

代学的研究中有突破性的贡献。

在探讨中，张光直通过自己对中国古代考古学和古史方面的研究成果，对夏商周断代工程所涉及的三代年代的始年问题，提出了自己的看法和建议。如关于商周分界，也就是古史研究中争论最多的武王克商的年代问题，张光直认为这个年代既是周朝的起始年代，也是判断夏、商年代的基础，是"工程"中的大关键。这个年代自汉代刘歆之后产生了几十种不同的说法，中间相差一百多年。之所以导致不同的说法，是因为研究者所依据的材料本身未能相互支持，因此，这些材料中必然存在一些错误的记录。而这种错误的产生，至少有两种可能的原因：一是出于政治目的的作伪，一是文献流传过程中的讹误。按常规，出土的甲骨材料一般不会错，但后人对甲骨记录的理解和推算方法却有分歧。理解不同，方法不同，其推算出的结果也就有了差异。即将全面展开的夏商周断代工程，应该对这些分歧分别给予推算，并以推算的结果与其他相关的材料相验证，找出彼此不合的材料，努力探明其不合的原因，逐步排除错误的数据。这样的研究，有产生各种数据彼此相符的可能，即便不能产生，中国古代文明年代学也可以达到比两河流域、埃及、印度还要清楚和详细的程度。

从张光直的谈话中可以看出，这位著名的美籍华裔科学家，对夏商周断代工程的前景，同史学界前辈周谷城一样，同样充满了信心与希望。

突破传统的围墙

夏商周断代工程的研究计划既已立项，根据国务院会议精神，李学勤、仇士华、李伯谦、席泽宗等四位首席科学家，即着手起草夏商周断代工程研究项目的可行性报告、经费使用计划及推荐工程专家组成员名单。

在起草的可行性报告中，"工程"的最终目标，是推算出一份有科学依据的夏商周三代年表。但是，由于学者们对三代不同历史阶段所掌握的材料不同，所以，"工程"在制订目标时，按照由近及远的路线，提出了详略不等的要求。其具体目标是：

1. 西周共和元年（公元前841年）以前各王，提出比较准确的年代。
2. 商代后期武丁以下各王，提出比较准确的年代。
3. 商代前期，提出比较详细的年代框架。
4. 夏代，提出基本的年代框架。

"工程"研究的途径：

由历史学、考古学、天文学和测年技术等学科的专家、学者联合研究，并遵循下列三个步骤：

（1）对传世文献和甲骨文、金文等古文字材料进行搜集、整理、鉴定和研究，对有关的天文历法记录通过现代天文计算推定其年代；

（2）对有典型意义的遗址、墓葬资料进行整理和分期研究，并做必要

自左至右："工程"首席科学家席泽宗、李伯谦、李学勤、仇士华

的发掘，取得系列样品，进行常规和AMS（加速器质谱计）的^{14}C年代测定。

（3）对各课题通过以上两种以及其他途径得出的结论进行综合，使研究进一步深化，得出尽可能合理的年代学年表。

有了以上三种大的途径，接下来就是对课题和专题的设置。由于这是一个既宽泛又具体的问题，所以在设置时让四位首席科学家颇费了一番脑筋。当时摆在面前的有两种选择：

一、按学科组合专题和课题，其利在于符合学者们习惯的思维方式和工作方法，其弊在于各学科成果的融合过程将滞后，不利于推进交叉研究。如历史学方面，古文献和古文字是研究夏商周年代学的重要依据，共和元年被认定为是公元前841年，就是靠传世文献推算出来的。当年司马迁撰写《史记》时，之所以能排出《十二诸侯年表》，也正是因为从共和以下，诸侯的年代排序是清楚的。但是，古代文献中能明确推算出的年代也只到公元前841年。再往前的年代，由于文献记载不一致，就很难甚至无法仅凭文献记载推算出科学、准确的结论。天文方面也是如此，天文学在回推星象记录方面不管有多么精确，但它本身无法独立解决夏商周年代学的推算问题。如西汉的刘歆利用当时的天文学和历法知识进行推算，结果弄出了一大堆不合事理的问题。因为当时的历法和文献中关于星象的记载有问题，刘歆的推算也自然就有了问题，如果后人仍用这些有问题的材料推算，其结果依然不可能准确。因此，利用天文学对夏商周年代学进行推算，首先需要历史学、考古学等提供背景材料，如利用考古发掘的甲骨文、金文等可以弥补历史文献中的不足，古巴比伦的历史就是靠出土的一大批天文材料才排出一个相对准确的年代顺序的。当历史学和考古学通过历史文献和地下考古发现的研究对某段历史或某一历史事件提出一个相对准确的时间范围后，天文学家就可以利用现代天文学知识和方法，运用现代科技运算手段，对其时的天象进行推算、研究，并得出一个更精确的时间结论。历史学家对古文献、金文和甲骨文中的日月食和行星运动现象的记载进行研究，可以确定一个有关它们发生的比较长的时间范围，天文学家则可以在这一时间范围内进一步考察共发生过几次，并推算出哪一次更有可能，从而使历史年代更接近于准确。

二、要想推进学科的交叉研究，使结果尽可能地准确，就要按夏商周断代工程的目标、任务划分课题，并将不同学科的小专题混合编组，从而成为一个大的课题组。这种方法其利在于各学科的交叉贯穿"工程"的全过程，使每一位参加者都明确自己所承担的专题在整个目标、任务中的位置和作用，以及同其他专题学科的相互关联。但其弊在于，学者们都没有现成的经验，也无规律可循，大家都是首次尝试，因此风险较大。

经过反复斟酌思量，"工程"决定突破以往的思维方式和研究方法，用全新的角度，采用后一种风险较大，但明显有利于学科交叉研究的方案，对课题、专题予以设置。

经过论证，夏商周断代工程共设9个课题，下分36个专题，设置情况如下（本书图表引自《夏商周断代工程1996—2000年阶段成果报告》，下同）：

夏商周断代工程的课题设置

课题名称	专题名称
1.有关夏商周年代、天象及都城文献的整理及可信性研究	（1）夏商周年代与天象文献资料库 （2）文献中夏商西周编年的研究 （3）有关夏商西周年代、天象的重要文献的可信性研究 （4）夏及商前期都城文献资料的搜集与整理
2.夏商周天文年代学综合性问题研究	（5）夏商周天文数据库、计算中心和联网设备的建立 （6）夏商周三代更迭与五星聚合研究 （7）夏商周三代大火（心宿二）星象和年代研究 （8）夏商周时期国外天象记录研究
3.夏代年代学的研究	（9）早期夏文化研究 （10）二里头文化分期与夏商文化分界 （11）《尚书》仲康日食再研究 （12）《夏小正》星象和年代
4.商前期年代学的研究	（13）郑州商城的分期与年代测定 （14）小双桥遗址的分期与年代测定 （15）偃师商城的分期与年代测定

续表

课题名称	专题名称
5.商后期年代学的研究	（16）殷墟文化分期与年代测定
	（17）殷墟甲骨分期与年代测定
	（18）殷墟甲骨文和商代金文年祀的研究
	（19）甲骨文天象记录和商代历法
6.武王伐纣年代的研究	（20）武王伐纣时天象的研究
	（21）先周文化的研究与年代测定
	（22）周原甲骨的整理及年代测定
	（23）丰、镐遗址分期与年代测定
7.西周列王的年代学研究	（24）琉璃河西周燕都遗址分期与年代测定
	（25）天马—曲村遗址分期与年代测定
	（26）晋侯墓地分期与年代测定
	（27）西周青铜器分期研究
	（28）晋侯苏钟专题研究
	（29）西周金文历谱的再研究
	（30）"懿王元年天再旦于郑"考
	（31）西周历法与春秋历法——附论东周年表问题
8.^{14}C测年技术的改进与研究	（32）常规法技术改造与测试研究
	（33）骨质样品的制备研究
	（34）AMS法技术改造与测试研究
9.夏商周年代研究的综合和总结	（35）夏商周年代研究的综合和总结
	（36）世界诸古代文明年代学研究的历史与现状

项目的课题和专题

课题名称	专题名称	负责人
1.有关夏商周年代、天象及都城文献的整理及可信性研究	（1）夏商周年代与天象文献资料库	杨升南
	（2）文献中夏商西周编年的研究	
	（3）有关夏商西周年代、天象的重要文献的可信性研究	
	（4）夏及商前期都城文献资料的搜集与整理	
2.夏商周天文年代学综合性问题研究	（1）夏商周天文数据库、计算中心和联网设备的建立	陈久金
	（2）夏商周三代更迭与五星聚合研究	
	（3）夏商周三代大火（心宿二）星象和年代研究	
	（4）夏商周时期国外天象记录研究	

第一章 直面历史的遗产

续表

课题名称	专题名称	负责人
3.夏代年代学的研究	（1）早期夏文化研究 （2）二里头文化分期与夏商文化分界 （3）《尚书》仲康日食再研究 （4）《夏小正》星象和年代	邹衡
4.商前期年代学的研究	（1）郑州商城的分期与年代测定 （2）小双桥遗址的分期与年代测定 （3）偃师商城的分期与年代测定	安金槐
5.商后期年代学的研究	（1）殷墟文化分期与年代测定 （2）殷墟甲骨分期与年代测定 （3）殷墟甲骨文和商代金文年祀的研究 （4）甲骨文天象记录和商代历法	殷玮璋
6.武王伐纣年代的研究	（1）武王伐纣时天象的研究 （2）先周文化的研究与年代测定 （3）周原甲骨的整理及年代测定 （4）丰、镐遗址分期与年代测定	张培瑜
7.西周列王的年代学研究	（1）琉璃河西周燕都遗址分期与年代测定 （2）天马—曲村遗址分期与年代测定 （3）晋侯墓地分期与年代测定 （4）西周青铜器分期研究 （5）晋侯苏钟专题研究 （6）西周金文历谱的再研究 （7）"懿王元年天再旦于郑"考 （8）西周历法与春秋历法——附论东周年表问题	张长寿
8.^{14}C测年技术的改进与研究	（1）常规法技术改造与测试研究 （2）骨质样品的制备研究 （3）AMS法技术改造与测试研究	仇士华
9.夏商周年代研究的综合和总结	（1）夏商周年代研究的综合和总结 （2）世界诸古代文明年代学研究的历史与现状	李学勤

在夏商周断代工程实施过程中，根据研究需要和新的考古发现，又陆续增设了以下8个专题：

（1）金文纪时词语（"月相"）研究；

（2）甲骨文宾组、历组日月食卜辞分期断代研究；

（3）商州东龙山文化分期与年代测定；

（4）邢台东先贤文化分期与年代测定；

（5）禹伐三苗综合研究；

（6）新砦遗址的分期与研究；

（7）周原西周文化分期与研究；

（8）洹北商城的遥感与物探。

从以上的内容可以看出，三代年代学这个看起来庞大无边、深不见底的题目，经过9个课题44个专题的拆分、搭配，如同庖丁所解之牛，豁然开朗。这个呈树形结构的课题与专题的设置，其功能明确，内在逻辑紧密，覆盖了国内外研究夏商周年代学曾提出的所有途径和方法。每一个专题的任务都源于总目标的一个分支，每一个专题的成果都会最终输入"工程"目标的主体，从而使三代年代学的大厦能够在较短的时间内经多学科研究成果的交叉论证构建起来。可以说，夏商周断代工程是一个在真正意义上实现了自然科学与人文科学相结合的开创性的学术研究课题。

1996年2月15日，夏商周断代工程领导小组召开第一次会议，审议"工程"可行性报告（草稿）、经费安排及专家组组成等情况。以邓楠为组长的"工程"领导小组经过深入细致的审议、讨论后认为，鉴于年代久远，从商代武丁前至夏代无法排出每一个王在位的准确年表，因此，对"工程"难度要有足够估计，不能期望通过四年研究解决夏商周断代的所有问题。领导小组同意首席科学家确定的从历史、天文、考古、^{14}C技术测年等几方面相互配合，共同推进，得出较准确结果的技术路线。邓楠在总结性的发言中强调，夏商周断代工程是一项集自然科学与社会科学于一体，多学科联合攻关的科研项目，类似课题不但在我国从未有人做过，在世界上也未有人做过，因而需要专家学者与管理部门通力合作，才能取得较好成果。

根据"工程"领导小组的指示和"工程"的特点，由首席专家提出，国家科委聘任相关学科的21名专家成立"工程"专家组，专家组下设精干的课题组，聘任不同学科的专家进行联合攻关。直接参与工程、来自社会科学和自然科学领域共9大学科的优秀学者达200多人，其人员主要来自中国科学院

第一章 直面历史的遗产

自然科学史研究所、生物物理研究所、上海天文台、紫金山天文台、陕西天文台，中国社会科学院历史研究所、考古研究所、世界历史研究所，北京市社会科学院历史研究所，河南省社会科学院考古研究所，中国历史博物馆，故宫博物院，上海博物馆，北京市文物研究所，河北省文物考古研究所，山西省考古研究所，河南省文物考古研究所，郑州市文物考古研究所，陕西省考古研究所，北京大学，清华大学，北京师范大学，首都师范大学，南开大学，吉林大学，东北师范大学，哈尔滨师范大学，上海交通大学，南京大学，南京师范大学，烟台大学，四川大学，西北大学等单位。

工程专家组主要人员，除李学勤、仇士华、李伯谦、席泽宗四人外，分别是：

马承源　专家组成员、上海博物馆馆长、研究员
马福臣　专家组成员、国家自然科学基金委员会地球科学部副主任、研究员
朱凤瀚　专家组成员、南开大学历史系主任、教授
安金槐　专家组成员、河南省文物考古研究所名誉所长、研究员
严文明　专家组成员、北京大学考古文博学院教授
邹　衡　专家组成员、北京大学考古文博学院教授
辛德勇　专家组成员、中国社会科学院历史研究所副所长、研究员
张长寿　专家组成员、中国社会科学院考古研究所研究员
张培瑜　专家组成员、中国科学院紫金山天文台研究员
陈久金　专家组成员、中国科学院自然科学史研究所副所长、研究员
陈铁梅　专家组成员、北京大学考古文博学院教授
俞伟超　专家组成员、中国历史博物馆研究员
原思训　专家组成员、北京大学考古文博学院教授
殷玮璋　专家组成员、中国社会科学院考古研究所研究员
郭之虞　专家组成员、北京大学重离子物理研究所副所长、教授
彭　林　专家组成员、北京师范大学国学研究所教授
裘锡圭　专家组成员、北京大学中文系教授

以上由21人组成的专家组，包括人文社会科学专家13人，其中历史学

家、古文字学家5人，考古学家8人；自然科学专家8人，其中测年技术专家4人、天文学家3人、地理学家1人。这个老中青三结合的专家队伍，既具有科学的合理性，又具有学术界公认的权威性，并有能力起到"工程"领导小组所要求和期望的"起学术领导，把握研究方向的作用"。

"工程"课题、专题组部分主要成员：

杨升南　中国社会科学院历史研究所研究员
罗　琨　中国社会科学院历史研究所研究员
廖名春　清华大学思想文化研究所副教授
郑杰祥　河南省社会科学院考古研究所研究员
徐振韬　中国科学院紫金山天文台研究员
江晓原　上海交通大学科学史系主任、教授
胡铁珠　中国科学院自然科学史研究所副研究员
吴守贤　中国科学院陕西天文台研究员
方燕明　河南省文物考古研究所副研究员
郑　光　中国社会科学院考古研究所研究员
杨育彬　河南省文物考古研究所研究员
杜金鹏　中国社会科学院考古研究所研究员
蔡莲珍　中国社会科学院考古研究所研究员
张雪莲　中国社会科学院考古研究所副研究员
宋国定　河南省文物考古研究所副研究员
杨锡璋　中国社会科学院考古研究所研究员
徐广德　中国社会科学院考古研究所研究员
唐际根　中国社会科学院考古研究所副研究员
刘一曼　中国社会科学院考古研究所研究员
曹定云　中国社会科学院考古研究所研究员
常玉芝　中国社会科学院历史研究所研究员
王占奎　陕西省考古研究所副所长、副研究员
曹　玮　陕西省考古研究所副所长、副研究员
徐良高　中国社会科学院考古研究所副研究员

第一章 直面历史的遗产

张立东　中国社会科学院考古研究所副研究员
刘　绪　北京大学考古文博学院教授
徐天进　北京大学考古文博学院副教授
雷兴山　北京大学考古文博学院副教授
吴小红　北京大学考古文博学院副教授
刘克新　北京大学重离子物理研究所副教授
鲁向阳　北京大学重离子物理研究所副教授
马宏骥　北京大学重离子物理研究所副教授
赵福生　北京市文物研究所副研究员
王世民　中国社会科学院考古研究所研究员
陈公柔　中国社会科学院考古研究所研究员
刘次沅　中国科学院陕西天文台研究员
陈美东　中国科学院自然科学史研究所研究员
彭裕商　四川大学历史系教授
林志纯　东北师范大学教授
吴振武　吉林大学研究生院副院长、教授
刘　雨　故宫博物院古器物部主任、研究员
罗　新　山西省考古研究所副所长、副研究员
黄天树　北京首都师范大学中文系教授
蒋汉英　中国科学院生物物理研究所研究员
张　强　东北师范大学古典文明史研究所副教授
吴宇虹　东北师范大学古典文明史研究所副教授
刘　健　中国社会科学院世界历史研究所博士

为协助专家组进行项目的总体设计和实施中的组织协调，经夏商周断代工程领导小组批准，设立以历史学家朱学文为主任，周年昌为专家组秘书长，王肃端、王正、徐俊为副主任，江林昌、徐凤先为学术秘书的项目办公室，负责日常事务及有关工作。

1996年4月2日，经四位首席科学家修改后的《夏商周断代工程可行性论证报告》（讨论稿），再次提交领导小组审查。

宋健（前执笔者）在"工程"专家组成员和河南省文物考古研究所专家安金槐等人陪同下，考察郑州商城发掘成果

自4月8日至5月8日，李学勤陆续召集五次夏商周断代工程首席科学家及扩大会议，对"工程"可行性论证报告，从不同的方面和角度又做了修订。

1996年5月15日，《夏商周断代工程可行性论证报告》经19位国内顶尖学者、专家评审，得以通过。

1996年5月16日，李铁映、宋健在中南海主持夏商周断代工程会议，参加这次会议的有夏商周断代工程领导小组、专家组、项目办公室以及有关单位的专家、学者近五十人。李铁映、宋健听取了夏商周断代工程领导小组组长邓楠、专家组组长李学勤等有关人员的汇报，并为参加工程的21位专家组成员颁发了聘书。会上，宋健做了题为《超越疑古，走出迷茫》的长篇报告。在这篇气势恢宏的报告中，宋健指出，"中国的历史科学要想在世界上获得其应有的地位，中国的历史学家首先要站起来，要敢于做大题目，使历史科学成为中华民族的支柱性科学，而夏商周断代工程可能正是一种纲领性的工作。20世纪即将结束，我们不能把古史上的迷茫就这样传给下一代。晚清封建帝制崩溃的一百多年来，经过数代人的努力，特别是新中国成立后四十多年卓有成效的工作，中国的古代史研究已取得极其丰富的成就，处于世纪之交的'九五'期间，应该做一个总结，对三代纪年这个关键问题归纳出一个轮廓"。

对工程的具体实施，宋健还向与会者提出了自己的四点建议：

第一，要突出重点，有所为，有所不为，集中精力于关键问题。五千年的文明史，渊邃浩瀚，是长远的研究对象，有取之不尽的研究题材。当前对社会影响最大的是三代纪年问题，欲五年完成，时间很短。应集中精力总结近几十年考古发掘、甲骨文、金文、简帛等新的考古和历史科学研究成就。必要时，可部署新的发掘，对重点遗迹文物，集中力量进行研究。当前资源有限，须有效利用。面不宜铺得太大，可有可无的项目暂时不做。对主题关系不大的研究、试验、发掘等可留给后人，他们会做得更好。

第二，提倡社会科学与自然科学相结合。毫无疑问，完成此"工程"主要靠历史和考古学家，自然科学有关专业应参与协同。可综合调度使用我国已建成的物理、化学、地学、天文学等学科的现代设施。除确系必要者外，能不新建的不必新建。计划定得太大，会影响预定目标的实现。

第三，实施断代工程，宜集中注意力于任务目标，不再引发大的辩论。

第四，坚持重大科学问题上的民主集中制原则。"工程"后期，每一个工作组都应提一份研究报告，再由专家组在首席科学家的主持下，提出综合报告。报告应尽量达成一致意见，如有异议，允许保留，不必强求一致，以多数通过为准，然后提交全国性学术团体讨论，多数通过后发布，报国家备案。最后，宋健援引国际地质学断代标准文件的起草、讨论和通过发布的程序，解释了"重大科学问题上民主集中制"的意义，说明这种行之有效的方法，虽不是"最后的真理"，但既可对中国古代史最新研究做一个总结，也可为今后国内外的历史研究、教学和社会各方面提供一个到目前为止比较可靠的、可使用的系统纪年。如果以后有新的发现、新的证据或新的研究结果，随时可以通过类似程序予以修改，向全社会公布新表。这个做法既符合学术民主精神和"双百"方针，也符合重大科学决策上的民主集中制原则。而中国的历史科学也就能够在统一社会文化、教育以至政治、外交事务等方面提供比较可靠的科学依据。

继宋健之后，李铁映满怀激情和信心地讲道："解释历史的疑团，拨亮历史明灯，使中华民族的历史更辉煌，提高中华民族的凝聚力与自信心，是这一项目的意义之一。从各种条件来看，现在我们有大量的考古发掘成果，有现代的科学技术，又有国外的研究可以借鉴，我们的条件不比德国人研究埃及史的条件更差，我们完全有能力、有信心完成这一课题。创新是一个民族的灵魂，是一个民族前进的动力，创新本身也是一种科学的态度。夏商周断代问题，两千多年来没有得到解决，说明它有难度，所以，无论在理论上还是在方法上，都要去掉一切迷信和一切因循守旧，在'工程'开始之时，就要有一种大无畏的科学精神，开拓这一研究的新局面……"

5月16日的会议，标志着夏商周断代工程全面启动。古老的中华文明将以此为新的基点，在时代的呼唤与研究者的汗水中逐渐显现出它那惊天动地的庐山真面目。

注释：

①亚述巴尼拔（Ashurbanipal，公元前668—约前627年在位）：亚述王朝最后一位著名的国王。文武兼备，曾进行多次远征，并在首都尼尼微的王宫内建立了一所大型图书馆。他派遣僧侣和书吏到各地搜集苏美尔—巴比伦文献，所收泥版文献一度达25,000块以上。公元前612年，亚述王朝覆灭。亚述巴尼拔图书馆的大量泥版因湮没在废墟中而得以保存下来，1845—1854年被发掘。大英博物馆中保存有约20,720块泥版。

②巴比伦第一王朝：约公元前1894—前1595年，第一王朝的第6个王即为制订《汉穆拉比法典》的汉穆拉比王。

③安特生（Johann Gunnar Andersson，1874—1960）：瑞典地质学家和考古学家。1914年到中国任矿业顾问，做过考古勘探工作。1921年在河南仰韶村发现精致的彩陶，为中国新石器时代文化提供了第一个证据。同时他在黄河流域发现许多类似遗址，与西南亚诸文化比较研究，确定其时间为公元前3000—前1500年。他根据在周口店看到的石英碎片，预言会发现人类化石，6年后，果然在那里发现北京猿人（北京人）的化石。

④英里：英制中的长度单位。1英里=5280英尺=1.609千米。

第二章 世界文明的折光

辉煌盖世的古埃及文明，在岁月的凄风苦雨中从衰落走向消失。多少个世纪之后，法国将军拿破仑率部入侵，古埃及文明重现于世。而随着湮没于沙土之下的尼尼微城和赫梯城堡的再度出现，世界古文明露出了璀璨的光芒。

一页历史科学的空白

夏商周断代工程启动后，各路专家、学者按照"工程"的规划和各自承担的课题、专题纷纷行动起来，怀着满腔的热情和充足的信心将自己的才学、智慧和心血倾注于文献资料库、天文数据库、计算中心、天文推算、^{14}C测年技术设备硬件的改进、传世文献的研究、各考古遗址的发掘与探索之中。鉴于古代近东和西方古典年代学的研究已有相当长的历史，不仅取得了丰硕的成果，也积累了比较丰富的经验，且这种研究仍在不断发展之中，夏商周断代工程专门设立了"世界诸古代文明年代学研究的历史与现状"专题，以期通过对这一方面的研究，让所有参与工程的专家、学者深入了解世界古代年代学研究的情况并进行借鉴。由于这一专题的研究成果必须产生于其他诸如考古、天文、历法等课题的前面，才能更有效地发挥作用，工程首席科学家经过慎重考虑与讨论，认为只有将这一复杂繁重的工作，交由东北师范大学世界古典文明史研究所林志纯教授领衔的专家团队，才能够在短时间内达到预期的目的。

林志纯（笔名日知）是中国著名的世界古代史学家。他于1910年生于福建省福州市一个教师世家，自幼聪颖好学。当他不到10岁时，父亲去世，母亲靠做工来维持一家人的生计，少年林志纯也随之分担了生活的重担。到15岁时，林志纯已读中学。为了生活，更为了能坚持学业，他边读书，边教书，半工半读，步步艰难。

林志纯（右）与张强在"工程"会议上（作者摄）

第二章 世界文明的折光

1937年，林志纯进入上海大夏大学学习，并在上海圣约翰大学旁听，师从著名学者王成祖教授。在这期间，他对英语、俄语、拉丁语有了进一步的学习，水平得到提高，为后来研究西方历史打下了坚实的基础。1941年毕业后，他在上海综合大学和大夏大学任讲师，在讲授中国史的同时，亦对世界史给予关注和研究。新中国成立后，根据国家的需要，林志纯于1950年离开上海到长春东北师范大学任教。在此之后的几十年里，他一直在东北师范大学历史系与世界古典文明史研究所工作，并从研究中国史渐渐转为主要从事世界古代史的教学与研究。

1979年，在林志纯的组织指导下，中国世界古代史研究会在长春成立，林志纯当选为研究会的理事长。此时的他虽年届古稀，但深感在古代近东与西方古典这两大文明的研究中，中国学界底子薄、人才少，学术空白大量存在，便决心扭转这种状态。自20世纪80年代初开始，林志纯联合中国史和世界史研究领域的巨擘周谷城、吴于廑两先生，联名向教育部提出《关于加强世界古代文明史研究工作的意见和建议》的书面报告。这个建议得到了教育部的重视，并于1984年以专门文件做了批复。根据这一文件精神，东北师范大学成立了世界古典文明史研究所。研究所设置大学本科高年级古典文明试办班，首先面向北京大学、复旦大学、武汉大学、南开大学、北京师范大学、东北师范大学等校招生。学科以世界古典文明，尤其以埃及学、亚述学、赫梯学、希腊拉丁古典学为重点。同年，林志纯又和周谷城、吴于廑一同联名发表了《古典文明研究在我国的空白必须填补》一文，以期进一步增强推动填补这些空白学科的力度。文中指出："自十八世纪末至今不到二百年间，随着近代考古学的发展，大量久为世人所不知道的古代文字的材料陆续出土。由于这些死文字的释读成功，各个有关的上古文明历史，得以根据遗留下来的文献进行研究……这些古文字的释读成功，和同时出现于世的大批古代物质遗留，使古代史许多方面的研究从无到有，大大丰富起来，因而在古代史这门学科中产生了许多分支学科，包括埃及学、亚述学、克里特-迈锡尼文字学，以及我国的古文字学。……埃及学、亚述学等等古文字和古代史研究的分支学科发生和发展的将近二百年，正是西方工业革命兴起和向东方扩张的两个世纪。埃及学、亚述学等等学科的文物，大部分被集中到西方各强国的博物馆中。中国在解放前是沉沦于半殖民地地位的老大国家，自己所有的，特别是甲骨文字材料，不少尚流落国外，更谈不上分享西方国家所发掘夺取的埃及学、亚述学等等文物资料。我们在这方面一无所有。解放前的学校和研究机关,根本没有人想引进什么埃及学、亚述学等学科。结果,我们没有埃及学,没有亚述学,既无专门研究的人才,又无可供专门研究的图书设备。可以说,这些古代史的分支学科对于我们都是空白学科。对西方古希腊罗马文明的研究,前希腊的爱琴文明的研究,以及和我国文化发展关系甚密的古典印度文明的研究,其基本情况也是这样。辗转引述的较多,根据原始古典文献和考古发掘的资料做独立研究的很少。这些历史科学空白点的存在,显然同我们目前的国家地位是不相称的,和我们作为一个有悠久文明历史大国的地位更是不相称的。"

在文章的最后,林志纯等人表达了自己老骥伏枥,志在千里的信心和勇气:"埃及象形文字、苏美尔-阿卡德楔形文字等等外国古文字,的确是难学的文字,对不同语言文化传统的学者尤其如此。但这些古文字都经一二百年来或至少数十年来西方学者的钻研努力,读解之法早已成规。我们今天来学习,入门既不难,深入钻研也不是不可能得到效果。关键在于搜求必要的资料,立志攻坚,以严密的科学态度和方法,参照我们研究本国古文字和古文化的经验,经过努力,完全有可能为西方古典历史学科在我国的空白补缺……"

这篇极具远见卓识的文章的发表,在史学界引起了较大反响,并得到了相关学科专家的支持。1988年,国家教委下达高等学校重点学科点名单时,专门指定东北师范大学为"世界上古、中古史重点学科点",长期聘请外国专家来华讲授埃及学、亚述学、赫梯学、西方古典学以及各种古文字学。经过十几年的努力,终于培养出了一批又一批中国自己的掌握埃及象形文字、西亚楔形文字和希腊文字、拉丁文字的学者,这些学者大都在本校或国内外的科研机构从事古代近东或西方古典的教学与研究工作。正是基于这样一种得天独厚的条件和国内尚无其他学科点可与之匹敌的优势,夏商周断代工程才把"世界诸古代文明年代学研究的历史与现状"专题重任,交付给以林志纯教授为首的众位专家研究。显而易见的是,这项任务的交付,除了是"工程"的信任,也是对承担这项任务的专家、学者一次整体实力的检验。

那么,世界诸古代文明年代学研究的状况究竟如何?它对中国即将全面启动的夏商周断代工程会给予怎样的启示?参与工程的专家、学者们,将从林志纯等人的研究成果中有更进一步的了解。

埃及文明的湮没与发现

作为世界四大古代文明发源地之一的埃及，就地理位置而言，以今天的开罗为界，分为上埃及和下埃及两个部分。上埃及是指埃及的尼罗河上游地区，即开罗以南的地区。下埃及是指埃及的尼罗河下游地区，即开罗以北的尼罗河三角洲地区。关于古埃及的气候及地理环境，著名学者C.W.西拉姆曾做了如下精彩的描绘："太阳早晨在湛蓝的天空升起了，运行了，它那黄色的、滚烫而耀眼的光芒照在褐色的、赤色和白色的沙地上，映出的影子像沙上的剪影一样轮廓分明。这是一片永世阳光普照的荒野，这里没有气候的变化，没有雨、雪、雾、雹，也很少有雷声和闪电，这里的空气干得要死，遍地都是五谷不生的砂砾和硬得发脆的土地——就在这块土地上，奔流着伟大的尼罗河，它是众河之父，人称'万物之父尼罗河'。它源远流长，河水来自苏丹的湖泊和热带雨林。每逢汛期河水就溢出两岸，淹没沙荒，吐出肥沃的七月的泥浆，每年河水高达52英尺[①]，如是循环往复，持续了千万年。水退之后，河边的干土和沙地已经浸透，河水所过之处长出绿色的植物，播种的庄稼开始发芽了、吐穗了、成熟了……就这样，尼罗河边每年出现一个新的埃及，它是古代的谷仓。正如伟大的历史学之父希罗多德所说：'埃及是"尼罗河馈赠的礼物"'，就连远地的罗马人的饥饱也要取决于尼罗河的

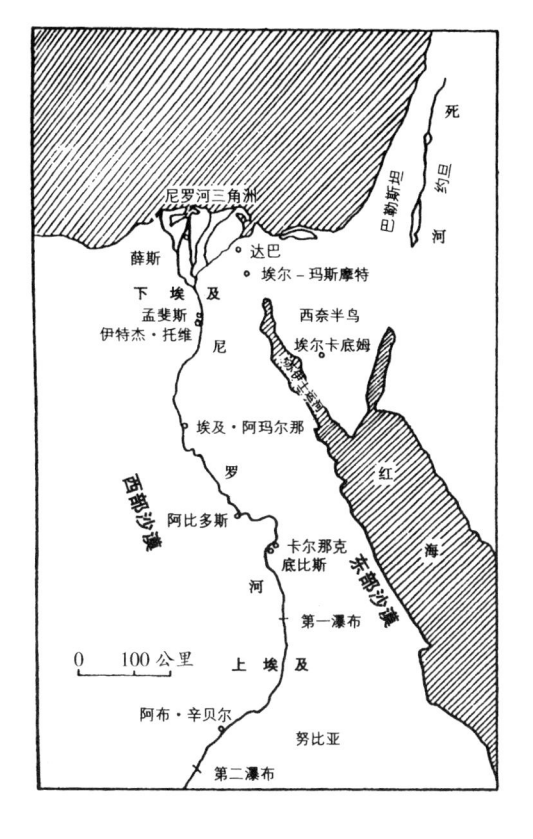

公元前二千纪时期的埃及平面示意图

底比斯西岸哈特舍普苏特葬祭庙

恩赐。"

古埃及文明就是在这样的环境中植根、成长、发展、壮大、繁衍起来，并成为世界最古老、伟大的文明之一。这个文明古老的程度，已超出了许多现代人的想象。按照后世年代学者的划分，古埃及的历史可分为前王朝时期和王朝时期两大部分，前后延续了约4000年。在前王朝时期，埃及从原始社会过渡到阶级社会，最后以国家的统一而告终。从公元前3100年起，一直到公元前332年希腊马其顿国王亚历山大征服埃及时止，埃及先后共经历了7个阶段和31个王朝，因为统治的国王被称为法老，所以王朝时期又被称为"法老时期"。

就在这个法老时期内，埃及文明从弱小的初始阶段一步步走向鼎盛。关于埃及在当时世界格局中的辉煌和繁荣，生于纪元前的古希腊盲诗人荷马在他的史诗《伊利亚特》中曾记述道："在埃及的底比斯，那里的城有100个城门，城门是如此宽阔，每个城门可供20个男子骑着马，驾着马车并排通过。"直到荷马时代过去几千年后的今天，人们仍然可以看到在骄阳照射下的沙荒上矗立着一座又一座金字塔。单是其中的一座就用了250万块石头，集中10万名奴隶干了整整20年才得以建成。它因其盖世威严和磅礴气势，成为几千年来人们尊崇膜拜的偶像。正如18世纪法国旅行家萨瓦里在考察之后所发出的感慨："这些古建筑经历了民族的毁灭、帝国的崩溃、时间的侵蚀，见到它们的外观，令人油然生出敬仰之情。回顾在这些岿然不动的躯体面前流逝的茫茫岁月，心灵真会不由自主地震颤——向世界七大奇迹之首致敬！光

第二章 世界文明的折光

荣归于建造者的血汗！"

就是这样一个曾经拥有无限辉煌和荣光的文明国度，在亚历山大大帝于公元前332年来到这里后，便戛然宣布了古代埃及几千年文明史的终结。

事实上，早于亚历山大大帝之前约两百年，波斯王朝便征服过曾辉煌无比但当时已经暗淡衰败的埃及法老王朝。当新崛起的亚历山大开始率部东征时，埃及的法老王朝不过是徒有虚名而已。"这个高大而脆弱的庞然大物，只被亚历山大的战刀轻轻一击便颓然倒地了"。随着埃及的被征服，埃及人对本民族国家的统治地位完全丧失，一个由希腊人统治的新的时代到来了。

公元前323年亚历山大去世后，他的部将托勒密开始在埃及称王，并建立了托勒密王朝，他的王位继承者们对埃及人的统治，直到罗马帝国占领埃及后才告终结。这一时期被后来的历史学家称为"托勒密埃及"。

亚历山大大帝对埃及的征服，开启了希腊文化与东方文化大交流、大融合的新时代。托勒密掌权后，对两种文化的交流与融合又进一步促进，他在筹建亚历山大城时，兴建了世界上最古老的图书馆之一——亚历山大图书馆。托勒密二世还亲自任命古希腊著名数学家厄拉多塞②为图书馆馆长，负责收集、整理古希腊文学和其他民族优秀文学作品的抄本，翻译《旧约全书》和巴比伦人的各种文献，并组织72名犹太学者将《旧约全书》译成希腊文。由于朝廷的支持和浓厚的文化氛围，一大批希腊、罗马的学者为之吸引并陆续来到亚历山大城，从事各学科的研究和进行学术交流。一时间，整个亚历山大城大师如林，科学文化事业如日中天，成就斐然。亚历山大图书馆的藏书与日俱增，最后竟达到了70余万卷，且这些图书全部实现了编目化，每册图书均有内容提要以及评论，其中有30卷的镇馆之宝《埃及史》。这是埃

青年时代的亚历山大，狮子头式鬈发，头微侧，向上凝视，眼神迷人

亚历山大以埃及法老形象，出现在卢克索的阿蒙诺菲斯三世（公元前1417—前1379年）大神庙的墙上。上面的文字是："敬爱的太阳神拉（Ra），阿蒙神之子，亚历山大谨上。"

047

及祭司、著名的僧侣学者曼涅托应托勒密一世的指示，用希腊文撰写的最权威的古埃及通史。这部著作不但记载了古埃及远古时代的一系列事件，而且极为详尽地叙述了其民间的习俗与宗教等大众文化，为埃及年代学的创立奠定了坚实的基础。曼涅托以罕见的远见卓识，在书中将古代埃及划分为30个王朝的断代方法，直到几千年后仍被学者们沿用。遗憾的是，当历史的进程走到公元前48年时，罗马共和国的一代雄主恺撒率部攻占埃及，当战火蔓延到亚历山大城时，不可避免地引燃了亚历山大图书馆——这个当时世界上最大的图书馆、杰出的东西方文化研究中心被焚毁殆尽，许多孤本藏书化为灰烬。而镇馆之宝、最伟大的人类文化巨著之一、曼涅托的《埃及史》孤本也随着火焰的升腾化作青烟随风而去了。

公元391年，罗马帝国的新皇帝狄奥多西一世颁布法令，关闭帝国版图内所有的非基督教的异教神庙。当时在埃及的亚历山大城中有一座塞拉皮斯神③的神庙，这是公元前3世纪托勒密时代塞拉皮斯信仰由希腊传入埃及后建立的，这座建筑除神庙的功能外，也是继亚历山大图书馆之外又一座保存古代文献、图书的文化宝库。当狄奥多西一世的法令颁布后，这座神庙不但被关闭，而且还遭到了焚毁的厄运，庙中那些逃过了公元前48年那一劫的剩书，也随之荡然无存。

当罗马帝国占领埃及的早期，埃及的祭司除履行日常的祭祀之外，还要教授弟子当地的语言文字。但自公元391年之后，这些祭司在狄奥多西一世严厉法令的打击下，一批接一批地出逃了。这些祭司的出逃所导致的后果是，无论刻在石碑上的文字，或者保存在神庙中纸莎草纸上的作品，整个埃及再也没有一个人能认读了。

到了公元450年，不但没有人能辨认古代埃及的文献，就连当地人为了使占领者了解埃及而用希腊文撰写的作品也已消失，古埃及文明的链条彻底中断，昔日的万丈光芒被茫茫的黑夜湮没了。从这时候开始，直到1822年，即法国学者商博良成功地破译古埃及象形文字之前，人们除对雄伟的金字塔和刻有一个个生动符号的方尖碑等文物古迹大加赞赏外，对埋藏在沙漠下的其他财富一无所知。没有人真正认识到这里沉睡着一个悠久、古老的文明，而且曾经是人类发展史上最为辉煌耀眼的文明之一。

1797年10月17日，著名的法国将军拿破仑在坎波福米奥和奥地利政府签署了法意战争的停战合约后，成为法国最得人心的人物。这位将军在横扫欧洲之前，已是"满脑子精神病患者的狂想"，这种狂想使他打算做一个如2000年前亚历山大大帝式的盖世英雄。这位小个子将军在日记中这样写道："巴黎压在我的身上，沉重得像一件铅做的大衣。我们的欧洲如同一个土堆，只有前往六亿人的东方，才能创建伟大的帝国，实现伟大的使命。"

出乎许多人意料的是，拿破仑的狂想很快就变成现实。1798年5月19日，拿破仑以共和国派遣军的名义，率部开始了规模浩大的东征。这次目标直指埃及的征战，不仅动用了328艘战船以及共和国最精锐的3.8万人的军队，而且还有175名科学界的精英随行，他们中有数学家、天文学家、化学家、矿物学家、东方语言学家、建筑师、作家、画家、诗人等。拿破仑远征的目标很明确，除了武力征服埃及，还要对这块土地进行大规模的科学考察。

7月1日，拿破仑的军队登陆埃及，攻陷亚历山大城，由于事出突然，城里的驻军和居民根本未来得及抵抗就成了被征服者。7月21日，拿破仑的士兵经过艰难的行军，横穿一望无垠的沙漠，终于看到了开罗，看到了这座《天方夜谭》里提到的城市和它的400个寺塔，包括开罗最大的清真寺——贾米—埃尔—阿沙那巨大的圆顶。在柔和的晨曦中，这些金碧辉煌的屋宇闪烁着光辉，而那些在沙漠中高高耸立的巨大、孤寂、冰冷的巨石建筑，其鲜明的轮廓被莫卡塔姆山紫灰色的山坡烘托得格外显眼，两种景物形成了强烈的对比。吉萨高地的金字塔永恒地沉默着，以高贵的姿态证明着在伊斯兰教之前早已死去的文明。

这令人眼花缭乱的一切，对拿破仑的士兵来说根本没有心思将之细加打量，因为埃及的统治者玛穆鲁克王的军队正阻挡着他们前进的脚步，面对如蝗的敌军，拿破仑指着巨大而沉默的金字塔对他的士兵说出了一句豪情满怀的话语："士兵们，在这些金字塔的顶上，40个世纪在注视着你们！"

决战开始了，其激烈程度超出了拿破仑与士兵们的想象，但拿破仑还是以卓越的军事天才击败对手，率部进驻开罗。至此，他的雄心壮志正一步步实现，那全面占领埃及、直捣印度的伟大计划已完成过半。遗憾的是，拿破仑的好运不长，8月1日，法国舰队在停泊港阿布基尔遭到了英国舰队司令纳尔逊军队的袭击，几乎全军覆没。但是，拿破仑没有被打败，反而从此开启了远征中最为光辉的阶段——开始致力于开发埃及。

金字塔前的狮身人面像

为了获得埃及人的好感，拿破仑想尽办法让法国占领军尊重当地的宗教信仰，并开展大规模的建设工程。在精神生活方面，拿破仑以法兰西学院院士的名义，签署一切文告，并按照法兰西学院的模式，建立了埃及研究院，此外还发行了几份如《埃及通讯》《埃及旬报》等报纸。与此同时，随拿破仑远征的艺术家和科学家们也在纷纷测量、清点、调查和搜集一切能在地面上找到的东西。当然，这些艺术家和科学家最关心的是古代的埃及。于是，在古代遗址尚存的底比斯、卢克索和卡纳克等地，考古发掘很快如火如荼地展开，就在这个时候，闻名于世的罗赛塔碑被发现了。

发现罗赛塔碑的具体情节一直模糊不清，但当时的科学家们普遍认为这块石碑是一个名叫道特普尔的人发现的，有人则称是布沙德所发现的，但后来经拿破仑下令调查后证明，布沙德不过是一名指挥士兵们在位于尼罗河畔的拉齐德要塞废墟进行挖掘的低职军官，他本人并没有发现这块石碑，实际上挖出这块石碑的是一位不知姓名的士兵。据科学家们后来推断，这位挖出石碑的士兵可能具有一定的文化，或者有些古物常识，所以当他发现石碑之后，能立即意识到这是一件非同寻常的东西并有意保留下来，最后才为军官布沙德所知。

这块后来被称为打开埃及古代史钥匙的举世闻名的石碑，通体为"硬得像榔头"的磨光玄武岩凿成，长3英尺9英寸[④]，宽2英尺4英寸半，厚达11英寸。碑的一面镌刻着三段不同的文字，第一段是象形文字，共11行；第二段是通俗体文字，共32行；第三段是希腊文，共54行。这三段文字虽经岁月的剥蚀，已经有些模糊，但仔细辨认，还是可以看得出来。所以当军官布沙德率领士兵将这块石碑运到开罗后，拿破仑手下一位懂希腊文的将军便立刻着手翻译上面的一段希腊文字。将军发现这是公元前196年埃及托勒密五世国王的敕令。这段希腊文的成功破译，立即引起了世界学者的瞩目。当时的《埃及信使报》有评论指出："在罗赛塔碑上可以找到通往古埃及王国的钥匙，通过它有可能用埃及人之口来说明埃及。"由于碑文的三段文字安排本身就说明它们的内容是相同的，因此大多数学者认为在翻译出希腊文以后，再设法找到希腊文字和那些象形文字之间的关系，应该是并不十分困难的。正当学者们跃跃欲试，准备大显身手之时，拿破仑的远征之梦结束了。

罗赛塔石碑
公元前196年，埃及僧侣为颂扬国王托勒密五世而做，长约107厘米，宽约76厘米。这是一块具有划时代意义的黑玄武岩石，碑上刻有三种文字，石碑现藏于大英博物馆

　　1801年9月，在英国和土耳其联军的攻击下，亚历山大城陷落，法军被迫撤出埃及北部的占领区，法军从埃及弄到的大批文物全被英军截获并运到了大英博物馆。当时法国人千方百计想保住罗赛塔碑，但是，当英国外交官哈密尔顿在一艘即将开往法国的船上发现这块石碑时，便毫不留情地把它扣留并运往英国伦敦。英王乔治三世得知这一消息，下令将其陈列在大英博物馆，并在石碑的题签上写着"不列颠军队征服的战利品"。就法国人而言，尚有一点值得庆幸的是，在法军撤退之前，罗赛塔碑及许多文物早已做了石膏复制品并留下了真实的抄本和图片，这些复制品运到巴黎后，学者们可以根据这些材料继续研究。

　　由于罗赛塔碑的学术价值和当时所享有的崇高声誉，许多成就卓然的学者纷纷倾情投入碑文的破译工作之中，这项工作在英国、德国、法国、意大利等地同时展开。但许多年过去了，依然毫无成绩可言，致使灰心丧气的波斯著名东方学家德·萨西发出了"这是科学无法解释的一个复杂的

问题"的感叹。当时人们尚未意识到，对罗赛塔碑的象形文字以及古埃及象形文字的释读这一历史性的重任，只有天才才能完成，但天才不是随处可见的，他的出现尚需等待一些时日。

解开罗赛塔碑之谜

就在罗赛塔碑被发现不久后，《埃及信使报》曾发表了关于这块石碑的评论文章，或许是上帝的有意安排，这份埃及报纸被一个法军上尉传到了他仅有12岁的表弟手中。这位12岁的少年在20年后写出了一篇具有里程碑意义的文章，他竟然破译了石碑上的象形文字，从而解开了千古之谜。这位天才少年就是后来被称为埃及学之父的商博良。

商博良，1790年出生于法国洛特省省会菲热克，自幼天资聪颖，5岁就开始翻译古文，11岁时在学习拉丁文、希腊文以及希伯来文上又表现出罕见的天资。少年商博良成长在一个经常听人谈论埃及的环境中，所以当他12岁从报纸上看到有关罗赛塔碑的消息后，便立志要做一个破译象形文字的人。或许有了这样的人生之梦，商博良从13岁起，开始学习阿拉伯语、叙利亚语、迦勒底语、波斯语和科普特语。由于他确信科普特语就是用希腊字母书写的古埃及语，所以他对这门语言的学习格外用心，并将平时在心中想的一切都译成科普特语记在日记本上。他如此煞费苦心的目的很明确，那就是"掌握这种埃及语言，它会是我将来研究埃及纸莎草纸文献的重要基础"。除此之外，商博

商博良1831年的画像

良还涉猎中国古文，为的是考察中国古文和埃及古文之间有无内在的联系。

1809年，即著名的罗塞塔碑发现后的第十年，年仅19岁的商博良受聘担任了巴黎格勒诺布尔公学历史学教授，但天才常被庸人排挤和暗算，年轻的教授商博良也未能幸免，他被一群庸才挤掉了教授的职位，以致在相当长的一段时间里穷困潦倒。

尽管商博良命运多舛，举步维艰，但他仍潜心学问，把破译罗塞塔碑和古埃及象形文字当作最大的夙愿和崇高的理想。

就当时的情形而言，试图破译古埃及象形文字的学者不计其数，大家或明或暗地展开了一场没有硝烟的战争。在这场竞争中，商博良遇到了三名可怕的对手，他们分别是英国人杨格[5]、瑞典人阿克布拉德和法国人萨西。

当时，杨格、阿克布拉德、萨西、商博良等四人，各自拥有一份罗塞塔碑的复本，研究的问题看起来似乎很简单，既然有了一段已经破译释读的希腊文版本，那么，只要在象形文字和古埃及通俗体文字的版本里找到相应的词，并确定这些词的词性，谜就可以解开。然而，事实并非如此简单，出乎大家意料的是，在罗塞塔碑被发现的近二十年里，四人中竟没有一个能理出任何头绪。1802年，阿克布拉德辨认出世俗体版本中的一些词，萨西亦然，到1819年，杨格才破译了十来个单词，却又误解了其他一些词。

商博良始终密切注视着竞争者的研究动态，担心他们超前，但又不把别人的研究成果放在心上，他形容杨格的发现是"可笑的吹牛"，说阿克布拉德"连三个字都读不出来"。

商博良虽然在讥讽别人，可他自己直到1820年都毫无任何突破性成果。所以如此，乃是由于他和其他的竞争对手

写在底比斯卡纳克神庙墙上的象形文字。这些象形文字不仅是有意义的符号，而且为墙上的人物图像烘托出一种美感

对东方宗教素有研究的巴泰米神父，曾提出椭圆边饰内为神名或王名的假设。商博良则参照同篇文字的希腊文版本，发现椭圆边饰内的象形文字其实是一种表音符号，读作"PTOLMYS"。

都未能解答一个问题，这便是，到底埃及文字是表意文字，每个符号表示一种意思，还是属于一种表音文字，每个符号代表一个发音？此时，学者们已经知道，碑文中在国王名字的周围加一圈边饰，乃是古埃及人的习惯。根据罗赛塔碑已成功释读的希腊文的法老名字，商博良逐渐辨认出相对应的象形文字。1822年，他在尼罗河上菲莱岛屿的方尖碑上，又发现了跟罗赛塔碑相同的托勒密法老的希腊文名字，更出乎意料的是，旁边另一圈边饰里的名字则是埃及艳后克丽欧佩脱拉。比较这两个名字，商博良发现了4个符号的语音，并且把其他字母也排出了顺序。石碑铭文中象形符号共有1419个，而希腊文的字是486个，由此商博良发现了其中暗含的秘密：象形文字不全是表意文字，也有表音作用，而且有些符号发音，有些则不发音。在托勒密和克丽欧佩脱拉这两个名字的边饰里，共有12个象形文字。商博良根据这些符号，研究罗赛塔碑和其他石碑上有边饰的84个名字，接连认出了"亚历山大""贝雷尼斯""尼禄""韦斯巴芗"和"图拉真"等名字。发现了这一破译方法之后，激动万分的商博良想尽快将这一原则应用到他所能看到的一切文献之中。于是，他到意大利都灵博物馆详细察看了德罗韦蒂的收藏品，到埃克斯去辨认萨利埃购入的纸莎草纸文献，并去看了查理十世自萨尔特购买的收藏品，商博良发现自己的研究方法和成果很有成效。1822年9月27日，商博良向"法国碑文与纯文学学院"提交了一篇论文《致达西埃的信：论埃及人在纪念碑上刻希腊罗马君主姓名时使用的表音象形文字字母表》。这篇论文的问世，在标志着商博良对象形文字天才破译的同时，也标志着一门新的学科——埃及学的诞生。

此后的商博良几乎将所有的精力投入辨认更多的用象形文字书写的名字之中，并期望确定他发现的字母表完全适用于法老时代的所有文献。从一些自埃及寄来的碑文抄本中，他读到了"图特摩斯""拉美西斯"等一些名字。同时,商博良还证实罗赛塔碑上刻的那段象形文字的碑文是译自希腊文,而不是像过去所认为的希腊文是译文。由于他的成功释读,原本"死的"文物一变而为"活的"向导,并引领人们进入数千年前的文明世界。此后的埃及考古学研究呈现出一片生机。

从象形文字的释读这门科学来看,商博良是当之无愧的天才,但天才在其生前常常要受到众人特别是庸才的轻视与不屑。当42岁的商博良心血耗尽、英年早逝时,许多庸才学者居然还在指责他的方法和成果是"幻想的产物"。然而到了1866年,又一种用世俗体埃及象形文字和希腊文两种文字写成的古文献被发现,后人释读的结果全面证实了商博良的理论和成果是正确的。此时,天才商博良已死去数十年了。

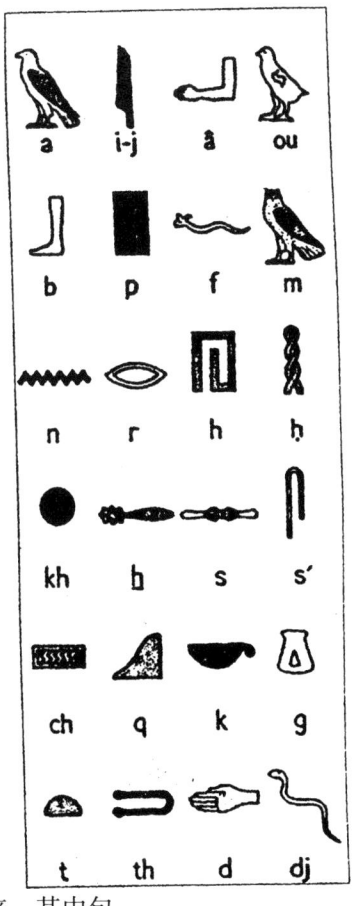

埃及学自创建以来,经过几代学者的不懈努力,比之商博良的时代又有了很大发展,大批古埃及的典籍及其他文字资料的内容被公布出来,其中包括王室敕令、政府公文、战报、宗教和医学文献,以及教谕诗、史诗、散文和故事等。大批学者长年潜心研究这些极其珍贵的文献资料,不断地开拓和深化埃及学的研究领域,丰富了人们对古代埃及文明的认识。

象形文字与拉丁文字对照

此外,埃及学学者与史前史学者一起工作,逐渐采用了新考古学的严谨方法。他们不再仅仅研究文献或漂亮的文物,而开始对发掘的地层做专业考察。他们越来越认识到,从地层分析所获得的信息,绝不亚于石碑或神庙墙壁上的铭文。借着现代的科学方法和实验室的研究,埃及学已大幅度地扩展了它的研究范围。1976年,第一届国际埃及学会议在开罗举行，此后每三年召开一次会议，使全世界埃及学学者之间的联系更加密切。随着埃及学的发展，与此相关联的亚述学和赫梯学等学科也相继诞生，整个两河流域的年代学以及西方古典年代学如雨后春笋般蓬勃兴起，世界古老的文明再次以特有的魅力和辉煌展现于世人的面前。

废墟下的亚述帝国

自拿破仑远征埃及并发现了湮没于地下的古埃及文明之后，欧美人对东方文明的兴趣骤然大增。

在幼发拉底河和底格里斯河之间有一片平原，其间零星散布着神秘的丘陵，风沙卷来，有的地方就形成一个个小土包。《圣经·旧约全书》把这个区域叫作阿拉姆-纳哈莱姆，意思是"两河间的叙利亚"（叙利亚意为土地），这是希伯来文，而希腊文则称"美索不达米亚"，其含义和前者相同。《圣经》中曾讲了一段著名的预言，其中一句是"耶和华必伸手攻击北方，毁灭亚述，使尼尼微荒凉，又干旱如

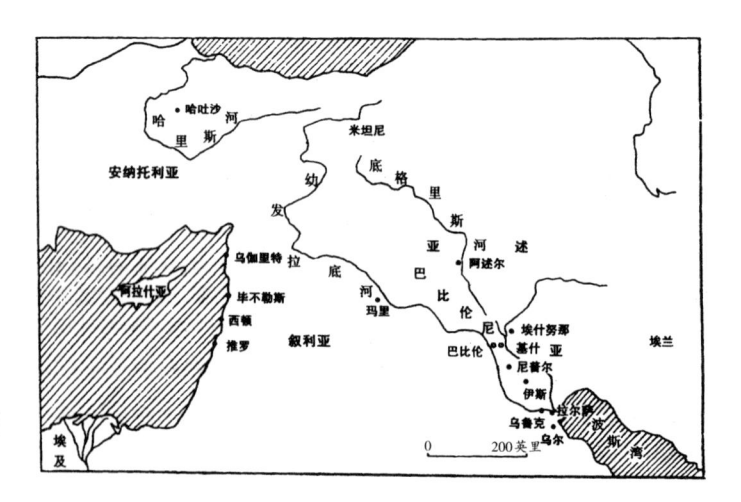

公元前二千纪的两河流域平面示意图

旷野"⑥。

尼尼微是亚述帝国的首都，而古老的亚述正在《圣经》中所说的北方，湍急的底格里斯河流经境内，而苏美尔、巴比伦也在此处，这些古老的国家在幼发拉底河和底格里斯河之间展开，一直伸向波斯湾。历史上的美索不达米亚地区，在亚述和巴比伦王国的统治下，曾出现了辉煌的文明，但后来随着阿拉伯人、塞尔柱人、鞑靼和土耳其人的相继入侵，那盛极一时的文明衰落了，只剩下一些大大小小的土丘。后来的人从那些土丘上看不出一点古代文明的影子，那里没有希腊和意大利的庙宇或雕像，没有埃及那高耸入云的金字塔和方尖碑，没有用生人祭神的石台留下来向人民诉说墨西哥的残杀和尤加坦的荒野故事。当地的居民不知道那些土丘里还埋藏着文明的废墟和价值连城的文物，而他们的语言和几千年前的语言也没有丝毫关系。至于偶尔有一些上刻楔形文字的陶片被发现，初见的人也只是把它们当作"湿沙地上的鸟爪印"。或许正是由于有了《圣经》里的预言和那些沙漠里的古怪的土丘，才激发了科学探索者的热情。后来的结果表明，美索不达米亚不但成为考古发掘工作最早取得辉煌成果的胜地之一，而且还引发了亚述学学科的诞生。

有史料可查的最早进入这一地区探险、考察的是一位名叫皮托·德拉·凡勒的意大利人，这位孤独而勇敢的探险家于1616年就进入美索不达米亚开始考察。当凡勒返回欧洲时，带回了许多巴比伦废墟中的遗物，其中包括几块刻有楔形符号的陶碑残片，这种楔形符号是欧洲人首次见到的一种新的文字样本。当时没有一个人能释读和破译，甚至人们对这种文字与远古文明的联系以及重大而深远的意义也没有丝毫的认识，所以也就未能引起应有的重视。

到了1756年，丹麦国王派遣了一个由六人组成的科学考察队赴中东地区考察和收集古物，有些令人伤感的是，这个考察队尚未到达目的地，便有五人抱病而亡，只有一个叫卡什登·尼伯的人历尽艰难设法到达了具有2000年历史的古波斯人的首都——波斯波利斯（今伊朗境内）。尼伯不辱使命，他返回欧洲时，带回了大批的古物，其中有许多是在该地找到的楔形文字碑文。同140年前的凡勒时代不同的是，尼伯带回的碑文引起了学者们的极大兴趣并掀起了研究、破译的热潮。这些碑文经整理后，于1772年全部公开发表，为后来奋力破译楔形文字的学者提供了极为珍贵的可以借鉴的材料。

尽管在尼伯时代，学者们已意识到那刻画在残碑上的楔形文字与早已消失了的古巴比伦文明有关，并竭尽全力开始破译，希望能知道文字记载的内容。但几十年过去了，破译工作却毫无进展，直到半个世纪之后，随着罗林森⑦在波斯的岩石山峡中的伟大发现，这个谜团才逐渐得以解开。

1835年春天，曾是士兵和运动员出身，后来从事考古的英国学者亨利·克利维克·罗林森，正在波斯小镇贝希斯敦⑧一带做实地考察。一个偶然的机会，他从当地居民那里得知附近不远的一个岩石山峡中有大片的石刻图像和符号，出于职业的敏感，他决定立即前往考察。当他来到现场时，顿时被眼前的境况惊得目瞪口呆。这是一面约340英尺高的巨大悬崖石刻，刻有巨幅的人物肖像，肖像的四周密密麻麻地排列着三种不同的楔形文字，共有1200多行。面对眼前的奇特景观，罗林森很快意识到，这巨大的悬崖石刻，可能就是解读楔形文字的钥匙。于是他不顾生命危险，靠当地居民制作的狭窄的壁架和歪歪斜斜的梯子，登上崖壁开始抄写、临摹石刻文字和画像。当他将这一艰苦费时的工作完成时，他已被升任为英国驻巴格达的领事。在这个新任的职位上，他一边从事着外交活动，一边集中精力着手研究从崖壁上抄来的三种楔形文字的秘密。凭着自己天才的悟性，他很快成功地破译了楔形文字的一种——古波斯文。几年之后他又成功地破译了另一种无人知晓的文字——古巴比伦文字，这种文字曾在几千年以前流行于美索不达米亚地区，它不仅是古巴比伦文明的文字，也是亚述进入文明时代的一种通用文字。

亨利·克利维克·罗林森画像

第二章 世界文明的折光

1851年，罗林森出版了他在贝希斯敦发现的石刻文中的古巴比伦文字的部分译文，这些译文的发表，使整个美索不达米亚考古学向前迈进了一大步。但是，当年罗林森发现的石刻中的第三种文字仍继续困惑着罗林森和一切有志于研究楔形文字的学者。十几年之后，有学者认为罗林森尚不能破译的第三种文字是源于古波斯人的一种语言，并称它为埃兰语。1869年，法国学者朱勒·奥波特宣称楔形文字最初起源于美索不达米亚南部的苏美尔地区，后来才由埃兰人和巴比伦地区的居民继承使用。朱勒·奥波特的这一论断，逐渐为后世学者所肯定，苏美尔文是这一广袤地区已知的最为古老的文字，是楔形文字的基础，后来又被中东地区各种文化背景不同的民族所使用。

就在罗林森竭尽全力研究石刻文字，破译古巴比伦语之时，大批的欧洲学者涌向美索不达米亚地区，开始在一个个土丘和山坡中进行田野发掘。在这段混乱时期内，成绩最为显赫的当属法国驻摩苏尔的领事保尔·伊迈尔·鲍塔[⑨]。当这位领事听说一个叫豪尔萨巴德的地方可以找到大量的刻文砖时，便派了几个人去现场了解，这几个人经过一番考察，不但发现了刻文砖，还发现了刻有巨人和怪兽的墙壁。鲍塔得知这一令人振奋的消息，急忙亲往考察，到达现场后，他看到先前派去的几个人已经发掘出大量的壁刻塑像，这些塑像从外观上看去，有的像公牛，有的像长有长须的大胡子人，有的则是带翅膀的狮身人面像。面对这一件件远古的遗物，鲍塔按捺不住心中的激动之情，他顾不得对眼前的遗址做细致而深入的研究，便匆匆向全世界宣布，说他已找到了人类向往已久的扑朔迷离的亚述王宫——尼尼微城。他的一家之言使整个欧洲为之震动。为防不测，法国政府命令鲍塔尽最大可能地发掘遗迹，并将所获一切古物送回法国本土。

鲍塔不辱使命，在不长的时间里便几乎将豪尔萨巴德遗址翻了个底朝天，许多大型雕塑在发掘中不断出土，这中间有长翅膀的牛身人头宫廷卫士、高达15英尺的国王与神灵的石膏肖像以及许多稀奇古怪的塑像等。鲍塔指挥他的工人历尽千辛万苦，把这些战利品一件件小心翼翼地搬到底格里斯河的筏子上漂往波斯湾，然后在那里装船，经过南非好望角附近波浪滔天的水域运往法国。当这些价值连城的古物安全抵达法国本土时，举国上下欢声雷动，长久地沉浸在惊奇与兴奋之中。这些古物不仅引爆了新的亚述学研究的热潮，而且还引发了一种被称为"亚述复兴"的新时尚。

就在鲍塔由于豪尔萨巴德的发现与发掘掀起欧洲风暴的同时，不甘心屈居人后的英国政府急忙派出一位叫奥斯丁·亨利·莱亚德[10]的青年探险家赶赴美索不达米亚地区的摩苏尔，进行考古发掘。很快，莱亚德在摩苏尔发现了两个亚述宫殿遗址，不久又发掘出了象牙雕刻、楔形文字碑以及记载古亚述人战斗场面的雕刻画版。透过这些发现，莱亚德深信，以前鲍塔所发掘的遗址并不是真正的尼尼微，而历史上真正的尼尼微正在他的追寻之中。

1847年，莱亚德离开了摩苏尔，开始将目标转向库云吉克遗址，这个遗址当年鲍塔在发掘豪尔萨巴德之前曾考察并发掘过，但最后又放弃了。就是这个鲍塔放弃了的遗址，恰恰正是令无数学者梦牵魂绕的真正的尼尼微城，这是传说中强盛的亚述王国的首都，也是《圣经》中所说的先知约拿布道传教的首都。

经过几年的发掘，关于库云吉克遗址就是尼尼微城的结论得到了越来越多的证据支持。莱亚德发掘出了自公元前704—前681年一直统治着亚述的国王辛那赫瑞布[11]的部分宫殿。这个宫殿拥有71个房间，其中一间是后来建造的图书馆，这个图书馆正是辛那赫瑞布的孙子——亚述巴尼拔的杰作。这座图书馆包揽了亚述王国语言、历史、文学、宗教、医学等大批书籍。整个宫殿至少有27个入口，每一个入口都由巨大的牛、狮或者狮身人面的石雕卫士守卫着。尤其是那些记载着亚述历史和神话

亚述浅浮雕

的石雕壁画，据发掘者莱亚德估计，如果将画一幅接一幅地排列起来，可达两英里长。

19世纪50年代，大英博物馆的研究人员花费了多年时间，把莱亚德从尼尼微发现的24,000多块楔形文字碑分类翻译。在这些翻译人员中，成就最为显赫的当属乔治·史密斯⑫，这位著名的亚述学者在考察一堆残破的石碑时，偶然发现了一段令人难以置信的记载。这段记载向研究者叙述了古巴比伦时期，神派大雨和洪水惩罚邪恶有罪的人类时的情景，就在那次大灾难中，一个名叫乌特那皮斯图的人造了一只木船，载着家人和许多动物，在洪水的肆虐中幸存了下来。碑文记载的故事极像《圣经·创世记》中描述的"洪水与挪亚方舟"的故事。

19世纪初出土于尼尼微的石碑，源于公元前7世纪的这块石碑讲述了一个类似《圣经》中大洪水和挪亚方舟的故事

自鲍塔和莱亚德时代起，随着学者们研究的不断深入，古老的美索不达米亚之谜渐渐解开。通过对美索不达米亚各古老城市的发现和大量楔形文字文献的翻译，学者们还解开了有关苏美尔人、巴比伦人以及亚述人相互之间的关系的秘密。

从翻译的文献可知，较早进入美索不达米亚地区的是苏美尔人，而紧随之后兴起的则是两大强有力的文明，即巴比伦文明和亚述文明。大约在公元前2000年，这两大文明开始在美索不达米亚崛起。据考古发现和文献留下的线索，当时巴比伦人在南方，亚述人在北方，持续发展了几个世纪之后，在公元前1600年左右，

亚述国王把俘虏带回亚述

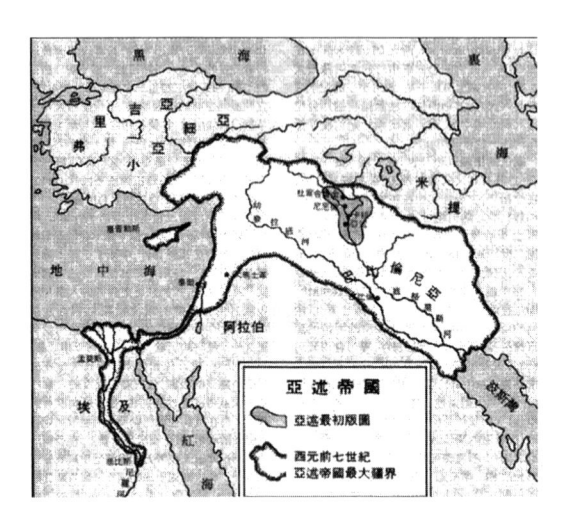

亚述帝国疆域

却受到了美索不达米亚以外的某个民族的入侵、打击和统治。大约过了200年，即公元前14世纪左右，入侵的民族遭到驱逐，亚述人继而控制了巴比伦地区。公元前12世纪，在国王提格拉特皮拉沙强有力的统治下，亚述曾一度繁荣昌盛。但好景不长，在提格拉特皮拉沙死后，国家开始衰落，直到公元前883年至公元前627年，在国王辛那赫瑞布和国王亚述巴尼拔等著名统治者在位期间，亚述不但重新恢复了往日的辉煌与荣耀，而且成为一个威震四方的强大帝国。

正是这位在亚述历史上最为著名的辛那赫瑞布使尼尼微成了亚述帝国的首都。据考古发掘的情形看，尼尼微城建在一座山丘上，围墙长达七英里半，至少有五处因修造城门而被断开，也许还有更多的城门，只是尚未发掘出来。山顶的最高处有辛那赫瑞布国王的王宫，占地面积达两英亩[13]。宫殿四周花园环抱，园林水源充足，花木葱翠繁茂，殿内房屋设施周全舒适，由水井、滑轮、吊桶等物构成的一套精致的供水设施将水输送到国王的浴室。浴室内有淋浴，格子窗和通风孔不断向室内送入新鲜空气。一个带轮子的移动火炉在寒冷时为房间供热。……继辛那赫瑞布之后，他的孙子亚述巴尼拔国王还在这座恢宏的宫殿里，建造了一座令人难忘的图书馆，这座图书馆收集了当时亚述人所能得到的全世界各地的图书和稀世碑匾雕刻。也正是这座图书馆的建立和其中丰富的收藏，为后来亚述学的建立与发展做出了非凡的贡献。

公元前627年，曾称雄一时的亚述巴尼拔去世，亚述再次走向衰落。不久，来自波斯和巴比伦的民族入侵亚述并占

尼尼微古城遗址

领了尼尼微城。公元前605年，巴比伦国王尼布甲尼撒击败了亚述的残余武装力量并全部占领亚述，从此，曾经辉煌、强大的亚述帝国便彻底消失在了历史的废墟之中。

雾霭中的赫梯文明

随着埃及、美索不达米亚地区的考古发现，欧洲人对《圣经》或古希腊和罗马年鉴里提到过的古代城市兴趣倍增，在这个世界上，似乎没有比找到这些废墟和文物的埋藏地更让他们感到兴奋的事了。在这种思想的支配下，无数探险家、学者、商人、文物贩子等各色人物，按照《圣经》或年鉴中记载的古代文明的蛛丝马迹，开始了规模更大、区域更广的搜寻探查。

1834年，法国建筑师、艺术家兼文物古董商查理·特克思尔来到了安纳托利亚地区，这个地方位于爱琴海东边，古罗马人称之为小亚细亚（今属土耳其）。安纳托利亚是世界最大的交通要道之一，按现在的区域划分，它位于亚洲西部，西边是爱琴海，东边是伊朗高原，北边是黑海，南边是地中海。多少个世纪以来，各种武装力量在安纳托利亚平原上南征北战，商旅的队列在这里来往穿梭，世界人类在这里会合，不同的文化在这里交融。

特克思尔来到安纳托利亚之后，希望能找到一个由古罗马人建立的在文献中被称为汰纹的居民点。当他不辞辛劳，走过了无数个村庄和城市之后，终于在安纳托利亚的北部中心地区一个叫博阿兹柯伊的小村落找到了线索。在村民的带领下，他来到了村后山边的一座废墟前。这座躺卧在野树和荒草中的废墟遗址，其规模的宏伟远远超过了特克思尔的预期，整个城墙大约圈地三百英亩，部分古城墙虽经千年风雨的剥蚀、战火的摧残，依然不屈地挺立在高山之下。而两条被荒草泥沙遮掩但仍能辨别轮廓和痕迹的极其宽大的马路，一条有一对石狮守卫，另一条的路旁则守候着一个高大的石刻狮身人面像……面对眼前的壮丽景观，特克思尔欣喜若狂，激动得泪流满面。

让特克思尔更加惊喜的是，村民们告诉他在这座废墟的附近还有另外一座遗址，并愿意带他同去观看。特克思尔当然不会放过这上天赐予的绝妙机遇，立即随村民沿着一条山道朝东北方向走去。约一个小时后，特克思尔便望见前方隐约出现了高大的石灰岩山头，接下来又发现了石灰岩山头上出现的深深的天然裂缝，沿着这条裂缝进去，里面竟出现了巨大的房屋，房屋的石墙上刻画着几十个男女的图像，从装束和饰物推断，这些图像似是国王或王后，以及仙子仙女等。殷勤的村民们告诉特克思尔，他们把这个地方称为亚塞尼卡亚，意为"有雕刻的岩石的地方"。

在不到两个小时的时间里接连发现了两个庞大而奇特的古老遗址，这让特克思尔在极度的震惊之后又陷于一片茫然。难道这就是自己苦苦寻找的汰纹？不可能，这绝不是古文献记载的那个汰纹，特克思尔在冷静思考之后，做出了否定的结论。因为无论是博阿兹柯伊还是亚塞尼卡亚遗址的雕刻风格，以及两处废墟规模的宏大粗犷，都使知识渊博的特克思尔确信眼前的遗址和艺术品绝不会是罗马人留下的。但面对着这宏伟独特的废墟遗址，他绞尽脑汁也找不出一个适合它的历史年代和名称。不仅特克思尔如此，其他后来的学者在观察现场后，也同样感到茫然，在相当长的一个时期，特克思尔发现的这两处遗址成为一个巨大的谜团，久久萦绕在学者们的心中。这个谜直到1872年才出现了破解的曙光。

这一年的春天，有一位叫威廉·莱特的爱尔兰传教士，从叙利亚城哈马

第二章　世界文明的折光

得到了五块带有雕刻的石头，尽管他本人并不懂这些符号，但莱特凭着自己对文献的熟知以及丰富的想象力，认为这些符号可能是由古代一个被称为赫梯的神秘民族雕刻上去的，因为《圣经·旧约全书》中有好几处提到过赫梯人。莱特把石上的雕刻以及自己的想法告知了大英博物馆，希望得到专家们的帮助。但鉴于这些雕刻难成系统，加之赫梯人在历史上没有留下任何痕迹，许多学者本来就怀疑这个神秘民族并未真正地存在过，所以没有多少学者对莱特提出的观点感兴趣，破译工作没有丝毫的进展。

最终，打开赫梯人神秘之门的钥匙不是在土耳其找到的，而是在千里之外的埃及被发现的。1887年，在埃及一个叫阿玛尔那⑭的村子里发现了许多记有楔形文字的泥版，这一意外的发现不仅有助于对埃及历史的理解，而且打通了破译赫梯文明的门户。

经学者们研究得知，阿玛尔那村发现的泥版，是公元前14世纪统治埃及的法老埃赫那吞⑮宫廷的记录，就在这些记录中，有多处提到过哈梯人，即赫梯人。有些奇怪的是，这些泥版的碑文几乎都用"阿卡德语"（一种19世纪西方学者所了解的楔形文字语言）写成，而唯独有两块泥版却用一种尚不为世人所知的文字写成，对泥版上的文字，研究者当时尚无法破译。

1893年，一位名叫欧内斯特·强塔的法国人类学家在博阿兹柯伊进行了一系列考古挖掘工作。他发现了两块泥版，上面刻的楔形文字跟阿玛尔那发现的那两块泥版上无法破译的楔形文字相同。他的这一非凡的发现，以无言的事实将古埃及文明与在博阿兹柯伊修建城堡的那个文明联系起来了。于是科学工作者们开始提出有关赫梯人的理论，特别是当发现新破译出的公元前15世纪至公元前12世纪埃及的文献中提到了这个神秘的民族之后，有关赫梯人的理论研究如雨后春笋般地在西方学界发展起来了。

到了1905年，在博阿兹柯伊发现的泥版中的一块被送到一个名叫雨果·温克勒⑯的学者那里，这是一位在德国柏林大学专门从事巴比伦和亚述楔形文字研究的专家。温克勒决心要解开这无人知晓的文字的秘密，他猜想这可能就是赫梯人的文字。他得到了塞尔多尔·马克利蒂——一位供职于君士坦丁堡奥斯曼博物馆的土耳其官员的帮助，于1906年开始了在博阿兹柯伊的考古挖掘工作。

1906年8月20日这一天，温克勒终于找到了答案，一位挖掘者交给他一块刻有巴比伦楔形文字的泥版。温克勒在事后记录道："一眼望去，我就知道与其相比，我以前的任何工作或经历都变得毫无价值了。"那位挖掘工人交给温克勒的泥版是后来所有考古工作者都熟悉的一篇重要文献的一个副本，即埃及法老拉美西斯二世和赫梯国王哈图西里三世于公元前1270年签署的一项和平条约。该条约的另一个副本用埃及象形文字刻画在埃及卡纳克的一个神庙的墙上。按当时的制度，这等重要的文件一般保存在国家官方的档案馆里，这就意味着博阿兹柯伊肯定就是人们长期寻找的赫梯人的首都。温克勒，以及在他之前的舍斯的假设理论被证实了，赫梯人那扑朔迷离的神秘的历史最终被确定下来——他们创造的文明，就在土耳其这块土地上。

直到1912年逝世之前，温克勒和另一位学者马克利蒂一直在博阿兹柯伊废墟遗址上挖掘泥版。他一共发现了10,000多块泥版或它们的碎片，然而他却没能如愿地破译赫梯人的文字。破译赫梯人文字这一荣耀最终归属于一位叫贝德里奇·赫里兹尼的捷克学者，他于1915年宣称在这方面取得了突破。赫里兹尼认识到赫梯语不是中东语言的一个分支，而是与起源于欧洲和印度的印欧语系相关联的。在他的研究基础上，到了20世纪40年代中期，学者们对赫梯人文字的所有形式都有了相当的了解和把握。

经过几个世纪的探索与研究，考古学家们了解到土耳其丰富而复杂的历史可以追溯到波斯人、希腊人和罗马人之前的几千年。安纳托利亚高原上的废墟遗址是世界上已知的最古老的文明之一，它可以追溯到公元前7000年甚至更早。在这一漫长的岁月里，文明不断地兴起，又不断地颓败。公元前1950年左右，博阿兹柯伊废墟遗址上就已经矗立起城堡，出现定居点了。

与最初的哈梯人不同，赫梯人喜爱征战，他们很快将自己的王国扩展到了安纳托利亚中部的大部分地区，现代考古学家在那里发现了他们留下的大量废墟遗址。赫梯人的军事扩张冒险远不止于这一地区，公元前16世纪初期，一个赫梯国王先征服了安纳托利亚以南的叙利亚，后又带领军队南下500英里，征服了巴比伦在美索不达米亚的首府。

在以后的几个世纪中，赫梯人与埃及人之间不断地打打和和，他们之间不时有战争发生，但王室也有通婚。公元前1246年，国王哈图西里三世把自己的一个女儿嫁给埃及的拉美西斯法老。后来发现于埃及卡纳克庙宇墙上的一幅雕刻作品就描绘了当时埃及法老与赫梯公主的结合。

第二章 世界文明的折光

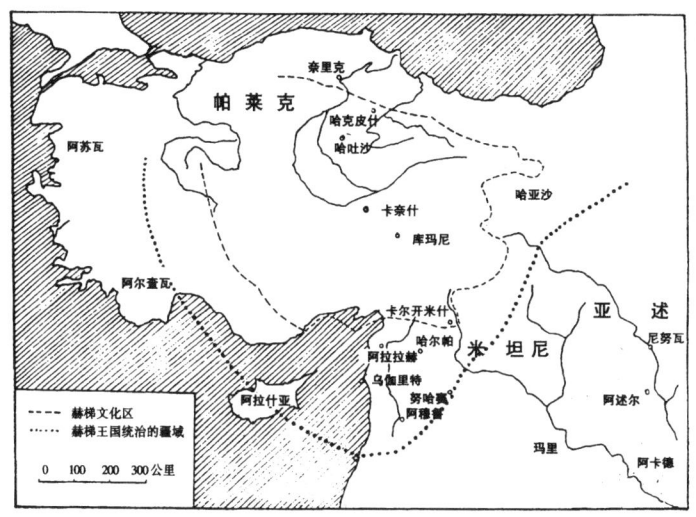

赫梯帝国时代的疆域

赫梯文明繁荣了五个多世纪，但到了公元前1200年，灾难降临了。科学家们已找到了证据，证明大约在不长的几年时间内，哈图沙和其他许多赫梯城市被夷为平地。尽管初看上去赫梯王朝的覆灭来得迅猛而突然，但致使它遭此灭亡的各种条件因素却已孕育了好几十年。诸如长达一个世纪、影响了整个中东地区的干旱，大多数的庄稼歉收，严重地削弱了赫梯王国的实力。学者们推断，由于长时期的旱灾给整个地区带来了不安和骚动，人民开始迁徙，寻找好一些的生活环境。于是，臣民的不稳定，再加上北部迁徙而来的掳掠性游牧部落和西部入侵民族的合力，把赫梯王国推向了覆灭的深渊。

一扇通往哈图沙山顶城堡的门，赫梯王宫位于该城堡中

到了公元前1150年，赫梯王

067

国已经不复存在。那些在城市毁灭时幸存的赫梯人四散奔逃，许多年后最终为别的民族所同化。然而赫梯文化在历史上却留下了自己光辉的一页，在赫梯王国覆灭两百年以后，在安纳托利亚东部和叙利亚北部又崛起一系列小的王国。考古学家们相信这些王国的居民不会是赫梯人的后裔，但是他们却选择了赫梯人的语言，承袭了赫梯人的一些宗教和风俗习惯。学者们把他们称为新赫梯人。

在叙利亚，新赫梯人建立起了城邦，并持续到公元前8世纪左右。正是这些叙利亚新赫梯人雕刻了后来威廉·莱特在哈马城找到的石头；而《圣经》里提到的也正是这些新赫梯人。哈马石头和《圣经》上得到的零散信息仅是第一手线索中的一部分，也正是这些线索帮助现代学者逐步解开了赫梯文明之谜。

透视世界诸文明

当得知夏商周断代工程特设了"世界诸古代文明年代学研究的历史与现状"专题，并由东北师大世界古典文明史研究所承担研究后，林志纯兴奋异常。想不到通过几十年的努力，不但世界古典文明的研究在中国的学术空白得以填补，而且研究成果可以直接为中华民族古史年代学研究发挥作用，这无疑是一件值得自豪和庆幸的事情。作为这门学科在中国的创始人和开拓者，林志纯在接到专题任务后，顾不得年老体衰，以极大的热情和高度的使命感，率领研究所12位教师和博士生，组成一支精干的队伍，立即投入研究工作之中，并很快完成了关于古代近东和西方古典年代学研究的12篇高质量研究报告。这批研究成果提交夏商周断代工程后，使其他学科的学者在进一步了解了世界诸古代文明年代学研究的历史与现状的同时，也拓宽了眼界，增添了见识，受到了启迪，从而促进了各自承担的任务更加科学有效地完成。

从林志纯教授和他的门生郝际陶、王乃新、吴宇虹、张强、刘健、郭丹彤、李晓东、吴绍祥、曲天夫、吴延歌等青年学者对世界诸文明的研究中可以看出，所谓的公元纪年，是公元6世纪著名宗教法规学者小狄奥尼修斯创立的，他根据罗马的纪年传统，推算出耶稣基督诞生于罗马建城后的第753年，这一年为基督元年，即公元元年。据研究者称，从宏观上讲，以公元为坐标，一元时空意义上的西方古典绝对年代框架的建立，正是以公元元年为出发点并将罗马儒略历向前延至远古时代的一种时间排序。

制作于图特摩斯一世统治时期的埃及历史书。历史书记述，当天狼星在地平线上升起的那天，即夏季第三个月的第28天，便是一年一度的祭祀日。该图右起第三栏的中间可以看到天狼星的图像

与中国的古文字不同的是，两河流域与赫梯的古文字形式，是一种用削尖的芦苇秆压印在泥版上写成的楔形文字，这些文字与形、声、意兼备的埃及象形文字一样，在历史发展过程中渐渐被弃用，最终成为无人知晓的"死文字"。在拿破仑远征埃及之前，人们对这些地区的认识与了解也只限于《圣经·旧约全书》以及西方古典著作中一些零乱，有时甚至是歪曲的记载。自19世纪初，随着近东地区大量泥版文书、碑刻和纸草文书的出土，以及楔形文字、象形文字的释读成功，尘封了几千年的两河文明、埃及文明、赫梯文明才逐渐为世人所知。而全方位研究这些古代文明的新兴学科——埃及学、亚述学、赫梯学的建立，则标志着古代近东各地区年代学研究的开始。

相对而言，埃及年代学的研究有着较为丰富的纪年史料，如王表、国王家谱、铭文及天象记录等等。根据这些带有文字的古代遗存，并以第二十六王朝（后王朝时期）为基点，由后向前推，便可建立起古代埃及历史沿革的年代框架。就历史分期而言，古代埃及史大概可分为前王朝（史前

文化）、早王朝、古王国、第一中间期、中王国、第二中间期、新王国、第三中间期、后王朝时期及希腊—罗马统治时期。

前文已叙，早在公元前3世纪的托勒密时期，僧侣学者曼涅托就已经为埃及年代学的创立做出过许多努力。由于曼涅托既懂希腊文，又精通埃及语，托勒密二世遂命他用希腊语撰写了那部闻名于世的《埃及史》。这部著作同以往王表的不同之处在于，它是用陈述性的语言来记叙国王及其统治的。遗憾的是，这部著名的史书除了保存在约瑟芬著作中的一些段落外，原著已经被战火焚毁。不幸中的万幸是，这部著作中带有王朝划分的王表却辗转流传下来。曼涅托把埃及历史分成30个王朝，这种分期方法被早期埃及学家所采纳，直到今天仍然不失其研究价值。

就埃及年代学意义上的"王朝"而言，在僧侣曼涅托《埃及史》一书中划分界定的基础上，后人又加上了一个王朝，成为31个王朝。从事研究的张强博士在提交的总结性研究报告中说："任何年代学研究的目的，都是尽可能地将一段历史，通过各种方法、手段，准确、精密地予以定位。这个问题对今天的历史非常简单，然而对几千年以前的一个文明的历史年代来说就不那么轻松了。……研究者面临两个必须解决又很难解决的难题：第一，古埃及纪年与现代纪年不同，古埃及年表与现代年表亦不同。第二，有关埃及年代学的材料大多有不同程度的破损，有些在记载上有很大差异，有些甚至被篡改。就王表来说，著名的帕勒摩石刻（因该碑收藏于西西里首府的帕勒摩博物馆而得名）中的王表大部分已残破，而都灵纸草（因收藏于意大利的都灵埃及博物馆而得名）由于保存不善而成为残片，尽管有商博良等人的天才修复，但许多脱漏仍无法补救。"

林志纯教授的弟子郭丹彤、李晓东博士在提交给"工程"的两篇关于埃及学的研究报告中，对这一问题论述得更加详细，按两位博士的说法，现代埃及学的研究始于19世纪末20世纪初。1904年，德国学者迈尔发表了第一部系统全面地介绍埃及年代学的专著《埃及年代学》。1925年，法国学者魏尔对埃及年代学研究的基础、方法和结果进行了阐述，从而形成了埃及年代学研究的原始框架。这一时期，著名埃及学家布雷斯特德和皮特里也为埃及年代学的研究做出了自己的努力。著名年代学家帕克于1950年发表的《古代埃及历法》和1971年为《埃及的遗产》一书所写的有关章节，是目前有关埃及年代学的最具权威性的著作，它奠定了埃及年代学研究的基础。在年代的划分上，由于古代埃及人是用每一位国王的统治年代来纪年的，这就存在着把埃及的民用纪年推算成现行的公元纪年的问题，而问题的关键是要找到一个有公元纪年相参照的埃及民用纪年的年代。所庆幸的是，古代埃及人给研究者留下了载有国王统治顺序和年数的王表，以及一些有关年代学的文献和考古资料，如第二十六王朝到罗马征服时期的埃及年代史料记载就比较明确。故此，研究者可以根据这些证据，以有公元纪年的第二十六王朝为起点，由后往前推，这样便可得出古代埃及的全部年代。

从李晓东博士的研究报告中可以看出，关于埃及年代学中的历史分期，学术界比较公认的划分是：

前王朝时期　史前文化（约公元前4000—前3000年）
早王朝时期　第一至第二王朝（约公元前3000—前2700年）
古王国时期　第三至第八王朝（约公元前2700—前2160年）
第一中间期　第九至第十王朝（约公元前2160—前2010年）
中王国时期　第十一至第十二王朝（约公元前2106—前1786年）
第二中间期　第十三至第十七王朝（约公元前1786—前1550年）
新王国时期　第十八至第二十王朝（约公元前1550—前1069年）
第三中间期　第二十一至第二十五王朝（约公元前1069—前656年）
后王朝时期　第二十六至第三十一王朝（约公元前664—前332年）
希腊—罗马时期　希腊和罗马统治时期（公元前332—公元641年）

以上这份历史分期表，从纪年中的"约"字中可以看出，其年代并不是绝对而只是相对正确。

青年学者吴宇虹教授的研究成果还向学术界表明：同埃及年代学研究方法基本相同的是，两河流域年代学的建立，也是由文献较多的晚期向早期追溯。公元前1400年至公元前1世纪是两河流域的纪年清楚可靠的时期，这一时期的年代学文献丰富而可靠，主要有《亚述王表》《亚述名年官表》以及《托勒密国王经典》。在这些文献中，《亚述王表》记载了亚述早期王朝到帝国后期所有在位帝王的统治年数，而《亚述名年官表》不仅记载了亚述帝国晚期诸王的排列顺序和在位年数，同时还佐证了《亚述王表》的可信程度。成书于公元2世纪的《托勒密国王经典》，则记载了从巴比伦王那布那萨尔（公元前747年即位）到亚历山大大帝为止，共30位巴比伦统治者的在位年数以及重要的天文现象。天文年代学家根据这些天文现象推算，可准确地得出某王即位的某年某月某日发生过什么天象。如发生在亚述国王阿淑尔丹在位第十年的一次日食，经推算为公元前763年6月15日。这次日食的推算，证实了根据《亚述名年官表》所排列的、公元前911年以后的亚述帝国内部纪年的准确性，同时也为它们提供了可靠的公元标志。

另外，从年代学的角度看，依据《亚述王表》等文献，可从公元前1000年亚述各王的统治年代上溯到公元前15世纪，王表中各王在位年数都很清楚，然而再往上推，由于王表中一些王的在位年数出现残缺和错误并略去几个早期王，研究者便无法得到早期各王所在的公元年的精确年数，也无法利用它来推算公元前2000年和公元前3000年的两河流域各个早期王朝的公元年数。因此，年代学家就不得不通过诸如考古发掘等其他手段去解决早于公元前15世纪的两河流域的年代及其公元纪年的问题。

与古代埃及和两河流域相比，赫梯年代学的研究就没有那么幸运了。

从事这门学科研究的刘健博士，在为"工程"提交的研究报告《赫梯年代学研究的历史及现状》中认为，赫梯学作为一个学科起始于20世纪初，学术界一般将德国考古学家温克勒于1906年在博阿兹柯伊的考古发掘作为标志。正是由于这次非同凡响的发掘，才揭开了大规模研究赫梯历史文化的序幕。通过几代学者近百年的努力，基本确定了赫梯历史的大致轮廓，对赫梯文化的了解也逐步深入。但是，就赫梯年代学而言，虽然学者们费尽心思，对考古学、文献学、文字学以及周边地区的相关历史文献、天文学材料和考古发掘成果的研究取得了重大进展，但赫梯年代学的研究仍然困难重重。造成这种局面的根本原因是：赫梯国家不同于古代埃及和两河流域的王国，其历朝历代都有自己的王表，也没有像曼涅托和贝若索斯那样致力于古代埃及和两河流域历史研究的古典学者。赫梯历史与文化的研究主要依赖于考古发掘所获得的以赫梯文、帕莱文、卢维文、阿卡德文、哈梯文和胡利安文等各种文字书写的楔形文字和象形文字文献。但从这些文献的纪年特点及文献记录的特点看，赫梯人并没有准确的纪年方式，文献本身不可能为赫梯绝对年代的确定提供明确的线索。赫梯年代学绝对年代的确定所依据的是周围的埃及和两河流域的年代学研究成果,对赫梯文献中与这两个国家和地区在不同时期的交往记录加以对比,并参考考古发掘所发现的证据,可以得出赫梯各个国王统治的大致年数。

从刘健博士的研究成果中可以看到,赫梯民族约在公元前19世纪迁移并定居在小亚细亚半岛,到公元前1200年因内外部原因灭亡,赫梯的历史不足千年。从小的框架而言,赫梯历史不过400年。年代学家将这个时期分为古王国、中期王国及帝国三个时期,已确定的王约12位,其中古王国和帝国的王表已经基本确定,而中王国至帝国期间100多年的王表尚不可考。就目前的情况看,考古发掘已经在博阿兹柯伊、玛莎特和科依泰派发现了大量的泥版文书。1994年开始的奥尔塔科依的大规模考古发掘,又出土了3000多块有文字的泥版,这些新的考古资料的出土,无疑将为赫梯历史文化及年代学的研究提供更多更新的证据。

关于希腊、罗马年代学的研究发端较早,第一部系统的年代学研究著作是公元前3世纪末埃拉托斯特奈斯所著的《编年史》。他利用当时在亚历山大城图书馆工作之便,广泛涉猎前人著述,在综合希腊各邦不同编年体的基础上,建立起一种统一的纪年体系。埃拉托斯特奈斯的后继者们不仅接受了其著作中有关希腊早期的历史年代,而且还有补充和创新。到公元前1世纪,著名学者卡斯托尔的年代学研究已延伸到两河流域和埃及,并把这些古老王国的历史同希腊、

用羊皮纸书写的著作家。约公元前2世纪,埃及拒绝供应纸莎草纸给敌对的帕加马,活跃在小亚细亚的著作家与抄写员不得不采用另一种材料——皮革。而在此之前,埃及人已把兽皮拿来书写了,只是材料昂贵,未能普及。自中世纪始,活跃于两河流域修道院的僧侣开始用羊皮纸著述与抄写。羊皮纸装订成册,取代了草纸卷,后世所谓的"书"便诞生了

罗马传统联系起来。到了公元4世纪，著名历史学家尤塞比乌斯在其著作中将纪年方式进一步完善起来。

就整个夏商周断代工程而言，从林志纯及其他青年学者的研究成果中，可以得到如下启示：

古代近东和西方古典年代学的研究，已经有相当长的历史，积累了比较丰富的经验，而且目前仍在不断发展之中。当代的外国古代文明年代学研究，无一例外地采取了人文社会科学与自然科学相结合的途径，并融合了历史学、文献学、文字学、考古学、科技测年（主要是^{14}C测年技术）和天文历法等学科的研究方法。而这些方法总体上适应于夏商周断代工程的研究途径。但在具体的研究中，中外的条件又各有自己的特点。

一、古代历史纪年的确切年代，希腊最早是在奥林匹克第一次赛会的举办之年，即公元前776年。雅典则以一年一任的执政官起始的公元前683年为界。罗马的标准一般是以建城的公元前753年，或根据执政官起始的公元前509年为最早的纪年。而在埃及、两河流域则处于混乱和模糊状态，没有确切的界标。中国的确切纪年为西周共和元年，即公元前841年。

由以上对比可知，古代历史纪年的确切年代，中国早于希腊、雅典、罗马甚至埃及和两河流域。以中外的确切纪年为标志，在此之前的古史纪年，不只是中国多有歧异，国外也同样是模糊不清，这一点中外是趋同的。就年代学的研究状况看，中国长期处于世界领先地位。从汉代刘歆的《世经》开始，一直到清朝，可谓历朝历代都有丰硕的研究成果问世。而西方经过小罗马之后，年代学的研究就几乎中断了，近东和两河流域更是如此。但自1798年拿破仑远征埃及开始，随着后来西方列强对东方的占领和统治，又引爆了古代近东和西方古典年代学研究的高潮。在这个高潮中，欧美等国凭着它们在政治、经济、文化方面的优势，产生的研究成果在不断地进步和完善。也就从这个时候起，中国落后于西方。这便是中外在年代学研究中的历程和差异。

二、文献方面。相同之处在于中外各有文献记录，且这些记录都是真伪掺杂，不甚确切的。如国外年代学家仍在使用的重要参考文献、曼涅托的名著《埃及史》，其书早已不是原来的版本，而是后人以各种形式和方法重新整理出的本子。这个本子同中国学者一直使用的《竹书纪年》等文献具有相同的性质，两者都不是完全可靠的。

不同的方面在于，中国的传世文献多于埃及、两河流域等国家和地区。正如从事国外古文明研究的刘健博士所言："我的同行们都很羡慕研究中国古文明的学者有那么多传世文献可作依据，这在国外古文明的研究中是做不到的。也就是说，国外古文明年代学的建立所依据的文献材料远不如中国丰富。"可以说，文献的丰富是中国的强势——尽管这些文献并不是完全可靠的。

但是，在埃及、两河流域的年表，如《亚述王表》中，记载了从亚述最早的王朝到帝国后期所有王朝中各王的名字和在位年数，由此可以推算出各王之间的相对年数和全部王朝的总年数。遗憾的是，这些王表大都残缺不全，无法从一个版本中得知排列有序的所有王年。不过，这些残缺不全的版本，分散为一个个不同的泥版残片，有的泥版残片记有许多个连续的王年，有的泥版残片只记两三个甚至是一个王年。但就整体而言，这些残破的泥版残片是在一个大的框架里面，只要把公元前一千纪中的后半期、中期、前半期的各个王的年代泥版残片对接起来，这些年代就清楚和较为准确地显示出来了。依这种方法对接，亚述王表可上溯到公元前15世纪，王表中的各王在位年数都很清楚。

就中国的文献而言，缺乏的则是如亚述王表这样的泥版残片。正如著名世界诸文明年代学研究者刘家和所言，"司马迁老先生太过于谨慎，他在读《历谱谍》的时候，由于'古文咸不同，乖异'，他就弃之不要了。若老先生把这些'乖异'的材料都留下来传给后人，该是多么大一笔财富呵，可他就是不留。于是司马迁《史记》中的三代，只有世表，这样，中国古文明的年代研究起来就没有人家方便了"。从这一点上看，又是中国文献的弱势。

三、材料的互证：古代近东及西方古典世界，有多个国家同时并存，它们的文献与考古材料往往有紧密的联系，研究者可以凭借这个特点，互相对照补充，往往取得令人比较满意的效果。而中国的情况就有所不同，无论是文献记载，还是考古发掘，夏商周三代是以中原为中心，各个王朝疆土广袤，与边远地区的联系，不像近东与西方古典时期那样有序和密切。年代学家在采用"同时期参照法"时，其效果就比国外逊色得多。尽管如此，这个材料互证的方法仍然适用于中国。

四、考古方面：无论中外，历史年代学之所以没有得到一个公认的结论，其重要原因就是缺少地下考古发掘的证明。尽管在田野考古学方面，中国起步较晚，但在新中国成立后的近五十年里，发展迅速，取得了举世瞩目的成就。这一时期被公认为中国考古的"黄金时代"。在这些田野发掘资料中，文字记录都是中外倍感兴趣和重视的凭据。如国外的碑文、纸草或泥版文书，中国的金文、甲骨文等。只是记录这些文字的材质有所不同。国外的文字多记录于石碑和纸草、泥版上，而中国多记录于青铜器、竹简、甲骨上，真可谓大同之中又有小异。

正是有了以上这些异同，夏商周断代工程的研究方法和途径也就注定不能全盘照搬国外的范例，而只能在充分吸收和借鉴国外年代学研究条件和经验的基础上，按照中华民族文明的特色，走出一条独到的研究和探索之路。这一点，在"工程"各课题与专题的设置中已经显示，尤为突出的是"殷墟甲骨分期与年代测定"这个专题的设置。按照"工程"的计划，^{14}C测年专家将利用核物理高科技，对安阳出土的有字甲骨进行测年实验，这是国外没有，中国首创的一个典型个案。当然，有字甲骨是中国的特产，其他国家和地区是挖不出来的。尽管西方国家的^{14}C测年技术相当先进，但要凭这种先进的现代科学技术，在他们控制的一亩三分地里，为近东、两河流域或西方古典年代学的研究而测试如同中国一样的有字甲骨，可谓背着猪头找不到庙门。或许正因为如此，中国夏商周断代工程的研究途径和手段以及将要获得的成果，在构筑起华夏文明大厦的同时，也必将对近东与西方古典年代学的研究有所启示，并对整个世界历史年代学研究做出非凡而独特的贡献。

注释：

①英尺：英制中的长度单位。1英尺=12英寸=0.3048米。

②厄拉多塞（Eratosthenes of Cyrene，公元前276？—前194？）：希腊科学作家、天文学家、数学家和诗人，已知测量过地球周长的第一人。

③塞拉皮斯（Sarapis，又作Serapis）：埃及—希腊宗教所

奉祀的神。本来是冥神，后来被奉为太阳神，据说能医治疾病、保证丰收。对他的奉祀沿着商队路线从罗马遍及地中海地区，在各商业城市香火尤盛。

④英寸：英制中的长度单位。1英寸=2.54厘米。

⑤杨格（Thomas Young，1773—1829）：英国医师和物理学家，确证了光的干涉原理，从而复活了古老的光波动说。他也是埃及学家，参与释译罗赛塔石碑碑文。描述弹性的数学方程式中的常数"杨氏模量"就是为纪念他而命名的。

⑥出自《旧约·西番雅书》第二章13节。

⑦罗林森（Sir Henry Creswicke Rawlinson，1810—1895）：英国陆军军官、东方学家，曾释读大流士一世时期贝希斯敦铭文的古波斯语部分，为释读美索不达米亚楔形文字提供线索，从而大大扩展了对古代中东的了解范围。

⑧贝希斯敦（Bisitun，亦作Bisotun，史称Behistun）：位于伊朗克尔曼沙何区札格罗斯山山麓的村庄和悬崖。地处古代米底亚首都埃克巴塔那通往巴比伦的路上，大流士一世在这片悬崖上留下了著名的铭文，用巴比伦文、古波斯文和埃兰文（Elamite）写成，记载了大流士在冈比西斯二世去世后，杀死了篡位者高马塔，击溃了反抗者，并取得王位的经过。

⑨鲍塔（Paul-Emile Botta，1802—1870）：法国驻外领事、考古学家，1843年曾在伊拉克杜尔舍鲁金（Dur Sharrukin，今豪尔萨巴德）发现亚述王萨尔贡二世王宫，由此开创了对古代美索不达米亚大规模的实地考古调查工作。1842年，任驻美索不达米亚（今伊拉克）摩苏尔（Mosul）领事，取得发现已湮没的亚述古城的便利条件，这些古城，当时仅散见于众说纷纭的古代著作中和《圣经》参考读物中。他先自底格里斯河东岸的库云吉克（Quyunjik，摩苏尔对岸）挖掘，一周之内，发现萨尔贡巨大宫阙遗存，还有著名的飞人、浮雕及楔形文字碑铭。

⑩莱亚德（Sir Austen Henry Layard，1817—1894）：英国考古学家。由于莱亚德误以亚述首都卡拉赫所在地尼姆鲁德为尼尼微，遂挖掘该地，出土了公元前9世纪与前7世纪诸王宫邸遗址与大量艺术珍品。1849年，莱亚德转移其注意力于摩苏尔对面的底格里斯河东岸丘陵地带，发现尼尼微遗址，出土辛那赫瑞布宫殿和珍贵艺术品，其最重要者为大量楔形文字泥版文书，从而对亚述和巴比伦王国文化与历史有了更多了解。

⑪辛那赫瑞布（Sennacherib，公元前？—前681）：《圣经》译西拿基立，萨尔贡二世之子。他修建了尼尼微城。

⑫乔治·史密斯（George Smith，1840—1876）：英国亚述学家，发现阿卡德语最重要文学作品之一《吉尔伽美什史诗》，增加了人们对美索不达米亚最早时期文明（苏美尔文明）的了解。史诗对于洪水的描写与《圣经·创世记》记载相似，此发现在当时成为极端重要新闻。

⑬英亩：英制中的面积单位。1英亩=4840平方英码=4046.86平方米。

⑭阿玛尔那（Tell-Amarna）：上埃及古城遗址埃赫塔吞（Akhetaton）所在地，位于现今明亚省艾斯尤特以北71公里处。

⑮埃赫那吞（Akhenaton）：阿蒙霍特普四世（Amenhotep Ⅳ）。

⑯雨果·温克勒（Hugo Winckler，1863—1916）：德国考古学家和历史学家，曾在土耳其博阿兹柯伊进行考古发掘，发现赫梯帝国都城哈图沙，出土数千块楔形文字泥版；根据这些资料，赫梯历史大部分得以重新勾画出来。

第三章 往事越千年

从氏族部落到国家起源，从大禹治水到牧野之战，中华文明在历史的跑道上如东升旭日。岁月如水，往事越千年。干枯的河床不闻当年的涛声，漫漫黄尘掩没了战马出征的蹄印。夏商周三代难露往昔真颜，一场信古与疑古的学术大战由此上演。

追索历史的踪迹

同国外在年代学研究中极其重视古代文献一样，为了提高研究的整体性和科学性，夏商周断代工程设置的第一个课题就是"有关夏商周年代、天象及都城文献的整理及可信性研究"。负责这一课题的是中国社会科学院历史研究所先秦室主任杨升南和副主任罗琨。

杨升南，1938年生于四川平昌县，1964年8月由四川大学历史系考古专业毕业到中国科学院历史研究所工作，同年10月被安排到山东省烟台地区海阳县搞"四清"运动。1966年"文化大革命"爆发后，受历史所委派到安源煤矿收集毛泽东早年在安源的生活资料并参加矿区劳动。1970年10月，同中科院哲学社会科学部（后为中国社会科学院）的大多数知识分子一道被下放到河南息县干校劳动，直到"文化大革命"末期才重新回到历史所先秦室参加郭沫若主编、胡厚宣为总编辑的《甲骨文合集》的编纂工作，从此开始了学术研究的生涯。之后他陆续出版了《商代经济史》《春秋战国政治史》等学术著作，并与王宇信研究员主持了《甲骨学一百年》大型学术著作的编写工作，为甲骨学的发展做出了贡献。

作为中国著名的金石学家、甲骨学奠基者罗振玉[①]孙女的罗琨，自幼受家庭的熏陶，对古史和考古产生了浓厚的兴趣，并立志从事这方面的学习和研究。1963年，她由北京大学历史系

1962年冬，罗琨（前排右一）在山西侯马铸铜遗址发掘现场与著名考古学家苏秉琦（中排左四）及同学、同事合影。夏商周断代工程开始后，苏秉琦表示赞同与支持，罗琨与当年北大考古专业同学曹定云（前排右三）分别参加了不同课题学术攻关工作（山西省考古研究所侯马工作站提供）

考古专业毕业后,被分配到历史所从事史前史及古文字研究工作,此后的几十年中,她曾参加了在学术界颇为著名的《甲骨文合集》以及《释文》的编辑工作。之后又陆续参加了《先秦经济史》《中国军事史略》等著作的撰写及有关国家起源等课题的研究,并和历史学家张永山合著了《罗振玉评传》《原始社会》等专著。

这次夏商周断代工程所列的对古文献的整理与研究课题,可以说是解决三代年代学的一个重要基础,同时也是天文年代学等学科进行研究的依据。

众所周知的是,中国有悠久的、有文字记载的文明史,早在殷商时代就有了保存档案文书的制度。周代已开始了对古史资料的写定与整理。自汉代始,对传世文献和出土文献更是进行了大规模的搜集、整理和研究。虽然有不少文献随着时间的流逝而渐渐失传,但也有部分佚书的内容通过辗转传抄、引述而幸运地保存在了其他的典籍中。当然,这些典籍有相当一部分有"伪书"之嫌,有的年代、天象资料也过于零星分散,难以查检并极易被研究者忽略。为了给夏商周断代工程其他课题的研究者提供比较完备的资料,课题组首先要对从先秦至清代文献中有关年代、天象资料进行全面系统的辑集,建立计算机资料库,供研究者长期检索研究。与此同时,在大量占有资料的基础上,对文献所载夏商周积年、诸王世系、在位年数及编年研究中的定点定位等问题进行异说排比,分析研究造成分歧的原因,判定其中比较接近史实的记载,为夏商西周编年研究和天文年代学研究提供比较坚实的依据。

"工程"所要求的建立夏商周年代与天象文献资料库,是过去从未尝试过的工作,专题组在接到任务后,经过罗琨、王贵民、张永山、曲英杰等学者的努力,先后从浩如烟海的古代文献资料中,对近四百种古籍进行了普查,从中选录出有关三代年代和天象记载的史料总计三十余万字,录入计算机,使资料库得以建立并投入使用。负责夏、商、西周编年研究的南开大学历史系主任朱凤瀚和北京师范大学彭林教授,在全面汇集有关典籍文献的基础上,对有关夏、商、西周诸王世系与在位年数、积年的诸种说法进行了深入研究、辨析,找出了不同说法的分歧所在,说明各种说法的可靠程度,去粗取精。同时对文献中反映出来的不同的纪年体系进行科学分析,解释其编排依据并加以鉴别,然后将这些研究文献编辑成书予以出版。由彭林主要组

魏安釐王之墓所在位置

织和编辑的《武王克商之年研究》和朱凤瀚主编的《西周诸王年代研究》两部专著，为整个夏商周断代研究，特别是为《夏商周年表》的编排提供了重要的文献依据。在整个课题中，由陈力、廖名春、葛志毅、黄怀信、田旭东等学者负责的有关夏商周年代、天象的重要文献的可信性研究专题，则从文献学的角度，进一步辨明了如今古本《竹书纪年》、今古本《逸周书》、今古文《尚书》等形成的年代，并对使用这些文献时必须注意的问题做了说明。如在《竹书纪年》的研究中，学者们经过仔细鉴别和分析，提出了许多新的见解和看法，相对于前贤的研究成果又有了很大的进展。

《竹书纪年》又称《汲冢书》或《汲冢古文》，它曾与一个盗墓故事联系在一起。据荀勖《穆天子传·序》载："太康二年，汲县民不准盗发古冢……"另据《晋书·束皙传》记载，晋武帝太康二年（公元281年），"汲郡人不准盗发魏襄王墓，或言安釐王冢，得竹书数十车"。

从各种典籍来看，《竹书纪年》确为盗墓者不准首次发现，据当代历史学家李学勤考证，盗掘地点为河南汲县[②]以西，"依地志，在抗战前发掘的山彪镇大墓一带，由竹简内容和伴出器物可定为一座战国墓葬"。据说，当不准打开墓穴后，发现竹简遍地，为了寻找墓中的金银财宝，不准不惜以竹简做火把，对墓中财物进行了大肆劫掠。后来此墓被盗情形被官方闻知，墓内残余遗物清理工作开始。其中竹简除烧毁的一部分外，尚有颇多的收获。当时所得竹简经荀勖、束皙等鸿学大儒整理，编辑成《纪年》《周书》《穆天子传》等佚书共七十五卷（篇），其中《竹书纪年》占十二卷，或说十三篇，主要叙述夏、商、西周、春秋时晋国和战国时魏国的史事，可谓是一部魏国的编年史。对于《竹书纪年》到底是从魏襄王墓中发掘的，还是从安釐王冢中盗出的，却给世人留下了一个疑问。如果从《西京杂记》记载来看，魏襄王冢为广川王刘去疾所盗，不准所盗的应为魏安釐王冢。但从《竹书纪年》的记载来看，书中纪年止于魏襄王二十年（公元前299年），因而魏襄王卒于何时，便成为解除疑团的关键。但关于魏襄王的卒期历史上又有两种说法，一说死于公元前295年，一说死于公元前302年。若持前说，则此墓显然为魏襄王冢，而持后一种说法，则恐怕为魏安釐王之墓了。另据现代史家陈梦家考证，魏国自惠王至亡国，帝王陵不在汲郡，《竹书纪年》当出土于魏国某个大臣之墓，其成书年代当在公元前298—前297年之间，写本则在公元前3世纪初年。

不论不准所盗为何人之墓，《竹书纪年》为中国先秦史上最为重要和最具学术价值的古文献之一，确是一个不争的事实。特别是书中所载明确的天象资料，如"（帝辛）三十二年，五星聚于房"，"四十八年，二日并见"（今本），"懿王元年，天再旦于郑"（古本），等等，对年代学的研究有极其重要的价值。据历代学者们的共识，《竹书纪年》原简为战国中叶写本，比司马迁的《史记》早了两百年左右，司马迁书写《史记》时并没有看到这部竹书，因而由战国时期的人来叙述战国事，尤其是与魏有关的事迹，自然比两百年后的人来叙述早已消逝的历史要翔实可靠得多。但遗憾的是，据说原书至少在宋代已散失，后来仍有版本流传，学者们也未怀疑，清儒顾炎武、王念孙、王引之等经常引用流传本的相关内容。自从《四库全书总目提要》面世之后，有人开始怀疑《竹书纪年》是伪本，后据乾嘉学者崔述考证，得出如下结论："不知何人浅陋诈妄，不自量度，采

《竹书纪年》天一阁本影印件

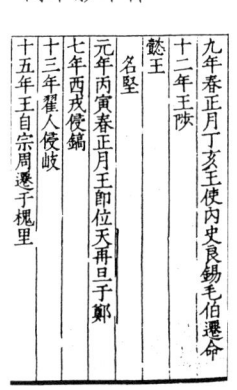

| 懿王 | 名堅 | 元年丙寅春正月王即位天再旦于鄭 | 七年西戎侵鎬 | 十三年翟人侵岐 | 十五年王自宗周遷于槐里 |

九年春正月丁亥王使内史良錫毛伯遷命
十二年王陟

古本《竹书纪年》影印件　　雷学洪考订本《竹书纪年》书影

摘《水经》《索隐》所引之文，而取战国邪说、汉人谬解、晋代伪书以附益之，作《纪年》书二卷，以行于世。"崔述曾列举了十条证据多方位揭示了流行于世的《竹书纪年》的伪迹，以证其为假冒伪劣产品。

自崔述之后，流行于世的《竹书纪年》在学术界的地位一落千丈，学者们大都相信这是一部伪书，不足以作为历史资料，从此打入另册，被称为今本《竹书纪年》。当然，这个"今本"是相对后来的"古本"而言的。

既然流行的《竹书纪年》是伪书，不可相信，原本又早已散失，所以近代以来，国学大师王国维等重新开始从唐宋以前的文献中一条条摘录所引用的《竹书纪年》内容，并辑校成书，学术界将其称为古本《竹书纪年》。由于王国维等人忠实地按古代文献中的《竹书纪年》引文摘录，其间没有掺杂自己的观点或塞进其他内容，所以学术界对这部古本《竹书纪年》相当看重，并用它来校订《史记》记述战国史事年代上的错误，并因此取得了相当大的成效。

近年来，又有学者开始肯定今本《竹书纪年》的价值，并在今本可信性的研究上取得了突破。如美国汉学家夏含夷认为，今本《竹书纪年》至少有一段40字的文字与出土竹简是一样的，其余可推知。另有学者认为，清代学者否定今本的证据有相当一部分不能成立。这些新的观点和看法，为进一步研究这部被学术界打入另册的古文献提供了良好的基础。

夏商周断代工程启动后，由于列有"文献的可信性研究"这个专题，关于今本《竹书纪年》的真伪问题自然成为一个焦点。陈立等学者们通过研究，认为今本《竹书纪年》有伪作的成分，但此书基本上还是与战国中叶所作的原本相去不远，更不是宋代之后的伪作。尽管如此，有关书中的史料还是不可轻易引用的，原因是许多地方编排次序有误，必须经过去伪存真之后，才可视为可靠的史料。至于何为真，何为伪，陈立等学者根据考证的结果，做了详细的分类，以供其他学者在应用时参考。

另外，关于夏及商前期主要都城的地理位置及同时代的中心区域等问题，学术界一直存在着多种不同说法，没有形成统一的意见。其主要分歧有：一、关于夏代的主要都城及其中心区域有豫西、晋南和豫东、鲁西等不同说法；二、关于早商都城及其文化中心，有河北和鲁西、豫东等不同说法；三、关于汤都亳邑，有北亳、西亳、郑亳等不同说法；四、关于小屯殷墟遗址，有盘庚始都与武丁始都乃至否定其为商都等不同的说法。对于以上诸说，负责专题研究的辛德勇、郑杰祥两位学者，通过对历史文献的综合分析，总结前人成果，对夏代及商代前期（盘庚以前）各主要都城的地理位置，提出系统的看法，并界定夏及商前期王朝统治的中心区域，为有关考古发掘研究提供了历史地理学方面的依据。

从传世文献中可以看到，夏商周三代的历史记载枝蔓繁杂，神话、传说、史实和揣测交织在一起，尤其在年代的划分上，更是众说纷纭，形同一团乱麻。但若从传说的古史和科学的古史两个系统仔细分析研究起来，还是可以看出整体的脉络，特别是从伟大的历史学家司马迁的《史记》中，更能看出夏商周三代的概况。

岁月之河

关于夏代之前的历史，不仅社会生活的一般状况极其模糊，连时间、地点、人物及世系等诸要素也是云遮雾罩，难窥真颜。司马迁收罗各家异闻传说，把那些远古的事迹加以梳理编排，统统归入《五帝本纪》，权当《史记》的卷首开篇，接下来就是对夏商周三代及其以后历史的描述。

按照《史记》的说法，夏的第一位帝叫禹，他的前面是舜和尧两位帝，据说他们都是古帝的后代。据历史留下的文献资料看，尧号陶唐氏，都平阳，居地在西方；舜号有虞氏，生于诸冯，卒于鸣条，从地理位置看应属于东方。禹的父亲鲧，居地在崇，崇即嵩，应为河南嵩山一带。禹原住在阳城，后都阳翟，这两个地方后世学者大都认为应在河南偏西地区。如果从传说中的五帝及尧、舜、禹对后世留下的影响来看，禹的影响最大。同许多古老民族都说远古曾有一次不可抗拒的天灾——洪水一样，据说在帝尧之时，也遇到了波浪滔天的洪水，搞得天下人民苦不堪言。为了治理洪水，让百姓安宁，开始的时候帝尧让鲧来治理，结果9年而无功，洪水照样泛滥成灾。到了舜为帝时，改用鲧的儿子禹来治理，禹吸取了父亲失败的教训，改堵的方法为疏导、疏通之术，在外奔波13年，三过家门而不入，劳身焦思，终于使洪水的治理取得了前所未有的成功。于是天下太平，禹也就成为后世备受人们崇拜和赞颂的一位神人。

当时与禹同时治水的还有一位叫伯益的非凡人物，传说伯益最早发明了凿井之术，有了井，人们便可以离开经常

禹三过家门而不入

泛滥的河流，到不受洪水所害的地方居住和生产，人身安全和农业的发展都有了保障。差不多也在这个时期，有一个叫奚仲的人发明了车，车的发明是古代社会生活中一项革命性成果，这个成果无疑对生产力的发展起到极大的促进作用。

按一般的说法，黄帝以下诸帝时，部落联盟逐渐扩大，战争也变得频繁起来。到尧、舜、禹时期，存在着以黄帝族为主，以炎帝族、夷族为辅的部落大联盟，到了禹做大酋长时，对苗族的战争获得了较大的胜利，使当时势力最大、战斗力最强的苗族和黎族被迫退到长江流域，黄、炎族开始占有了黄河中游两岸的中原地区。从流传下来的史料知道，神农时用石头做兵器，黄帝"以玉为兵"，到了禹的时候则用铜做兵器。如此迅猛发展的生产力，奠定了伟大灿烂的华夏文明的基础。

在流传下来的中国最早的史书《尚书》中，尧、舜、禹的帝位传承是采取"禅让"的制度。当尧在帝位的时候，咨询四岳（姜姓，炎帝族），四岳推举虞舜作继承人。舜受到各种考验后，摄位行政。尧死，舜得以正式即位，而即位后的舜像先帝尧一样，也照旧咨询众人，选禹为继承人。舜死，禹继位。继位后的禹仍按过去的制度，将皋陶（偃姓，夷族）作为自己的继承人。皋陶未来得及即位便撒手人寰，众人又推举皋陶的儿子，曾发明凿井术的伯益为继承人。当禹死后，应该继为帝的伯益未能即位，禹

启灭有扈
《史记·夏本纪》载：启即位后，"有扈氏不服，启伐之，大战于甘。将战，作甘誓，乃召六卿申之……遂灭有扈氏。天下咸朝。"

的儿子启篡位自称为帝。从这次政变开始，原来的"禅让"制度被废弃，"公天下"从此变为"家天下"，这个历史性的重大转折，影响了以后几千年中国的政治制度。

自启篡位后，随着生产力的发展和私有财产的不断积累增多，启之后的政治集团和所属部落渐渐强盛于众小邦之上，而随着各种制度的日趋完善和巩固，原来的部落联盟渐渐向国家过渡，因而，中国历史上第一个王朝——夏王朝形成了。

由于启的篡位称帝，使原有的"禅让"制度变为"世袭"制度。从历史记载看，夏代从禹开始至最后一个帝桀终结，共为17世，总年数为471年或431年，其世系表为：

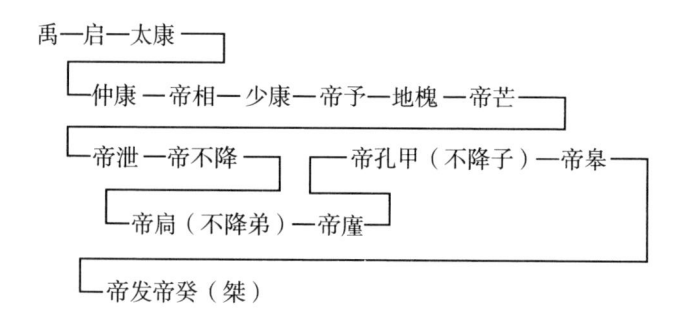

```
禹—启—太康—
    └仲康—帝相—少康—帝予—地槐—帝芒—
        └帝泄—帝不降—   ┌帝孔甲（不降子）—帝皋—
              └帝扃（不降弟）—帝廑—
        └帝发帝癸（桀）
```

夏王朝对中国历史的进程产生了极大的影响，这是中国有史以来国家建立和文明产生发展的根基，后世人们对这一时期曾倾注了极大的仰慕之情。如最早起源、活动于西方的周族人，当他们夺得并占领中原之后，便称自己的国土为"时夏"，称自己的民族为"诸夏"。后来在"夏"字前加"华"字，这便是"华夏民族"名称的来源。这个名称直到几千年后的今天仍为中国人所称谓并令中国人为之自豪。

就在夏王朝建立并走向鼎盛的时候，在东方一个称为商的小国也在崛起。据司马迁《史记》载，商的始祖名叫契，母亲简狄是帝喾的次妃，这位简狄在沐浴时遇到一只玄鸟下了一个蛋，简狄把蛋拾起来吃了下去，并因此怀孕，之后生下了契。

尧舜时，契因帮助大禹治水有功，被封为司徒之职，其封地在一个叫商的地方，因而称商族。

玄鸟贻喜（屈原《离骚·天问》插图，明·萧云从作）

原文：简狄在台，喾何宜？玄鸟致诒，女何喜？

注释：喾，传说中的上古帝王。简狄，上古有娀国（今山西运城一带）的美女，帝喾的次妃，生商朝的始祖契。《淮南子·地形训》高诱注："简翟、建疵，姊妹二人，在瑶台，帝喾之妃也。天使玄鸟降卵，简翟吞之，以生契，是为玄王，殷之祖。"

萧云从自注："简狄侍帝喾于台上，有燕堕卵，吞而生契。"

补注：萧云从，字尺木，当涂人。自幼博极群书，工篆隶，曾于明崇祯十二年（1639年）中乡试副榜贡生，明亡后不仕于清，并参加复社，与冒襄、吴应箕等领袖人物多有往来。后为避兵乱，流落他乡数年，感时忧国，穷愁潦倒。困厄中倾心屈原《离骚》，对屈子精神有锥心刺骨的深切体会。在自述中，萧氏说道："余老画师也，无能为矣。退而学《诗》，孰精《文选》。怪吾家昭明，黜陟《九歌》。取《离骚》读之，感古人之悲郁愤懑，不觉潸然泣下。"（《画九歌图自跋》）因视前人如宋之李公麟等辈所作插图"未能赅极情状"，乃发奋作《离骚图》。

萧氏《离骚图》初刻于明弘光元年（清顺治二年），由徽派名工汤复刻，后有散佚。"乾隆癸巳，四库馆搜各省遗书，高宗见云从《九歌图》，异之，称其能。"（《芜湖县志》）"皇上几余披览，以其用意虽勤，而脱略不免，特命内廷诸臣，参考厘订，各为补绘……于是体物摹神，粲然大备。"（见纪昀《四库本〈离骚全图〉提要》）本书引用的萧云从《离骚图》为1935年上海商务印书馆《影印文渊阁四库全书四种》版本。

契死后，他的儿子昭明继位，昭明死，其子相土继承其位，相土是一位武功烈烈的国王，而且他还发明了马车，其势力曾一度达到"海外"。当商族迈入文明的门槛时，出现了一位重要商王叫王亥，相传，王亥发明了牛车，大大提高了车的功用，给人们的生产运输以及交通都带来了极大的方便。据记载，王亥曾驾着牛车，用帛和牛当货币，在部落间做买卖，后来当他到了一个叫作有易的部落时，曾受到盛情

击床（屈原《离骚·天问》插图，明·萧云从作）

原文：有扈牧竖，云何而逢？击床先出，其命何从？

注释：有扈，即史书中的有易部族。牧竖，指王亥。击床先出，指王亥与有易氏的女人行淫，有易之人夜入而袭击其床，亥被杀，女则先自逸出。

萧云从自注："有启时，有扈氏本牧竖，何逢而得侯？及启攻之，亲杀于床。夫以贱竖窃神器，天人共愤。剥床者，寓言不安也。"

补注：《天问》乃屈原《离骚》之外另一篇长诗，对自然现象、历史故事、神话传说，提出了一百七十多个疑问。王逸《楚辞章句》第三篇《天问章句》序文曰："《天问》者，屈原之所作也。何不言问天？天尊不可问，故曰天问也。屈原放逐，忧心愁悴。彷徨山泽，经历陵陆。嗟号旻天，仰天叹息。见楚有先王之庙及公卿祠堂，图画天地山川神灵，琦傀及古贤圣怪物行事。周流罢倦，休息其下，仰见图画，因书其壁，呵而问之，以泄愤懑，舒写愁思。楚人哀惜屈原，因共论述，故其文义不次序云尔。"此段文字在萧云从的绘图本中加以保留，四库本沿袭萧氏之说。

汤王像（引自《帝鉴图说》，明·张居正撰）

款待。但后来由于他淫于有易之女，而被嫉愤的有易人所杀。再后来，王亥的弟弟王恒率人战败了有易族人，夺回了牛车，并占有了有易族的土地和财物。从这个故事可以看出，商在灭夏之前已是个兴旺发达的小国，随着农业、手工业尤其是商业贸易的发展，国势渐渐强盛，因而造成了以商代夏的趋势。

自王亥之后又过了好几代，商国又出了一位颇具雄才大略的人物，名叫汤。因为这位汤王在自己的统治区域内广施仁政，国势再度加强。汤王把自己的都城从叫商的地方迁到一个叫亳的地方，然后开始做灭夏的准备。由于这期间汤王得到了两个极

脯林酒池（引自《帝鉴图说》，明·张居正撰）

夏史记：桀伐有施氏，得妹喜。喜有宠，所言皆从，为瑶台、象廊。殚百姓之财，为肉山脯林。酒池可运船，糟堤可以望十里，一鼓而牛饮者三千人。妹喜笑，以为乐。

张居正解：夫桀之始祖大禹，卑宫室，恶农服，克勤克俭。因饮酒而甘，遂疏造酒之仪狄，何等忧深虑远，辛勤创业。而桀乃放纵如此，不亡何待！后六百年，又有商纣，亦为肉林酒池，亦亡商国。嗜酒之祸可鉴也哉！

补注：《帝鉴图说》乃大明万历朝内阁首辅、大学士张居正（1525—1582年）亲自编撰，供当时年仅十岁的小皇帝明神宗，即万历皇帝学习阅读的教科书，分为上、下篇，上篇以"圣哲芳规"为题，讲述了历代帝王励精图治之举；下篇以"狂愚覆辙"为题，剖析了古今君主倒行逆施之祸。全书由一个个历史典故编辑而成，典故之后有张居正用白话文所作的分析讲解，并配有形象生动的插图，风格独特，通俗易懂，遂为明之后历代宫廷与民间所重视，成为帝王修身治国必不可少的教材。

有才干的人物伊尹和仲虺的辅助，许多部落被商征服，商的国力更加强大，灭夏的条件渐已成熟。

夏的最后一个帝，名叫桀，是个暴君，当时居住在今河南西部一个叫斟寻的地方。汤在灭夏之前，首先灭掉了夏东方的韦、顾、昆吾等三个附属国，然后倾全力发动了对夏桀的进攻。桀、汤之间经过十一次激战，桀终于力不能敌，全线溃败。夏桀率领残兵败将逃到了一个叫南巢的地方，从此夏王朝宣告灭亡。

夏朝灭亡后，汤率部回到了亳都，自称武王，中国历史上一个以商代夏的新时代开始了。

许多历史记载都说商经常迁都，汤打败夏之前就先后迁都8次，灭夏后迁过5次，直到盘庚迁到殷（今河南安阳）才不再迁都。商后期又称殷，或殷商并称。从记载中看，商王朝的领土大约同夏统治的区域相似，介于今山东、山西、河南、河北之间，而权力所及的地区可能达到了今陕西、辽宁甚至朝鲜半岛，这些地方可能是夏朝权力触及不到的。至于商为什么前后10余次不停地迁都，是由于本民族的习惯，还是遇到了不可抗拒的天灾人祸，或者是出于商业贸易交流方面的考虑，史书少有记载，后世也多靠猜测推断，未有定论。

自盘庚迁殷之后，又传了8代12王，历经200余年而灭亡。在这200多年的时间里，商的社会经济和铸冶工艺得到了迅猛发展。但到了最后一个叫纣的国王统治时，商已是江河日下，大厦将倾。这个叫纣的昏王本是个文武兼备的人，凭着他的能力本可以使商王朝再度中兴，但他没那样做，极度的残暴、骄奢、淫乱，使延续了几百年的殷商再也没能传承下去，历史上著名的牧野之战，终于使商王朝彻底覆灭。

纵观商的历史，自契到汤凡14代，从汤灭夏到纣凡17代30王（汤子太丁早死，不计在内）。总积年有496年、629年等不同的说法。其世系表为：

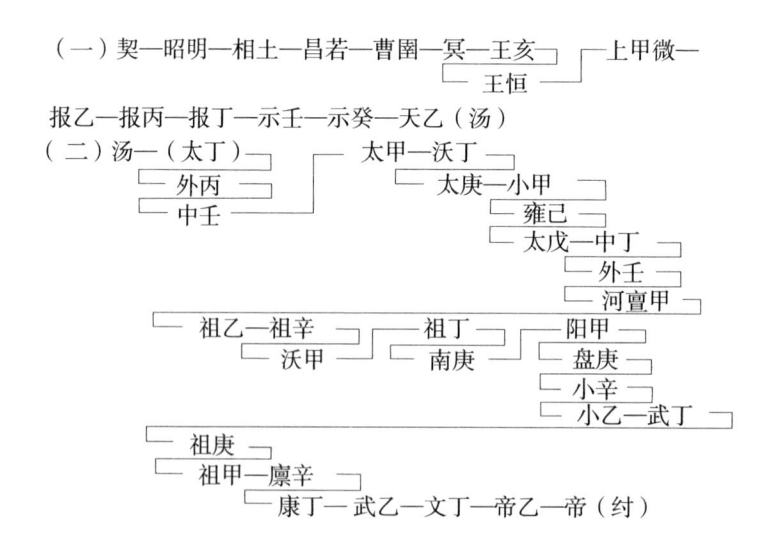

（一）契—昭明—相土—昌若—曹圉—冥—王亥—上甲微—
　　　　　　　　　　　　　　　　　　　　王恒
报乙—报丙—报丁—示壬—示癸—天乙（汤）
（二）汤—（太丁）—　　　　太甲—沃丁
　　　　　外丙　　　　　　　太庚—小甲
　　　　　中壬　　　　　　　　　　雍己
　　　　　　　　　　　　　　　　　太戊—中丁
　　　　　　　　　　　　　　　　　　　　外壬
　　　　　　　　　　　　　　　　　　　　河亶甲
　　　　祖乙—祖辛—　祖丁—　阳甲
　　　　　　　沃甲　　南庚　　盘庚
　　　　　　　　　　　　　　　小辛
　　　　　　　　　　　　　　　小乙—武丁
　　　　　　祖庚
　　　　　　祖甲—廪辛
　　　　　　　　　康丁—武乙—文丁—帝乙—帝（纣）

第三章 往事越千年

继商王朝之后，一个称为周的部族登上了历史舞台，并在更广阔的天地里充当了几百年的主要角色。

据传，周的始祖为后稷，后稷名弃，是帝喾妃姜嫄所生的儿子。帝尧主政的时候，举弃为农官，到了帝舜的时代，弃因功而被封于邰，号后稷，姬姓，其子孙后世以农为本，艰苦创业。到了公刘主政的时候，举族迁居于豳（今陕西旬邑县一带），并在此地将后稷的创业精神发扬光大，积蓄颇多，部族也渐渐兴旺发达起来。又过了几代，到了古公亶父的时候，由于不堪戎狄族部落的掠夺与侵扰，古公亶父便带领族人离开豳地，来到了岐山脚下的周原定居下来。

古公亶父来到周原（今陕西岐山北）后，筑城郭屋室，安抚民众，改革戎狄旧俗，设立官司，渐渐形成一个初具规模的周国，周王族的事业从此得以开始。

随着周族事业的兴起，国力的强大，占据中原地区的商王感到这个西部王国难以用武力对付，便采取和亲的政策，把其附属国——挚国之君的女儿太任嫁给古公亶父的儿子季历。后来季历生了个儿子，取名为昌——这便是历史上著名的周文王，也正是这位周文王，一手促成了翦灭殷商的大业。

稷播百谷
《史记·周本纪》载："姜原出野，见巨人迹，心忻然说，欲践之，践之而身动如孕者。居期而生子……因名曰弃。"稷，即谷物。禾本科，别名黍、糜，统称黄米，一年生栽培植物。据考证，稷起源于中国北方，史前期已有栽培，殷商时已为人们的主要食物。《史记·周本纪》载：周的始祖弃"好耕农，相地之宜，宜谷者稼穑焉，民皆法则之。帝尧闻之，举弃为农师，天下得其利，有功。帝舜曰：'弃，黎民始饥，尔后稷播时百谷。'封弃于邰，号曰后稷，别姓姬氏。后稷之兴，在陶唐、虞、夏之际，皆有令德。"

文王在主政期间，对内广施仁政，采取各种富国强民的政策，对外则采取恩威并用、各个击破的战略。尤其是在他生命的最后几年内，先是战败了强大的西戎混夷，开辟了西边的土地，又灭掉了附近的几个敌国，奠定了渭南之地，接着又攻克了邗国和耆国，使周的势力伸展到了东方，和商国的王畿相接。又经过一番奋斗，将势力扩充到长江、汉水、汝水流域，取得了当时所谓天下的三分之二，形成了对殷都朝歌的战略包围，灭商的条件业已成熟。遗憾的是，文王未及完成自己的使命，便撒手西归。灭商的大业在几年之后由他的儿子武王顺利完成。

历史上著名的牧野之战，宣告了商王朝的灭亡和周王朝的正式建立，周武王自此成为天下的共主。

周武王之后，继位的分别是成王和康王，在这两个王执政的四十多年间，人民休养生息，社会安宁，天下太平。史载成康之世刑措四十年不用，其国势达到了整个周王朝的全盛时期。可惜好景不长，继短暂的成康盛世之后，周王朝日渐衰落。又经过几代，到周厉王时，各种矛盾越发尖锐，国家到了崩溃的边缘，而当政的周厉王又偏偏是一位极度专制的君主，除暴虐、骄横之外，还特别喜欢重用奸佞小人掌管朝政，搞得朝野内外乌烟瘴气，天下民众痛苦不堪。在忍无可忍的情况下，民众只好集合起来举行武装暴动，周厉王一看这阵势，知道颓局难挽，索性渡黄河逃走，这次暴动堪称是古代中国第一次大规模的国人革命行动。厉王的出逃，使得周人无君，天下无主，在诸侯的推举下，由召公、周公二相共同代行王的职权，历史上称这个时期为共和政治，而召、周二公行政的始年称为"共和元年"，也就是从这一年起，中国的历史有了确切纪年，若以公元纪年计算，这一年为公元前841年。

周厉王出逃后，一去不复返，这个以国人为基础，由公卿执政的无君之邦，无王之天下，在经历了14个春秋之后，随着厉王在彘的死亡和其太子静（宣王）的继位而宣告落幕。

由于宣王自小就历经艰苦磨难，即位之后，他认真地听取召公和众公卿的意见，努力治理政事，一时颇有中兴气象。遗憾的是，当周王朝的历史到宣王一代，外患实在太多太大，西北有强劲的戎部族侵扰，东南有夷族劫掠，南面有楚部落的进逼，虽然在召公和宣王的努力下，最终把他

戏举烽火（引自《帝鉴图说》，明·张居正撰）

周史记：幽王嬖爱褒姒，褒姒不好笑，王说之万方，故不笑。王与诸侯约，有寇至，举烽火为信，则举兵来援。王欲褒姒笑，乃无故举火，诸侯悉至，至而无寇，褒姒大笑。后犬戎伐王，王举火征兵，兵莫至。戎杀王于骊山下，掳褒姒。

张居正解：夫女色可远不可近，近则为其所迷，而举动不知谨，患害不知虑。幽王只为要褒姒欢喜，至无故征天下之兵，以供其一笑，卒致身弑国亡。其昏暗甚矣。谥之曰"幽"，不亦宜乎。

们一一平定，但周王朝的国力却大大地衰弱了。

宣王之后，继位的是中国历史上颇为著名的幽王，这位幽王之所以著名，不是因为像他的祖辈如文王、武王那样有治国平天下的才干和业绩，而是因他的暴虐、淫乱和荒唐之举，久传不衰的"烽火戏诸侯"的故事便是他的"杰作"。本来当幽王即位之时，周王室已是危机四伏，内忧外患、天灾人祸不断袭来，周王室大厦即将倾塌。但这位幽王似乎并不把这凶兆险境放在心上，专事寻欢作乐，尤其在得到了一个叫褒姒的女人之后，更是骄淫无耻，荒诞暴戾。他一意孤行地废去申后和太子宜臼，另立褒姒的儿子伯服为太子，这一决定激怒了申后的父亲申侯，这位申侯一气之下约集了曾国和犬戎，联合发兵攻周。气数已尽的周王室力不能敌，镐京被破，幽王在败逃中被杀死，于是西周宣告灭亡。

幽王死后，鉴于镐京在战火中化为瓦砾灰烬，无法再作为都城，申侯便在自己的国土上立太子宜臼为王，是为周平王。21年后，周平王在晋文侯的帮助下取得了天下共主的地位，并以周公早年所建的东都洛邑为京畿之地号令天下，

西狩获麟（《孔子圣迹图》）

鲁哀公十四年（公元前481年），鲁人在大野猎获一麒麟，孔子感念于此，遂停止了《春秋》的写作。孔丛子说：季孙氏猎获麒麟，因不认识扔在五父之衢。冉有告诉了孔子，孔子前去观看，哭泣着说："这是麒麟啊，麒麟是仁义之兽，一出现就死了，我就像那麒麟，我的大道是行不通了。"从此绝笔。这年孔子71岁。两年以后孔子与世长辞。

《史记·孔子世家》曰："鲁哀公十四年春，狩大野。叔孙氏车子鉏商获兽，以为不祥。仲尼视之，曰：'麟也。'取之。曰：'河不出图，洛不出书，吾已矣夫！'"

《春秋》乃孔子据鲁史修订而成，上起鲁隐公元年，下至鲁哀公十四年（后人续至十六年），载十二代君王，二百四十二年之周王朝、鲁国及其他诸侯国的史事。

后人始称东周。平王四十九年（公元前722年）是鲁隐公元年，孔子所作的鲁国史《春秋》从这一年开始记事，从此历史进入了春秋时代。在这个时代中，虽然周王室还有天下共主的名分，但政治重心却渐渐转移到列国霸主的身上，中国的历史进入了一个急剧动荡、频繁变革的新时代。西周的世系表为：

武王—成王—康王—昭王—穆王—共王—懿王—孝王—夷王—厉王—共和—宣王—幽王

疑古思潮的兴起

同世界上其他国家一样，在文字尚未产生之时，中国人的祖先是靠口耳相传把远古时期的历史传述下来的，只是到了文字产生之后，远古的历史和现实发生的事迹，才用各种书写工具断断续续地记载下来。由于口耳相传的缘故，对远古的人和事，就不免有后人增益、编撰的成分，因而先秦典籍及汉代典籍中对于古史的记载就变得互有差异，错综复杂起来。比如"三皇""五帝"的记载，先秦典籍中就有不同的说法。如商的始祖简狄吞吃玄鸟卵而生契，周之始祖姜嫄履大人迹而生后稷等，显然是神话，若以今天的科学眼光分析，实际上反映了原始社会只知有母，不知有父的配偶婚姻关系。

面对如此错综复杂，但看上去各家又能自圆其说的古史系统，自春秋战国时代就有学者产生了疑古思想，不过那个时候只是一种疑古思想的萌芽阶段，并未形成对伪书、伪说考辨的气候。真正形成气候则是秦汉之后的事情。

公元前221年，秦王嬴政尽灭六国，定天下为一统后，朝中大臣围绕实行郡县制还是分封制展开了争论，在丞相李斯的鼓动和蛊惑下，发生了历史上著名的"焚书坑儒"事件。关于焚书之事，秦王朝明令规定，"非秦记皆烧之，非博士官所职，天下敢有藏《诗》、《书》、百家语者，悉诣守、尉杂烧之。有敢偶语《诗》《书》者弃市"。

古代竹简卷册（国家图书馆藏）

不难想见，这次全国性的大规模焚书，对先秦典籍无疑是一次空前的浩劫，各国史书损失尤为惨重。正如司马迁所

言:"周道废,秦拨去古文,焚灭《诗》《书》,故明堂石室金匮玉版图籍散乱。"但是,由于《诗》《书》及诸子书"多藏人家",则远没有被烧绝,故而到了西汉初年,"时有失而复见者",重新被发现的古文经共有十种,如《周易》《尚书》《毛诗》《礼记》等。古文经的不断发现,引发了旷日持久的今古文之争,这场学术之争,导致了后世大量伪书的出现,并直接影响着辨伪学的发展。颇为著名的《尚书》的发现与辨伪可以说就是一个非常生动、有趣、典型的个案。

《尚书》又称《书》《书经》,是中国最早的历史文献汇编。战国以前,它被称作《书》。汉朝人称它为《尚书》,意思是"上古之书"。汉代之后,《尚书》成为儒生必读的主要经典,所以又称《书经》。《尚书》记载了上起尧舜,下至东周(春秋中期)1500多年的历史,其基本内容是虞、夏、商、周历代帝王的文诰和君臣谈话记录。这种相传由孔子悉心整理,后在春秋战国时代广为流传的《尚书》,在秦王朝"焚书坑儒"的浩劫中也不可幸免地失传了,在相当长的一段时日,社会上再也没有这部书残存的消息。但是到了汉代文帝时,忽闻山东济南有一位年过九旬的老人在家以《尚书》授徒,这个消息立即引起了朝野震动,文帝立即派太常掌故晁错前往求教。原来这位老人名叫伏生,曾在秦朝宫中担任过博士,对《尚书》很是精通。秦王朝下令焚书时,他竟冒着被杀头的危险,把《尚书》藏在家中的墙壁里,自汉惠帝取消禁书令,伏生搜寻藏书,发现已遗失了几十篇,只剩下29篇,便用此在家乡讲授。此时伏

山东诸城前凉台出土东汉画像石,刻画了讲经人和捧简听讲人的形象

第三章　往事越千年

生年事已高，口齿不清，口授经文时需由其女儿在旁通译。晁错尽职尽责，终将《尚书》记录完毕。由于它是用汉代当时通行的书体隶书记录成书的，故称今文《尚书》，以与先秦时孔子用大篆文传授的《尚书》相区别。

正当今文《尚书》大行于世之时，到汉武帝一朝，在孔子的家乡山东曲阜又传佳音：鲁恭王扩建宫室，在拆毁孔府中的一处旧宅时，意外地在墙壁里发现了秘藏的一批古书。在这些古书中，有一部《尚书》共计45篇，其中29篇和伏生本基本相同，后来由孔子的后裔孔安国上献朝廷。由于这部《尚书》由大篆文书写，又得自孔门真传，便称古文《尚书》。史学之父司马迁年幼时师从孔安国，学的就是这部书。后来司马迁在作《史记》时，其主要参考书之一也是这部《尚书》。不过，司马迁没有完全相信书中的记述，他本着"考信于六艺"的原则，对古史记载进行了认真的整理、考辨，所以后世的学者梁启超称他是"辨伪学的始祖"。

鲁壁纪念处
秦始皇帝焚书坑儒时，孔子九代孙孔鲋把《论语》等儒家经册藏在一堵墙壁中，直到汉代这批所谓"鲁壁藏书"方被发现。图为孔庙为纪念此事而建的"鲁壁"

今文《尚书》和古文《尚书》虽然以不同的方式和不同的时间得以重新行世，却只是两部残卷，未免有些美中不足。

司马迁身后百余年，已到汉成帝朝。山东东莱（今山东莱州市）有个叫张霸的人，忽然声称自己发现一部全本古文《尚书》，并献于朝廷。这一非同小可的事件再度引起了朝野震动，为慎重起见，成帝派人仔细研读，发现上当受骗。原来这是一部伪作，且作假手段十分拙劣：其手段是将伏生所传今文《尚书》、孔安国所献古文《尚书》及《左传》里的一些文字拼凑而成。事实一经查明，成帝大怒，令将张霸砍头了事。

就汉初所发现和流行的今文《尚书》和古文《尚书》而言，除篇数和字体外，本无实质性的区别，只是两种不同的版本。但由于今文《尚书》和古文《尚书》在传授过程中各有师承，研究和学习的方法各不相同，后来渐渐形成了《尚书》今文和古文两个学派。当时，各经都立博士，今文"五经"立了14个博士。如果某经或某经中的某派被立了博士，那就意味着其从"私学"变为"官学"。因为通博士经是唯一的"利禄之路"，凡不具博士弟子身份者不得仕进。所以各家经说均欲争立博士。西汉中期，今文《尚书》作为"五经"之一被长期立于官学，这部书的今文学家也就有了升官发财的机会。由于古文经派不被立为博士，研习古文《尚书》者自然就没有做官的希望。在这种情况下，只有少数"好古之士"在民间学习、传诵古文经。到了西汉末年，对古文经有特别偏好的学者刘歆借掌握朝中权柄的王莽之力，将《左氏春秋》、《毛诗》、《逸礼》、古文《尚书》皆立于官学。基于当时政治的需要，大权在握的王莽开始提倡古文经学，一批古文经终于冲破今文经学派的长期抑制，堂而皇之地与今文经同立博士。刘歆的这个举措，为长达两千余年的今文古文之争埋下了伏笔。

继王莽之后又过数百年，历经东汉末年董卓之乱、西晋永嘉之乱，汉魏以来的文献典籍一再遭毁，无论是当年伏生所传今文《尚书》，还是孔安国所献之书，都在一次次的兵燹中全部失传。

东晋元帝时，忽有豫章内史梅赜向朝廷献书，称是孔安国的古文《尚书》再现。

此书一出，在朝野引起的震动远大于伏生、孔安国时代，因为它不仅包括伏生所传今文《尚书》，而且还多出了25篇"逸文"，这些"逸文"，就连司马迁、刘向、班固等学者都未曾见过。更令人吃惊的是，这部书中竟然还附有孔安国亲撰的序文和注释。一时间，人们为这一重大发现而心醉神迷，忘乎所以。梅氏也因此而加官进爵，名声大噪。然而，梅赜的所谓古文《尚书》，行文怪异，破绽百出，从一问世便有学者提出怀疑。但在一片失去理智的鼓噪声中，这种怀疑并未受到应有的重视。

直到南宋初年，学者吴棫的大胆诘问才引起社会关注。吴棫发现，梅氏的古文《尚书》中属西汉的今文《尚书》部分和增加的25篇"逸文",在文体上有很大差别,"增多之书皆文从字顺,不若伏生之书诘曲聱牙",显然不是同一时代的作品。

吴棫的观点犹如平地惊雷,引发了一场关于梅氏古文《尚书》真伪的论战。第一个站出来公开支持吴棫的是著名学者朱熹。他通过对梅赜的本子进行认真考辨,得出了与吴棫完全相同的结论,他说,孔壁所出《尚书》,如《大禹谟》《五子之歌》《泰誓》等皆平易,而伏生所学又皆难读,为什么伏生偏偏记得难读的,而容易的却不记得了呢?他指出梅赜所献的这个本子里的25篇"逸文"是伪造的,所谓孔安国的序文和注释也是赝品。

吴、朱等人的考证成果引起了学术界的重视,这部当时被视为神圣不可侵犯的经典的地位随之产生了动摇。

从南宋开始,历经元、明、清各代,对梅赜所献之书的辨伪便成为考据学家的热门课题,但由于复杂的原因,伪《尚书》仍在半遮半掩之中大行其道。直到清朝康熙年间,经著名考据学家阎若璩的不懈努力,这一伪书的真实面目才被彻底揭穿。

阎若璩在少年时便对梅氏所献书中所谓"逸文"的真实性感到怀疑,成年以后便下定决心要把这一历史悬案搞个水落石出。他前后花了20多年的时间,对梅氏所献本子进行了精深的研究考证,终于完成了一部给梅氏伪书下定论的著作——《古文尚书疏证》。在这部书中,他列举了128条证据,令人信服地彻底戳穿了梅氏本的骗局。从大的方面来看,有下列三点可证其伪:1.作伪者将先秦古籍中有关《尚书》的只言片语加以精心连缀,以成所谓"逸文",而阎若璩对这些"逸文"的最初来源都一一查出。2.作伪者又将孔子编定《尚书》时所写《书序》中的若干标题,移植到25篇"逸文"中,让人感到其来之有绪。3.为了弄假成真、蒙蔽世人,作伪者将伪文与伏生所传真文仔细掺和,并煞费苦心地伪造了所谓孔安国的序文和注释。这一高级赝品可谓机关算尽,但由于吴棫、阎若璩等学者的不懈努力,证明古文《尚书》确是晋人伪作,这场自两宋到清康熙年间长达五六百年之久的关于伪古文《尚书》的疑辨至此已基本定案。

就在吴棫、朱熹、阎若璩等学者怀疑古文《尚书》并着手寻找证据考辨之时,今文经学派又开始了对《左传》《周礼》等先秦典籍真实性的长久怀疑。在这个过程中，今文家怀着对最早提倡古文经学的西汉末年刘歆的嫉视，说他伪造了《左传》和《周礼》，同时还"遍伪群经"，直至窜乱《史记》，罪名越来越严重。经宋人林栗、元人程端学等今文家一路怀疑下来，至清代著名今文家刘逢禄写成《左氏春秋考证》一书，对刘歆的所谓"伪造"《左传》的劣迹给予了系统的揭发。在刘逢禄看来，历史上曾经有过名为《左氏春秋》的书，一如《晏子春秋》《吕氏春秋》，但冒名的《春秋左氏传》乃是东汉以后的以讹传讹，而其始作俑者实为刘歆。刘逢禄为此断言，后世流行的《左传》，是刘歆出于贬低今文的《公羊传》，为王莽篡汉提供历史根据的目的而与《周礼》一块捏造出来的。到了清末，那个在戊戌变法中爆得大名的南海才子康有为，除全部继承了刘逢禄的论证外，进而从现行《左传》的来源、形成上再次证实其为伪书，还在其代表作《新学伪经考》一书中，进一步断言：西汉经学，并无所谓古文者，凡是古文经全部是刘歆的伪作，故称为"伪经"。因为这些伪经是新莽一朝之学，与孔子无涉，为了弘扬孔子之道，必须摒弃刘歆之伪经。

关于《新学伪经考》的得名，康有为说得更加明白："王莽以伪行篡汉国，刘歆以伪经篡孔学，二者同伪，二者同篡。伪君、伪师，篡君、篡师，当其时一大伪之天下，何君臣之相似也！然歆之伪《左氏》在成、哀之世，伪《逸礼》、伪《古文书》、伪《毛诗》，次第伪之，时莽未有篡之隙也，则歆之畜志篡孔学久矣；遭逢莽篡，因点窜其伪经以迎媚之。……而歆身为新臣，号为'新学'。"为了证明这个观点，康有为从多方面做了论证，全盘否定了传世的古文经传，从而动摇了现存的儒家经典。尽管康有为在考辨古文经的过程中，存在着严重的主观武断现象，有些观点经不起推敲，甚至属于误断，但凭着康有为的名声，在当时的政治界、学术界仍然产生了相当大的震动。这篇疑古的文章，在政治上遭到了清政府三次降旨毁版的命运；在学术上，则直接影响了后世疑古辨伪风潮的兴起，直至引发了20世纪二三十年代"古史辨派"的产生。

1917年，27岁的胡适自美国学成回国，担任了北京大学教授，接替陈汉章讲授中国哲学史。授业之始，他不管以前的课业，重新编写讲义，以一种怀疑的眼光来看待中国远古的历史和古代哲学家的遗著。他的《中国哲学史大纲》（卷上）采用"截断众流"的方法，摒弃远古"一半神话，一半正史"的记载,在开篇"中国哲学的结胎的时代"一章中用《诗经》做时代的说明,丢开了三皇五帝和夏商,直接从周宣王以后讲起。胡适之所以丢开伏羲、神农、黄帝、尧、舜不讲,而直接从老子、孔子讲起,是因为他对中国远古时期神话传说和史实杂糅的记载持根本的怀疑态度,所以才有了"东周以上无史"的讲法。

胡适在北京大学开设中国哲学史课时,已在北大读书并选修胡适课业的顾颉刚等听了他的将周宣王之前的历史全部抛弃不用的治学思想和方法后,深表佩服。据后来顾颉刚回忆说:"这一改,把我们一班人充满着三皇、五帝的脑筋骤然作一个重大的打击,骇得一堂中舌挢而不能下。"后来,胡适又发表了《水浒传考证》和辩论井田制的文章。这些文章的发表,给顾颉刚以深刻的触动和启迪,顾颉刚说:"可见研究古史也尽可以应用研究故事的方法。……我们只要用了角色的眼光去看古史中的人物,便可以明白尧舜们和桀纣们所以成了两极端的品性,做出两极端的行为的缘故,也就可以领略他们所受的颂誉和诋毁的积累的层次。只因我触了这一个机,所以骤然得到一种新的眼光,对于古史有了特殊的了解。"

胡适留美时师从名教授杜威,他将杜威的实验主义简化为"大胆的假设,小心的求证",并在中国学术思想界大力鼓吹,风靡一时。1919年,在新文化运动的高潮中,胡适又提出整理国故的主张,一时从者云集,一大批青年学者在他的旗帜引

以胡适为主编的北京大学《国学季刊》编委会成员合影。右起:陈垣、朱希祖、顾颉刚、胡适、马衡、沈兼士、徐炳昶

领下走上了这条道路。正因为这个缘由，从1920年起，胡适与顾颉刚的交往日益频繁起来，顾颉刚开始按胡适的学术指导思想撰写《清代著作考》。之后两人共同策划编辑《辨伪丛刊》，其间得到了学界名人钱玄同的赞同与响应，三人不断来往商讨，使这个事情越闹越大，并最终拉开了古史辨运动的序幕。

1922年，顾颉刚在整理上古史的过程中，把《诗》《书》《论语》三部书中所载的上古史传说整理出来，并加以比较，发现"禹是西周时就有的，尧、舜是到春秋末年才起来的。越是起得后，越是排在前面。等到有了伏羲、神农之后，尧、舜又成了晚辈，更不必说禹了"。于是他建立了一个假设："古史是层累地造成的，发生的次序和排列的系统恰是一个反背。"也就是说，古籍中所讲的古史是由不同时代的神话传说一层一层地积累起来而造成的，神话传说发生的时代，其先后次序和古书中所讲的排列系统恰恰相反，这便是20世纪上半叶在中国史学界影响颇大的顾颉刚的学术精髓——"层累地造成的中国古史"观。

1923年2月，顾颉刚致书钱玄同，进一步表明了他的这一观点。这封信于同年5月6日在《努力》增刊《读书杂志》第9期以《与钱玄同先生论古史书》的标题发表时，顾颉刚又加了个按语，申明自己的主要观点："我很想做一篇《层累地造成的中国古史》，把传说中的古史的经历详细一说。这有三个意思。第一，可以说明"时代愈后，传说的古史期越长"。……第二，可以说明"时代愈后，传说中的中心人物愈放愈大"。……第三，我们在这上，即不能知道某一件事的真确的状况，但可以知道某一件事在传说中的最早的状况。"

胡适对顾颉刚的观点给予高度评价，并誉为"真是今日史学界的一大贡献"，"是用历史演进的见解来观察历史上的传说"，"他这个根本观念是颠扑不破的，他这个根本方法是愈用愈见功效的"。而钱玄同不但对顾颉刚的观点击节赞誉，称"层累地造成的中国古史"观，"真是精当绝伦"，而且在其后不久，索性将自己的姓名改为"疑古玄同"，表示自己疑古到底的决心。

与胡适、钱玄同等持不同观点的人，如刘掞藜、胡堇人、柳诒徵等学者，则纷纷发表自己的见解，对顾氏的观点进行了发难和尖锐的批判。刘挨藜在其发表的《读顾颉刚君〈与钱玄同先生论古史书〉的疑问》一文中，认为"顾君疑古的精神是我很表同情的；不过他所举的证据和推想，是很使人不能满意的"。接下来，刘挨藜依据经典常识，从五个方面驳诘了顾颉刚的说法。而胡堇人在其所撰《读顾颉刚先生论古史书以后》中，则认为："我以为古史虽然庞杂，但只限在尧、舜以前。若尧舜之后的史料，似乎比较稍近事实。"文中，胡堇人重点驳斥了顾颉刚关于禹不是人而是一条虫的说法。如顾颉刚据《说文》禹字训为虫，便以为禹不是人类，而是九鼎上铸的一种动物。胡堇人则斥为这是一种"望文生义的解释，若依这个例子，则舜字本义《说文》训作蔓草，难道帝舜就是一种植物吗？"

面对胡堇人、刘挨藜等人的责难，顾颉刚接受了钱玄同的意见，很快声言放弃"禹是一条虫"的断语，同时有保留地宣称这只是一个假定，"对于这个假定的前半还以为不误，对于后半便承认有修正的必要了"。尽管如此，"顾颉刚说大禹是一条虫"的传言在社会上还是不胫而走，反对者以此为讽刺揶揄的口实，旁观者甚或赞同者也常引为茶余饭后的谈资，其中包括鲁迅在小说中的挖苦与嘲讽。学术界围绕着这一提法的喧嚣，使顾颉刚颇感惆怅和无奈。随着讨论的不断展开，顾颉刚的思想也不断地变化，在《答刘胡两先生书》中，顾颉刚又进一步提出推翻非信史的四项标准：1.打破民族出于一元的观念；2.打破地域向来一统的观念；3.打破古史人化的观念；4.打破古代为黄金世界的观念。这四条原则，可谓是顾颉刚

顾颉刚编著的《古史辨》书影。尽管学术界有不同声音，鲁迅曾讥讽顾氏的《古史辨》，就是"把历史辨成没有"，但在当时的史学界却引起了极大震动，"古史辨派"由此产生，并在一个时期内操控、引领了史学研究的走向

"层累地造成的中国古史"假说的延伸和发展。

从1926年开始，顾颉刚把1923年这次古史论战中双方所有的文章以及后来继续讨论的有关文章、信件汇集起来，编成《古史辨》第一册，并写了一篇长序，阐发自己疑古、辨伪思想的由来、研究古史的方法等。胡适在介绍此书时说："这是中国史学界的一部革命的书，又是一部讨论史学方法的书。此书可以解放人的思想，可以指示做学问的途径，可以提倡那'深彻猛烈的真实'的精神。""颉刚的'层累地造成的中国古史'，一个中心学说已替中国史学界开了一个新纪元了。"

《古史辨》一册一经问世，立即风靡学界，一年之内重印近20版次。在这部书的推动下，许多学者纷纷加入疑古辨伪的行列。直到1941年，《古史辨》共出了7册。从《古史辨》中可以看出，一个以顾颉刚为核心的"古史辨派"由此登上了中国史坛，极大地震撼了人们的心灵和思想。

对20世纪20年代开始的古史辨派的形成和疑古狂潮的升起，来自各方面的批评和赞誉可谓此起彼伏。有的学者对古史辨派的批评，在于指出其对古史怀疑的过头和过甚。按古史辨派对古史的清算结果，中国历史上的三皇五帝和夏、商、西周三代根本不再是可信的历史，而只是一种传说或神话。号称具有五千年文明史的中华民族，其历史骤然被缩短了一半，极端疑古派所造成的影响，使许多人丧失了对古籍和传统古史的信心，对中国文明从兴起到繁荣的夏商周三代产生了怀疑。此后的部分学者虽没有完全否认三皇五帝和夏、商、西周的存在，却断定"夏代是传说时代"，并武断地认为"夏代不会有多么高的文化，有的只是一点口头传下来的史影罢了"。但总体而言，更多的评论是既肯定其作用和影响，又指出其存在的问题。如著名学者胡绳就曾对此评论道："我以为，在1925年左右顾颉刚先生在'古史辨'的名义下进行的一些工作是不应当被抹煞的，在这些工作中表现出的所谓'疑古'精神，是当时的反封建思潮的一个侧面。"但"在许多地方，史料（记载古代历史的文献）和历史（古代历史本身）是被混淆起来了"。"所谓'古史辨'的工作本是从辨伪开始，乃是一种史料考订工作"。由此，胡绳反对"把整理某一部分史料而得到的史料学上的个别结论夸大为历史学上的根本问题"。

历代相传的古籍文献如《尚书》《左传》《春秋》，特别是司马迁的

《史记》所记载的，到底全是传说还是确实存在过的历史，在学术界思想陷入迷茫与混乱的时刻，一批博学鸿儒处变不惊，对中国古文明的探索仍怀有满腔热情和足够的信心。他们以"与其打倒什么，不如建立什么"为学术思想指导，从狂热的论争和迷茫混乱的思想态势中悄然走出，转而以科学的理念求助于刚刚诞生的中国考古学，以求得对中国古史的认知。1925年9月，作为清华大学国学研究院四大导师之一的王国维，发表了在学术界著名的题为《古史新证》的演讲："吾辈生于今日，幸于纸上材料之外，更得地下之新材料。由此种种材料，我辈因得据以补正纸上之材料，亦得证明古书之某部分全为实录，即百家不雅驯之言，亦无不表示一面之事实。此二重证据法，惟在今始得为之。"

正是凭借这一学术指导思想，以罗振玉、王国维为代表的部分学者独辟蹊径，通过对1899年开始在安阳发现的甲骨文的研究破译，以铁的事实否定了极端疑古派的结论，在完成了中国传统学术向现代学术转型的同时，也轰然撞开了历史典籍中记载的遥远而神秘的殷商王朝的大门，从而为中国史学的研究开辟了一个新的纪元。

注释：

①罗振玉（1866—1940）：他从年少开始就表现出对金石文物的高度兴趣，曾拯救一批清初重要史料，对农业与教育也贡献颇多。他一开始研究甲骨，就致力于调查出其真实出处，并且考订出这些甲骨出土于商代晚期都城，属于殷王朝遗物，这两点直接导致后来安阳殷墟的发掘。此外，他个人收集了一批不为古董商重视的小屯出土文物，并写作《洹洛访古游记》，成为第一部实地考察安阳殷墟的著作。罗振玉同时也是中国境内研究敦煌文书的先驱。

②因本书写作时间较早，部分行政区划如今已发生改变，为尊重作者原意，书中部分地名以作者写作时的行政区划为准。——编者注

第四章 众里寻他千百度

千古学案

一味普通的中药，引发了一段永恒的传奇。龙骨泄露天机，安阳殷墟大发掘。罗、王苦苦寻索，商代文明光耀千秋圣迹。安特生西部揭秘，李济龙山探宝，安金槐郑州商城大显身手。在希望的田野上，干枯的历史长河再度翻起奔腾的浪花。

龙骨泄露的天机

甲骨文是刻在龟甲和兽骨上的一种古文字,它们的作用就像远古的先民们"结绳记事"一样,是一种"记录文字"。当这些龟甲和兽骨上的文字未被认出之前,它们只是被当作不值钱的药材出现在药店。而一旦这些古文字被确认之后,天下震惊,中国历史研究的新纪元由此开始。

关于谁是甲骨文发现的第一人有不同的说法,但学术界公认王懿荣是最早鉴别和认识甲骨文的人。

王懿荣,山东福山人,字正儒,号廉生,生于清道光二十五年(1845年)一个官宦世家。他的父亲曾以兵部主事由京城回家乡办团练,受到皇帝的嘉奖,赏戴蓝翎,加员外郎衔。王懿荣长大成人后,曾先后出任翰林院编修、国子监祭酒等职。其人"嗜古,凡书籍字画,三代以来之铜器、印章、泉货、残石、片瓦,无不珍藏而秘玩之"。因为收集和研究了许多古代文物,又曾与当时著名的金石学家陈介祺、潘祖荫、翁同龢、吴大澂等人一起切磋学术,在金石文字方面有深邃的造诣,这才奠定了他后来看似偶然实为必然的对甲骨文划时代的伟大发现。

据说,光绪二十五年(1899年)秋,时任国子监祭酒(皇家大学校长)的王懿荣得了疟疾,用了许多药仍不见好,京城里有一位深谙医理药性的老中医给他开了一剂药方,里面有一味中药叫"龙骨",王懿荣派家人到宣武门外菜市口一家老中药店达仁堂按方购药。药买回来之后,王懿荣亲自打开药包验看,忽然发现龙骨上刻有一种类似篆文的刻痕,凭着金石学家对古物鉴定的敏锐直觉,他立刻意识到这颇像篆文的刻

王懿荣画像

痕,可能是一种很早的古文字,其刻写的时间要早于自己所研究的古代青铜器上的文字。这个意外发现使他兴趣大增,于是又派人将达仁堂中带有文字的龙骨购买回来,加以鉴别研究,同时注意在京城收购。不久,山东潍县的古董商范维卿又携带这种刻有文字的甲骨十二片,进京拜见王懿荣。王懿荣一见视若珍宝,将此物全部收购下来。此后,又有另一位古董商赵执斋也携甲骨数百片来京,被王懿荣认购。这样在不长的时间里,王懿荣就收购了有字甲骨约一千五百片。

王懿荣因病购药而发现甲骨文的故事在社会上传开后,出现了多种说法,也产生了多种疑问。有人认为,按一般的常识,像龙骨这样的中药,是要被捣碎煎服的,因而当它出药店的时候已化为碎粉了,如何能辨认其上有字?而有的人则著文说:"光绪年间北京并无'达仁堂'药店,王懿荣因病到达仁堂买药一说仅系传闻。"另外还有人谈到是天津的两位学者王襄和孟定生首先从潍县商人范维卿处购得龟甲骨并定为"商简"等真可谓众说纷纭,扑朔迷离,形成了甲骨文发现史上的一段疑案。事情真相到底是什么样子,有证据可考的是,王懿荣的儿子王崇焕在所撰《王文敏公年谱》中,有这样一段记载:

河南彰德府安阳县小商屯地方,发现殷代卜骨龟甲甚多。上有文字,估人携至京师,公审定为殷商古物,购得数千片。是为吾国研究殷墟甲骨文开创之始。事在是年秋。

遗憾的是,这段记载并没有什么因病买药之事,只是说甲骨从商人手中购得。虽然当时王崇焕只有8岁,但主要情节应该是记得的。不过王懿荣本人确曾说过甲骨与药店有关的话:"言河南汤阴、安阳居民掘地得之。辇载炫鬻,取价至廉,以其无用,鲜过问者,惟药肆买之云云。"可惜的是,这段文字仍未说明是不是自己因病而去药店买龙骨之事。但不管怎么说,王懿荣最早从古董商人范维卿处得到了成片的有文字的甲骨应是事实。

王崇焕在《王文敏公年谱》中所说的"小商屯",就是后来闻名于世的安阳小屯村。居住在小屯村附近的农民祖祖辈辈耕田掘地,经常发现有龟甲兽骨碎片从田间出现,但农民们却不知是何物,便把它们当成碎石瓦块一样扔到河边或用来填坑。

另据传闻,最早把这种甲骨当作药材送进药铺的,是一位叫李成的剃头匠。不知是某年某月,这个在小屯村土生土长的李成,剃头的生意没有红火起来,身上的疥疮却日渐疯长,这疥疮虽不算大病,但又痛又痒,痛苦难当。由于无钱寻医买药,李成便在走街串坊的空隙,把那些扔在河边地头的甲骨捡起来用石头砸碎,碾成粉末,涂在身上疥疮处以止脓水。出乎意料的是,这甲骨的粉末不但止住了流淌的脓水,而且这疥疮也一天天结痂、消退了。这个意外的收获使李成大为惊喜,既然这骨粉能治疥疮,何不再进一步做些试验呢?于是他取出剃头刀将自己的手划破,再把事先碾碎的骨粉敷到流血的伤口上。很快,血被止住了,伤口也慢慢地愈合起来。

有了这般奇效,头脑并不愚笨的李成便打起了这些碎骨的主意。他将剃头挑子放在家中,找了个破篮子到河边地头将农民们抛弃的碎骨片一点点捡起来,然后送到县城的中药店去卖。开始药店掌柜的不知这碎骨是何物,无意收购,李成便当场表演止血的功能。药店掌柜见确有些功效,便以六文钱一斤的价格收购了碎骨片。待李成满意地走后,药店掌柜找来药书对照查看,终于明白了,这就是中药里说的"龙骨"。

龙,是中国古代传说中的一种神物,很早很早以前,中国就有了关于龙的传说和神话。龙,是中国人的图腾象征,数千年历史赋予了它至高无上的威严。中国的皇帝们都喜欢把自己比作龙的化身,中国人把自己称为龙的传人。对"龙骨"这个名词,早在中国的古籍《山海经》一书中便有了记载。中草药里的"龙骨"其实大都是些古生物化石或上古时期的兽骨。很早的时候,民间就有"山野之间龙有蜕骨,可以入药"的说法。而明代大医药学家李时珍在其所著的药学巨著《本草纲目》中就有"龙骨味甘平,能生肌防腐"的记载。直到今天,许多中药店仍然把它当作药材出售。

自从李成捡拾龙骨从药店里换回钱之后,消息很快在小屯村传开,既然有这样的好事,焉能放过,于是村民们纷纷出动,开始在田野里捡拾和挖掘起来。村民们如此大规模的行动,引起了古董商的警觉,而捷足先登的古董商当属潍县的范维卿。

范维卿本是一位农民,在山东潍县浮烟山北麓一个丘陵小庄居住,兄弟五人,他排行老二,人称二哥。因为家中几乎无地可种,兄弟们以推磨、做挑夫为生，唯有他入了古玩行当。当时潍县城内收藏之风大炽，古玩商业兴旺发达。清末时期，潍县城里有数十家古董店铺，周围十几个州县跑单帮的古玩贩夫也云集潍城，以此为据点周游四方。范维卿的经营方式是：四处周游，搜求古物，边收边卖。后来渐渐蹚出了自己的路子，将收到的古物主要贩卖给天津、北京的达官贵人和文人世家，尤以端方和王懿荣为主。由于河南安阳、汤阴一带经常有青铜器出土，范维卿便经常到此地收购。1899年，范维卿再次来到安阳寻找"猎物"，由于久收不到青铜器，在闲转中闻知龙骨能入药，便顺手收购了一批龙骨，送到了北京的药铺卖掉。接下来便有了王懿荣因病到药铺抓药并发现甲骨文的故事。

据当代青年学者邓华考证，王懿荣在发现甲骨文后，曾亲自到药铺问过货源来路，并叮嘱药铺掌柜："若潍县古董商范某再来，必为引见。"按邓华的说法，1899年夏天，范维卿又去北京送龙骨，遂被药材掌柜引荐到王府，范氏与王懿荣的相识或许缘始于此。当王懿荣看到范维卿带来的一批刻有文字的甲骨后，兴奋异常，当场指认上面一些近似钟鼎文的字体给范氏看，范维卿才恍然大悟，想不到自己顺手搞来的破烂骨头竟是很有价值的古董。王懿荣兴奋之中设宴款待范维卿，时值盛夏酷暑，在酒过三巡、菜过五味之后，王懿荣不再顾及官体，脱掉上衣，让范维卿磨墨，在院中的树荫下赤膊挥毫，为范氏写了一副对联："农事渐兴人满野，霜寒初重雁横空。"后来范维卿将这副对联带回家中，视为珍宝，代代相传，逢年过节必挂在堂屋里进香供奉，可惜此联在"文化大革命"中被当作"四旧"焚毁。或许，这副对联尚可证实当年的王懿荣因病服药而发现了甲骨文之事确为信史。但后来也有人从他写给范维卿的对联中，感到范、王相见应是在秋天而不是在夏天，否则，在酷暑当头、蛙叫蝉鸣之时，王懿荣怎会产生"霜寒初重雁横空"这不合时宜的奇想。看来王懿荣的儿子王崇焕的记述更合乎情理一些，这具体的时间应为"事在是年秋"。事实上，也只有秋天才可能出现"霜寒初重"和大雁横空南飞的场景。

王懿荣在得到甲骨并发现了上面的文字后，是如何鉴别"审定为殷商古物"的，后人难以知晓。有人撰文说王懿荣是受《尚书·多士》篇中"惟殷先人，有典有册"的启示并结合对周代青铜器上的篆籀文字的研究而得出的结论。这个说法是否符合事实尚难确定，但有一点却是不争的事实，那就

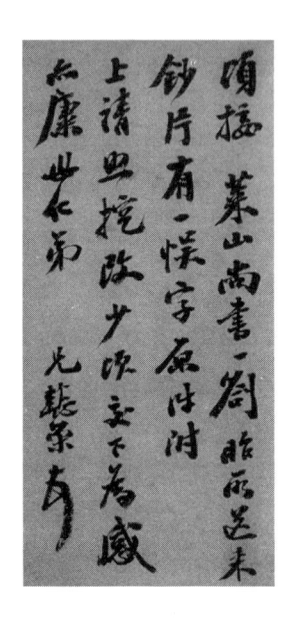

王懿荣书写的便笺

是王懿荣以及后来的甲骨文研究者都普遍具有深厚的国学基础，即对中国古文献的博学和在音韵训诂等方面有精深造诣，而这些正是甲骨文学者们取得成功的前提。正如著名考古学家李济后来所说："在智力的发展中，都有其特定的阶段，并遵循着某种规律性。19世纪末，甲骨文被认为是一个重大发现，这个发现与其说是偶然的，还不如说是学者们不断努力的结果。1899年发生的事是有长期的学术准备的。"斯言甚是。

甲骨文被确认之后，震惊了国内外学术界，王懿荣不仅是确认甲骨文的学术价值，并将其定为商代文字的第一人，也是大量收集、珍藏甲骨文的第一人。他开创了甲骨文研究的先河，也揭开了商代历史研究、确认的序幕。

然而，就在甲骨文发现的第二年，王懿荣搜求千余片甲骨，准备着手深入研究之时，八国联军攻入北京，时为国子监祭酒兼京师团练大臣的王懿荣面对侵略者的烧杀抢掠和清王朝的腐败无能，自感无力回天，愤而投井自尽。

王懿荣与他刚刚开始的新事业诀别了，甲骨文研究的命运也面临着是生还是灭的又一轮抉择。所幸的是，由于刘鹗的及时出现，甲骨文研究的历史按照王懿荣的愿望走了下去。

刘鹗（1857—1909），字铁云，江苏丹徒人。曾以所著《老残游记》闻名于世。早年的刘鹗精算学、水利，又懂医术，性嗜金石、碑帖、字画及善本书籍。曾在上海行医，后弃医经商，但尽蚀其本。光绪十四年（1888年）黄河于郑州决口，著名金石学家、河督吴大澂率民众治理，但久不奏效。第二年，刘鹗投效于吴大澂的门下，决心以己之长治理黄河。刘鹗的积极参与，使泛滥成灾的黄河郑州段得到了有效的治理，刘鹗本人因治河有功，被朝廷任命为山东黄河下游提调，相当于知府的官衔，从此声誉大起。

第四章 众里寻他千百度

就在王懿荣发现甲骨文的时候,刘鹗正在北京候补知府。他是吴大澂的学生,也涉猎于金石学,与王懿荣经常往来,后来成为至交密友。王懿荣殉难后,他极为悲伤。当时王家为了还债,就把王懿荣生前收藏的甲骨大部分折价转让给了刘鹗。

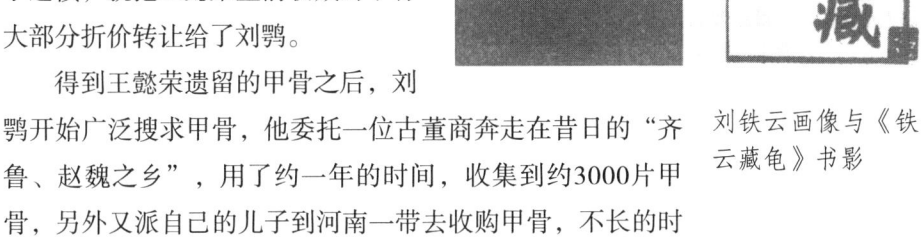

刘铁云画像与《铁云藏龟》书影

得到王懿荣遗留的甲骨之后,刘鹗开始广泛搜求甲骨,他委托一位古董商奔走在昔日的"齐鲁、赵魏之乡",用了约一年的时间,收集到约3000片甲骨,另外又派自己的儿子到河南一带去收购甲骨,不长的时间就总共收集了近5000片。

刘鹗收购甲骨,当然不是为了单纯的收藏和把玩,根本目的是学术研究。1903年,他将自己收集到的甲骨进行整理分类,拓印了1058片,分成6册,以"抱残守缺斋"的名义石印,从而出版了中国第一部甲骨文的书籍——《铁云藏龟》。从后来的情况看,此书虽然印刷不够精细,拓本也有些漫漶不清,但它毕竟为中国的甲骨文研究提供了第一

刘鹗《铁云藏龟》一书的首页

刘鹗《铁云藏龟》中刊出的几片甲骨文

部书面资料，更重要的是为甲骨文研究者开阔了视野，开创了奠基性的学术道路。同时，也标志着甲骨文研究从以收藏为主的书斋走向更加广阔的社会。

在开始搜求甲骨时，刘鹗很想知道甲骨的出土地点，因为只有搞清楚这些古物的出土地，才能最终揭开甲骨文字的奥秘。但收购甲骨的古董商人唯利是图，唯恐将甲骨的出土地泄露后断了自己的财路，便将甲骨的出土地点谎称为河南汤阴或汲县，对真正的产地安阳守口如瓶，从不泄露半字。在当时交通不便、消息闭塞的情况下，古董商的谎言使甲骨收藏者信以为真，王懿荣至死也没有弄清甲骨的真正出土地点，并有"河南汤阴、安阳，不甚具体"的感慨。而天资聪颖过人的刘鹗也对古董商人的谎言深信不疑，在其发表的专著中称甲骨的出土地为"河南汤阴县之牖里城"。由于这部书在海内外学术界产生了很大反响，流风所及，刘鹗的"汤阴说"成为甲骨出土地的主要依据，这个说法不仅误导了中国人，就连日本人也受到了蒙蔽。但假的毕竟是假的，伪装总要剥去，狡猾的古董商人编织的谎言最终被戳穿，而戳穿这个谎言的不是别人，正是商人们自己。在著名金石学家罗振玉的劝诱下，古董商人终于吐露了真言。

罗振玉，字叔蕴，号雪堂，浙江上虞人。他自幼以收藏金石铭刻为癖嗜，曾做过清朝学部参事官、京师大学堂农科监督等官。他精通国学，后来与日本和欧美的汉学家有不同程度的交往，这使他在金石学、文字学、文献学等方面都成为不可多得的集大成者，是对中国近代学术史产生重大影响的学者之一。当然，一般人对他的认识，更多的是从末代皇帝溥仪《我的前半生》中，从他为清王室复辟忠诚而执着的努力中得知的。

罗振玉年轻时在刘鹗家当过家庭教师，因此后来他把长女罗孝则嫁给了刘鹗的儿子刘大绅。正是由于这种特殊的关系，罗振玉才得以于1902年某日在刘鹗家中见到了从王懿荣府中转购来的甲骨。出于学术上的远见卓识和超前的思想意识，罗振玉极力怂恿刘鹗将其所藏甲骨拓印出版，并亲自为其所藏甲骨文进行墨拓。他曾满怀感慨地说："汉以来小学家若张、杜、杨、许诸儒所不得见也。今山川效灵，三千年而一泄其密，且适我之生，所以谋流传而悠远之，我之责也。"在罗振玉的鼓动和亲自示范下，刘鹗的《铁云藏龟》才得以石印出版。付印之时，罗振玉还专门写了一篇序言。他在序言中说："金石之学自本朝而极盛。成同以降山川所出瑰宝日益众，如古陶器、古金版、古封泥之类，为从来考古家所未见。至光绪己亥而古龟古骨乃出焉，此物唐宋以来载籍之所未道，不仅其文字有裨六书，且可考证历史……古卜筮之制，故书散失，其仪式多不可考……"罗振玉认为，甲骨上的文字与篆书"大异"，其为史籀以前之古文字无疑。为此，"龟与骨乃夏商而非周之确证"。《铁云藏龟》的出版，使甲骨文由"古董"一跃而变为可资研究的重要历史资料。

可以说，刘鹗在甲骨学研究史上的功绩，与罗振玉的提示及帮助是分不开的。遗憾的是，刘鹗虽亦为忠义之士，却因后来擅开皇仓赈济百姓而被清政府流放新疆，以致客死他乡。

接触到甲骨文后，罗振玉凭借自己较丰厚的家资和卓越的学识，全力以赴投入甲骨的搜集和研究之中。同先前的王懿荣、刘鹗等人一样，对甲骨的出土地点，罗振玉也轻信了古董商的谎言，认为地点在河南卫辉和汤阴一带，由于没有弄清甲骨的真正出土地，研究受到了很大局限并出现指导思想上的某些混乱。罗振玉在1903年还认为甲骨文是"夏殷之龟"，把此种文字的时代确定为夏、商两代。直到1908年，罗振玉经多方探寻，才得知甲骨文真正的出土地在河南安阳的小屯村，正如他在后来的著述《殷墟古器物图录》的序言中所说："光绪戊申予既访知贞卜文字出土之地为洹滨之小屯。"1910年，罗振玉再次询问来自河南的古董商，进一步证实了甲骨的出土地

殷墟所在位置图示

殷墟出土的卜骨。刻辞内容是商王命令官员认真教育王族成员："丁酉卜，其呼以多方小子小臣，其教戒。"

殷商时期的甲骨文，一般多为卜辞，单纯记事者很少见。宰丰骨匕所刻乃是记载帝乙或帝辛时，宰丰受到商王赏赐的事情。这块牛骨所刻文字，已有精妙的间架结构，熔奇变的章法、布局于一炉，显示出卜辞的书法在结构上重心安稳、错落有致，有疏密得当、蹙展分明的艺术效果

"在安阳西五里之小屯而非汤阴"。

随着甲骨出土地点被确认，以及甲骨文研究的深入，对甲骨文所在时代的认识也越来越清楚了。罗振玉修正了自己之前认为甲骨是"夏殷之龟"的观点，而确认为是商代之物。也就在这一年，罗振玉应日本学者箸林泰辅的约请，写出了著名的《殷商贞卜文字考》一书。此时的他已释读出一定数量的甲骨文单字，并"于刻辞中得殷帝王名谥十余，乃恍然悟此卜辞者，实为殷室王朝之遗物"。在这部著作的"序"中，罗振玉进一步考证小屯村为"武乙之墟"。

1911年2月，罗振玉委托他的弟弟罗振常到河南安阳访求甲骨，罗振常不负所望，在安阳小屯逗留了50天，不仅弄清了甲骨所出地的准确位置，而且搜求甲骨1.2万多片，分两次通过火车运往北京。1914年，罗振玉通过对大量甲骨的进一步研究，从《史记·项羽本纪》"洹水南殷墟上"的记载中得到启示，认为此地为"武乙之都"，并在新著《殷墟书契考释·自序》中又确定了小屯为"洹水故墟，旧称宣甲，今证之卜辞，则是徙于武乙去于帝乙"的晚商武乙、文丁、帝乙三王时的都城。这个考释，无论是当时还是之后，都被学术界认为是一项了不起的具有开创性的重大学术研究成果。

1916年3月30日，从日本归国的罗振玉由上海赶赴安阳做实地考察，从其后来的著作《五十日梦痕录》中可以看到，罗振玉上午9点左右到达安阳并住进人和客栈，吃完饭，立即找了一辆车子去小屯。他在出土甲骨最多的地方做了实地考察后，还顺手拣了一块古兽骨和一捧无字甲骨——这是甲骨学者第一次将足迹印在古老的殷墟之上。罗振玉不仅是早期著名的甲骨文资料收集者，也是最早探知和考察甲骨文出土地的学者，甲骨文的释读自他开始有了突破性进展。从此之后，学者们不仅通过古董商，而且派人直接去安阳小屯收集甲骨，从而减少了甲骨资料的损失，并

扩大了对甲骨的搜求范围。罗振玉除了考证其地为殷代晚期都城外,还将甲骨文中的人名与《史记·殷本纪》中的商王名做比较,发现其中大部分相同。他在1915年发表、1927年增订的《殷墟书契考释》一书中,总共释读了561个甲骨文单字,指出商王名号22个,外加示壬、示癸两个先公名号,并发现了王亥之名,这项成果成为他对甲骨学和殷商考古研究的重大贡献之一。在此基础上,罗振玉还开始注意对整条甲骨文卜辞的通读,并提出了著名的"由许书(指许慎的《说文解字》)以上溯古金文,由金文以上窥卜辞"的治学方法。这个方法成为后来甲骨文研究者的重要法宝。罗振玉从1906年开始广泛地购藏甲骨,直到1940年去世,先后收藏甲骨达30,000多片,并加以刊布和研究。由他编著的《殷墟书契前编》以及后来的《殷墟书契后编》《殷墟书契续编》《殷墟书契菁华》,是殷墟正式发掘前零星出土甲骨的重要集录。正如甲骨学者王宇信所言,罗振玉的研究成果,"为有清一代'小学'之一总结,它标志着以《说文》为中心的'小学'的结束,代表着一个以地下出土的古文字资料为研究中心的新学科正在升起,并为后来甲骨学研究打下了坚实的基础,起着继往开来的巨大作用"。

王国维(左)与甲骨学家罗振玉1919年于日本京都合影

如果说罗振玉通过对甲骨文的释读和研究使殷商的历史之门显出了一道缝隙,让学界同仁得以窥视庙堂之间的些许影像,那么,王国维则把这扇封闭了三千年的殷商王朝的历史之门彻底撞开了。

王国维,字静安,号礼堂,又号观堂。1877年出生于浙江海宁。他7岁入私塾就读,16岁考取秀才。1898年2月,他离开家乡来到上海,在《时务报》谋求了一份司书、校对的差事。在上海期间，王国维结识了罗振玉，不久即到罗振玉所办的"东文学社"学习日文，并于1900年去日本留学，由此扩大了他学习西方近代科学知识的眼界，罗、王的师生加兄弟之谊因此建立。1906年，罗振玉奉学部之命北调京师，王国维与之同行，其后的八年之间，罗、王两人几乎影形不离。在此期间，王国维曾出任清朝末代皇帝溥仪身边的"南书房行走"等职。

王国维早年对学术研究的兴趣相当广泛，自1902年在南洋公学虹口分校任职时起，便开始研究西方哲学，主攻康德、叔本华等德国哲学，并努力将学到的新思想用以总结中国文化发展的历史经验。从王国维留给后人的《观堂集林》中可以看到，他不仅对哲学，而且对文学、诗词、戏曲等等都做过研究，取得了丰硕的成果。如他撰写的《红楼梦评论》《人间词话》《宋元戏曲史》等都是盛极一时、颇有影响的学术著作。1911年，辛亥革命爆发，清王朝宣告灭亡。不久，王国维随罗振玉携家眷东渡日本京都避居。在此期间，王国维开始了他研究古文字尤其是甲骨文的学术生涯。凭借深厚的国学根基和本身的勤奋学习，以及缜密严谨的逻辑思维和论证方法，加上罗振玉有针对性地给予指导，同时又有罗振玉所藏的大量图书资料、甲骨文字、古器物及其拓片可以利用，在京都的几年间，王国维在古文字特别是甲骨文的研究上突飞猛进，取得了令人瞩目的成就，为他日后的顶峰之作铺平了道路。

1916年，王国维从日本京都归国，受聘为上海仓圣明智大学教授，主编《学术丛编》，并继续从事甲骨文字、金文及音韵、训诂等方面的研究。1917年2月，王国维撰成盖世名篇《殷卜辞中所见先公先王考》。同年4月，又撰成《殷卜辞中所见先公先王续考》。在此之前，尽管罗振玉于1915年刊行的《殷墟书契考释》中，已指出了卜辞中商王名号22个并发现了王亥之名，但遗憾的是他并没有对整个商王室世系从整体上加以研究，也未能找出其他资料加以论证从而使殷代王室世系真正被确认下来。这个遗憾和空白最终由王国维在《殷卜辞中所见先公先王考》及《续考》中予以填补并发扬光大。王国维首先突破了罗振玉的局限和框框，将卜辞对照的文献范围，由《史记》一书扩大到《山海经》《竹书纪年》《楚辞》《世本》《吕氏春秋》等古代文献，并扩大到铜器铭文的范围之中。这种研究思路和方法，使他成功地发现了《史记》中误记或以通假字记载的一些殷商先公先王名号。

第四章 众里寻他千百度

在这两篇论文中，王国维从卜辞中考定殷代先公先王帝喾、相土、季、王亥、王恒、上甲、报丁、报丙、报乙、示壬、示癸、大乙、羊甲等13人的姓名及前后顺序，证实了历史记载的殷代王室世系的可靠性。

正所谓青出于蓝而胜于蓝，当《殷卜辞中所见先公先王考》稿初成之后，王国维即寄给罗振玉，请其斧正。罗振玉读罢，神情为之大振，惊为旷世之作。他在给王国维的回信中写道："昨日下午邮局送到大稿，灯下读一过，忻快无似。弟自去冬病胃，闷损已数月，披览来编，积疴若失。忆自卜辞初出洹阴，弟一见以为奇宝，而考释之事，未敢自任，研究十年，始稍稍能贯通，往者写定考释，尚未能自慊，固知继我者必在先生，不谓捷悟遂至此也……"从信中可见，罗振玉惊喜之情溢于言表，而王国维得到复信后，同样是"开缄狂喜"。

商代先公先王的名号和世系经过王国维的考订，基本上得到了确认，并在整体上建立了殷商历史的体系。为此，王国维登上了甲骨学研究的高峰，其所写的《殷卜辞中所见先公先王考》和《续考》，被誉为自甲骨文发现19年来最具重大价值的学术论文，为甲骨学的研究和发展做出了划时代的贡献。甲骨文的研究虽不是自王国维肇始，在他之前，刘鹗、罗振玉、孙诒让等人也都取得了令人瞩目的成就，但利用考古学上的新材料与旧文献的记载进行比较研究，相互验证，即用地下文物和文献相互印证的"二重证据"法，阐明殷商历史的真相，走上科学治史的道路，则由王国维启之。正是有了王国维这位旷世奇才的开创性功绩，甲骨学的研究才有了其后的辉煌成就，殷商历史的大门才轰然洞开，湮没三千年的秘密得以揭开，从而直接引发了古代史尤其是殷商史作为可靠的信史研究的革命性的突破。当年王国维曾用宋代晏殊、柳永、辛弃疾等人的词句，来表述古今之成大事

王国维《殷卜辞中所见先公先王考》及其《续考》中论证商先公先王谱系所利用的由三个断片缀合的甲骨摹本（《殷契粹编》第112片）

其释文是：
乙未，酚𢦒上甲十，报乙三，报丙三，报丁三，示壬三，示癸三，大乙十，大丁十，大甲十，大庚十，小甲三，□三，且乙十。

业、大学问者,必须经过的三种境界,即"'昨夜西风凋碧树,独上高楼,望尽天涯路',此第一境也。'衣带渐宽终不悔,为伊消得人憔悴',此第二境也。'众里寻他千百度,蓦然回首,那人却在灯火阑珊处',此第三境也"。从王国维所分列的三种境界,可以看出他自己在学术和人生之路上的追求。或许正是由于他对学术和人生奥秘的深刻洞悟与不懈努力,才在学术上构建起了自己的名山大业。

关于王国维的功绩,正如另一位甲骨学研究大师郭沫若所评价的那样:"卜辞的研究,要感谢王国维。是他,首先由卜辞中把殷代的先公先王剔发了出来,使《史记·殷本纪》和《帝王世纪》等书所传的殷代王统得到了物证,并且改正了它们的讹传。"从而"抉发了三千年来久被埋没的秘密。我们要说殷墟的发现是新史学的开端,王国维的业绩,是新史学的开山。那样评价是不算过分的"。更为重要的是,在疑古风潮大行其道的当时,王国维能以充分的证据证明司马迁的《史记·殷本纪》确是一部信史,这在很大程度上填补了由疑古派造成的古史空白。正如著名甲骨学者董作宾在其所著《甲骨学五十年》中所言:王国维在"甲骨文字的初步研究上,能够把王亥二字看作一个人名,把孙诒让认

1925年冬,清华国学研究院师生合影。前排左起:李济、王国维、梁启超、赵元任。后排左起:章昭煌、赵万里、梁廷灿。时陈寅恪尚未到校。(引自《清华年刊》1925年26期。南按:原载后排左二为陆维钊有误)

为立字者，断定为王字，这已是不容易了。王氏更把《殷本纪》讹为振字的，考定就是王亥，尤其令人惊奇……这算是王国维氏在甲骨学研究的征途中，最为惊人的表现……可见古代传说，存于周秦之间的，并不是绝无根据，这足以唤醒一般极端疑古人士好以神话解说古史者的迷梦了"。

甲骨文的发现以及对安阳殷墟的确定，无疑为商代社会历史的研究奠定了基础，指明了方向。以王国维为代表的一大批优秀学者从传统古典经籍考订的书斋里走了出来，以极大的热情和精力密切注视着新出土的资料，以新的学术指导思想和方法，开始穿越历史的迷雾，渐渐迈上了"信古""释古"的道路。

遗憾的是，王国维，这位学术界罕见的旷世天才，甲骨学研究领域的一代宗师，于1927年6月2日，在他50周岁的鼎盛英年，竟自沉于颐和园昆明湖，给后人留下了无尽的感慨和疑惑。

安特生与仰韶文化

就在安阳小屯发现甲骨文，罗振玉、王国维等学者由于成功的释读和研究而在海内外学术界引起轰动之时，来自瑞典的一位地质学家、探险家也在中国四处打探"龙骨"的消息，这个人的中文名字叫安特生。

安特生，1874年生于瑞典，1901年，他在瑞典乌普萨拉大学获得博士学位后，出任该校教授并兼任瑞典地质调查所所长。1914年5月，受瑞典政府的派遣，以中国北洋政府农商部矿政司顾问的身份来到中国，主要调查中国的矿藏资源，特别是煤矿和铁矿的第一手资料。

初来中国的安特生曾雄心勃勃，决心在中国这块古老神秘的土地上大干一番事业，但随着时间的推移，安特生通过与有关部门和有关人士的接触交谈，发现许多问题和他想象的相差甚远，尤其令他百思不得其解的是，田野考古学在西方已经盛行了近一个世纪，可有着悠久文明历史的中国对此却知之甚少，甚至全然不知。

安特生清楚地知道，田野考古学对古文明的发掘，有着无法估量的作用。早在1830年,法国史前考古学的创始人布歇·德·波尔特①就在索姆河畔开始用田野考古的最初方法,探索了人类祖先制造业的遗迹。这个举动比达尔文《物种起源》的出版早了30年。此后不久,西方的地质学家、古生物学家、考古学家也都纷纷离开书斋,奔向田野,其足迹几乎散布世界各地。这一时期,世界最有影响的田野考古学家应首推德国的海因里希·谢里曼。他是用田野考古手段来探求鲜为人知的文明历史的首创者之一。1858年,他和他的妻子思加斯·托米诺根据《荷马史诗》透出的隐隐信息,在希腊和小亚细亚一带做了大量的实地考察,并于几年后在小亚细亚希沙立克丘的地层下面发现了《荷马史诗》中描绘的神奇迷人的特洛伊古城。15年后,夫妇俩又发现了神话传说中的特洛伊王后海伦的金冕。于是,谢里曼夫妇的名字响彻欧洲并震动世界!

1871年,德国地质学家卡尔·莫赫在南非马绍兰纳地区的维多利亚堡,通过田野考古手段发现了湮没了几千年的津巴布韦文明遗址。②这一发现,在欧洲引起了爆炸性的轰动,从而验证了非洲古老文明的特有魅力。接着,1882年美国学者唐纳利在运用田野考古和语言、人种等综合知识进行考察后,提出了一个划时代的理论:在哥伦布到达美洲以前,美洲与地处旧文明大陆的埃及文化之间,存在着许多共同之处,并由此提出了"两种文化联系者就是新旧大陆之间、大西洋上曾存在过一个大洲"的理论。他推断这个大洲就是哲学家柏拉图提到的阿特兰提斯,当这个大洲沉落海底后,双方中断了交往,从而发展成了两种不同类型的文化。这个推断得到了西方多数考古学家和人类学家的肯定。

以上西方学者这些著名的田野考古范例,因东西文化的阻隔和交通信息的闭塞,未能让中国的学者们充分认识其价值和意义。而正是这个非凡的时期,不仅外国人,就是中国人自己,对恢宏、浩荡的数千年中华文明的源头依然感到茫然。因而当时的国际学术界认为,中国没有明确的石器时代遗迹。

安特生在帮助中国政府寻找铁矿和煤矿以及组建现代矿业的同时,还主动在北京当起先生来:他给中国的同行介绍西方有关的先进科学知识,讲解西方田野考古的历史和先进技术。当他协助完成了中国最早开发的现代化铁矿之一——龙烟铁矿的筹备工作后,又开始组织一帮人马,走出书斋,走向田野，进行了一系列的具有实际意义的田野考古发掘。

由于他的博学多才和丰富的实践经验，他在中国所倡导的田野考古工作渐渐得以开展起来。他到中国的第一年，便第一个发现了基质岩有机物的起源。同年，他又在中国北部发现了第一个海普隆田野。在他的指导下，各种不同的矿物标本和古生物化石源源不断地被发现和开掘出来，惊喜交加的安特生将这些化石不断地从北京运往瑞典的乌普萨拉大学，供维曼教授领导的古生物研究室研究鉴定。

从1914年到1918年的4年间，正是由于安特生在中国大地上做出的具有真正科学意义和价值的田野考古示范，才唤醒了长期沉湎于古典书本中的中国同行学者，致使他们在新的学科面前做出了新的选择，从而为中国田野考古的历史掀开了新的一页。

当然，就安特生而言，以上的工作成就仅仅是他整个人生辉煌篇章的序幕，更加伟大的成果还在后面。

就在安特生做一系列田野考古示范的同时，他的目光也越来越集中在一样十分奇特的东西上，这就是在中国民间流传了多年的"龙骨"。

1918年2月，安特生终于在北京大学化学系外籍学者吉布教授那里见到了他寻觅日久的"龙骨"，并得知这"龙骨"就出土于北京南部的周口店龙骨山。从此，他与周口店结下了不解之缘。1921年，安特生邀请奥地利古生物学家师丹斯基到周口店进行发掘，在著名的"周口店第一地点"，安特生曾用手掌敲着岩墙对师丹斯基做了如下天才的预言："我有一种预感，人类祖先的遗骸就躺在这里，现在唯一的问题是找到它。"正是得益于他的天才预见，才最终引发了1929年"北京人"第一个头盖骨的世纪大发现。

众所周知，"北京人"头盖骨是中国学者裴文中等人按照科学的田野考古方法历尽艰辛而发现的，这项巨大荣耀安特生之所以失之交臂，其原因是安特生在周口店的发掘陷于短暂的迷茫之时，由他派往河南省考察的人发现了大批的三趾马化石，安特生的兴趣遂由周口店转向河南。于是，刚刚来到中国祖先门前的安特生，探寻的脚步又向别处拐了弯，从而和"北京人"的发现失之交臂。令安特生感到欣慰的是，他这中途改弦易辙，又催生了20世纪另一项关于中国古代文明的重大发现。

那是1920年秋天，安特生派他的中国助手刘长山去河南洛阳一带调查

千古学案

安特生（左）与助手在察看仰韶村出土的彩陶

仰韶村遗址出土的彩陶

"龙骨"的出土线索，并收集第三纪脊椎动物化石，同时让他注意有无石器时代遗存。年底，刘长山在河南农民手中买了大量的三趾马化石，连同600余件石斧、石刀带回了北京。"这些石器都是从一个村的农民那里买来的，"刘长山对安特生说，"这个村叫仰韶村。在那里，农民搜集了他们土地中所有我想要的遗物"。

安特生见到这些石器后，顿时两眼放光，他对刘长山说："我们已找到了亚洲大陆上第一个石器遗址，看来西方学者所说的中国没有发现石器遗址的时代应该结束了！"

第二年，安特生来到了河南渑池县，随后便前往离县城6公里的仰韶村考察。在距仰韶村1公里的地方，横亘着一条峡谷，这条无名的峡谷后来由于安特生的到来而被世人所注目。在这个峡谷的北面，安特生惊奇地发现谷底红色的第三纪泥土明显地裸露着，并和一层满含灰土和陶片的泥土混在一起。凭着这些特征，他当即做出判断，这就是石器时代的堆积。安特生对谷底做了进一步的搜索，很快便在堆积物的最底层发现了一小块红色陶片，而且这块陶片那被磨光了的表面居然清晰地绘有一方黑色的花纹图案！安特生几乎不敢相信，这些精美的彩陶和石器工具，居然会在同一地点！

这些古老的器物到底意味着什么呢？难道昭示着一种尚不为人类所知的古代文明吗？

第四章 众里寻他千百度

怀着深深的困惑和好奇的心情，安特生回到了北京，然后开始日夜琢磨和研究从仰韶村带回的那些古老器物。有一天，他无意中发现了一份由美国地质学家庞帕莱于1903年和1904年在俄国安诺地区（现土库曼斯坦安诺地区）所进行的那次著名的探索考察的报告，报告中所载的彩陶图片，使他眼睛为之一亮，这些彩陶的外表和仰韶村发现的彩陶竟出奇地相似！难道这两者之间有一种神秘的内在联系？他强烈地预感到，仰韶村的彩陶，有可能存在于史前时代！

同年秋天，安特生再也按捺不住心中涌动的激情，在中国政府和地质调查所的大力支持下，他偕同中国地质学家袁复礼等，组成一支训练有素的发掘队伍，对仰韶村遗址进行了大规模的发掘。这次发掘，安特生专门作了著述。从著述中，可知他当时真实的心情——

1921年10月，瑞典地质学家安特生与中国地质学家袁复礼在仰韶村野外调查时所摄
左起：袁复礼、安特生、老王、村长兼当地福音牧师

在中国助手的陪同下，我于1921年10月27日来到了仰韶村。这个地区不仅有如此丰富的地质遗迹，而且早期历史的遗迹也让人惊叹不已，只要望上一眼，你就会在这儿看到汉代的坟墓和出土的青铜器，而晚些时期的建筑和纪念碑群，在北部的石灰岩上随处可见。更为醒目的一座古寺和两座古城堡，看上去都经历了和平时期的安宁和战乱时期的磨难。那一个个受尊敬的传说人物，在村落旁路边立着的精美雕刻的石碑上清晰可见。我深深感受到了对这富饶、文明村落的虔诚和神圣崇拜。我很难想象石碑群下的早期伟人对我们努力探索这庄严神圣的史前遗迹是什么感受？在这里，我惊喜

安特生组织人员在仰韶村外发掘（引自安特生的《黄土的儿女》）

地看到，石器时代的村落的发展和遥远的地质堆积物的发现，都将与我们所知的这个地区早期人类的历史活动，链条般地衔接在一起……

仰韶史前遗迹的发掘，尽管比法国人类学家摩尔根在美索不达米亚苏萨地区发现彩陶几乎晚了半个世纪，但它更具划时代的意义。它标志着田野考古在欧亚大陆上最古老的国家之一——中国的开始，而具有史前历史的彩陶的发现，说明上古中国的盛世时代绝非主观的推测和怪诞的想象。从仰韶遗址后来发掘的资料来看，先进的农业社会包含的内容不仅与传说中的记载有关，而且与中亚的史前史有着极其密切的联系。这些发现物打破了西方历史学家一贯认为的东亚是印度—欧罗巴文明的边沿的神话，它以无可辩驳的事实再次提醒西方的历史学家，东西亚文明并非像他们所想象的那样是独立分开的。

仰韶文化的发现及其重要价值，使之很快闻名于世，安特生也因此获得了非凡的声誉。无论是中国的还是外国的学者，都公认仰韶遗址的发掘是中国现代考古学的源头，它不仅促成了中国的第一个考古学文化——仰韶文化的诞生，而且还为中国的学者带来了一套欧洲先进的田野发掘方法——这套方法在整个20世纪都被中国的考古学家们所沿用。

仰韶文化的发现使安特生惊喜异常，根据仰韶文化使用陶器和磨制石器，未发现青铜制品和文字等特点，他认为其

第四章 众里寻他千百度

仰韶村的民居（引自安特生的《黄土的儿女》）

时代应当晚于打制石器的旧石器时代，早于青铜时代，是一种新石器时代晚期的文化，相当于公元前3000年左右。这一论断彻底否定了一些外国学者声称中国没有石器时代文化的观点。至于这一文化的来源，安特生在一度的困惑和摇摆后，宣布赞同某些西方汉学家的"文化西来"的假设，即仰韶遗址所发掘的最有代表性的彩陶，其发祥地可能在中亚，经新疆、甘肃一带，最后传到中原地区，并融入以陶鬲为代表的汉文化圈之中。1924年，安特生把这一观点正式写进他所著的《甘肃考古记》一书中，这一"文化西来说"在国际学术界产生了重大影响。1934年，他在其最有影响力的通俗性英文著作《黄土的儿女》中，仍然坚持仰韶的彩陶制作技术是先在西方成熟后才传入中国的这一观点。一时间，"中国文明西来说"甚嚣尘上，几乎成为世界学术界的主流观点。当然，这个观点随着另外的考古文化遗址磁山遗址、老官台遗址等的发现，被从根本上彻底否定。不过，这已是安特生发现仰韶文化半个世纪之后的事了。

129

殷墟的发掘

正当安特生在中国大地上纵横驰骋，凭借田野考古手段和赫赫战果在学术界呼风唤雨之时，安阳小屯也发生了翻天覆地的变化。继王懿荣、刘鹗、罗振玉、王国维等人之后，随着国内外收藏家、金石学者以及达官显贵、儒林雅士的重金索求，安阳小屯有字甲骨价格暴涨，一路狂升，竟达到了一个字二两银子的价格。由此，盗掘掠取甲骨，便成为当地村民尤其是古董商人牟取暴利、发家致富的重要途径。在短短的十余年间，安阳小屯等地的甲骨被从地下一批又一批地掘出，又一批又一批地流散于民间和市场。盗掘的狂潮使价值连城的甲骨遭到极大的破坏，安阳殷墟遗址也变得千疮百孔，面目全非。不仅许多具有科学考察价值的遗存被破坏，与甲骨共出的大量殷代遗物也同样遭到了毁坏和流失的厄运。更令人扼腕的是，由于外国人的染指，许多有字甲骨和文物流失海外，难以回归。

就在这紧要关头，随着与地质学、生物学密切相关的西方田野考古学经安特生等人在中国的示范和传播，一批思想敏锐的中国学者很快接受了西方先进的科学方法，并成为中国田野考古学的开拓者和实践者。

为了获得更多的研究商代历史的文字资料和其他实物资料，为了更加全面地了解殷商都城以

洹水之滨的殷墟。三千多年来，甲骨就埋藏在安阳县小屯村这个小村落四周（董敏提供）

及商王朝的政治、经济、文化面貌，并进而研究整个殷商的历史进程，同时也为了尽快制止中华民族优秀的文化遗产遭到破坏、流失和劫掠，对安阳殷墟整体上的保护和以现代科学考古手段进行发掘已成为学术界的当务之急。

1928年5月，民国政府中央研究院历史语言研究所成立，傅斯年出任该所代理所长。

傅斯年，山东聊城人，出身儒学世家，自幼聪颖好学，熟读儒学经典，年轻时便被学界誉为黄河流域第一才子。1913年考入北京大学预科就读，在校期间，作为五四运动的领导人之一，他扛着大旗，火烧赵家楼，痛打卖国贼。五四运动后，他赴英国和德国留学7年，主攻心理学，兼涉哲学、历史、政治、文学，其间，德国史学大师郎克的重史料、重考据的实证主义史学思想给了他很大影响。1927年归国后，他在广州中山大学任文学院院长兼国文、史学两系主任。当时的中山大学是以新思想吸引所有青年人的学习中心，傅斯年就是从这个中心走出，开始了他更广阔的学术和组织管理生涯。

中央研究院历史语言研究所刚一创立，傅斯年立即网罗人才，成立考古组，并以机智敏捷的头脑提出了一个被同代和后代经常引用的口号：我们不是读书的人，我们要"上穷碧落下黄泉，动手动脚找东西"。

后来的实践证明，傅斯年的这句口号或者说是管理工作的基本方针，在史语所起了巨大的作用。或许正因为傅斯年除了有渊博的古籍知识外，还了解西方的科学方法，这就注定了他在同时代的学者中，成为最有能力的管理者之一。

当史语所尚处于筹备阶段时，傅斯年就决定派董作宾到安阳殷墟甲骨的出土地进行实地调查。当时，这个决定遭到了不少学者的反对，尤其是以罗振玉为首的大部分金石学家认为，经过30年对甲骨文的搜集，埋藏的珍品已全部被发现，再进一步搜集是徒劳无益的。傅斯年与罗振玉等人的看法恰恰相反，并坚持己见。在这样的情形下，董作宾按预定行期赶赴安阳。

董作宾，原名守仁，字彦堂，号平庐，河南南阳市人。自幼家境贫寒，曾辍学经商，但仍坚持自学。1922年入北京大学研究所国学门，师从著名学者王国维。1925年到福州协和大学任教。次年回河南中州大学任文学院讲师，讲授语言学、史学课程。后任北京大学研究所国学门讲师、中山大学副教授等。中央研究院历史语言研究所筹备处成立后，被聘为通讯员。正在这个时候，他奉所长傅斯年之命赴安阳开始调查工作。

据李济回忆，1928年董作宾才30岁刚出头，是五四运动天然的追随者，富有新思想并急于为自己的研究搜集资料。而傅斯年之所以派董作宾而不是派其他的学者赴安阳进行调查有两个简单的原因：其一，董作宾是河南人，这在许多方面都将有利于他的工作。其二，董作宾虽不是传统意义上的金石学家或古物学家，但他头脑灵活，在学问的研究中富有热情而又有理智。正是在这样的背景下，董作宾于1928年8月12日到达安阳。

到达安阳后的董作宾首先访问了当地不少绅士，他们之中有彰德府中学的校长，几个古玩店的老板，以伪造甲骨但不认识甲骨文字而出名的蓝葆光。通过访问，他获得了大量关于甲骨盗掘、贩卖及贩卖渠道等情报。之后，董作宾由一个向导带领来到了城西北的花园庄和小屯访问，据董作宾在报告中称："花园庄有一私塾，塾师阎君金声，招待余等入舍，颇客气。……余则私询儿童，有拾得甲骨上有文字者否？初见，不敢言。继有一儿，由抽斗取出一片，小如指甲，上有二三残字，予给以当百铜元一枚。他生皆窃出，归家取之，共得五六片。阎君归，亦取来二三片，云是小儿捡得者，与钱二百，小儿欢跃以去。由学塾出，乃赴小屯村北，寻求甲骨出土地点。经小屯到村北，遇一少妇，询曰：'汝村中小儿女，曾有捡得田中龟版龙骨，上有文字者乎？如有，可将来，予买少许。'妇曰：'客或有之，姑少待。'旋取出甲骨一盘，中有碎片数十，皆有文字，且一望而知非赝品，付洋五毫。顷刻间，男妇老幼麇集，手掬碗盛者，环列求售，……村人云，古董商时常来收买，能出高价，惟不要碎者。今之小块，盖土人发掘时所弃，而为小儿女拾得者也，故贬价售之。……以铜元十枚之酬金，请霍氏之子女为向导，引余等至甲骨出土之地。地在洹水西岸，为一沙丘，与罗氏（振玉）所谓之棉田，张君所谓有禾稼之土迥异。岂彼等所至非此地耶？然此地有足作证据者，一为新近土人所发掘之坑十，一为予在坑边捡得一无字之骨版也。"

通过调查得知，小屯地下埋藏的有字甲骨并不像罗振玉等人所说的那样已被挖尽，而从当地农民盗掘甲骨留下的坑痕看，殷墟规模庞大，地下遗物十分丰富，进行科学的考古发掘是必要的，且意义十分重大。鉴于此情，董作宾立即向历史语言所写了报告，并拟定了初步发掘计划。

接到董作宾的报告后，极大胆且富创新精神的傅斯年非常惊喜，立即决

第四章 众里寻他千百度

定开始在小屯进行初步发掘，经与中央研究院总部多次磋商，成功地得到了1000块银元的经费，这笔经费在当时积贫积弱的中国已是个相当可观的数目。正是凭着这笔经费，由董作宾组织的6名考古队员携带购买的测量、摄影及其他必需的物品，于1928年10月7日到达安阳，开始了对小屯的发掘。这是继安特生将田野考古学在中国成功示范14年之后，由中国学术机关第一次独立进行的田野发掘。这次发掘不仅是殷墟科学发掘的开端，也标志着中国现代考古学的起点。

这次以寻找甲骨文为主要目的的殷墟考古史上的首次发掘，前后进行了24天，共发掘40个坑，揭露了280多平方米的面积，掘获石、蚌、龟、玉、铜、陶等器物近3000件，获得甲骨854片，其中有字甲骨784片。董作宾作为这次发掘的负责人，手抄有字甲骨392片，并做了不少考释，这个成果与他前期的调查报告共同在后来历史语言研究所创办的《安阳发掘报告》上作为第一篇文章刊载。这篇文章的发表，不仅结束了旧的古物爱好者"圈椅研究的博古家时代"，更重要的是，为有组织地发掘著名的殷墟遗址铺平了道路。

1929年，历史语言研究所决定聘请李济为考古组主任，并主持安阳殷墟的第二次发掘。

李济，字济之，比董作宾小一岁，1896年生于湖北钟祥县，1918年毕业于清华学堂，随即赴美留学。他先在马萨诸塞州克拉克大学学习心理学和社会学，并获得文学硕士学位，后渐渐对民族学和人类学产生了浓厚的兴趣，又转入哈佛大学学习人类学专业，并于1923年获得博士学位后回国。

1929年春，安阳殷墟第二次发掘（小屯）出土器物初步分类情形，此次发掘发现了闻名于世的大龟四版。蹲在地上工作者为李济

最初在天津南开大学执教，后入清华大学任讲师，与梁启超、王国维、陈寅恪、赵元任并列为清华大学五大导师。作为中国最早独立进行田野考古的学者，1926年，李济与美国弗利尔艺术馆合作，主持发掘了山西西阴村仰韶文化遗址，从而揭开了中国现代田野考古的序幕。

接到傅斯年的任命后，李济立即赴开封和正在那里的董作宾见面协商发掘事宜，并预测下一步可能取得的成果。在阅读了董作宾撰写的报告，相互接触交流的基础上，李济对殷墟遗址有了进一步认识，并做了三个方面的设定：

一、小屯遗址明显是殷商时代的最后一个首都。

二、虽遗址的范围未确定，但有字甲骨出土的地方一定是都城遗址的重要中心。

三、在地下堆积中与有字甲骨共存的可能还有其他类遗物，这些遗物的时代可能与有字甲骨同时，或早或晚，当然要依据埋藏处多种因素而定。

根据以上三个设定，李济制订了第二次小屯发掘的计划并很快付诸实施。在董作宾的密切配合下，李济率领考古队于1929年春季和秋季分别进行了第二次和第三次发掘，陆续发现甲骨3000余片，取得了令人振奋的成绩。

1931年，殷墟开始进行第四次和第五次发掘。此时的发掘队员增加了不少朝气蓬勃的年轻学者，他们带着一些新观点和对殷墟遗址更多的了解走向田野。在李济的具体指导下，有计划地将殷墟分为五个区，每区由

1929年春，安阳殷墟第二次发掘开工现场。后排为李济等发掘人员与冯玉祥派来保护出土文物与发掘人员安全的官兵

一位受过训练且有经验的考古学家指导发掘。就在这两次发掘中，考古人员从实践中摸索出辨认版筑夯土的规律，这一点对古代建筑多是夯土结构而不是砖石结构的中国考古极其重要，它对后来的中国考古学发展和对中华文明的认识产生了深刻的影响。

在发掘的五个区中，最令人瞩目也最让后代考古学者称道的是后岗村的发掘。这个工地的主持者是杰出的考古学家梁思永。

梁思永是中国近代史上风云人物梁启超的次子，1904年生于澳门，1923年毕业于清华学校留美预备班，然后赴美国哈佛大学研究院攻读考古学和人类学。在美就读期间，曾参加印第安人古代遗址的发掘，并对东亚考古学问题做过特别的研究。为了解国内考古的具体情况，曾一度回国在清华国学研究院担任助教，同时整理清华大学所藏的由李济发掘的山西夏县西阴村史前遗址出土的陶片并写成专刊发表。1930年夏季于哈佛大学获硕士学位后归国，入中央研究院历史语言研究所考古组工作，并于同年秋赴黑龙江发掘昂昂溪遗址。其间，转道通辽入热河进行考古调查。1931年春将黑龙江昂昂溪发掘报告写成后，便赴安阳殷墟主持后岗区的发掘。

由于梁思永是真正受过考古学训练的学者，所以在田野考古发掘中，无论是思维方式还是技术上都比其他学者更胜一筹。在发掘中，梁思永采用了西方最先进的科学考古方法，按照土质、土色、包含物来划分文化层，成功地区别出不同时代的古文化堆积。这便是中国考古史上著名的"后岗三叠层"，即"小屯、龙山和仰韶三种文化的堆积关系"。这个方法一直被后来的考古学者当作圭臬沿用至今，其意义的重大已超出了殷墟发掘本身，它使中国考古学与古史研究又迈向了一个崭新的阶段。就中国的田野考古发掘而言，梁思永是当之无愧的一代宗师。

揭开层叠的历史画卷

就在李济率考古队于1929年10月7日再次来到安阳殷墟开始第三次发掘，考古人员踌躇满志，热情高涨，渴望一举揭开商王朝的隐秘之时，却发

1931年春，第三次殷墟发掘时，史语所"四巨头"在发掘工地留影。左起：董作宾、李济、傅斯年、梁思永（李光谟提供）

生了一个意外事件，导致发掘工作不得不暂时停止。

事件的大致起因是，中央研究院历史语言研究所在殷墟发掘之初，曾与河南省政府商定，所获甲骨器物暂存安阳中学。但考古队为研究方便，于第二次发掘之后，将部分甲骨和器物从安阳中学取出运回了北京。这个消息很快被安阳中学校长报告给河南民族博物院院长何日章，深受旧的挖宝传统思想影响的何日章听罢大怒，立即将此事呈报给河南省督军韩复榘，并添油加醋地说了一番不利于李济等考古人员的坏话。韩复榘本是个粗人，一听说河南地盘的宝贝被北京方面的来人拿走了，当场下令："河南是咱们的地盘，要挖宝，不用他们，咱自己来。"有了韩督军的指令，何日章如同拿到了尚方宝剑，很快率领一干人马杀奔安阳小屯开始挖掘起来，同时勒令李济等外省人"立即收摊回京，不准在此随便盗抢宝物"。如此一来，堂堂的中央研究院考古人员成了盗宝者，而河南省博物馆的一干人马却成了捍卫真理的卫士。冲突自然是不可避免了。双方剑拔弩张，各不相让，在僵持不下之时，争执双方各给自己的上司拍发电报，寻找支持。李济宣布发掘暂停，考古人员就地待命，自己与董作宾匆匆赶回北京，将发生的具体情况向傅斯年做了汇报。

鉴于已造成的矛盾与冲突，傅斯年不得不全力斡旋，力争协调中央政府和地方政府的关系。最后由中央研究院院长蔡元培出面呈请国民政府，打电报给河南省政府，请其继续保护和配合中央研究院的发掘工作，并让何日章无条件地停

第四章 众里寻他千百度

止挖掘，以免造成破坏。经过反复协商，双方终于达成了几条协议，大致内容是中央研究院在发掘的同时，应注意维护地方政府的利益，所获古物双方共同拥有等，一场冲突遂告平息。

就在这段纠纷突起，中央和地方反复交涉的不短的时间内，李济见安阳殷墟无法正常工作，便移师山东济南，开始展开对龙山镇城子崖遗址的发掘。

城子崖遗址的最早发现者叫吴金鼎，时在清华大学国学研究院追随李济攻读人类学。吴金鼎来自齐鲁大地，虽客居京城，但对自己的故乡仍一往情深，很想找机会寻求故乡文明之根。就在1928年的时候，机会悄悄地向他走来了。

这年的暑假，吴金鼎回到故乡度假，为了实现梦中的理想，他利用闲暇，在山东平陵故城和历城县龙山镇一带做考古调查。当他来到一个叫城子崖的地方时，发现河边有一台地，台地不大，平面呈方形，西边与南边高出地面3—5米，远远望去，很像一座古城残废的城垣，经仔细观察，他发现断崖上有残存的灰土和陶片。这个现象引起了他的注意，他随即开始沿着西、南两面的断崖进行多次调查，并在城子崖下层发现一种非瓷非釉、光洁美丽的黑色陶片。颇有意味的是，这种陶片总是与石器、骨器一同出土。这个现象无疑向吴金鼎昭示，这是一处极其重要的史前文化遗址。很快，吴金鼎将这一调查情况向他的老师李济做了汇报。恰在这时，安阳殷墟的发掘由于河南省政府特别是何日章等人的搅和而无法进行下

城子崖遗址出土的龙山文化陶鬶

137

去，当李济和董作宾从安阳返北京向傅斯年报告情况，途经济南时，顺便到龙山镇城子崖做了复查，并认为吴金鼎所言极是，如果实施发掘，收获一定不小。在得到傅斯年的同意和支持之后，李济迅速调集安阳殷墟大部分人马，挥师城子崖，开始了中国考古学史上又一个极具学术意义的重大遗址发掘。

当然，李济此时挥师城子崖，其情感和动机是复杂的，除了安阳殷墟的发掘受阻，不得不重新考虑寻找处女地之外，还有一个不可忽视的重要原因是，此前安特生在黄河中上游发现了以彩陶为特征的仰韶文化，那么黄河下游出现了完全不同于仰韶文化的黑陶意味着什么？是不是一种新的文化？这个文化难道也是从西方传来的吗？如果不是，又如何解释？怀着对"中国文明西来说"不服气的心理，李济才毅然做出了这个决定。

由于有了安阳的教训，这次史语所采取了与当地合作的方式共同发掘，于是得到了山东省政府的大力支持，省教育厅厅长何思源亲自为考古发掘队筹集发掘经费，解决工作中的困难，在各方努力下，城子崖遗址于同年11月开始首次发掘。1931年，考古学家梁思永接替李济主持城子崖的第二次发掘。与此同时，殷墟方面的第五次发掘也大规模地展开，中国的田野考古学事业在20世纪上半叶迎来了一个辉煌的鼎盛时期。

城子崖发掘的结果证明，遗址中所出土的文物的特点与仰韶文化风格迥异，其中发现最多的黑陶和灰陶器具，几乎完全不同于河南、甘肃的彩陶，器形也没有相同之处。而城子崖最具特征的"蛋壳陶"，通体漆黑光亮，薄如蛋壳，其制作工艺已达到了新石器时代的顶峰，并作为一种文化——黑陶文化——的标志，成为前无古人、后无来者的绝响。除此之外，城子崖遗址还首次发现了新石器时代与殷墟文化有着某种关联的卜骨和长450米、宽390米、基址10米的版筑

城子崖遗址出土的龙山文化时期高柄蛋壳陶

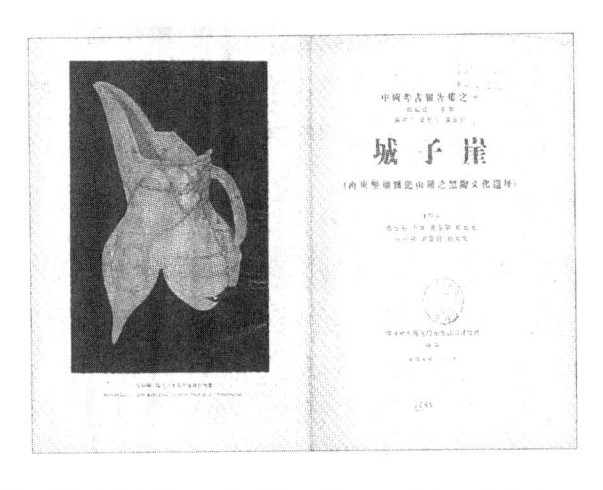

夯土城墙，这一发现，"替中国文化原始问题的讨论找到了一个新的端绪"，"对中国上古史的研究将成为一个极其重要的转折点"，为学者们寻找商文化前身夏文化增强了信心。后来，由傅斯年、李济、梁思永等著名学者编写的中国第一部田野考古报告《城子崖》公之于世，并认定叠压于东周文化层之下的遗存属新石器时代。由于城子崖遗址在龙山镇，随后将这一文化命名为龙山文化。

《城子崖》发掘报告书影

当然，就龙山文化的最初命名而言，是泛指以黑陶为特征的史前文化，但随着田野考古工作的全面展开，这一命名已不适应考古学的发展要求，因而许多以黑陶为特征的遗存，只要在陶器质地、形制、花纹等方面具有独特的风格，其他方面也与龙山文化有所不同，就被划分出来，重新进行命名，如河南龙山文化、陕西龙山文化等。当然，这都是若干年以后的事了。

特别值得一提的是，考古学家梁思永于1931年春天在殷墟后岗主持发掘时，首次在中国运用标准的考古学手段，依照后岗遗址不同文化堆积的不同土色，对地层进行划分，以超凡卓绝的天才，发现彩陶、黑陶和殷墟文化以一定的顺序叠压着。很明显，彩陶文化代表着安特生发现的仰韶文化，那么黑陶文化是否代表着城子崖的龙山文化？带着这个疑问，梁思永在接替李济主持城子崖发掘时，将殷墟和城子崖两地的黑陶文化做了比较，发现两者基本相同。他回到安阳殷墟后，在以后的几次发掘中，于同乐寨又发现了纯粹的黑陶文化遗址。这个发现使梁思永坚信了在后岗村发掘中关于仰韶文化—龙山文化—商文化三叠层按先后存在的时间顺

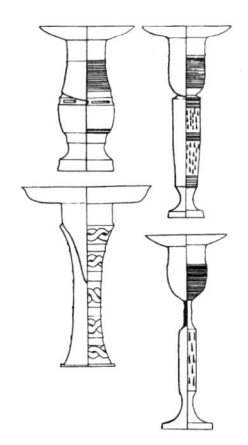

龙山文化高足杯（诸城呈子出土）

序划分的科学依据。后岗三叠层的划分,成功地构筑了中国古文明发展史的基本时间框架,并使干涸的历史长河重新流动起来。正如李济所言:城子崖的发掘使"小屯与仰韶的关系问题,渐次扩大为小屯、仰韶与龙山(城子崖)的关系问题"。而后岗三叠层的发现与确认,"证明殷商文化就建筑在城子崖式的黑陶文化之上"。

不可否认的是,由于受当时条件的局限,梁思永提出的仰韶—龙山—商文化的承接性历史框架,在解决了中国文明史重大旧问题的同时,也留下了许多新的问题,其中最为明显的是,这三个独立的文化系统中间尚有大的缺环和空隙,而什么样的文化又能连接和填补这些缺环与空隙呢?

在1932年春进行的第六次殷墟发掘中,考古人员发现了殷墟宫殿基址,这个发现无疑较单纯地发现甲骨更具科学考古的价值。因为有了宫殿就进一步证明殷墟作为都城的可能性。由此,从这次发掘开始,工作的重点由单纯地寻求甲骨和器物渐渐转变到揭示和研究这些宫殿基址上来。由于这些宫殿是在很长时期内陆续建造而成的,旧的毁弃后新的又重建,前后交叠,已看不清原来布局。随着发掘探沟与探方的展开,殷墟的神秘面纱才被一层层揭开。

中央研究院史语所于抗战前发掘安阳殷墟王陵区M1002大墓形制(台湾"中研院"史语所提供)

从1932年秋到1934年春,由李济、董作宾、石璋如、郭宝钧等学者,在殷墟进行了第七、八、九次发掘,这时考古学家的目光转向洹河北岸侯家庄的西北岗,终于在这一带找到了梦寐以求的王陵区,而商王陵之所在从未

见诸记载。

1934年秋到1935年秋,由梁思永主持的第十、十一、十二次发掘对已发现的王陵迹象紧追不舍,继续扩大战果。这时胸有成竹的考古学家们已经不再是局部的试探,而是拥有了大面积揭露的胆魄,每天用工有500多人。他们一连发掘了10座王陵以及王陵周围的1200多座小墓和祭祀坑。这些大墓规模宏伟,虽经盗掘,但丰富的出土文物仍举世震惊。

殷墟王陵区M1004大墓出土的鹿鼎与牛鼎(台湾"中研院"史语所提供)

1936年,继考古学家郭宝钧主持的第十三次发掘之后,梁思永主持的第十四次发掘在寻求甲骨方面又取得了突破性进展。在著名的编号为127号的商代灰坑中,共发现带字甲骨17096片,其中有300多片是未破损的整版甲骨。这一重大发现令学者们欣喜若狂,不仅因为发现的带字甲骨数量惊人,更重要的在于整版甲骨往往刻有多组卜辞,这对研究各组卜辞之间的区别与联系具有十分重要的价值。更为重要的是,这些甲骨出于同一坑中,说明相互之间有某种内在联系,比起零星出土的传世甲骨残片,在学术价值上显然更高一筹。1937年春,考古学家石璋如主持了殷墟的第十五次发掘。到夏季,抗日战争爆发,殷墟发掘至此停止。

上述15次发掘共获得甲骨24,794片,虽然数量仍然和殷墟发掘前期流散于社会的不能匹敌,但由于是科学发掘所获,与前者相比就具有大不相同的价值。安阳殷墟所经历的10个年头的发掘,完全是由中国考古学家按照科学的方法进行的。当时社会环境极不安定,土匪肆虐横行,发掘工作时常需要武装士兵的保护。在这样艰难的条件下,殷墟发掘仍

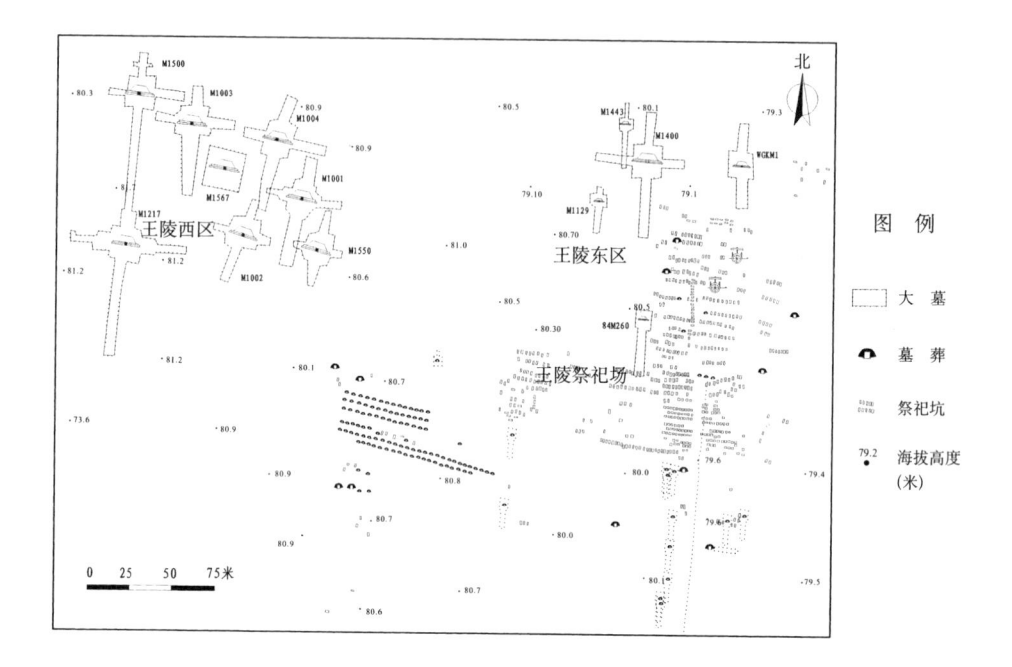

殷墟王陵区文物遗址分布图（台湾"中研院"史语所提供）

然取得了极为辉煌的成果，中国古史上伟大的商代文明由此显耀于世，并为世人所广泛瞩目。

殷墟前15次发掘的资料于1949年大都运到了台湾，从此殷墟的资料和研究人员天各一方，难以团聚。后来在台湾的资料由李济、董作宾、石璋如、高去寻等主持整理，先后出版了《小屯》《侯家庄》等多卷本考古报告集。

从1950年开始，殷墟重新恢复了系统的科学发掘，著名考古学家郭宝钧主持发掘了王陵区内著名的武官村大墓。随后，中国科学院考古研究所（后划归中国社会科学院）在安阳建立了考古工作站。在30平方千米的殷墟保护区范围内，田野考古勘探和发掘工作一直有计划、有重点地进行，每隔几年，就会有新的成果出现。

殷墟从发掘之初，就以无可辩驳的事实，证明了商代社会的存在和文化的高度繁盛。诚如李济所言："随着安阳发现的公开，那些疑古派们也就不再发表某些最激烈的胡话了……安阳发掘的结果，使这一代的中国历史学家对大量的早期文献，特别是对司马迁《史记》中资料的高度可靠性恢复了信心。在满怀热情和坚毅勇敢地从事任何这样一种研究工作之前，恢复这种对历史古籍的信心是必需的。"

或许，正是怀有这样一种信心，商代前期的都城才能又一次浮出地面。

郑州商城的发现

同世界上许多伟大发现一样，郑州商城的最初发现也带有一定的偶然性和戏剧性。

1950年，刚刚从战争的硝烟和炮火中摆脱出来的郑州人民，又开始在废墟上建造新的家园。此时，郑州南小街小学一位叫韩维周的教师，于教课之余，经常到旧城四周新开挖的工地边转悠，目的是寻找地下出土的古物。当然，他寻找古物不是要做古董商，而是为了收藏和研究。韩维周原为河南巩县马峪沟村人，自幼对古器物颇感兴趣，早年曾作为一名技工参加过安阳殷墟的发掘，并随考古人员学到了一些考古和文物保护知识。抗战期间在村小学任教，抗战胜利后到县政府任参议，后到郑州南小街小学任教。他一度出任过河南省古迹研究会会员、郑州文物保护委员会委员等，对文物有一定的鉴赏力和研究能力。正是基于这样的条件和职责，他下课之后，总是到离学校不远的旧城施工工地转上几圈，看有没有文物出土。也就在这段时间里，他发现了许多以前未曾见过的陶片，尤其在郑州烟厂工地，发现了大量成堆的陶片和器物。韩维周将这些陶片和器物收集起来，经初步分析研究，

韩维周

他认为器物和陶片的出土地点可能是一个商代的遗存。如果真是商代的遗存，那就非同一般，说不定会产生第二个安阳殷墟。想到这里，韩维周便向刚刚成立的河南省文管会（时在开封）做了书面汇报。

河南省文管会接到报告后，迅速派出安金槐、赵金煅、裴明相等三位专职文物干部赴郑州调查。当三人来到韩维周的住室时，只见满屋都摆着各种各样的陶片，活像个陶片博物馆。韩维周的见识和对文物保护事业的责任感，一时让三人大为感动。

调查结果表明，郑州二里岗与南关外一带确实是一处商代遗址。河南省文管会得到此消息，高兴之余又多了一份谨慎，为了做到更有把握，他们分别把调查情况报中央文化部文物局与中科院考古研究所，并请派专业人员前来复查。文物局和考古所接到报告后，先后派专家到郑州做了实地考察，进一步证明二里岗一带的遗迹是一处很重要的商代遗址，并认为这是河南甚至是整个中原地区继安阳殷墟之后，发现的又一处商代遗址，而且可能是比安阳殷墟更早的商代前期遗址。由此，郑州商代遗址的发现很快引起了国内文物考古界的高度重视。

1952年秋，由中央文化部文物局、中国科学院考古研究所和北京大学联合举办的全国第一届考古人员训练班，经过在北京大学进行考古知识学习之后，即到郑州进行田野考古发掘实习。在著名考古学家郭宝钧等人的带领下，训练班学员以二里岗为重点，拉开了对郑州商代遗址考古发掘的序幕。

为配合郑州城市基本建设，做好文物保护、考古发掘工作，河南省文管会于1953年成立了郑州市文物工作组，由安金槐任组长，具体负责管理、组织郑州商代遗址的考古调查与发掘事宜。

安金槐，1921年9月生于河南登封，1948年河南大学历史系毕业后任某中学教师。1950年3月被选送到省会开封学习编写史志，同年9月调入河南省文管会，成为一名专职文物干部，从此开始了他五十多年的文物考古工作。据安金槐回忆，他刚调入文管会时，很为自己的幸运而得意了一番，因为一个从农村出来的大学毕业生，想留在省府机关，只能是梦想，何况他学的又是历史专业。进入文管会之后，他感到自己如鱼得水。所以，安金槐到文管会刚放下背包行李，就随队赶赴治淮工地泌阳的板桥水库进行发掘。那时的他对考古发掘尚是外行，没有区分地层的知识，只是挖东西而已。后来，

第四章 众里寻他千百度

他参加了当时在中国文物考古界颇为著名的第一届考古人员训练班，郭沫若、郑振铎、夏鼐、王冶秋、裴文中、贾兰坡等著名学者都亲自为他们授课。当时的安金槐除了刻苦好学外，又系统地学习过历史，同时还有一点治淮工地板桥水库的发掘实践，很快就成为学员中的佼佼者。当1952年10月训练班结束室内学习后，开赴郑州二里岗发掘商代遗址时，安金槐便是其中的一员。当然，这时的安金槐只是一名普通的实习学员，他事业的辉煌以及他的成名还要在几年之后。

安金槐在工作室对郑州商城出土器物进行比较研究

由安金槐率领的文物工作组，通过1953年至1954年对郑州二里岗一带商代遗址的发掘，根据出土的主要陶器形制特征，清楚地判断出郑州二里岗的商代陶器稍早于河南安阳殷墟商代晚期。为了便于把郑州二里岗商代遗址与安阳殷墟商代晚期遗址进行区别，考古人员即把郑州商代遗址的时代以最早发现地与发掘地的二里岗命名为"郑州商代二里岗期"，并依据郑州二里岗商代遗址的上下地层叠压关系和上下层内包含主要陶器特征的明显变化，在时代上又将其区分为上、下两大层，即"商代二里岗期下层"和"商代二里岗期上层"两期，从而使郑州商代二里岗期遗址成为衡量商代前期文化的一把标尺，并为此后在全国各地商代考古学所应用。

郑州市在新中国成立前原是一个普通的旧城所在地，即郑县，城市规模很小，没有人想到它竟会是历史上的帝都。新中国成立后，随着河南省省会由开封迁往郑州，加之京广和陇海两大铁路干线在这里交会，郑州市的城市建设规模日益扩大。随着郑州市城市基本建设的相继展开，考古调查与发掘工作任务也日渐加大。为适应工作的需要，1954年，省文管会决定，将郑州市文物工作组扩大为河南省文物工作队第一队，由安金槐任第一队业务副队长，继续主持郑州商代遗址的考古调查、保护与发掘工作。1954年至1955年春，文物工作队在郑州旧城内外相继发现了大面积的商代二里岗期遗址，并有一部分相当于夏代或商代前期偏早阶段的郑州洛达庙类型遗址（相当于后来发现的"二里头文化遗址"）和相当于安阳殷墟商代晚期的郑州商代人民公园期遗址。通过发掘，弄清了三者的早晚层次相叠压的地层关系，从而为证明郑州商代二里岗期遗址早于安阳殷墟商代晚期遗址，而又略晚于洛达庙文化遗址提供了地层学依据。

与此同时，在郑州商代遗址中，还相继发现了商代二里岗期的铸造青铜器、烧制陶器和制作骨器的各种作坊遗址。从遗址出土的陶制品种来看，这两处铸铜作坊之间似乎已有所分工。此外，还出土了一片类似安阳殷墟甲骨文的所谓"习刻文字"。这些商代二里岗期遗迹与遗物的发现，为研究郑州商代遗址的性质提供了重要的实物资料。

郑州花园新村T3内商代夯土墙基夯层及夯窝

1955年，一场政治审干运动把时任文物工作队副队长的安金槐拉下了马。他出身不是贫农，又当过一段时期的"南逃学生"，这些"罪状"使他被迫停职，每天所做的就是政治学习、反省、向组织做检讨，他的政治和学术生涯陷入了低谷。也就在这年秋天，郑州市城市建设局在郑州商代遗址东北部的白家庄一带挖掘壕沟、铺设地下排水管道工程

第四章 众里寻他千百度

中，发现了一片坚硬的夯土层和许多陶片。河南省文物工作队第一队得知后，因无人可派，便让正在向组织上写检讨书的安金槐暂时前往进行考古调查，想不到这一查又发现了一条重要线索。

在人类没有发明烧制砖瓦之前，中国建筑的基本方法是夯土，亦称"版筑"。墓葬的回填土，也以夯砸实。所以，有经验的考古人员凡一见夯土，就知道不是夯土墙或夯土台基，就是墓葬了。至于陶片，则是历史的脚印，有了它们，考古学家们就可以依据其器形、纹饰等种种工艺特点，把大约一万年以来的人类历史的各个阶段区分开来，并确认某一文化层属于哪一历史时期。所以，当安金槐看到夯土、陶片后，就地开挖了10平方米的探沟，以考察遗址的布局。出乎意料的是，只见层层坚硬的夯土、清晰的夯窝，却未见夯土的边缘。为查清情况，安金槐又向东、西、南、北四面开出了探沟，并在南边找到了夯土的尽头，但东、西、北三面的夯土仍然不见边缘。这时，却发现了一座商代前期的小墓压在夯土层上。通过发掘，在小墓中出土了许多商代二里岗期的陶器、骨器、石器等遗物。由此可见，这里发现的夯土时代不会晚于商代二里岗期。从夯土层内包含的陶片等遗物来看，没有发现比商代二里岗期时代再晚的遗物。以此证明，

郑州商城石板水池及遗迹平面分布图（黄河医院段，局部）

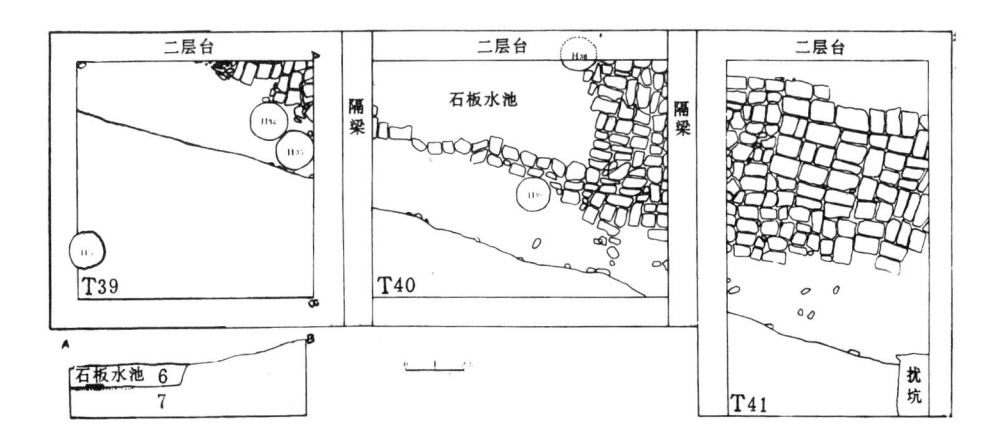

147

这里发现的夯土层应是属于商代二里岗期的。

这一商代夯土层的发现，引起了文物工作队的高度重视。这大片夯土层是做什么用的？专家们曾做过数次推论，开始认为这一夯土遗存有可能是一座商代大墓坑中填打的夯土，因为在安阳殷墟的商代晚期大墓中就曾发现填打的夯土，并且在郑州已发掘的商代随葬有铜器的墓中也曾发现填打的夯土，以此推论，这一带发现的商代夯土有可能就是一座商代二里岗期的大墓。为了寻找商代大墓内填打夯土的分布范围，文物工作队的考古人员开始根据商代夯土的边沿继续向夯土周围进行地下考古钻探。通过钻探得知，这一商代夯土层，其南、北都已到了夯土边沿，宽20多米；而夯土层的东、西两侧则一直延伸着，始终找不到边缘。继续钻探至1955年冬，已钻探出商代夯土东西长100多米，其东、西两端仍继续在延伸着。这时，安金槐与他的同事才意识到这里发现的延续如此之长的商代夯土，已不可能是商代大墓中填打的夯土了。

那么这里的夯土究竟是做什么用的呢？当时安金槐与他的同事根据已发现的商代夯土东、西延伸的情况，并结合夯土附近的地理环境——南侧是一片地势较高的地带，北侧则是一片比较平坦而低洼的地带，该低洼地带向北延伸20余公里，直至黄河南岸——推测，这条夯土堆积层有可能是为了防止北面黄河泛滥而作为防护堤使用的。为了继续了解所谓"商代夯土堤坝"的东西延续情况，从1956年春开始，安金槐等人继续进行地下考古钻探调查。通过近半年的追踪钻探，他们惊奇地发现，这里的商代夯土东端在向东延伸到白家庄之后，又拐角向南延伸，直到和郑州旧城的东城墙下面叠压的商代夯土相接；当商代夯土延伸到郑州旧城东南角下部时，则又向西拐，和郑州旧城南墙下面的商代夯土相重叠。而在白家庄西已发现的商代夯土层西端，又发现商代夯土穿过金水洞继续向西延伸，经杜岭村北又拐角向南伸展，直到和郑州旧城的西城墙下相叠压的商代夯土层相接连。当商代夯土继续向南延伸到郑州旧城的西南城角下面时，则又向东拐，也和郑州旧城的南城墙下面相叠压的商代夯土相连。只有到了这个时候，安金槐与他的同事们才恍然大悟：在郑州发现的由商代夯土层构成的南北长约2000米、东西宽约1700米、略呈南北纵长方形的夯土遗址，原来是一座古老的城垣！

为了进一步证明郑州商代夯土城垣的地层叠压关系，安金槐等人在对商代夯土城墙钻探的基础上，于1956年秋，又在四面城墙上选择适当地段的各两三条探沟进行发掘。通过发掘获知，郑州商代夯土城垣时代的上限，也不会晚于商代二里岗期。

从钻探的整个情况看，郑州商代夯土城垣遗址围郑州一圈，全长6960米，包含范围比郑州旧城还大三分之一。这个发现立即引起了国内考古界的高度重视，因为它是当时中国考古工作中发现的最早的一座商代城垣遗址。由于已被国内外考古界与历史界所公认为商代晚期都城遗址的安阳殷墟一直没有发现夯土城垣遗址，这次突然在比安阳殷墟还要早的郑州商代前期的遗址中发现了一座规模巨大的商代夯土城垣遗址，让人感到大为惊讶的同时，也为之大惑不解。于是，学术界特别是考古界对郑州商代夯土城垣到底是不是商城的问题引爆了一场大争论，而主流观点则是持否定态度。在这种情况下，河南省文物队不敢以集体的名义提出商城的定论性意见向权威和主流观点挑战，只有安金槐在反复斟酌后，以个人的名义写了论文《试论郑州商城遗址——隞都》寄往北京，但北京的文博刊物鉴于各种不同意见，迟迟不敢刊发此文。1959年，国家文物局局长王冶秋到郑州视察工作，听了安金槐关于商城的汇报后反问道："你到底拿准拿不准？"安金槐果断地说："作为商城没问题，我拿得准。"王冶秋点了点头，表示默认了这个结论。在王冶秋的关照下，1961年，安金槐的论文终于在《文物》月刊上得以发表，但紧接着又是一连串的反击和争论。就在这个争论尚无结果之时，"文化大革命"爆发，争论双方一同被打翻在地，在

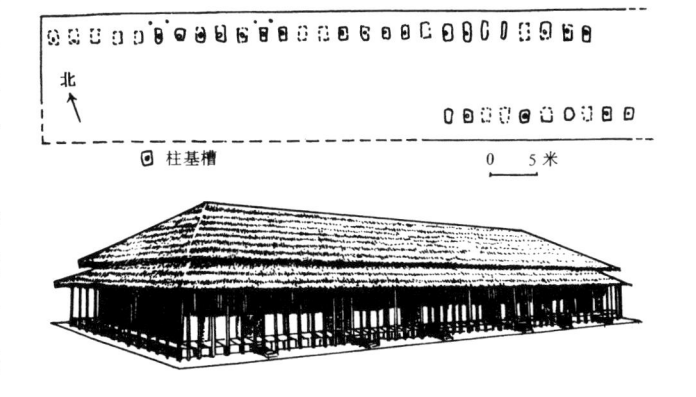

郑州商城宫殿平面图（上）和复原图（下）

郑州商城水井示意图

郑州商城窖藏出土的青铜鼎（左）和青铜鬲（右）

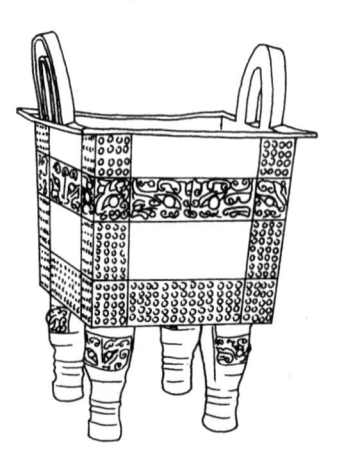

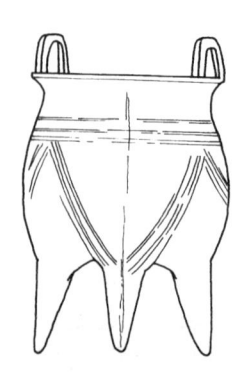

知识分子各自性命难保、生死未卜的境况下，谁也不再管有城还是无城了。直到1972年政治形势稍有好转，安金槐根据王冶秋的指示，对郑州商代夯土城垣遗址的东、西、南三面城墙进一步开挖探沟解剖发掘，并邀请有关考古专家到郑州商城遗址现场考古勘察和论证，加上后来《郑州商代城遗址发掘报告》的发表，才使郑州商城遗址逐步被国内外文物考古界所公认，并成为中国考古学上的重大发现之一。

当郑州商城被发现和证实之后，以安金槐为首的河南省文物队考古人员，才联想起既然郑州商代遗址中部有规模如此之大的一座商城遗址，那么城内也应该有商代奴隶主贵族的宫殿建筑区或宫殿基址等遗迹。于是，从1973年春季起，他们开始在商城内进行全面的考古钻探调查与试掘，以寻找商代宫殿建筑基址。

在考古钻探调查中，考古人员于商城内东北部一带发现了地下埋藏有商代二里岗期的宫殿夯土基址的迹象。通过两年多的地下考古钻探与试掘，在这东西长800余米、南北宽500余米、面积约40万平方米的范围内，较普遍地发现了范围大小不同的商代夯土基址建筑遗存。稍后，在配合郑州商城内东北部基建工程的考古发掘中，又发掘出许多座商代二里岗期的大型宫殿夯土基址。如在商代宫殿区内偏西部发掘出的一处保存较完好的商代大型宫殿建筑基址，东西长约65米（东端尚未到头），南北宽13.6米，夯土基址下面的基础槽深约1米。在夯土基础面上的靠近南、北两边沿处，各有一排东西成行和南北相应的柱础槽坑。经科学计算，这应是一座东西长60余米、南北宽约13米，竖有南北两排木立柱的大型宫殿建筑夯土基址。

类似的宫殿建筑夯土基址，在商代宫殿区内陆续钻探发现和发掘数十处，特别是在宫殿区周围已发现有部分宫城夯土基址和水管道设施。因此考古人员认为，在郑州商代城内东北部所发现的商代夯土基址的密集分布区，应是商代二里岗期奴隶主贵族的宫殿区或宫城区遗存。除此之外，在郑州商城内外的发掘中，还发掘出一部分商代祭祀场地和祭祀后的窖藏礼器坑，并在窖藏坑内出土了许多珍贵的青铜礼器。

通过这些考古发掘获知，郑州商代遗址应是一处商代前期的重要城址。鉴于郑州商代二里岗期遗址的规模宏大，各种遗迹与遗物的内涵丰富，多数学者认为，郑州商城遗址有可能是商代前期的一座都城遗址。至于是商代前期的哪座都城遗址，在考古界一直存在着不同的看法，如以安金槐为代表的考古学家认为是商代中期"帝中丁迁于隞（或嚣）"的隞都遗址，而以北京大学考古系教授邹衡为代表的考古学家则认为是商代第一个王"商汤建都于亳"的亳都遗址。但无论争论双方孰是孰非，就郑州商城的发现而言，无疑是新中国考古工作中最重大的发现之一。由于这个发现第一次找到了盘庚迁殷之前的商代都邑，填补了商代中期文化的历史空白，为早商文化和夏文化的探索开拓了视野和思路，也为后来的夏商周断代工程的研究起了极其重大的作用。诚如著名古文字学家、历史学家唐兰所言："它的发现的重要意义，是为我们提供了一把钥匙，来打开研究商代前期以及夏王朝历史文化的大门，开拓了我们的眼界。在这个意义上，它比安阳殷墟的发现是更上一层楼的。"

注释：

①布歇·德·波尔特（Jacques Boucher de Perthes，1788—1868）：法国考古学家、作家，曾首先提出人类史前史可根据地质年代进行测算的概念。

②津巴布韦（Zimbabwe）为班图语，意为"石房子"。非洲东南部一大片石头建筑的废墟，其中最古老的部分建于8世纪，但在那之前约600年，这里已有人居住。1986年，这个遗址成为津巴布韦的国家保护区，并被指定为世界遗产保护区。

第五章 探寻夏文化的迷宫

考古遗址不断发现,夏文化的曙光渐渐显露。七旬学者徐旭生夏墟探寻,湮没的迷宫重见天日。偃师商城横空出世,学术界烽烟迭起。随着断代工程的全面展开,夏文化的真颜得以昭示。

曙光初露

当1928年安阳殷墟的考古发掘开始之后,根据考古学的地层学原理和同层出土的甲骨文及其他商代器物,连同后来发现的商代宫殿基址和陵墓等各种文化遗迹推断,殷墟在考古学上作为商文化已成定论。既然商文化如此丰富厚重,那么文献记载中的夏文化是否也可以通过考古学找到呢?随着学者们对古史信心的不断增强,对夏文化的探索也在学术界从几个方面开始兴起。

最早在这一领域开始行动的,是历史界的少数几位历史学家。在20世纪三四十年代,他们从两个方面发起主动攻势:一是在古代文献资料上考订夏代都邑的地望;二是在既定的地理范围内,根据当时已经发现的早于殷墟商文化的诸考古学文化寻找夏文化。两种战略思想的共同特点是希望用田野考古资料去印证和历史文献相关的夏代的一些问题。这种方法的可贵可取之处,在于脱离历史研究只依赖文献的羁绊,找到了新的有效途径——把历史文献和田野考古资料结合了起来,也就是王国维所倡导的"二重证据"法。但是,由于当时的客观条件还不够成熟,所取得的研究成果也就多偏重在地望的考证方面,而在考古学上只提出了一些假说,缺乏有力的论证,甚至出现了难以避免的错误。

所谓客观条件不成熟,是因为中国的考古学刚刚开始起步,田野考古资料匮乏,很多与夏文化有关的问题都还没有解决,更没有放射性^{14}C现代测年技术的支持,无法知道考古遗址和考古学文化的准确年代。而在当时确定的商文化只是商文化的后期,且主要属于晚商文化。同时所知的比殷商文化更早的主要是黄河中上游的仰韶文化和黄河中下游的龙山文化。在这种情况下,当时的历史学家如徐中舒、翦伯赞等人推断仰韶文化或者龙山文化为夏文化,而范文澜在他主持编写的《中国通史简编》第一编中，提出龙山文化即夏文化的观点，并利用龙山文化的遗物推测夏代农业和手工业的情况。由于已知的龙山文化在年代上比仰韶文化更接近夏文化，但龙山文化分布甚广，所存在的时间又很长，范文澜笼统地提出龙山文化就是夏文化的观点，自然引起了学术界的争议。尽管如此，历史学界对夏文化的探索毕竟做了一些有益的尝试，可以说，这是继王国维之后，在古史与现代考古学相结合方面又迈出的新的步伐。

20世纪50年代之后，随着中国考古学的飞速发展，新的遗址接连不断地出现，且不断取得新的研究成果，特别是50年代初期河南郑州二里岗商代遗址的发现，考古工作者根据地层关系和对文化特征的比较研究，确证了二里岗商文化早于安阳殷墟的商代后期文化，把龙山文化与殷墟晚商文化之间的空白填补起来。这一成果问世，使学术界的有识之士感到，郑州二里岗商文化已经接近或属于早商文化的范畴了。

继郑州二里岗早商文化遗存发现之后，考古人员又相继在河南省的洛达庙、小芝田、稍柴和郑州南关外等遗址，发现了早于二里岗晚于龙山文化的遗存。这些考古新发现无疑又给夏文化的探索者带来了新的重要的信息。当时崭露头角的历史学家，后来成为夏商周断代工程首席科学家、专家组组长的李学勤，在对这些新出土的遗址和考古资料进行深入研究后，最早指出："在郑州商族文化层与龙山文化层重叠时，其间每每夹有无文化遗物的土层，表明两者不相衔接。在洛达庙、南关外、旭旮王等地果然发现了介于两者之间的文化层，我们称为'南关外期'或'洛达庙期'。它们更接近龙山文化，而有特异点，如南关外的棕色陶器、洛达庙期无鬲类空足器等。这两期都早于二里岗下期，最可能是夏代的。"李学勤此时所指的"南关外期"或"洛达庙期"，正是后来被学术界当作夏文化探索主要对象的二里头文化范畴，具有极其重要的学术价值。而这"最可能是夏代"的论断，标志着夏文化探索阶段旧时代的结束和进入实质性探索的新时代的到来。

走向夏墟

当这个新时代到来的时候,一个在中国考古史上无法回避的人物,为夏文化的实质性探索揭开了辉煌的一页,这个人就是杰出的历史学家和考古学家徐旭生。

关于徐旭生其人其事,从他的助手、考古学家黄石林为其所写的传略中可以看出一个大体的概况:

徐旭生,原名炳昶,1888年12月10日(清光绪十四年十一月初八)生于河南省唐河县桐河镇砚河村。自幼生长在书香门第。青年时代,徐旭生对中国古史产生了浓厚兴趣,这为他后来进行古史和思想史研究打下了基础。

1906年,徐旭生肄业于豫学堂。这年冬季,考入译学馆学法文,于1911年毕业。1912年,在彰德中学教算学和法文,数月后,考取公费留学法国。1913年春至1919年春,在巴黎大学学哲学,1919年夏天回国。

从1921年起,徐旭生任北京大学哲学系教授,讲授西洋哲学史,并着手翻译威伯尔《欧洲哲学史》。其后又与乔曾劬合译波兰作家显克微支[①]的长篇历史小说《你往何处去》,这是该书最早的中文译本。

1925年,徐旭生出任当时具有进步倾向的政论性周刊《猛进》主编,并发表了题为《我们应该有正眼看各方面的勇气》的时事短评,这个短评引起鲁迅的重视。鲁迅因而在《语丝》周刊上写了《论睁了眼看》的文章,就此进一步展开论述。从此之后,徐旭生与鲁迅建立了友谊,并经常通信讨论问题。

徐旭生曾经参加过当时的学生运动,他为争取关税自主,在率领学生举行游行示威中,竟被北洋军阀政府的军警打掉两颗门牙。他"留牙蓄志",将两颗打落的门牙一直留在身边,直到去世后才由亲属放入他的骨灰盒里。

1926年秋,徐旭生出任北京大学教务长。次年,徐旭生提议组织起来成立学术协会,并到各地搜集材料,为精深研究提供条件。对外国人,愿与协会真诚合作者表示欢迎,对那些企图进行文化侵略、攫夺科学材料的人,则予以拒绝,致以"不使再溷吾土"。抱着这种宗旨和信念,经过一番斗争,与当时已进入中国的瑞典探险家斯文·赫定合作,组成了中国西北科学考察团,由徐旭生任该团中方团长,开始在中国西北地区进行科学考察,此后取得了重大学术成果。

徐旭生与瑞典探险家斯文·赫定等组成西北科学考察团赴中国西北考察时留影(徐为中方团长)。在这幅照片下,徐旭生有一段题词:"这是我在额济纳河动身西行的时候我的朋友马益占给我照的相。他以后把照片寄给我,并且附了一首小诗:'我师出发前,惹我颇缠绵。明知是暂别,心总不自然。'哪里料到这一别就成永别了,呜呼!徐旭生 民国十九年八月五日。"

1931年2月,北平师范大学与北平大学第二师范学院合组为国立北平师范大学,徐旭生任合组后的北师大校长。同年9月,"九一八"事变爆发,北师大师生热烈地投入抗日斗争。事变后两天,徐旭生即会同北大校长蒋梦麟,并邀集北平各大学校长,举行紧急会议。同日,又召集本校院长、教务长等开紧急会议,反对日本帝国主义侵略中国。11月,亲赴南京,请求增加北师大经费,当时的财政部部长宋子文拒不接见,徐旭生愤而辞去北师大校长职务。

自1932年开始,徐旭生任北平研究院史学研究会编辑,后改为研究员。

1937年初,北平研究院史学研究会改为史学研究所,徐旭生任所长(北平解放后,又任北京研究院代副院长),并开始潜心研究古史传说,准备撰写《中国古史的传说时代》一书。

当时,极端疑古派学者否定殷墟以前漫长时代的历史,对文献资料视若"腐朽"之物，或加偏见，或不引用。徐旭生撰写这部书的目的则是力图"矫正他们错疑所不应疑的偏向，使治此段历史的方法可以早入正轨，使夏及其以前的历史，还其本来面目"。他说道："我自1921年后在北京大学任教，当日我国的史学界受欧西科学的影响，对古史材料重新估价的口号高唱入云，我个人也未能自外于时代思想的潮流。不过因为我在法国留学时学的是哲学，所以在北大教的总不出哲学史的范围，对于历史自身没有时间向前深造。1923年前后顾颉刚、刘掞藜二先生，对于大禹是否天神，是否有实在的人格的讨论哄动一时，我对此问题虽也深感兴趣，但是因为没有工夫搜集资料，所以未能参加讨论。当时史学界的普遍意见似有利于顾氏，可是我个人虽对于他的工作有较高的评价，却绝以为他走得太远，又复失真，所以颇不以他的结论为是。我当日觉得《尚书》中《尧典》《皋陶谟》《禹贡》诸篇固然非当日的或离当日不远的著作，是由于后人的追记，篇首'曰若稽古'四个字已经可以证明。但是他们的记录未必无根据，记录的时期最早也或者可以溯到商朝。"

在如何对待疑古派的是非功过这一问题上，徐旭生直言不讳地表示："近三十余年（大约自1917年蔡元培任北京大学校长起至1949年新中国成立止），疑古学派几乎笼罩了全中国的历史界，可是它的大本营却在《古史辨》及其周围。他们工作的勤奋是很可敬的，成绩也是很大的，但是他们所用的治学方法却很有问题。主要的，去世的张荫麟先生已经指出，就是太无限度地使用默证。这种方法就是因某书或今存某时代之书无某史事之称述，遂断定某时代无此观念。对这一方法，法国史家色诺波说得不错：'现存之载籍无某事之称述，此犹未足为证也，更须从来未尝有之。故于载籍湮灭愈多之时代，默证愈当少用。其在古史中之用处，较之在19世纪之历史不逮远甚。'极端疑古学派的工作人对于载籍湮灭极多的时代，却是广泛地使用默证，结果如何，可以预料。……他们看见了不合他们意见的论证，并不能常常地审慎处理，有不少次悍然决然宣布反对论证的伪造，可是他们的理由是脆弱的，不能成立的。比方说，看见《尚书·立政》篇内含有尚贤思想，就宣布它已经受了墨家思想的影响，为战国人的伪造。可是，古人之所谓贤，也不过是说某人比较能干。……在春秋和战国的各学派中间所称述的古史，固然有不少歧异、矛盾，可是相同的地方实在更多。比方说，禹治水的传说，尧、舜、禹三人相互的关系，在先秦诸子中，可以说大致是相同的，没有争论的。而疑古学派的极端派却夸张它们的歧异、矛盾，对于很多没有争论的点却熟视无睹，不屑注意！要知道春秋末期和战国时的学术空气是相当自由的，各学派中间的互相驳斥是并不容情的。一家造谣，正贻别家以口实，何以别家全闭口无言，默示承认？……他们对于掺杂神话的传说和纯粹神话的界限似乎不能分辨，或者是不愿意去分辨。在古帝的传说中间，除帝颛顼因为有特别原因以外，炎帝、黄帝、蚩尤、尧、舜、禹的传说里面所掺杂的神话并不算太多，可是极端的疑古派都漫无别择，一古脑儿把它们送到神话的保险柜中封锁起来，不许历史的工作人再去染指！如果拿希腊的传说来比较，关于提秀斯的神话，不比中国古帝传说中所掺杂的神话少，可是恩格斯在《家庭、私有制和国家的起源》里面，叙述雅典国家起源的时候，还提到提秀斯……"

所谓"传说时代"，徐旭生认为，世界上任何一个民族最初的历史，总是用"口耳相传"的方法流传下来的。在古文献中保存有古代传说，而在当时尚没有能用文字把它直接记录下来的史料，这个时代就叫作"传说时代"。中国的传说时代，上限尚不可定，或自炎黄时期，下限暂定在盘庚迁殷以前。

至于如何对待"传说时代"史料，徐旭生说，首先应当对神话与传说认识清楚并加以区分。当然，两者之间是相近的，颇难截然分离，但也不能混为一谈。

关于史学界争论颇为激烈的夏王朝，当时在考古学上仍处于空白和模糊阶段，为此，徐旭生首次提出探索夏文化并提出了指导性意见：首先要明确"夏文化"一词包括两个含义，即夏族文化与夏代文化。两者既有区别又有十分密切的联系。如果指前者，它的地域范围很有限，年代则包括禹以前，桀之后；如果指后者，它的地域范围较广，年代则始于禹，终于桀。文献中关于夏人活动区域的传说，是探索夏文化的重要材料。这些材料指明下列地区和夏的关系特别密切，也就是说，夏人的主要活动区域应分布在晋南平原，汾、浍、涑水流域；洛阳平原，伊、洛、颍水流域；以及关中平原。

徐旭生在仔细研究有关夏代的先秦文献的基础上，认为寻找夏文化的重点应放在豫西和晋西南两个地区。为了让这个理论得到事实的验证，1959年春夏之交，已是72岁高龄的他不顾年老体衰，带着助手亲赴豫西对文献记载中的"夏墟"展开调查，从而揭开了实质性田野探索夏文化的序幕。徐旭生一行数人在豫西这个既定的圈子里来往穿行，每日步行20多公里，每当遇到大雨连绵，鞋子陷进泥中行走不便时，徐旭生便干脆将鞋子背在肩上，光脚在泥泞中前行。这个为科学事业历尽艰辛而不辞劳苦的举动，令他的助手们深深地为之感动和敬仰。

就在这次行动中，徐旭生分别对河南省登封县的八方、石羊关，禹县的阎砦、谷水河等古文化遗迹做了田野调查。有一日，当途经偃师县境内，准备到中科院考古所洛阳考古工作站落脚时，他来到了洛河边一个叫二里头的村庄外面。徐旭生发现此处有些异常，便停下来四处转悠，以寻找心目中的东西。当他在村外转了半圈后，有一个正在田地里劳动的农民感到很奇怪，心想这个外地老头一定是丢失了什么，便主动上前询问。这一问，徐旭生乐了，他幽默地说："丢了一件大东西，是一座城，几千年的一座城。"这位农民不解，徐旭生解释说：

二里头遗址所在位置平面示意图

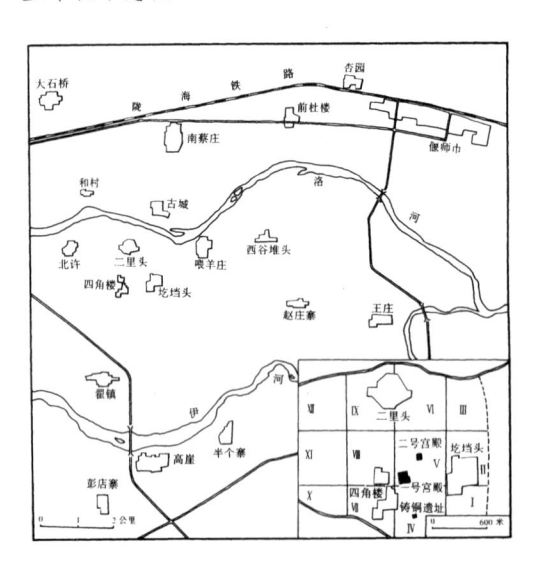

第五章 探寻夏文化的迷宫

"我是搞考古调查的,想在这一带看看有没有古代留下的陶片什么的。"这位农民听罢后说:"陶片,我们这里多的是呢,还有完整的陶罐、陶盆,都是搞水利建设挖出来的。"徐旭生一听大为惊喜,急忙对眼前的农民说:"好兄弟,你说的地方在哪里,能带我去看看吗?"

"中。"农民爽快地答应着,领徐旭生到了村东的一片田野。果然,徐旭生在这里发现了许多陶片,并且还捡到了一件完整的陶器。从遗留的陶片以及陶器的花纹、质地等特点判断,这是一处规模甚大的古文化遗址。

徐旭生在对二里头遗址做了初步判断后,立即回到中科院考古所洛阳工作站,将调查的情况告知了工作站的赵芝荃等人。大家一听很是振奋,决定第二天由工作站站长赵芝荃带领几名考古人员,随徐旭生赴二里头做进一步调查。

二里头遗址位于河南省偃师县城西南约9公里处,西近洛阳城。就其位置而言,它南临古洛河及伊河而望嵩岳、太室、少室山,北依邙山而背黄河,东有成皋之险,西有崤谷崤函之固。其所处的河洛地带自古被称为中土、土中、地中,并有"河山拱戴,形势甲于天下"和"万方辐辏"之誉。传说自伏羲至周成王各代圣王皆在河洛地带膺图受瑞,并有"三代之居皆在河洛之间"的记载。由于武王曾在此处廷告于天:"余其宅兹中国,自之乂民。"因而这里也是本来意义的中国。后来周公遵武王旨意在此营建洛邑作成王之都。此外,周公还在嵩山附近兴建测景(影)台,从礼制上确定此地为天下"地中",并赋予"天地之

赵芝荃向作者讲述二里头遗址发现经过(作者摄)

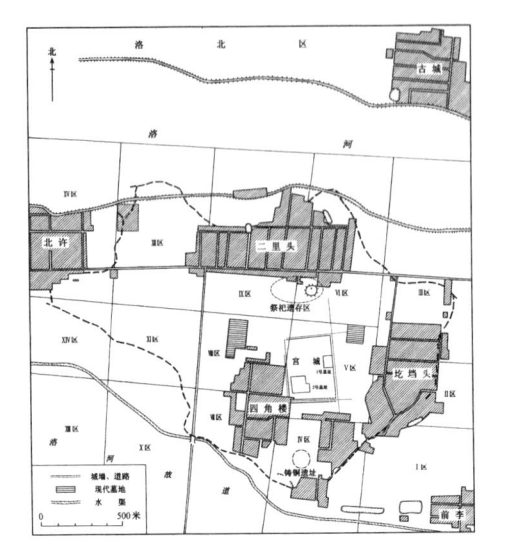

二里头遗址平面示意图

所合也,四时之所交也,风雨之所会也,阴阳之所合也"等神秘意义。汉魏以后亦有不少王朝留意于此,在此建都,这里便理所当然地成为中国政治、经济、文化的中心地带和古代文明的核心地区。

当赵芝荃等人随徐旭生来到二里头村外时,当地农民仍在田野里大搞农田水利建设。他们一行人来到农民们正在挖掘的一个水塘边,发现遍地都是挖出的陶片,待他们进入水塘的台阶,又看到塘壁上布满了陶器的碎片,用手轻轻一摸,这些碎陶片便哗啦哗啦地四散跌落下来。这个情景让赵芝荃等人兴奋异常,在以往的考古调查中,都没遇到过这般激动人心的场面。如此丰富的文化堆积,如果不是古代的都城遗址,那又是什么?

离开水塘之后,徐旭生等人又在二里头村的四周做了详细调查,估计此遗址范围东西长3—3.5公里,南北宽约1.5公里。从地理环境和历史渊源以及发现的遗迹、遗物看,这里有可能是中国历史上的一个帝都。按照徐旭生在后来发表的调查报告,他认为这里应是商汤时代的都城"西亳"。从文献方面做了论证后,徐旭生又补充道:"此次我们看见此遗址颇广大,但未追求四至,如果乡人所说不虚,那在当时实为一大都会,为商汤都城的可能性很不小。"

尽管当时徐旭生对这处遗址做出的判断后来被证明有误,但由于他的首次发现和随之而来的数十次发掘,二里头成为国内外学术界最引人瞩目的古文化遗址之一。它不仅成为学者们探索夏史和夏文化的关键所在,也成为探讨中国国家和文明起源无法绕开的圣地。

第五章 探寻夏文化的迷宫

⚛二里头遗址的发掘

鉴于二里头遗址在考古学上所具有的巨大潜力和学术价值，赵芝荃等人回到洛阳工作站之后，很快向中科院考古所写报告，请求率部移师对二里头遗址进行发掘。此后不久，河南省文管会也得知了二里头发现重大遗址的消息，并决定派队前往发掘。于是，1959年秋，得到批准的中国科学院考古所洛阳工作站派出的以赵芝荃为首的十余人与河南省文管会派出的一个专门由女性组成的"刘胡兰小组"，几乎同时进驻二里头遗址展开发掘。

1960年，考古所的大批人员遵照当时的政策要求，下放山东省曲阜劳动锻炼，赵芝荃也在其列。二里头遗址的发掘工作暂时由北京大学考古系毕业不久、年仅24岁的殷玮璋负责。而这个时候河南省派出的"刘胡兰小组"也由于其他的原因撤出了发掘工地。整个二里头遗址在以后的若干年内，只有中科院考古所下属的二里头工作队独家进行发掘。

经过半年多的发掘，二里头遗址已出现了考古学界所期望的曙光。中科院考古所牛兆勋副所长指示殷玮璋，把整个遗址划分成几个区，在1万平方米的范围内大

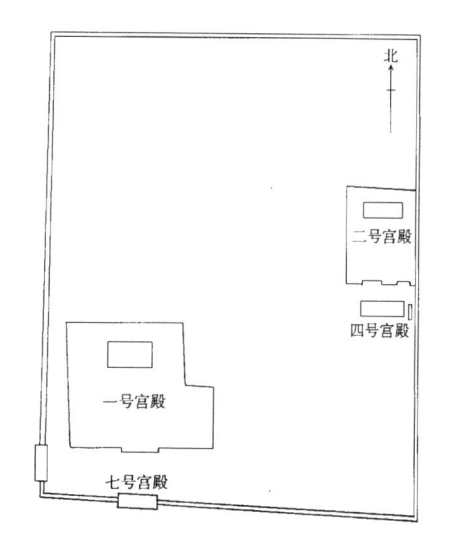

二里头遗址发掘现场

二里头宫城遗址平面示意图

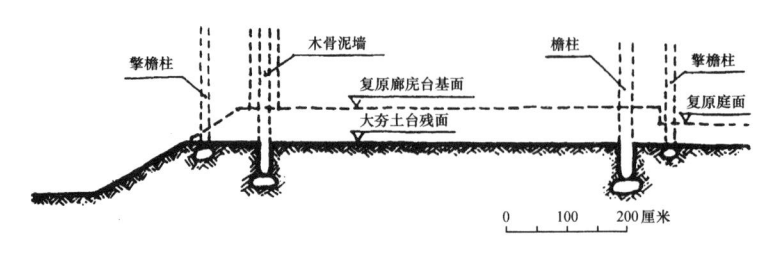

二里头遗址大夯土台南部横剖面示意图

二里头遗址2号宫殿平面图

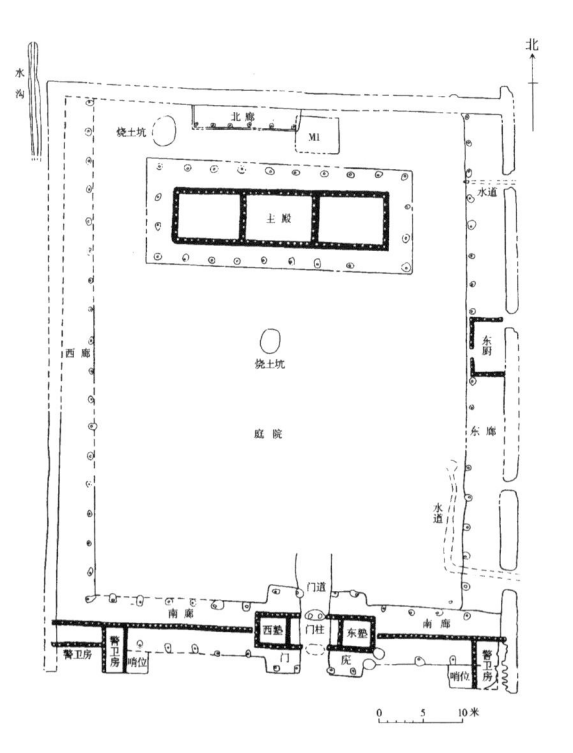

面积发掘，争取以最快的速度获得成果。有些遗憾的是，牛副所长这个颇具气度的计划无法实现，因为要在如此大规模的范围内操作，需雇用大量技术工人，而此时当地公社和大队正组织农民大规模地兴修水利和搞农田基本建设，根本无力也不可能给予支援。技术工人雇不到，仅凭考古队十几个人，是无力对1万平方米的范围进行四面开花式发掘的。无奈中的殷玮璋只好同同事商量决定，先在这1万平方米的范围内进行钻探，待情况基本弄清之后，再有针对性地做一些发掘。于是，考古队的十几个人每人一杆探铲，在所划分的"井"字形区域内，一平方米一个探眼地进行钻探。经过几个月的努力，所划区域四周的制骨、制陶、制铜等作坊遗址被先后探明。既然四周都是作坊，根据以往的考古发掘经验，中间可能有宫殿之类的遗迹深藏于地下。为验证这个推断，考古人员将主要精力投入被称作第五区的中间部位进行钻探。这个"井"字形区域的中间部位，的确有别于东西南北四个区，其中很少发现四个区域内常见的陶片，相反倒是不断有类似宫殿建筑的残迹出土。为了验证真伪，殷玮璋和其他考古人

第五章 探寻夏文化的迷宫

员决定在第五区开始发掘。果然不出所料，发掘不几天，考古人员就发现了一组夯土基址，夯土眼很明显，其中北面的一处基址长、宽各约100米，是这组建筑的主要部分。通过仔细辨别，可以肯定发现的就是一处宫殿基址。考古人员结合此前在四周发现的相当数量的房基、窖穴、灰坑、水井、窑址以及铸铜陶范、石料、骨料等遗迹、遗物推断，二里头遗址确实具有古代早期都邑的规模，而绝不是一般的自然村落。

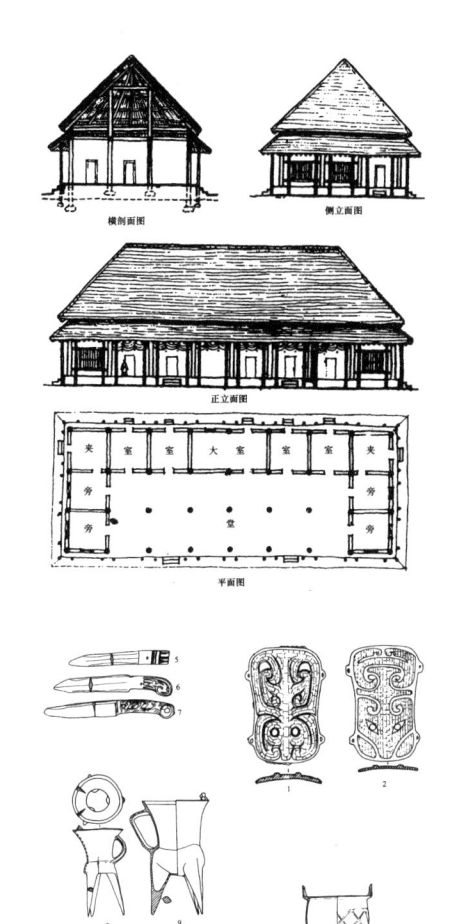

由于有了宫殿遗址的发现，二里头工作队于1960年的考古发掘在喜庆的气氛中结束，为了能让考古所的同行共同享受这胜利的喜悦，殷玮璋在宫殿基址夯窝最大、最深、最为清晰的部位，用刀切下两块夯土，小心翼翼地放在一个早已准备好的木箱中，准备带回北京。当这最后一项工作做完时，已是1960年12月中旬，此

二里头遗址主体殿堂复原设想图

二里头遗址出土器物

1、2.铜牌饰 3.鼎 4.戚 5、6、7.戈 8、9.斝 10、11.爵

二里头遗址4号宫殿复原建筑三维效果图之侧面（引自杜金鹏《偃师二里头遗址4号宫殿基址研究》）

165

时北风呼啸，大雪纷飞，几个人抬着木箱，以满脸的兴奋顶着纷纷扬扬的雪花走出发掘工地。当考古人员将两箱极具特色的夯土运回北京时，整个考古所从领导到普通学者都纷纷前来观看，并发出由衷的惊喜与赞叹。一时，二里头遗址发现宫殿的消息迅速在学术界传开并引起震动。

1961年，赵芝荃从山东劳动改造的运动中解脱出来，重赴二里头主持发掘工作。此后，在为期40年的时间里，在赵芝荃、方酉生、殷玮璋、郑振香、高天麟、郑光、杜金鹏、张立东等几十位考古学家的不断努力下，二里头遗址的文化面貌基本揭示出来。"所知范围总面积约3平方公里，文化堆积甚厚，内涵十分丰富"。遗址的文化延续经历了相当长的岁月，粗略估计前后有400多年。就具体内容而言，文化遗迹中有大、中、小型各类建筑遗址，其中有宫殿、陵寝、台坛、祭祀性设施、各阶层的居室以及手工业如铸铜、制骨等作坊，此外还有陶窑、水井、道路、灰坑、墓葬等。尤其令人震惊的是，在遗址中部发现的被称为第一、二号两座宫殿基址，规模宏伟，气势壮观，颇有王者气象。第一号宫殿面积有1万多平方米，其周围有回廊，而东、南、北三面则为复廊，南部有三个门道的庑式大门，院内北部是30.4米×11.4米的大殿台基。第二号宫殿的大殿略大于一号宫殿，殿后有一大墓，从性质上推断这个宫殿当属宗庙、陵寝之类。就整个一、二号宫殿的气势和规模而言，在整个商代考古史上罕有其匹者，"其平面安排开创了我国宫殿建筑的先河"。仅从台基的面积来看，

二里头文化陶器分期图

第五章 探寻夏文化的迷宫

甚至可以与北京故宫的太和殿匹敌。如此规模庞大的宫殿基址，考古学家前后花费了20多年的时间，才使其完整地重见天日。后经研究者推断，这两座宫殿都属于二里头文化三期，在这一时期中，二里头文化进入了它最繁荣辉煌的鼎盛时代。也就在这个非凡时代的遗存中，出土了大量的玉器、铜器和陶器。其玉器多为圭、璋、戈等礼器，这些礼器在整个玉器和礼器发展史上具有承上启下的作用。而出土的青铜容器和武器形状之独特，皆为中国之首次发现。尤其是镶嵌绿松石的铜牌饰种类繁多，其选料之精、制作技术之高超、纹饰之精美，在整个商代考古史上从未有先例，堪称国之重宝。

很明显，从二里头遗址发掘的规模、等级、规格乃至气势来看，这里作为曾经存在过的都城已成定论。但有些遗憾的是，考古人员历40年的发掘，踏遍了遗址的四周，居然没有发现城墙，甚至连壕沟也没有发现，于是，有人认为这是一座无城之都。

由于二里头遗址的发现和发掘是中国考古学史上最重大的事件之一，所以关于它的时代、文化性质、遗址性质等问题备受学术界关注。1962年，考古学大师夏鼐把此类文化遗存命名为"二里头类型文化"，之后又根据新的发掘进展，将这一文化遗存命名为"二里头文化"，这一新的考古学文化的命名，更加突出了二里头遗址的典型性和代表性，从此二里头遗址的影响更为扩大，二里头文化成为考古学上一个十分重要的文化概念。

二里头遗址出土的青铜酒器

随着二里头遗址蜚声中外，这个遗址的时代和具体是历史上哪个帝王所在都城的问题，渐渐成为学术界一个无法回避和亟待解决的问题。

1974年，二里头考古队在发表的一篇题为《河南偃师二里头早商宫殿遗址发掘简报》中，根据地层关系和器物形制的变化，明确将二里头遗址分为四期，并对遗址中的宫殿和

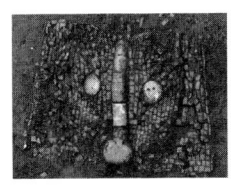

二里头遗址发现的绿松石龙头

167

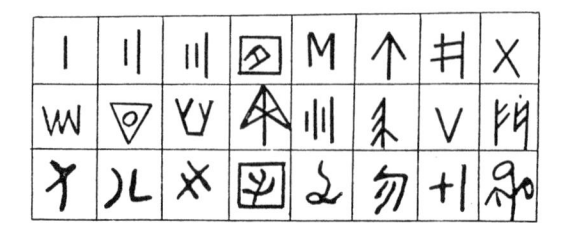

二里头遗址出土的文化刻符和文字

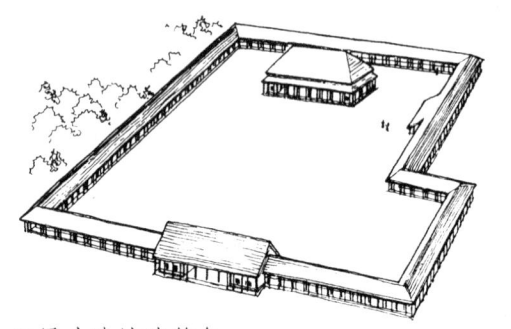

二里头遗址建筑复原图

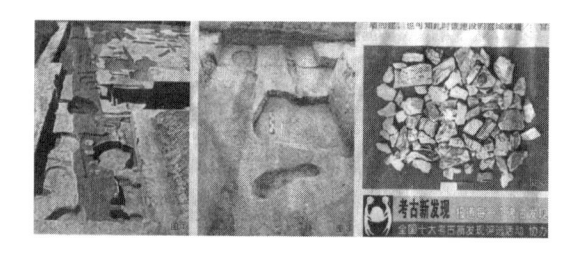

2004年，考古人员在二里头发掘工地又发现了始建于二里头文化四期的夯土墙（左）与二里头文化早期车辙（中），还有绿松石废料（右）

遗址的性质做了如下结论："这座宫殿建筑属于二里头遗址三期，并根据放射性碳素测定相当于商代早期。""二里头遗址西距洛阳汉魏故城仅四公里，距隋唐东城不足二十公里，这一带披山带水，形势险要，为历代建都之地。《汉书·地理志》河南郡偃师县下注'尸乡，殷汤所都'。自此以后，近两千年来，关于汤都西亳问题，众说纷纭，莫衷一是。通过对二里头遗址的发掘……进一步确定了遗址中部的夯土台基是座商代早期的宫殿建筑，为汤都西亳说提供了有力的实物证据，从而二里头的性质问题也就清楚了。"

这份简报发表后，得到了大多数考古学家的赞同，当时考古界的主流看法是：二里头文化一、二期与三、四期之间存在较大差异，不像是一种连续过渡发展的文化，应当拦腰切断。又因为三、四期出土的文物与郑州二里岗文化特别接近，甚至到了密不可分的程度，所以二里头文化一、二期是夏文化，三、四期是早商文化。鉴于二里头遗址的一号、二号宫殿和大墓多处于三期或者更晚些，就理应是商朝开国之君汤所居的一个在历史文献中被称为"亳"的都城所在。而郑州商城应是商朝中期一个叫中丁的王所建的称作"隞"的都城。于是，在二里头遗址的第二和第三期之间树立起一个夏、商分界的标尺。

第五章 探寻夏文化的迷宫

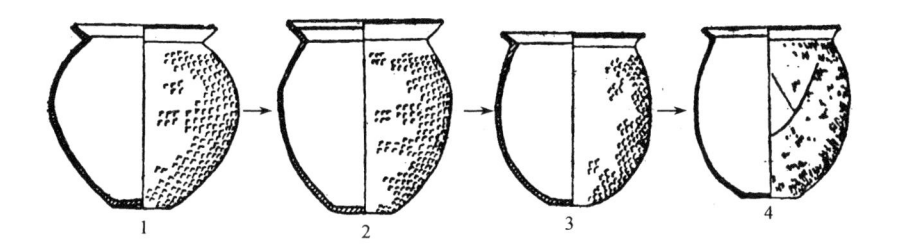

1. 新 H10:3　2. 新 H1:1　3. 新 H5:2　4. 二 H53:12

河南龙山晚期、新砦期、二里头深腹罐发展序列图

当然，关于这个界标的树立，有些考古学家颇不以为然，有人感到二里头文化一期和龙山文化相近，而与二、三、四期差别却较大，便把夏、商的分界定在一、二期之间。即河南龙山文化加二里头一期文化等于夏文化。二里头二、三、四期则自然是商文化。

有的考古学家的观点与上述这种观点几乎完全相背，认为二里头文化一至三期相连，倒是第四期颇为不同，于是定前三期为夏文化，第四期为商文化，夏、商分界在三、四期之间。

有的考古学家感到二里头遗址上限不够早，便在一期之前、河南龙山文化晚期之后又加划了一期文化，形成了五期文化。

以上观点无论谁是谁非，有一个不争的事实是，二里头遗址的出现，导致学术界对夏文化探索出现了空前的繁荣，各种观点、各种主张令人眼花缭乱，目不暇接。从河南龙山文化晚期，经二里头一、二、三、四期，到郑州商城文化之前，每两者之间都有人试图切上一刀，以作为夏、商的分界。从每一位操刀切割者的主张和观点来看，似乎都有自己的道理。

正当各路学者挥舞着利刃在豫西这块土地上大显身手、奋力搏击之时，突然从路边树丛中走出一人，此人对众操刀者说：二里头文化是一个整体文化，其性质都是夏文化，根本就没有商文化存在。既然是一个文化，也就用不着切来切

169

去了，诸位，收刀吧。

众操刀者循声望去，见来者不是别人，正是北京大学考古系教授邹衡。

真假亳都之争

邹衡，1927年生于湖南澧县，先就读于长沙兑泽中学，抗日战争时期随家迁往四川并入国立十八中学就读，1947年考入北京大学法律系，一边主修法律学专业，一边旁听文、史、哲等学科的课业。就在这个期间，一位历史系的教授向学生们推荐了郭沫若著的《青铜时代》等几本书。邹衡在中学时，对文学类的书籍看得较多，对历史学一类的书却极少涉猎，这次经老师推荐，买来郭沫若的书一读竟很受震动，立刻感到郭沫若的学问很了不起，确实属于大师。由于对郭沫若的崇拜，就自觉和不自觉地感到历史学是一门大学问，比其他学科的学问都大。尽管这个想法有些偏颇，但他当时确实就这样认为。自此之后，邹衡虽人在法律系，但兴趣却慢慢向历史学倾斜。后来，他听一些教授说，郭沫若之所以在史学界有那么响亮的名气，主要是因为研究中国上古史和甲骨文，而甲骨文研究的开山鼻祖和一代宗师是罗振玉和王国维，郭沫若正是在他们研究的基础上继承和发展的。如此一来，邹衡又找来罗、王二人的文章仔细研读，渐渐地对这二人也崇拜起来，并对历史学特别是中国古代史开始着迷。

1947年深秋的一个下午，北大法律系湖南籍的一位叫韩建华的学生，约邹衡一起去拜望同是湖南老乡的一代学术巨匠、北大历史系著名教授向达。当他们来到东四十条向达的家时，向达热情地接待了两个初到北平不久的年轻学生，并亲切地谈起湖南家乡的一些往事。当向达得知邹衡在湖南曾上过兑泽中学时，便自豪地说起这是清末由湘西人在省城长沙创建的一座名声不错的老学校，并说也是他的母校，只是后来他转入了明德中学。或许因为这一层关系，邹衡感到向达格外和蔼亲切，交谈中也就渐渐放松了紧张情绪。自此之后，邹衡经常和同学一道去看望向达，并随时请教一些史学问题，而向达也像对待自己的弟子一样热情解答和给予鼓励。随着时间一天天流逝，

第五章 探寻夏文化的迷宫

邹衡对史学知识的渴望越来越强烈，兴趣越来越大，对所学的法律专业反而感到索然无味了。在这种情形下，他决定放弃法律专业，转到历史系开始新的学习。邹衡把这个想法告知向达后，得到了赞成和支持，向达还专门向当时的历史系主任郑天挺做了推荐。这样，邹衡就顺利地转到了历史系。

进入历史系之后，邹衡的学习成绩并不是很好，只能算个中等，主要原因是他参加社会活动过于频繁，因为邹衡当时担任着北京大学学生自治会秘书长，为此耽误了不少时间。向达知道邹衡酷爱古代史，就将他叫到自己的家中，劝他将来最好学习考古，同时与系主任商量，推荐邹衡为历史系即将成立的考古专业的第一个研究生，师从安阳殷墟早期发掘的主持人之一、著名考古学家郭宝钧教授。由于有了罗振玉、王国维、郭沫若因研究甲骨文而成名的崇拜情结，考古正是邹衡所喜欢和向往的事业。当考古专业正式成立后，邹衡如愿以偿，开始从事商周考古的学习和研究。

尽管向达不是邹衡的直接导师，且商周考古不是向达的特长，但他仍同郭宝钧一起给予邹衡一些具体的指导，并明确要求邹衡必须认真读王国维、郭沫若的书，否则就会陷于盲目的考古。同时他发自肺腑、用意深远地指出，读王国维、郭沫若的书，重要的是了解他们的治学态度、学术体系、方法和其主要贡献，然后再考虑自己将做些什么和怎样去做……向达和郭宝钧教授的教诲，邹衡铭刻在心，并作为终生进行学术研究的指路明灯，同时以这种精

邹衡（前排右二）与北大考古专业第一期部分师生在洛阳合影（前右一为赵其昌，中右一为后来参加夏商周断代工程的郑振香）

171

神和治学态度在以后的岁月里指导自己的学生，使学术的香火得以延续。

在北大历史系读研究生期间，由于邹衡的主攻方向是郭宝钧为导师的商周考古，不可能涉及夏代，但他始终对夏朝的问题不能释怀，他隐约感觉到，这夏朝的疑难问题，应该而且有可能在考古学上得到解决。1956年10月，当他听了中国科学院考古研究所资深研究员，著名历史学家、考古学家徐旭生在北大历史系所做"夏代探索"的演讲后，更增强了解决夏代问题的信心。1959年，徐旭生首次在豫西调查"夏墟"，并发表了调查报告，这使邹衡备受鼓舞。1959年下半年，已毕业留校任教的邹衡带领考古专业的学生赴洛阳实习，在中国科学院考古研究所洛阳工作站站长赵芝荃的安排下，他和学生到洛阳附近一个叫东干沟的仰韶文化遗址进行发掘，就是这次考古发掘，决定了邹衡用一生探索夏文化的命运。

当邹衡率领学生来到东干沟不久，二里头遗址的首次发掘也开始了。后来，考古所洛阳工作站的高天麟开始整理二里头遗址的发掘材料，由于人手短缺，便请邹衡协助搞二里头遗址的文化分期问题。这个意外插曲，使邹衡成为没有参加发掘却是最早接触二里头遗址出土材料的学者之一，从而使他对二里头遗址发掘的材料有了进一步的认识和理解。也就在这年10月，邹衡率领学生，在东干沟的发掘过程中，达到了原来预期的初步掌握田野操作和室内整理方法的目的，接下来就要进行大规模的田野实习。由于东干沟遗址无法满足这个需要，到什么地方去，一时成了问题。于是，考古所洛阳工作站的赵芝荃、郑振香等人建议他带学生到二里头参加发掘。考虑到二里头遗址当时已有中央和河南省两个考古队在发掘，若再加上北大师生，就变成了三个单位，且北大又人多势众，邹衡觉得不太合适，便主动放弃了这个打算，而独自一人到了洛阳远郊区谷水镇以西的南王湾做实地调查。想不到这一去，引出了重要的考古发现。

有些巧合的是，邹衡来到南王湾刚进行了不足两个小时的调查，就发现了一大片新石器时代遗址，在这个遗址中，明显看到仰韶文化与龙山文化共存，并夹有西周和春秋时期的陶片。根据采集到的陶片分析，此处的仰韶文化、龙山文化似乎都有早、晚的不同。面对这个特点，一个想法蓦然在他的心中产生：也许在这里可以解决学术界几十年悬而未决的仰韶文化、龙山文化的关系及其年代的分期问题。随着这个想法而来的决定，就是率领学生在此处发掘。

当南王湾的发掘工作进行到一个月的时候，已出现了很好的兆头，各个方面都朝着邹衡预期的目标发展。三个月之后，由于严寒的冬天已经来临，不宜在野外发掘，邹衡便率领学生携带大批发掘出的器物撤出工地，来到考古所洛阳工作站进行室内整理。多少年后，邹衡回忆道："这段时间工作进展很快，学生们对陶片的热情很高，经常工作到深夜还不回宿舍休息，最后有三对男女同学居然对成了终身伴侣。我看到这种情况，内心有说不出的喜悦。当然，学生们除对成终身伴侣之外，还对成仰韶文化、龙山文化完整的陶器五百多件。"可以想象的是，如果在这段时间里，他的学生只对成了伴侣而无陶器对成，邹衡先生的心中大概是不会喜悦的。

当陶片对得差不多时，邹衡便指导学生对发掘所得遗物进行文化分期，由于各期文化都很丰富，这就给研究工作带来了很大方便。为了核实南王湾遗址分期是否正确，此后不久，邹衡又把学生分成若干组，让他们分别到洛阳和伊洛地区事先都经过他亲自复查过的遗址进行调查与试掘。就在这次调查与试掘中，发现了一些属于二里头文化和郑州二里岗文化的遗址、遗物。根据对南王湾的发掘情况和洛阳以及伊洛地区调查试掘的材料的详细的分析研究，邹衡把伊洛地区从仰韶早期到商代前期之前的文化以四期十一段的划分方法理出来，即第一期——仰韶期；第二期——过渡期；第三期——龙山期；第四期——二里头期。各期之间又分不同的阶段。这个划分在学术界产生了重大影响。因为就当时的考古界而言，对中原地区仰韶文化和龙山文化都还没有明确的分期，而在仰韶、龙山文化之间有没有一种混合文化，还无法真正弄清。换句话说，当时的考古界对新石器时代的认识还较模糊，通过对南王湾进行文化分期，这些问题都迎刃而解了。尤其是对仰韶期—龙山期—二里头期—早商期序列的排定，就把中原地区从新石器时代到青铜时代的各个环节基本联系了起来，其间不太可能有什么其他文化穿插进来了。有了这样的分期成果，就可考虑中国考古学与中国上古史的相互结合问题。也就是说，如果文献记载的夏朝真的存在，那它必然就在这组链条之中。可以说，邹衡对南王湾的分期，直接为探索夏文化创造了重要而又必不可少的条件。

南王湾文化分期的消息传开后，许多考古界的同行前去洛阳参观，并给予充分的肯定和赞誉。考古学大师夏鼐曾写信给邹衡，高度评价了南王湾分期的重要意义，并将这一成果推荐给当时在中国访问的苏联著名考古学家吉谢列夫，同时请他亲自到洛阳去实地观看。吉谢列夫真的去了洛阳，在观看后同样给予南王湾的分期成果高度评价。而中国另一位考古学大师苏秉琦对南王湾的分期成果更是再三给予肯定，并称这是考古学界一项破天荒的工作。

但是，随着政治形势的风云变幻，已回到北大教书的邹衡被视为走"白专道路"的"资产阶级知识分子"，不仅失去了编写发掘报告的机会，也和南王湾遗址的继续发掘彻底无缘了。这段意外的政治遭遇，不仅成为邹衡终生最大的遗憾，也成为学术界的损失。所幸的是，就在邹衡离开南王湾三十多年后，随着夏商周断代工程的展开，学术界又把目光再一次集中到南王湾这个无法绕开的考古遗址，并再度忆起了邹衡的开拓之功。当然这是后话了。

尽管与南王湾遗址的考古发掘绝缘了，但邹衡探索夏文化的脚步并未停止，也正是对南王湾文化的成功分期，使他对夏、商文化有了一个全新的认识。

如前所述，由于安阳殷墟已被学术界证明是商代晚期的都城所在，也就无可争辩地确认了什么是晚商文化。同样，由于郑州二里岗遗址的发现，学术界认为这座都城的年代早于殷墟的年代，而大多数学者认为该都城属于商代中期（商汤之后第十位王）中丁隞都的可能性最大。以此类推，年代早于郑州二里岗遗址的二里头遗址就应是赫赫有名的商王朝的开国之君汤，打败夏朝最后一个叫桀的王之后，所建立的一座叫"亳"的都城。如果确认二里头遗址就是商汤的亳都，那么就找到了商文化的起点。以这个起点为坐标，早于亳都的就自然是夏文化。令学者们头痛也放心不下的问题是，郑州商城真的是隞都，二里头遗址真的是亳都吗？邹衡在南王湾文化分期的基础上，对郑州商文化做了重新分期之后，第一个对上述隞都和亳都之说给予了否定。

按照邹衡的分析推断，郑州商文化延续时间很长，而郑州商城也存在了相当长的一段时间。相反的是，商代中期那位叫中丁的王所居隞都不过二十来年，无法与都城延续时间相合。而据当时的 ^{14}C 测定，郑州商城的年代最

第五章 探寻夏文化的迷宫

早已达到公元前17世纪，照历史学界的一般估算，此城已接近甚至达到夏朝的记载时期。又据古文献记载，郑州所处的位置与隞都所在的地望不合。因此，邹衡认为郑州商城绝不可能是中丁所居的"隞"都。

既然隞都被否定，那么号称二里头遗址为"亳"都的观点也跟着发生了动摇。邹衡认为，如果二里头遗址是汤都西亳，则与古文献记载完全矛盾。据《吕氏春秋·慎大览》所载，商汤伐桀，"令师从东方出于国，西以进"。也就是说，商汤的军队从所占据的中国东部向西攻打夏朝的最后一个王桀的武装力量。又据《书·序》云："汤既黜夏命，复归于亳。"这句话的意思是商汤的军队灭了夏之后，又回到了亳都。这些记载说明，亳都和桀都不在一起，且亳都的方位在桀都之东。这个"东"在哪里，从文献记载看，应该在豫西之东，不会是在二里头所处的豫西位置。故此，二里头遗址"西亳说"同样被否定。

两座都城的性质相继被否定，到底商汤所居的"亳"在何处？邹衡根据多方考证，特别是对郑州商城出土的"亳"字陶文的辨认和考释，大胆地提出郑州商城就是商朝的开国之君汤所居的"亳"。

既然郑州商城是"亳"，那就意味着这里应是商文化的起点，而二里头文化又早于郑州商城文化，且两种文化又不相同，邹衡因此认为二里头文化属于夏文化。由于他认为二里头文化是属于一脉相承的同一类型的文化，不存在突然断

郑州商城发现的陶文"亳"字

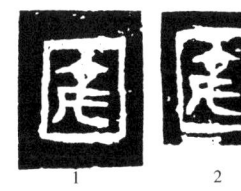

裂或突然侵入、兴起外来因素，所以也就用不着操刀在这个文化整体上切来切去了。也就是说，原来由学术界认可的一、二、三、四期文化全部属于夏文化。

邹衡的"郑州商城即汤都亳说"与"二里头四期文化都是夏文化说"的提出，如同一块巨石砸进平静的水面，立刻在学术界掀起了大浪，赞成者有之，反对者亦有之，由此引发了一场旷日持久的论争，有关夏文化的探索也随之进入了一个高潮迭起、色彩纷呈的新时代。

偃师商城出土的铜刀、铜戈和铜斝

偃师商城所在位置平面示意图

偃师商城横空出世

正当邹衡引爆的关于夏商文化的争论越演越烈，各种观点、各种理由也越来越多、越来越繁，甚至越来越乱之时，许多有识之士感到这一问题的讨论已形同一团乱麻，剪不断，理还乱，处于难分难解的胶着状态。而造成这种局面的主要症结就是各种说法都有证据和理由，又有明显不足的一面。于是，学术界希冀有一天通过地下的最新发现，使这个

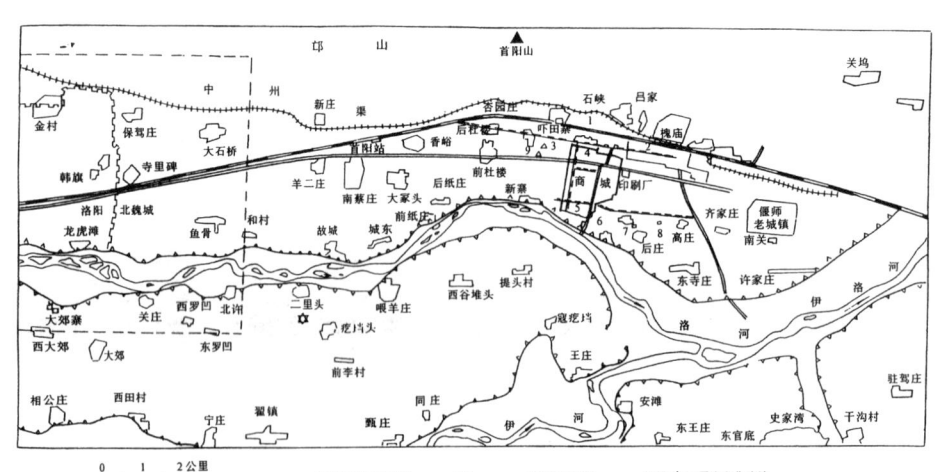

第五章 探寻夏文化的迷宫

悬而未决的疑案云消雾散，水落石出。意想不到的是，这个机会很快到来了。

1983年春，中国社会科学院考古研究所汉魏故城工作队段鹏琦等人，在配合河南首阳山火力发电厂基建选址过程中，在偃师县城（今偃师市区）西部，距二里头遗址6公里的地方发现了一段夯土城墙，随即进行了大规模钻探和局部解剖发掘。经过几个月的努力，初步确认了西、北、东三面城墙的位置、走向、长度、夯筑结构及保存状况，并由此判定城的形状为长方形，其中南北最长达1700米，东西宽约1215米，总面积近200万平方米。城墙宽度一般为17—21米，最宽处竟达28米，但未发现南城墙，据段鹏琦等考古专家推测，此段城墙已被洛河水冲毁。

偃师商城北部水池遗址的西侧进水渠道

除此之外，考古人员在北城墙中部发现"城门"一座及由此"城门"向南的大道，并在城内发现数处大型建筑夯土基址群。在编号为第1的建筑群中有一圈围墙，通过考察认为是一座近似方形的小城，应是宫殿区所在。考古人员对城墙及其附近进行试掘，发现了大量具有商代郑州二里岗时期文化特征的遗物，由此初步推断该城的年代与郑州二里岗商代早期相当。由于城墙在与商代郑州二里岗上层时期相当的某段时间内曾做过修补，故考古人员依此推断该城的废弃年代约与二里岗上层较晚时期相当。而最令发掘者为之激动和振奋的是，有一条低洼地贯穿城址，显然是早年一条干涸的河道。这条看似不起眼的干河沟，当地土著世代相传唤作"尸乡沟"，而《汉书·地理志》在河南郡偃师县条下明确记载："尸乡，殷汤所都。"据此，发掘者首次向世人提出了如下三种学术观点：

偃师商城平面示意图

一、偃师商城具有都城性质，宫殿区分布在城南部。

二、偃师商城早于郑州商城，其城址和二

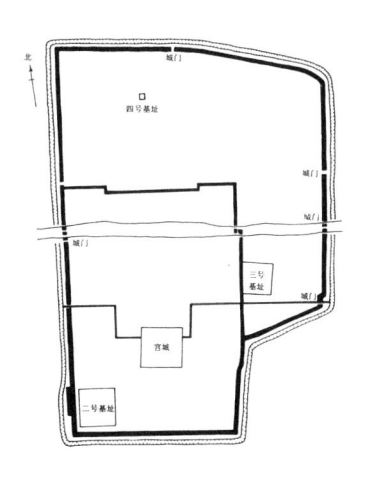

偃师商城宫殿基址复原

王学荣在考古工作站向作者展示由偃师商城出土的陶器（作者摄）

里头遗址关系密切，两者同处古洛河的北岸，相距如此之近，若将两者联系起来进行系统研究，"定会有助于二里头文化时代及其性质的问题早日解决，加速夏商文化研究的深入发展"。

三、古文献所言的"尸乡""亳坂"等就在偃师商城所在的地域，而偃师商城很可能就是商代前期商王汤率众攻灭夏朝之后所营建的都城"西亳"。

从发掘者的观点看，既然偃师商城为西亳，那么以前争论不休的二里头和郑州商城遗址都不存在谁是亳都的问题。

偃师商城的发现，犹如一声震耳的春雷在学术界炸响，大家都用惊奇的目光注视着这一重大考古新成果。此时，持各种不同观点的学者，不得不暂时停止争吵和辩论而面对这个现实，并以此重新检索、思考自己的观点。

已被偃师商城的发现震慑了的学术界，经过短暂的沉寂之后，又开始了新的探索，最早做出反应的是长期担任二里头考古队队长的赵芝荃。在二里头遗址发掘的早期，他和大多数考古工作人员一样，认为二里头遗址可能是商汤的亳都。但随着发掘的不断深入和拓展，他的观点有所改变，认为二里头遗址一、二、三期是夏文化，四期是商文化。而考古学文化进展到第四期时，最为显赫的中心区一、二号宫殿已经倒塌废弃，这个时候若再把第四期作为汤都已不可能。如果二里头不是汤都西亳，哪里又是西亳呢？正在这困惑之时，偃师商城发现了，不久又在二里头遗址中也发现了二期宫殿基址的夯土。赵芝荃在实地勘察后，认为困惑已久的问题豁然解决了，偃师商城就是历史上真正的商汤所居的西亳，并依此推断，当二里头中心区一、二号宫殿倒塌废弃之时，便是偃师商城崛起之日。这样，偃师商城的第一期正好衔接在二里头四期的尾末，中间无半点缺环，可谓一脉承袭而来。为了这个突如其来的发现和新的理论推断，兴奋异常的赵芝荃专门摆了一桌宴席，邀请偃师商城的发掘人员段鹏琦等人，开怀畅饮了一番，以示庆贺。

随着赵芝荃观点的转变，考古界许多学者也开始倾向于"偃师商城即汤都西亳说"的观点。一时间，偃师商城即汤都西亳说成为学术界的主流学说，并有压倒一切有别于此说的气势。当这种潮流和气势形成之后，学术界又难免将目光集中在"郑州商城即汤都亳说"的主将邹衡身上。正如十几年后赵芝荃在回忆中所言："偃师商城的发现，使整个考古学界为之震动，我根据这里的发掘情况，找到了历史记载中商汤所居的西亳，并且我们认为二里头中心区宫殿废弃之日就是偃师商城崛起之时。但邹衡先生依然坚持他的郑州商城即汤都亳说，这样就好比一个马产生了两个头，而两个头是不可能的，头只有一个，否则就是怪物。你邹衡先生既然坚持郑州商城即汤都亳说，那么偃师商城是什么？因为这是一个无法回避的问题，邹衡先生就必须做出回答……"

仍然是十几年后，据邹衡回忆："偃师商城发现之后，国内外许多报纸刊发了消息，其中《参考消息》报道说中国的克里特岛发现了，日本《读卖新闻》头版头条特字号刊出成汤西亳的新闻。偃师商城的发现与消息的报道，对我来说，好像是很大的冲击。我的一些好心的朋友、老师都为我担心。北大历史系有些老教授纷纷对我表态，干脆公开承认错误算了。有位德高望重的老先生也托人告诉我，说我对了一半（指二里头夏文化说），也错了一半（指郑亳说）。我说这是不可能的，如果错了，我只能全错，不可能只错一半。我当时的最大感受则是，由于偃师商城和二里头遗址的二期夯土突然发现,使偃师二里头遗址的性质是否为汤都西亳,及其相关的二里头文化是否仍以二、三期间划界分为夏、商两种文化等主流观点,都必须重新考虑。于是,原来观点的坚持者很快开始分化。"

按照邹衡的说法,不管从哪方面条件来看,把偃师商城作为西亳总比二里头更具备优势。因为商城的位置正是西汉以来大量文献所记载的西亳(或尸乡)所在,相反,没有一条文献记载西亳是在二里头;而且商城及其内的宫殿基址都具有相当的规模,显非一般城址可比,其为王城和王宫遗址无疑。所以1983年秋,偃师商城第二次正式发掘后,发掘队长赵芝荃等毅然断定:"这座城址就是商汤所都的西亳。"不用说,这个断语本身就意味着对赵芝荃等一向坚持的二里头西亳说的否定,尽管赵芝荃等在商城发现后长时期并未如此明说。后来从赵芝荃的一些论文中可以看出,他确实曾想兼顾二址,即把二里头遗址同偃师商城合二为一,以证明他以前关于二里头三期的一号宫殿为汤宫和现在关于偃师商城为汤都两个推断都是正确的。这种观点也曾得到一些二里头西亳说者的支持,有的甚至据赵芝荃的暗示而直接道出了二里头遗址为尸乡沟商城时期的宗庙或王墓所在的信息。但要证实这些观点,却遇到难以克服的困难。例如两址相距五六公里,中间并无联系;又如两址的年代不同,即便设法提早偃师商城的年代,但也不能早到二里头文化二期(因为二里头遗址二期有宫殿);况且毫无文献根据可

邹衡(左三)与北京大学师生雷兴山(左四)、张立东(左五)、刘绪(左六)等师生参观偃师二里头与偃师商城遗址

第五章 探寻夏文化的迷宫

依。最后，赵芝荃看到实在不能两者得兼了，只好找个"柳暗花明又一村"的理由，舍弃了二里头西亳说，同意二里头为夏代最后一个王桀的都城所在地说，坚持偃师商城西亳说。但由于对二里头西亳说的牵挂，赵芝荃对与二里头西亳说密切相关的夏、商年代分界也长时期犹豫不决，时而定在二里头文化二、三期之间，时而又定在二里头文化四期与二里岗期之间，最后才选择了二里头文化三、四期之间；与此相应，其对偃师商城的年代自然也是把握不定，几经更改，时而二里头文化三、四期，时而二里头向二里岗期过渡，最后才选择了二里头四期。奇怪的是赵芝荃最后选择的根据并不是直接与近在眼前的二里头遗址相比，况且偃师"城墙夯土内含有二里头四期陶片"，他却舍近求远去同郑州南关外相比，从而给自己留下与二里岗期下层纠缠不清的麻烦。但是与赵芝荃合作的刘忠伏对上述新发现却采取了十分果断的态度。根据他在二里头和偃师商城长时期发掘的经验和直观认识，经过研究后他断定："二里头遗址作为都邑使用一直延续至四期"，并认为"在中原地区，继二里头四期文化之后，代之而起的是以偃师、郑州两座商城为代表的商文化"。很明显，这个推断与赵芝荃的不同，即把二里头文化四期排除在早商文化之外，而晚于二里头文化四期的偃师商城和郑州商城则成为商文化之始。不用说，刘忠伏主张二里头文化四期与二里岗期下层之间是夏、商的分界。

邹衡在做了如上分析、评论之后，开始回答赵芝荃所说的"一个马何以产生两个头"的问题。邹衡说："至于偃师商城是否为商汤首都亳城，我觉得有必要重新研究。因为两汉文献从未直称尸乡为亳，

复政告归图（太甲复政，伊尹告退）

称亳始自皇甫谧，其所指地望在今南蔡庄一带，东去偃师商城已有5公里，且皇甫谧并未言亳地有城。据我考证，最早称偃师商城附近为亳者是《晋太康地记》，该书并最早记载亳地附近有城，即太甲所放处。所以我认为偃师商城就是桐、桐邑或桐宫，是自成汤以来的早商别邑、离宫，而不是汤之首都亳城。退一步说，由于偃师商城的发现，至少曾风云一时的二里头西亳说该彻底结束了。而由二里头西亳说导引出的二里头文化一二期、二三期、三四期为夏商分界的诸种学说也都因此而圆满地画上了一个否定的句号。就是说，夏文化的讨论至此已告一个段落，二里头文化一、二、三、四期都是夏文化，不管你承认与否。正是在这个思想指导下，我开始考虑如何进一步搜集材料，回答偃师商城的性质问题。1984年4月，我带领几个研究生到偃师商城去参观、考察，不久，有人传言说：邹衡参观偃师商城后都哭了。他们哪里知道，我的论文提要《偃师商城即太甲桐宫说》这时已经校对完毕。"

据《史记·殷本纪》载：太甲，成汤之长孙，是成汤之后商朝的第三代王。当年幼的太甲即位3年之时，由于不遵守商汤之法，暴虐、乱德，被成汤的重臣伊尹流放于桐宫，国家的行政事务暂由伊尹代行处理。太甲居桐宫3年之后，由于悔过自责，并有了好的表现，于是"伊尹乃迎帝太甲而授之政。帝太甲修德，诸侯咸归殷，百姓以宁"。

1984年夏，邹衡在《北京大学学报》发表了《偃师商城即太甲桐宫说》一文，在1990年出版的《纪念北京大学考古专业卅周年论文集》中，又发表了题为《西亳与桐宫考辨》的长篇论文。他从文献和考古资料两个方面论证并提出了偃师商城并非汤都西亳而是太甲流放的桐宫，即早商离宫的学说。同时将郑州商城和偃师商城做了比较。文中称："首先，从时间先后而论……由于两城址的繁荣期基本相同，始建期稍有先后，说明郑州商城绝不可能是从偃师商城迁去，因而绝不可能是中丁所迁隞都；偃师商城应该是当郑州商城开始兴起后才建立起来的，因而也绝不会是成汤的亳都。其次，从规模大小而论，偃师商城城墙周长比郑州商城短1060米，前者的面积比后者小1/3，据此，偃师商城不可能是当时的国都亳城，而只能是早商的别邑（或别都离宫）。再次，从地理方位而论，郑州商城作为汤之亳都，不仅合于伐桀前'汤始居亳'的条件和伐桀时'令师从东方出于国，西以进'的方位,也与伐桀后'复归于亳'的记载相符。而偃师商城却与文献上的这些记载格格不入。据此说明,偃师商城遗址实为太甲所流放处桐宫,乃早商时期商王之离宫所在。成汤在灭夏之后作宫邑于此,显然是为了监视夏遗民,而未都此,乃东还于亳。"从文章观点中可以看出,邹衡肯定了这座商城(宫邑)是成汤时所建,同时提出这座商城(宫邑)是早商时期的离宫,也就是太甲所流放处的桐、桐邑或桐宫。

邹衡的偃师商城桐宫说提出之后,又在学术界引起了一场震动,有人支持,有人怀疑,有人反对。几乎与此同时,在偃师商城西亳说和桐宫说之外,又繁衍出了许多学说。如有人认为偃师商城可能是商汤灭夏之后,商人建于夏墟的一座军事重镇,其作用和目的在于征服和监视夏朝遗民。有人认为是商汤灭夏后所建的都城,同郑州商城一样是目前已知中国最早的"两京制"。有人仍坚持二里头遗址为汤都"西亳说"。时为二里头遗址发掘队队长的考古学家郑光就是"西亳说"的拥护者和坚持者。按郑光的观点,整个二里头遗址不是分为四期,而应分为五期,夏商分界在一、二期之间,也就是说,二里头文化只有一小部分属于夏,绝大部分属于商,其遗址就是商汤所居的"西亳"。有人认为偃师商城是商代早期商王朝第十任帝太戊的都城。有人干脆认定是商代中晚期商王盘庚所迁至之都城,也就是说当年的盘庚不是迁到了今安阳的小屯一带,而是迁于今偃师尸乡沟一带。

偃师商城的发现,不仅未能像学术界期待的那样,为夏文化的争论画上句号,反而又引发了更大规模的争论,学者们都按自己的学识和思想理论去推导这座横空出世的商城,其结果是论战各方僵持了十余年,仍然没有一个统一的认识和结论,夏文化仍然处于扑朔迷离的雾气之中。就在这样一个大背景下,举世瞩目的夏商周断代工程启动了。

第一个学术悬案的了结

从夏商周断代工程的课题设置来看,在"夏代年代学的研究"这一课题中,分设了四个小的专题,即:早期夏文化研究;二里头文化分期与夏商

夏康娱以自纵（屈原《离骚》插图，清·门应兆作。）

原文：启《九辩》与《九歌》兮，夏康娱以自纵。不顾难以图后兮，五子用失乎家巷。

注释：《山海经·大荒北经》有《九辩》《九歌》乃天上的乐章，被启偷到人间之说。夏康，即太康。娱以自纵，纵情放荡。五子，太康的五个昆弟。太康在外游乐不归，终被有穷国君羿率领军马，手持弓矢，拒之河对岸不得归。此后，羿乘机夺了他的帝位，太康的五个昆弟也逃出了京城，须于洛汭，遂作《五子之歌》，以为"太康失国"之怨。太康不得归国，居于阳夏之地忧郁而死。

文化分界；《尚书》仲康日食再研究；《夏小正》星象和年代。如果要将这四个专题落到实处，其研究主要遵循下列三条途径：一是文献中对于夏代积年的记载；二是对夏文化探讨的主要对象即河南龙山文化晚期和二里头文化的 ^{14}C 测年；三是参照文献中有关天象记录的推算。只要将这三项研究成果汇总起来，然后再对比、交叉、考证，夏代纪年的框架就相应地建立起来了。

那么，第一条研究途径，也就是文献所见的夏代积年是多少呢？专门负责文献资料与天文数据准备的罗琨等专家，通过对近400种古籍进行普查和检索，发现夏代积年主要有两种说法：

一是471年说。据《太平御览》卷八二引《竹书纪年》载："自禹至桀十七世，有王与无王，用岁四百七十一年。"又据《路史·后纪》卷一三下注所引《汲冢纪年》载："并穷寒四百七十二年。"由于《太平御览》成书年代比《路史》为早，"工程"专家组经反复讨论、斟酌，认为应以年代较早的471年为准。

二是431年说。据《易纬稽览图》载："禹四百三十一年。"这里的"禹"是指整个夏代而不是禹本身执政的年数。而《世经》载："伯禹，……天下号曰夏后氏，继世十七王，四百三十二岁。"这个年数比前一种记载多了一年。另一种文献《帝王世纪》继承了《世经》的说法，并明确指出夏代的432年是自禹至桀并包括羿、浞在内的19位王。从以上两种说法来看，431年与432年之间仅一年之差，专家组学者们认为这一年之差可能是传抄导致的笔误，因为《易纬稽览图》成书年代早于《世经》，故专家组认为应当取431年为是。

纵观471年和431年两种说法，发现中间相差了整整40年。对这个不算太小的差距，中国历史上无数学者进行过研究与考证，大体上分两种解释：一是471年包括羿、浞代夏的"无王"阶段，而431年不包括"无王"阶段。二是471年自禹代他的前辈舜事开始起算，431年则起自禹执政的第一年，也就是从禹元年开始起算，故有40年之差。

据文献记载，当夏王朝的历史进展到禹的孙子太康帝的时候，发生了著名的太康失国的事件。太康相当荒淫，经常带着家眷到洛水北岸打猎，有时一连几个月不回朝听政。有一位叫后羿的夷族酋长利用夏民对太康的怨恨，出兵夺取了太康的帝位，号称有穷氏。后羿是当时最著名的射手，专喜欢打猎。后来他的亲信寒浞收买了羿的家奴将羿杀死，霸占了羿的妻妾和全部家业。再后来，太康的后辈少康纠集人马，攻灭寒浞，又夺回了太康失去的帝位，史称"少康中兴"。关于太康失国，后羿代夏、寒浞篡位、有穷覆亡、少

羿淫游以佚田（屈原《离骚》插图，清·门应兆作）
原文：羿淫游以佚田兮，又好射夫封狐。固乱流其鲜终兮，浞又贪夫厥家。浇身被服强圉兮，纵欲而不忍。
注释：羿，又称后羿，有穷国君，善射。夺取夏康的帝位后，无节制地闲游射猎，淫乱的风气大行其道。结果一个名为寒浞的臣子借机袭杀了羿，并霸占了其妻，生浇。

少康逐犬（屈原《离骚·天问》插图，明·萧云从作）

原文：惟浇在户，何求于嫂？何少康逐犬，而颠陨厥首？女岐缝裳，而馆同爰止。何颠易厥首，而亲以逢殆？

注释：浇，寒浞的儿子。嫂，浇的嫂子女岐。王逸《章句》："言浇无义，淫佚其嫂，往至其户，佯有所求，因与行淫乱也。"又说："女岐与浇淫佚，为之缝裳，于是共舍而宿止也。"少康，夏帝相之子。王逸《章句》："夏少康因田猎放犬逐兽，遂袭杀浇而断其头。"颠易厥首，指错砍了女岐的头。王逸《章句》曰："少康夜袭得女岐头，以为浇，因断之，故言易首，遇危殆也。"

康中兴的故事，在《楚辞》中亦有记述。而且，在残存的《竹书纪年》中也可找到"羿居斟寻"之类的印证。可见后羿、少康故事真实地反映了夏王朝发展过程中部族间斗争的情形，远非后代人的观念所能伪造。有鉴于此，在关于夏代纪年的最终取舍中，专家组学者们在反复论证后，决定采取471年说，即整个夏代积年自禹起，终于桀，其间包括羿、浞代夏的"无王"阶段。

文献记载的夏代总积年的问题已被选定，接下来就要在实际中验证，也就是用国学大师王国维早年提出的文献与发掘材料相结合的"二重证据法"加以考证。这样得出的结果才更符合历史的真实。于是，学者们面临的第二个重大任务就是对几十年来争论不休的二里头文化问题做一个了结。

前文已经介绍，关于二里头遗址的文化性质到底属商还是夏，或者是半商半夏等问题，学者们有多种分歧，且几十年来学术界一直争论不休。但有一点是可以达成共识的，这就是二里头作为一个面积十余平方公里，文化内涵丰富

第五章 探寻夏文化的迷宫

多彩、发掘时间之长、发掘规模之大、收获颇丰的遗址，绝不是一座普通的村落，而是一座王都。要研究夏商文化的分界，就无法绕开这座都城遗址。

夏商周断代工程启动之初，专门设立了"二里头文化分期与夏商文化分界"这一专题，其目的是在充分吸收以往学者们研究成果的同时，进一步确定二里头遗址的文化分期，以此建立比较详细的考古编年序列。在此基础上，详细比较二里头文化与郑州商城、偃师商城的文化，初步制订夏商文化的年代分界。最后，根据 ^{14}C 测年数据，大体确定夏王朝的终止年代。这一专题由正在主持二里头发掘工作的考古学家郑光负责。

郑光，四川南充市人，1940年出生，1963年于西北大学历史系本科毕业后，考入中国科学院考古研究所著名考古学家郭宝钧的研究生，开始攻读考古学，1966年毕业后留在考古所工作。自1978年起，主持二里头遗址二号宫殿的发掘工作，1980年接替赵芝荃任二里头工作队队长。在此后的20年里，一直主持二里头遗址的发掘、研究工作。

虽然考古人员在二里头遗址已进行了几十年的主动发掘，积累了比较丰富的实物资料，能够顺利地收集可供 ^{14}C 测年的样品用于"工程"的测年，但是，由于种种原因，在二里头工作队已有的发掘资料中，对研究夏文化上限至关重要的二里头文化一期的材料比较缺乏，不仅不能提供足够的 ^{14}C 测年样品，而且难以满足分期工作的需要。因此，郑光接手"工程"分配的研究专题后，同青年考古学家张立东等二里头发掘人员一起，在全

二里头遗址：华夏第一都

187

面清理了该遗址诸次发掘资料的基础上,有计划、有目的地选择与"工程"专题有关的样品。随后,根据已收集到的样品情况,在做了综合研究和分期、分类后,又于1997年3月至5月,在为期三个月的时间内,同^{14}C测年专家仇士华等一道,于二里头遗址内选择几个主要地点进行补充发掘和系统采集样品。这次发掘,找到了清楚的地层叠压关系和新品类陶器,特别是找到了二里头文化一期的系列含碳样品,这些收获在加深了考古人员对二里头文化的认识的同时,也为^{14}C测年断代打下了重要基础。

1997年11月,夏商周断代工程"夏、商前期考古年代学研讨会"在河南召开,有五十余名国内关于夏商研究的不同学科和单位的一流专家、学者出席了会议。会议期间,专家、学者们来到二里头遗址和偃师商城遗址及两遗址的出土文物陈列室,进行现场观察和讨论。此次讨论同以往不同的是,大家观点公开,畅所欲言,相互取长补短,既反映了考古学与物理学、天文学、古文献学等不同学科的结合,也体现了不同单位几个相关专题的协作。经过反复比较和鉴别,取得了比较一致的意见,专家、学者们普遍认为此前二里头文化四期的划分是正确的,二里头文化与偃师商城的文化大不相同,偃师商城的文化基本上同于郑州商城的文化,即商文化。而二里头文化绝不是商文化,只能是另外一种文化,早于商文化而又与商文化中间无隔隙的文化只能是夏文化。因而,在这次会议上,尽管尚有少数学者有不同意见,但大家普遍达成了一种共识,即二里头文化一至四期都是夏文化。自此,一个在学术界争论了二十多年悬而未决的疑案总算得到解决。这个结果无疑成为夏商周断代工程关于夏文化研究探索的重大收获之一。

当然,在这次研讨中,有的学者高屋建瓴地指出,二里头文化一期还不是最早的夏文化,早期夏文化应该到嵩山南北的河南龙山文化晚期遗存如瓦店遗址、王城岗遗址等地区去寻找。因为二里头文化是由河南龙山文化晚期发展而来的,后者已经发现了城址,使用了青铜器并出现反映礼制的遗物,应是夏文化的初期。另外,以往所有的二里头出土遗物经^{14}C测年,均不超过距今3900年。按历史文献记载,夏王朝初年应在公元前23世纪或公元前21世纪,应该距今4000年以上,因此,二里头文化又只能是夏王朝的后期。有相当一部分学者在全面分析文献记载和考古实物资料的基础上,经过反复思考、推理之后,认为二里头遗址就是夏都斟寻。其主要理由和根据是古本

《竹书纪年》称"太康居斟寻,羿亦居之,桀亦居之"。另有《逸周书·度邑》《国语·周语上》和《战国策·魏策一》等文献记载,太康、羿、桀诸王之都斟寻的具体位置应在洛水附近。从地理位置上看,二里头遗址和文献记载相吻合。故有专家推断这个文化内涵极其丰富的庞大遗址应是夏都斟寻。另一些专家的意见正好相反,认为二里头文化属于夏文化,尽管距今时间不到4000年,但要尊重科学。龙山文化晚期与二里头一期文化差别很大,没有渊源关系,所以不必到龙山文化晚期中去寻找。另有学者提出,如果二里头文化距今时间近,还应再寻找比二里头文化一期更早的二里头文化,寻找的具体线索应放在河南驻马店地区……

面对学者们的不同意见,夏商周断代工程首席科学家之一李伯谦在最后总结性的发言中指出:就早期夏文化的探索研究问题,不能否认河南龙山文化和二里头文化的渊源关系,但除二里头文化之外,应集中精力到南王湾三期龙山文化晚期中去追寻。此前工程专家组布置的豫西地区对河南禹县瓦店、登封王城岗、二里头等文化遗址有针对性复查和发掘的田野工作基本结束,后一阶段的工作将转入室内,重点是对出土材料的整理,尤其重要的是把各典型遗址、不同期别的测样标本选好,准备进行^{14}C测年。只有进行^{14}C测年,许多疑难和争论不休的问题才能得到解决。换句话说,如果没有^{14}C测年技术的加盟与支持,要想在夏商周断代中得出可靠的结论几乎是不可能的。

注释:

①显克微支(Henryk Adam Aleksander Pius Sienkiewicz,1846—1916):波兰作家。由于"他史诗一般的作品表现出的卓越成就"获1905年诺贝尔文学奖。

第六章 夏代纪年的推算

千古学案

放射性碳素的革命,标志着历史测年有了科学可靠的准绳。无法绕开的政治岁月,难忘的创业历程,中国^{14}C测年技术在苦难中崛起。汗水浸泡出丰硕的成果,遥远而神秘的夏代文明,在科学的推算中尘埃落定。

放射性碳素的革命

李伯谦所言不虚，如果没有 ^{14}C 测年技术的支持，要想进行远古文明的准确断代几乎是不可能的。正因为如此，夏商周断代工程在启动之初，就将 ^{14}C 测年技术列于工程的课题之中，并且将这门技术看成工程成败的最为关键的项目之一。

^{14}C 测年技术是放射性碳素断代技术的简称。自1949年这项技术发明以来，已成为现代考古学应用最为广泛的一种测定年代的方法。这种技术应用于考古学之后，使全世界的史前年代学研究进入了一个崭新的阶段。为此，学术界将 ^{14}C 测年技术的发明和应用称为"放射性碳素的革命"。

要对 ^{14}C 测年技术原理做简单明了的介绍，并不是件容易的事情。其基本原理是：宇宙射线同地球大气发生作用产生中子，中子又同大气中含有的氮（氮14）发生核反应，从而产生了放射性同位素碳14（^{14}C），^{14}C 与氧结合形成 $^{14}CO_2$，并牢固地混合于空气的二氧化碳中。在地球上生存的植物通过光合作用，会不断地从大气中吸收包括 ^{14}C 在内的二氧化碳。由于人和动物都直接或间接地依赖植物生存，因此所有生物体内都含有 ^{14}C，并且这种 ^{14}C 的浓度与当时大气中 ^{14}C 的自然浓度维持着一种平衡关系。但是，生物体一旦死亡，机体与大气之间的循环交换立即停止，体内残留的 ^{14}C 便不再有新的补充，只能按衰变规律减少。按照已知的衰变规律，科学家精确地计算出，^{14}C 是按照每5730年衰变一半的时间节律自行与日递减。因此，无论是植物还是动物，当机体死亡之后，只要测出标本中 ^{14}C 减少的程度，就可以推算出其死亡的年代。换言之，一切死亡的生物残体中的有机物以及未经风化的骨片、贝壳等都可以用 ^{14}C 来测定具体年代。1949年3月，当《科学》杂志公布了第一次利用放射性碳素测定的年代数值时，立即引起了整个考古学界与地质学界的瞩目，人

第六章 夏代纪年的推算

们在称赞这项新的重大科学发明取得成功的同时,也向它的创始人利比教授投去了敬佩、感激的目光。

从中国^{14}C测年专家仇士华、蔡莲珍所做的介绍中可知,利比(1908—1980年)早年在美国著名的贝克莱实验室从事开创性的放射性研究工作,他是美国最先设计制作G–M计数管和BF$_3$计数管的科学家,在从事计数管的研究中,他发现了许多放射性同位素。1936年,当科学家卡门利用加速器粒子轰击发现并分离鉴定了放射性同位素^{14}C时,利比就敏锐地注意到了这门新兴的科学。1939年,另一位科学家柯夫精心研究宇宙射线和大气的相互作用后指出,宇宙射线中子的最终产物是^{14}C,并计算出自然的^{14}C产生率为0.8个/cm^2/s,利比对这项研究给予了高度关注,并同柯夫进行了一段时期的合作。就在这个时期内,利比的脑海中形成了要利用自然^{14}C来测定古物年代的伟大构想。第二次世界大战期间,利比前往哥伦比亚大学,参与并解决了热扩散浓缩铀同位素技术中的关键问题。二战结束后,利比出任芝加哥大学教授,开始将他心中酝酿已久的伟大构想付诸实施。在这段过程中,他首先从理论上证明自然界^{14}C的普遍存在并达到平衡状态的真实性,同时从实验中提炼出^{14}C开始的时候,利比对研究的目的守口如瓶,秘而不宣,但为了寻求经费的支持,经过再三考虑,他才于1946年圣诞晚会上将目的透露出来。消息传到考古学界,立即引起了具有远见卓识的维金基金会主持人的重视,基金会主动为他提供了科研基金。在这笔丰厚资金的支持和众多考古学家的鼓励下,经过三年的努力,利比终于顺利地解决了^{14}C年代测定的理论和实验问题,成功地创建了^{14}C年代测定方法,这一方法逐渐为考古学界、地质学界所接受,从而成为确定旧石器晚期以来人类历史年代的有力工具。为此,利比荣获了1960年诺贝尔化学奖。

随着时间的推移,^{14}C测年技术在考古学界和地质学界取得了一系列令人瞩目的成果,它使全世界几万年来的历史事件和地质事件有了统一的时间尺度,对欧洲史前年代序列的建立起了革命性的作用,世界各地的新石器时代考古学也因有了确切年代断限和年代序列而进入了一个新时代。如美洲最早的文化遗迹,原考古学界、地质学界大都认为具有2.5万多年的历史,经^{14}C技术测年之后,发现距今只1万年左右,也就是说在这个历史时间段中,美洲才有人类开始文化活动。北美洲的威斯康星冰期的曼卡托分期年代的情况也同以上基本相同,考古学家、地质学家原认为是发生在2.5万年以前的事,后通过对冰期堆积层中提取的5种树木标本的^{14}C测定,发现其年代也只有1.1万年左右。于是有科学家以此推断,"美洲的最初殖民,是在冰河北退后由亚洲经白令海峡迁移过去的,因为北美洲的这最后一次冰河的最后一个分期和欧洲北部属于一个时代,后者的年代曾被^{14}C测年所证实,这个问题的解决,无论是对史前考古学还是地质学而言,都是一件极其重要的大事"。关于日本新石器文化的开始问题,有学者认为可以早到公元前3000年以前,但经过^{14}C测年之后,发现并没有如此之长。另外还有一个奇例,在20世纪上半叶,日本学者大贺一郎在中国辽宁省大连市普兰店河畔一个古代沼泽泥炭层中发现了几十粒莲子,当时认为这个泥炭层可能属于第四纪更新世时代,在1万年之前。后来大贺一郎曾设法使他得到的莲子发了芽,整个学术界为之轰动。因为历史如此久远的莲子在泥炭中埋藏万年之后居然还能发芽,这不能不说是个奇迹。但后来经过^{14}C的测定,大贺一郎发现的莲子不过距今1040年左右,在这个时间段之内,莲子发芽当然让人惊喜,但和以前认为的万年比起来,就不免让人感到有些失落。

科研人员正在用常规^{14}C测年技术进行样本检测

当然,^{14}C测年技术也不是尽善尽美和绝对的,它有自身难以克服的局限性。这个局限性主要表现在所测定的年代并不能精确到哪一年,其测量误差有一百年甚至几百年之大。这误差的出现,一方面与标本的年代远近有关,

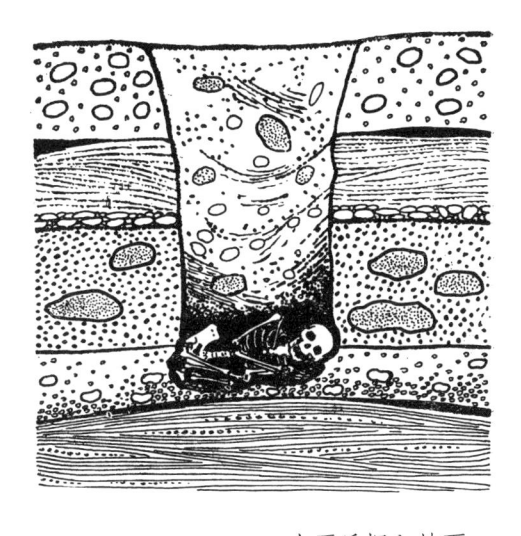

年代越远,误差也就越大。另一方面也和标本的纯粹程度、实验时间的长短有关。如果标本受到污染或混入时代较近的有机物,纵使如草根的残丝、细菌的粒点,都要影响到 ^{14}C 测年的准确度。如果地层不清楚,所采用的标本整个是近代的东西,那么所测结果自然也就和期待的数据大相径庭。如果在实验中计数的时间拉长,误差也可相应地减少。

人死后埋入地下,由于土层与环境等关系,导致 ^{14}C 测年存在误差

值得特别指出的是,由于各种原因,过去大气中的 ^{14}C 放射性水平不是恒定的,所以,利用统一的现代标准计算出来的 ^{14}C 年代并不是日历年代,只能称为 ^{14}C 年代。如何解决 ^{14}C 年代与日历年代间的关系问题并把 ^{14}C 年代转换成日历年代,这就要通过 ^{14}C 年代—树轮年代校正曲线来进行校正。

众所周知,树木在春季和秋季的生长速度不同,这样在树干截面上就形成疏密相间的年轮,轮与轮之间的距离称为轮距。树木的年轮自然地反映着树木逐年生长的树龄,如果

样品在一根炽热的试管中转变成二氧化碳　　用盖氏计数器测量样品的残存放射性

找一段木头截面仔细观察,便发现一圈圈年轮的轮距并不均衡,而是时宽时窄,无一定的规律。这种原因和状况是由于水旱等气候条件造成的,如果某年气候温暖多雨,树木生长快,当年的轮距就较大。反之若某一年干旱少雨,气候干燥,树木不易生长,轮距也自然要小一些。这个现象体现在同一地区相同的气候条件下,同时生长的树木之中,其轮距的宽窄程度就更加接近和相同。又由于地球的气候变化每年都有不同,所以无论树木是生长百年还是千年,其轮距也不会机械而整齐地重复。因此可以说树木轮距的宽狭序列是记录其生长期间气候变化情况的图谱,这个图谱也是一部天然的气候编年史。

如果要根据树木的轮距来判断它生长的年代,必须首先要建立该地区的标准轮距序列,建立这种序列最有效的方法是不同时间段轮距的衔接。例如有几棵依然存活的千年大树,根据它们的年轮情况就可以建立起1000年之内的标准轮距序列。在这个标准序列的基准上,再继续向前找,譬如找到了一棵有700年历史的古木,而这棵古木的外圈轮距中有200圈和已知的千年大树的内层轮距序列相同或相似,就可根据已经建立起来的原1000年的标准序列确切地定出这棵古木的砍伐年代,即700年—200年=500年,再由1000年+500年=1500年。这样,一个1500年的标准轮距就建立起来了。以同样的方法向前推进,标准轮距的序列就会越来越长。其衔接的方法如轮距衔接示意图所示。

这种树木轮距衔接的方法既简单又复杂,复杂的原因主要是对标本的搜集极其不易,但科学家们还是为此做出了努力也取得了很大的成果。如美国学者根据加利福尼亚地区长

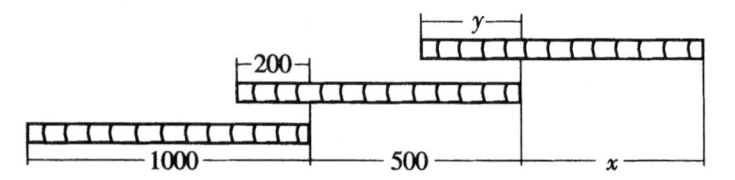

轮距衔接示意图

第六章 夏代纪年的推算

寿的刺果松,以及数百个考古遗址出土的木材,已衔接出从1万年前到现在的完整的树轮编年系列谱。除美国外,欧洲其他一些国家也建立了自己地区某些年代范围内的标准序列。从理论上和实际结果看,这些标准系列的年谱与日历年相吻合,其精确度可达几年,甚至一两年。

北京大学[14]C测年专家陈铁梅教授讲了一个颇为有趣的故事,故事的主人翁是美国学者道格拉斯,这位道格拉斯不仅对树轮研究做出了贡献,而且也是世界上第一个将这项研究应用于考古断代中来的人。在他与此相关的学术研究生涯中,曾有这样一个插曲。说的是某年的某日,道格拉斯在特拉比地区一个印第安人的遗址中发现了一个大木梯,根据木材上的轮距序列,他推算出木梯的一条腿是用公元1570年砍伐的木头制作而成的,而另一条腿是明显地断裂之后又重新接上去的一段木料,根据标准轮距序列推算,结果发现这段木料砍伐于1720年。因此他断定这架木梯始造于公元1570年,而于150年后的1720年因断腿而进行了修理。

当然,树木年轮断代法也有一些自身的局限,如对伪年轮或缺年轮的识别,树种的挑选,轮距序列的互校,某些树木的特殊生长环境以及地区环境、气候的差异等,都是造成实际操作中出现误差的原因。但如果把^{14}C年代和树轮年代校正曲线互相校正,误差就小得多。因为树木每年生长一轮木质,每一轮木片的^{14}C放射性水平代表了当年的大气^{14}C放射性水平。树轮是可以数清的,它的年代同日历年代相当。树轮的^{14}C年代可以通过测定得出。把树轮的^{14}C年代作为纵坐标,而把树轮生长的年代作为横坐标,就可以得出一条^{14}C年代—树轮年代的校对曲线。通过这条曲线就可以把测定样品的^{14}C年代转换为日历年代。这就是一般所说的^{14}C年代的树轮年代校正。

1986年,在第12届国际^{14}C会议上,测年专家发表了几条高精度树轮年代校正曲线,^{14}C年代误差缩小到只有正负10多年。几条曲线稍有差异,但总的趋势基本上是一致的,这就更有利于把^{14}C年代校正到日历年代。因为大气中的^{14}C交换循环相当迅速,因此树轮校正曲线原则上可以是全球通用的。如日本奈良古坟时期的一土墩墓中的一根木头,外皮保存完好,将其树轮连续取样测定^{14}C年代,同高精度树轮校正曲线匹配拟合,确定出木头的砍伐年代是公元320±5年。这同古坟时期是相合的。如果木头砍伐的年代同该墓的建造年代一致,则该墓的年代就十分确定了。

苦难的历程

20世纪50年代初,当利比教授创建的^{14}C测年方法取得成功并震惊了整个西方考古学界和地质学界之时,处于世界东方的中国对原子能的和平利用仍是一片空白。1955年,在社会主义国家阵营中具有盟主地位的苏联老大哥出于多方面的考虑,于同年1月由苏联部长会议通过,决定帮助中国和其他几个社会主义国家研究和平利用原子能的问题,并发表了公开声明。这个声明的发表,自然引起了中国各界的高度重视,许多报纸、杂志都纷纷撰文介绍和宣传放射性同位素在工业、医学、生物学和其他学科上的应用。但是,对放射性同位素在考古学上的应用,却少有媒体报道和介绍。面对这种情况,时任中国科学院考古研究所副所长、具有国际一流学术地位的考古学家夏鼐高瞻远瞩,敏锐而快捷地首次将放射性同位素在考古学上的应用向学术界做了介绍。其发表在《考古通讯》1955年第4期、标题为《放射性同位素在考古学上的应用——放射性碳素或碳14的断定年代法》的文章,以精练的科学思维,深入浅出地将放射性同位素特别是^{14}C测年技术在考古学上的应用和成就介绍出来。自此,中国考古学界对这项最新科技才有了认识和了解。与此同时,根据国际国内的科学发展趋势,夏鼐开始酝酿在中国建立^{14}C实验室。经过一番政治波折之后,1959年在夏鼐的具体策划和领导下,从中国科学院物理研究所选调了年轻的物理学家仇士华、蔡莲珍夫妇到考古所进行中国第一个^{14}C实验室的正式筹建工作。

仇士华,1932年生于江苏如皋一个富裕的农民家庭,1951年考入浙江大学物理系。学习物理是仇士华少年时代的爱好和愿望,有幸进入浙大之后,他被选为系学生会主席、班长。不到半年,又加入了共青团。已步入青年时代的他,对刚成立不久的新中国充满了信心和希望,对自己未来的事业更是抱有无限的憧憬。一年之后,随着国家高校院系调整,浙江大学变成了工学院,上海复旦大学成为文理综合性大学,仇士华随浙大物理系迁往上海,成为上海复旦大学物理系的一名学生。1955年毕业后,他与他的同班女同学蔡莲珍一同被分配到中国科学院物理研究所工作。

当时的中科院物理所,实际上是隐蔽的核物理研究所,是不可对外宣传的机密单位,所长由著名核物理学家钱三强担任。对仇士华和蔡莲珍而言,能够进这样一个属于国家政府极其重视又严格保密的单位，是组织上经过三番五次审查才拍板决定的，这个决定除要求学生本人品学兼优外，更重要的还要在政治上高度合格。或许正是由于这些看起来十分苛刻的条件，才让已步入科学殿堂大门的仇士华、蔡莲珍从心底深处生发出一种自豪感和光荣感，并对未来的事业抱有莫大的希望。此时的他们春风得意，踌躇满志，决心为新生的共和国贡献自己的青春和才华。

当仇士华、蔡莲珍进物理所不到两年，满腔的报国热情正在升温之时，全国性的反右整风运动开始了。像那个时代大多数知识分子一样，仇士华凭着一颗真诚率直和天真的心向运动的组织者提出了几条意见。这几条意见的提出，令运动组织者大为光火，立即决定将他划成"右派"。这个结果让仇士华始料不及，也让许多同事颇不服气。此时，有几位不知"运动"之厉害，仍然抱有天真幻想的青年知识分子出面为仇士华鸣冤叫屈。但很快，拥护仇说的几位知识分子也被打成"右派"。当时已经和仇士华结婚的蔡莲珍也同样地被划成了"右派"。不久，仇士华、蔡莲珍夫妇随物理所部分人员下放到河北省替皇县农村生产队劳动改造。仇士华本来就是从农村走出来的一介书生，对体力劳动当然轻车熟路，什么打坯、起圈、套犁、翻地、看水、推车、插秧、收割，样样都干得不错。当地老乡们看了，不仅不歧视这对"右派"夫妇，反而给以各方面的照顾和保护。在一个黑白不分的混乱年代，能得到当地农民老乡的照顾和同情，这使仇士华、蔡莲珍在精神上感到极大的安慰。

正当仇士华、蔡莲珍在农村劳动改造时，中科院考古所关于建立^{14}C实验室的计划已经酝酿成熟并得到了院领导人的批准。因考古研究所没有合适的人选担当此任，具体负责这项工作的夏鼐便向物理所求援，经中科院物理所放射化学研究室主任杨承宗的推荐，夏鼐决定商调仇士华、蔡莲珍到考古所从事^{14}C实验室的筹建工作。1958年，由于国家政府准备发射卫星，许多技术上的事需要解决，在人手缺乏的情况下，经有关方面批准，原物理所的仇士华、蔡莲珍和其他科学家于同年11月被从河北农村召回北京，从事卫星发射过程中部分科研仪器的制造。回所工作两个月后的1959年1月，经考古所和物理所正式协商、中科院组织部门批准，仇士华、蔡莲珍分别戴着"右派"帽子，离开了令他们充满了希望与忧伤的物理所，来到考古所开始了新的人生之路。

面对新的工作环境和即将重新开始的新事业，仇士华、蔡莲珍兴奋不已。但令他们感到有些沮丧的是，夏鼐明确表示，筹建国内第一个^{14}C实验室，大家都没有经验，只能边学边干，独立完成。需要钱可以由所里给，但需要的一切机械仪器都必须自己想办法解决。面对可以想象的困难和挑战，仇士华、蔡莲珍自知开弓没有回头箭，既然来了就不能退缩，面前只有一条路，那就是静下心来，想尽一切办法将这个在中国科技考古史上具有非凡意义的^{14}C实验室建成并投入工作实践中去。

在夏鼐的领导下，仇士华、蔡莲珍先找来^{14}C测年技术的创始人利比所创作的经典著作《放射性碳素测定年代》一书学习研究，待真正弄清了其原理和测试方法之后，再根据大量参考资料开始进行机械设备的组装工作。由于所需仪器特殊，在国内无法买到，靠国外进口在当时的情况下又不可能实现，他们只有从零开始，自己动手设计、加工、组装。仇士华、蔡莲珍凭借所学知识和在物理所工作的实践经验，先是研制了探测器，再利用无线电元件装配测量仪器，其他的小型电器元件，如变压器、玻璃管等，能买的买，能造的造，为节省经费，所需铁皮则跑到废品回收站挑选。经过4年的艰苦努力，仇士华、蔡莲珍于1962年完成了全部设备的配装工作，后经过近3年的调试和改进，历经磨难的新中国成立以来第一个^{14}C测年实验室终于在1965年正式诞生了。

^{14}C测年实验室建成后，立即投入考古学的应用之中。为检验^{14}C测年的实际效果，仇士华将田野考古学家拿来的4种样品进行盲检（事先不告诉出土地点和推测年代），测试结果分别为商代早期、战国早期与晚期、汉代4个时

仇士华在田野采集^{14}C测年样品

间段，具体年代基本与考古学家的估计相同。有了这次小小的成功，仇士华、蔡莲珍信心倍增，接着又将不同的考古学家拿来的十种样品进行盲检。由于测试一个样品需要连续48个小时的时间，仇士华夫妻两人便日夜倒班坚守在实验室谨慎地操作，当10种样品全部测完时，蔡莲珍的双腿已红肿得难以走路了。尽管如此，夫妻两人还是精神振奋，欣喜异常。因为测定结果除一两种外，其他几种依然与考古学家所估计的年代相接近。这14种样品的成功测定，标志着中国^{14}C测年技术在未来的考古学、地质学研究领域可以大显身手，发挥自己独特的威力和作用了。这个结果让夏鼐等考古学界领导和前辈感到由衷的高兴，同时也让仇士华、蔡莲珍两位科学家为之深深地感动——因为这毕竟是他们付出了7年的青春和汗水才迎来的成果。

正当考古所领导和仇士华等决定在此成果的基础上乘胜前进，测定更多的样品时，"文化大革命"爆发了，无论是作为考古所领导人的夏鼐，还是作为普通知识分子的仇士华、蔡莲珍都被造反派打翻在地，并关进了牛棚，^{14}C测年计划自然也跟着流产。1970年，夏鼐、仇士华夫妇连同考古所大多数科学家被赶出牛棚，发配到河南信阳地区息县一个农村进行劳动改造，之后又发配到明港一个军营集中起来，相互揭批"五一六"反党集团。在这座军营里，刚刚摆脱了肉体折磨的知识分子又遭遇了更为残酷的精神折磨。1971年，随着形势的好转，时任全国人大常委会副委员长兼中科院院长的郭沫若打报告给周恩来总理，请求将中国出土文物出国展览和重新恢复在"文化大革命"早期被停刊的《考古学报》等三种学术杂志，周总理很快做了批准。为了让出土文物在国外展览中获得成功，也为了早日将下放农村和军营的科学界众多的知识分子从严酷的困境中解放出来，郭沫若以工作为由想了许多办法，使一批又一批的"臭老九"摆脱了厄运，重新回到了工作岗位。在仇士华等^{14}C测年科学家回京的问题上，郭沫若以"出国参展文物没有具体年代"为由，请求调回所有^{14}C测年实验室的人员，以便尽快测定出年代。这个请求得到周总理的批准，仇士华、蔡莲珍等人于1971年8月离开河南军营返回到自己的工作岗位，开始检修安装早已被造反派损坏的仪器，并投入紧张的^{14}C测年工作之中。党的十一届三中全会以后，仇士华、蔡莲珍的冤案得以平反昭雪。再之后，考古所^{14}C测年实验室在仇士华的领导下，

时代\分区	黄河上游	黄河中游	长江中游	黄河下游	长江下游	公元前
青铜器时代	四坝文化	商	商	商	商	1000
新石器时代	齐家文化	龙山文化	龙山文化 屈家岭文化	龙山文化	良渚文化	2000
	马家窑文化		大溪文化	大汶口文化	崧泽文化 马家浜文化	3000
		仰韶文化		北辛文化	河姆渡文化	4000
	大地湾文化	裴李岗文化	磁山文化 皂市文化			5000
				后李文化		
			彭头山文化			6000
						7000
		南庄头文化				8000
						9000

常规^{14}C技术测定的黄河流域和长江中下游新石器文化的序列与年代（引自安志敏《碳-14断代和中国史前考古学》）

硕果累累，捷报频传，几千个考古、地质年代数据被相继测出。如旧石器晚期文化问题，从前对北京周口店山顶洞人的年代说法不一，大多数学者估计"距今约有十万年左右"，但经过^{14}C测年，发现只有一万九千年左右，这个巨大差距是古人类学家们在当时无论如何也认识不到的。正是这些令人瞩目的成果，使中国不同地区的各种新石器文化建立起一个时间关系的框架，同时也使中国的新石器考古学因为有了确切的年代序列而进入一个新的研究时期。

除此之外，考古所^{14}C测年实验室对仰韶、龙山、夏商周以及之后的各代历史遗址中的含碳标本进行了大量的测定，并建立起一个较详细的历史年代框架。在长期学术准备的基础上，仇士华于1995年发表了《解决夏商周年代的一线希望》的论文，这篇文章就如何利用^{14}C测年技术，结合其他的科学研究，对解决中国历史上最令人迷茫的夏商周三代纪年的年代推算问题，大胆提出了所具备的条件和成功的希望所在。一年之后，夏商周断代工程正式开始了。

二里头文化的界定

正是鉴于^{14}C测年技术在考古学研究中所发挥的独特而巨大作用，夏商周断代工程对^{14}C测年技术寄予了厚望并提出了严格的要求。按照"工程"专家组制订的计划，^{14}C测年技术专门成立了一个课题组，组长由"工程"首席科学家之一仇士华担任。除考古所^{14}C实验室之外，北京大学考古系^{14}C实验室和北京大学技术物理系加速器质谱（AMS）实验室也相继开展工作，以保证测年工作的顺利完成。

按照"工程"的要求，^{14}C测年技术的目标，是在原有夏商周考古成就的基础上，把田野考古的层位和文化分期的相对年代关系转换为精度较高的绝对日历年代，同时确定与夏商周有关的某些关键事件的时间标志点，从而建立起夏商周三代的年代框架。其整个操作程序是：

1. 采集与考古层位和文化相关的含碳样品。
2. 测出精确可靠、误差符合实际的^{14}C年代数据。
3. 充分应用考古信息，将有先后时序的系列^{14}C样品数据，通过高精度校正曲线转换，定出考古的日历年代。
4. 由^{14}C测年专家和考古学专家共同讨论，建立夏商周考古的^{14}C年代框架。
5. 同历史文献、天文研究的结果和金文历谱的研究等做综合交叉研究，共同建立夏商周三代年表。

从以上的操作程序中可以看出，^{14}C测年技术参与夏商周断代工程，在一定意义上不能不说是一种具有开创性的新思路和新方法。在过去的几十年里，都是由田野考古工作者提供样品，^{14}C实验室测出数据就算完成了任务，或者说，^{14}C测年专家怎样测，考古学家并不关心，而所测数据考古学家怎样利用，测年专家也不太关心，颇有点各管一段，互不干涉的味道。这个操作过程的缺陷是，测年专家和考古学家缺乏深入的沟通，对误差出现较大的原因也少有细致的分析研究，从而使测年和考古双方的学术收获受到了局限。但"工程"却明显地有所不同，田野考古学者不仅要提供遗址样品，还要按照系列样品的要求提供考古信息。而^{14}C测年方面的专家测出的数据要精确、可靠，出现的误差也要符合实际。当这些工作完成后，还要同树轮校正曲线拟合匹配，所有这一切，都促使考古学家和^{14}C测年专家必须改变

在"工程"研讨会上。左起：朱学文、陈铁梅、裘锡圭、江林昌

原有的观念，重新学习和加深理解与沟通，只有如此紧密配合方能达到预期的结果。

就中国的 ^{14}C 实验室而言，尽管继考古所之后又有数家科研单位陆续建成了40多个实验室，但能开展工作的只有20多个，其整体水平同国际上相比还有较大的差距，这个差距主要来自设备仪器的相对落后。所谓科技考古，主要取决于科技的先进程度，没有先进优良的装备，要取得世界一流的水平是不可能的。有鉴于此，夏商周断代工程开始之初，专家组就极有远见地注意到非改进测年技术装备不可。于是，"工程"领导小组决定，将整个"工程"课题的一半经费用于购置^{14}C测年实验室的各种先进装备，这样就从根本上解决了拟投入工作的三个实验室设备仪器老化、落后的问题，使高精度测年成为可能，并在夏商周断代工程中发挥前所未有的作用。当先进的仪器在^{14}C测年实验室得以配置后，测年专家进行了一系列实用程序编制、样品瓶试制与生产、淬火效应校正等工作，最后测试精度达到了千年之中误差为20年左右的国际水平。

从1998年开始，中国社科院考古所（和生物物理所合作）、北京大学考古系等两个^{14}C实验室分别进入稳定测试轨道，这标志着建构夏商周断代工程三代年代整体框架的关键性工作正式开始。

根据"工程"领导小组的分工，"工程"首席科学家仇士华在主管整个^{14}C测年课题外，还兼管考古所^{14}C实验室的具体事宜。而北京大学考古系^{14}C实验室则由陈铁梅负责。

第六章　夏代纪年的推算

陈铁梅，1935年生于上海，1952年考入北京大学物理系，后赴苏联列宁格勒大学物理系留学，1959年毕业回国，1962年由大连工学院调北京大学原子能（技术物理）系任教，1973年调考古系创建考古年代实验室，任考古系教授和实验室主任。他作为中国科技考古的创始人之一，从20世纪70年代初开始，长期致力于^{14}C、铀系及电子自旋共振测年工作，并为学科在中国的发展做出了突出贡献。夏商周断代工程开始前，他已被选为中国科技考古学会副理事长、德国考古研究所通讯院士，在中外科技考古领域具有广泛的影响。

^{14}C测年科研人员在夏商周断代工程会议上。
左起：刘克新、蔡莲珍、徐凤先、张雪莲、吴小红。后为王肃端

按照^{14}C测年的操作程序，首先要解决如何正确采集系列样品的问题，因为单个样品所测的数据是不可靠的，一个遗址或墓葬，必须有几个相关联的样品一起测定，所得数据才更接近历史的真实。这些样品和必要信息，主要通过田野考古学家提供获得。^{14}C测年专家经过和工程专家组研究，在工程所涉及的大量考古遗址中，选择了郑州商城、偃师商城、二里头、小双桥等10多个关键性遗址作为测年重点，要求每个遗址按照不同的考古地层关系，提供30—60个采集样品以供检测。当然，如果各方面条件允许，每个遗址的采集样品是多多益善。为了尽可能地做到准确无误，除采用原考古发掘时所出标本外，仇士华、陈铁梅、原思训等^{14}C测年专家亲赴二里头、偃师商城、郑州商城、丰镐等遗址，和考古学家一起进行小规模试掘，从中提取对测年研究而言最具典型性和代表性的样品。当样品采集工作完成后，^{14}C测年专家根据有关田野考古发掘报告和样品清单，对样品进行选择、排

队，然后按计划分别测定，再经树轮曲线校正得出结果。

以上提及的两个实验室的测年专家仇士华、蔡莲珍、陈铁梅、吴小红、张雪莲等，对二里头遗址采集的系列含碳样品进行^{14}C年代测定、拟合，并与考古分期成果相互整合后，所推定的二里头文化一至四期年代范围见下表：

二里头遗址分期与常规^{14}C测年数据

分期	单位	样品	实验室编号	^{14}C年代（BP）	拟合后日历年代（BC）
一期	97VT3H58	兽骨	XSZ104	3445±37	1880—1840（0.41） 1810—1800（0.09） 1780—1730（0.49）
	97VT2（11）	木炭	ZK5206	3406±33	1740—1640
二期	97VT4H54	木炭	ZK5227	3327±34	1680—1600
	97VT4⑦b	兽骨	XSZ098	3327±32	1685—1650（0.43） 1640—1600（0.57）
	97VT4H46	木炭	ZK5226	3407±36	1740—1640
	97VT1H48	兽骨	ZK5224	3348±36	1685—1615
	97VT6H53	木炭	ZK5236	3294±35	1680—1670（0.18） 1660—1650（0.06） 1635—1590（0.75）
	97VT4G6	兽骨	ZK5253	3341±39	1685—1610
	97VT3⑦	兽骨	ZK5257	3313±37	1685—1650（0.37） 1640—1600（0.63）
	97VT4⑥a	木炭	ZK5228	3318±34	1685—1600
	97VT2⑨a	木炭	ZK5209	3374±34	1740—1710（0.16） 1690—1620（0.84）
三期	97VT6⑰a	兽骨	ZK5249	3347±36	1610—1555
	97VT1⑨	木炭	ZK5200	3343±35	1610—1555
	97VT6⑫b	兽骨	ZK5247	3272±39	1598—1564
四期	97VT3G4	兽骨	ZK5255	3355±40	1560—1529
	97VT4⑤a	木炭	ZK5229	3304±36	1561—1525
	97VT6	木炭	ZK5242a	3270±32	1564—1521
	97VT6	木炭	ZK5242b	3350±33	1560—1529

由上表可以看出，一直争论不休的二里头遗址的年代范围是公元前1880—前1521年，其时间跨度为359年。显然，这个时间长度和文献记载的已被夏商周断代工程专家组采用的夏代积年的471年说尚有110多年的差距，这样一个不算太小的差距的出现到底意味着什么？有学者认为，二里头文化只是"后羿代夏"这一事件引起的夏代中晚期的夏文化而非早期文化，早期文化只能到河南龙山文化晚期中去寻找。如果找到了夏代早期文化，那么整个夏代积年便有可能和文献记载相合。工程专家组对二里头遗址的测年结果似早有预料，所以"工程"一开始，就列有"早期夏文化研究"这一专题，并决定对河南龙山文化晚期遗址进行考古发掘和^{14}C检测。

王城岗与瓦店遗址的发现

河南龙山文化又称南王湾三期文化，是北京大学考古系教授邹衡于20世纪50年代末发掘南王湾遗址后做出的一个文化分期。南王湾三期文化在年代上晚于仰韶文化向龙山文化过渡时期，又明显早于二里头文化，其分布主要在豫西地区。在以前的考古发掘中，除南王湾之外，河南登封王城岗古城、禹州瓦店等遗址都是规模较大的河南龙山文化晚期遗址，在这些遗址中，考古人员曾发现有大型房基、奠基坑及精美的玉器和陶器。所有这些发现为探寻早期夏文化提供了线索，也为夏商周断代工程打下了基础。

根据文献记载，河南嵩山南北地区是夏人立国前后的主要活动区域，传说中的禹之居阳城、启之都阳翟、太康之都斟鄩就在嵩山南北的登封、禹州、巩义境内。因此，嵩山南北地区的河南龙山文化和二里头文化是探索夏文化上限的主要对象。早在1959年，河南省文物工作队就专门组织了一个夏代文化遗存调查组，根据文献记载和前贤考证，以及有关历史传说中提供的夏代都城和夏人活动地点在河南豫西地区的地望等线索，进行了一次探索夏文化遗存的考古调查。根据调查的线索，从1975年起，河南省文物研究所（原文物工作队）即把登封王城岗一带作为探索夏文化遗存的发掘重点。

登封王城岗遗址位于登封市东南约11公里的告成镇附近。在工作的早

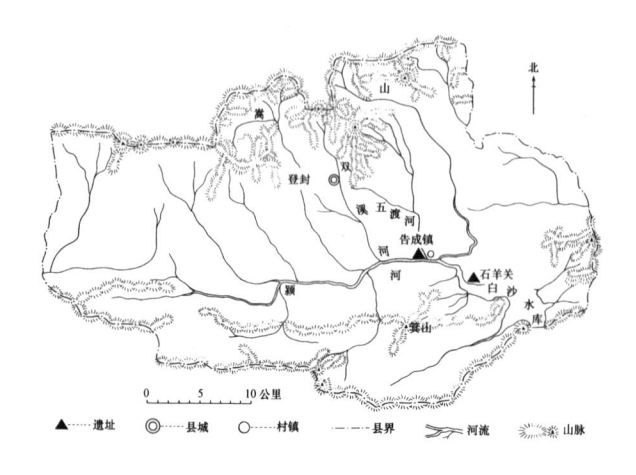

河南登封告成位置图

登封告成阳城位置图

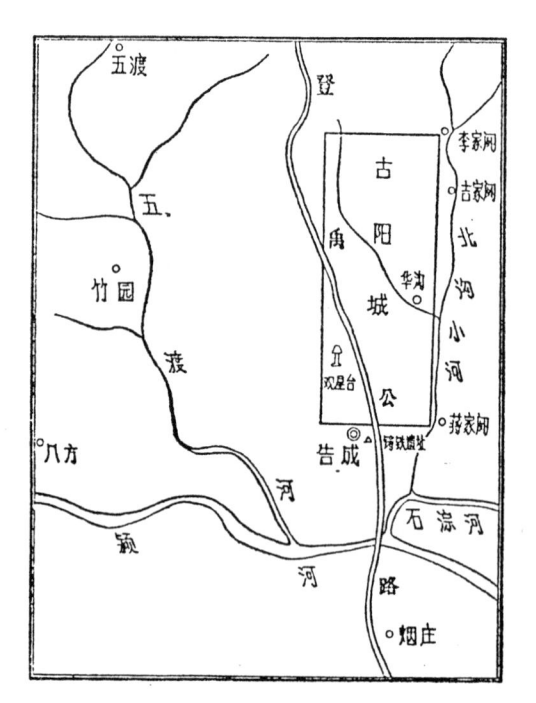

期阶段，河南省文物研究所的考古人员在安金槐的带领下，将考古钻探与发掘地点选在五渡河西岸的王城岗西面进行。但通过一年多的工作，所发现的多是商代的遗迹与遗物，夏代遗物则很少见到。1976年秋，为了扩大寻找夏代传说中大禹所居阳城遗址的范围，考古队除在原地进行探寻外，又抽出一部分人力到五渡河东岸开展工作。不久，考古人员以当地人提供的"城山岭"地名为线索，很快发现了东周时期阳城的北城墙，接着又钻探出东周阳城的东、西、南三面夯土城墙遗迹，并在城内外的发掘中，发现了铺设在城内地下的各种陶水管道、澄水池等一套战国时期的供水设施和冶铸铁器手工业作坊遗址。尤其重要的是，城内外出土的大量陶器印有"阳城"与"阳城仓器"等篆体陶文戳记，有力地证明了东周阳城的确就在此处。这个发现，无疑为考古人员继续探寻夏代大禹所居的阳城带来了希望的曙光。

1977年春，正当安金槐率领考古人员在王城岗西面一带进行发掘时，当地围观的一名老者从安金槐口中了解到他们在此地发掘是为了寻找夏代的阳城时，便热情地说道："既然是寻找夏代阳城，为何不到王城岗上去呢？据老辈人讲，

第六章 夏代纪年的推算

王城岗就是夏禹居住过的都城呵。"当地老者的一句话，引起了安金槐和其他考古人员的重视，也改变了考古队的命运。在老者的带领下，考古人员来到不远处一个被称为"王城岗"的地方，在偏西南部一带开始考古钻探。当钻探到第三天下午，在一个距地表深约1.2米处的探孔中，发现了土质坚硬类似夯土的迹象，接着又发现了龙山文化黑陶片。随着一段时间的钻探与发掘，王城岗出现的成果一天天扩大。终于，在告成镇西北约0.5公里和东周阳城仅一条五渡河之隔的颍河与五渡河交汇处，也就是当地人传说的"王城岗"上，考古人员接连发掘出两座东西并列的龙山文化中晚期的夯土城垣遗址。遗憾的是，东城的大部分不知什么时候被五渡河泛滥的河水冲毁了。从钻探的情况看，两座城址尚存面积1万多平方米，其中西城内发掘出龙山文化中晚期残存房屋的夯土基址，在夯土基址下面发现有奴隶奠基坑和成排的灰坑、窖穴等遗迹，并出土了大量制作精致、品种多样的灰黑陶器、黑陶器、石器、骨器、蚌器等遗物，甚至还有一件形似铜斝的残片。根据出土的遗物和地层关系，安金槐等考古研究人员将王城岗遗址分为早晚五个文化期，并根据地理位置和有关文献资料记载，结合前贤所考证的夏代早期"禹都阳城"或"禹居阳城"的地望、名称，以及在附近发现的东周时代的阳城等认为，王城岗龙山文化遗址就是夏代大禹王所居的"阳城"。

王城岗发现夏代阳城的消息传出后，立即引起了国内外学术界的轰动，这一发现被誉为20世纪以来探索夏文化的又一次重大突破。密切注视中

王城岗遗址与出土器物

王城岗出土的石铲及复原图

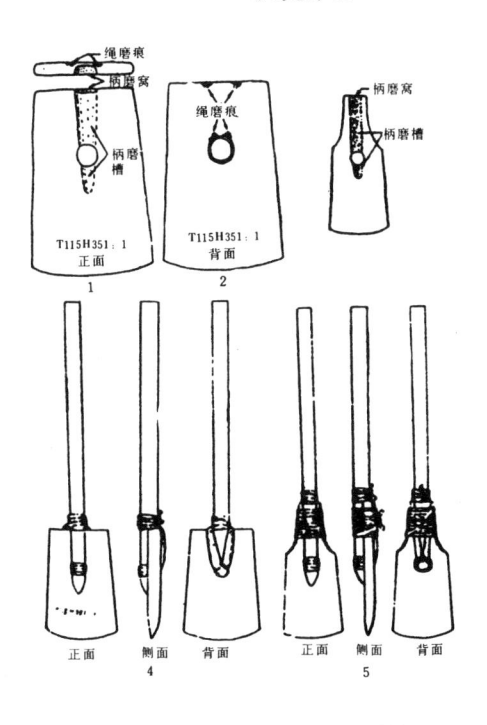

国考古文化动向的日本许多家报纸都在头版头条显要位置报道了这一消息,一时间,海内外学术界为之震动。

但是,有许多学者对这一发现表示了不同意见,认为王城岗遗址的年代要早于学术界一般认定的夏代积年,更主要的是王城岗遗址的规模太小,与二里头遗址相比真可谓"小巫见大巫",根本不具备王者之气,只是一个普通的"小城邦",所以不能认定是夏禹王所居的"阳城"。

尽管王城岗是否为夏禹所居的阳城这一问题,学术界未取得共识,但它作为河南龙山文化的一处重要遗址却是不争的事实,要研究早期夏文化,这个遗址是不可或缺的。正因为如此,工程"早期夏文化研究"专题组方燕明等河南省考古学者,自1996年下半年开始,在对登封王城岗原有的文化分期进一步研究的基础上,有计划地收集了已有含碳样品和试掘采集样品。在试掘中,专题组人员将70年代末在王城岗遗址发掘的一些探方重新挖开(原已回填),并于古城址的西部揭开6个5米×5米的典型探方,随后又清理了4个奠基坑,有针对性地采集了坑中木炭和人骨标本。对这些新采集的标本和原有发掘品中精选出的200多份含碳样品进行初步整理后,选出45份有代表性的样品供 ^{14}C 实验室进行测年。当这项工作结束后,专题组人员在方燕明指挥下,于1997年4月又开始了对禹州瓦店遗址的田野考古工作。

瓦店遗址是1979年发现的。河南省文物考古所曾进行过多次发掘,认为这是一处河南龙山文化遗址。但由于范围较大,文化堆积层深厚,对遗址的性质一时还无法搞清。

为了解瓦店遗址的范围和面积,方燕明等考古人员对该遗址的东北角和东南角进行了大规模的钻探,钻探结果表明,这是一个总面积为20万平方米的遗址。通过有针对性地对重要地点的发掘,发现灰坑近百个,房址9座,另外有墓葬、陶窑等,整个出土遗迹和遗物文化内涵丰富,地层清楚,从发掘品中收集的木炭、骨等含碳样品,为 ^{14}C 测年提供了重要而珍贵的依据。

继禹州瓦店之后,工程专题组人员又对河南龙山文化的另一个典型遗址——煤山遗址,重新进行了钻探和发掘,采集和收集了大量含碳标本。需要说明的是,无论是王城岗还是瓦店、煤山遗址,原有发掘品和这次试掘采集到的含碳样品,由于质量较小,大都无法利用仇士华、陈铁梅领导的常规 ^{14}C 实验室测定年代,而只能使用需用样品较少的加速器质谱法来进行测年。鉴于此，工程领导小组和专家组决定，来自河南龙山文化以王城岗为代表的含碳样品，由北京大学技术物理系重离子物理研究所利用加速器质谱法来完成测定。

加速器质谱学与裹尸布案

加速器质谱学（简称AMS）是20世纪70年代末在国际上兴起的一项现代核分析技术，主要用于测量长寿命放射性核素的同位素丰度比，从而推断样品的年龄或进行示踪研究。

加速器质谱^{14}C测定法与常规^{14}C测定法相比，其主要优势在于所需样品量少和测量工作效率高，而测量的灵敏度与精度则可达到3‰—5‰。AMS法需要的标本量不到常规法使用样品量的千分之一，几毫克的碳样标本利用加速器质谱测量，一般仅需数十分钟即可测定，而常规^{14}C测年法，则要48小时或更长的时间。在时间紧、样品多的情况下，加速器质谱法就自然发挥出它独特的优势和作用。

用加速器质谱法进行^{14}C测年可以达到相当高的测量灵敏度，若用行内的理论来讲，常规法^{14}C测年的上限约为5万年，相应的$^{14}C/^{12}C$测量灵敏度为2.3×10-15。目前国际上先进AMS实验室^{14}C测年的上限可超过6万年，相应的$^{14}C/^{12}C$测量灵敏度好于6.7×10-16。这个数据，如果用小米做个通俗的比喻，就是要在多于1500万亿粒相同的小米中，用AMS找出一粒稍重一点的小米来。这1500万亿粒小米放在一起有多大一堆呢？大约有500万立方米。北京故宫博物院的面积是72万平方米，把这些小米铺满故宫博物院的话，还要堆到7米高！夏商周断代工程样品的年龄不超过4000年，其$^{14}C/^{12}C$的值大约是上述灵敏度的1000倍，但该值的测量精度要好于5‰。就是说，要在1500万亿粒小米中，把这1000粒稍重一点的小米的粒数拣出来并数清楚，漏掉和数错的粒数不能超过5粒。而且正由于加速器质谱计使用样品量小，对于珍贵的国宝级文物如甲骨以及遗址中出土的炭屑、骨片、残存的少量有机物，甚至于陶器、铜器上的烟炱等，都可以采样用来测定年代，而常规法在这样的情况下则显得无能为力。

　　自从利比发明了^{14}C测定法后，到20世纪60年代，其方法开始在世界范围内广泛应用。但许多科学家对这种方法需要样品量大、测定时间长以及长寿命放射性碳素的测定灵敏度难以进一步提高等局限仍不满意。所以自70年代开始，有人开始研究新的测定方法，以弥补利比^{14}C测定法的不足。1977年，科学家缪勒首次提出了用回旋加速器检测^{14}C、^{10}Be和其他长寿命放射性核素的建议。几乎与此同时，由罗彻斯特大学、多伦多大学和GIC公司三家单位的科学家组成的一个科研小组，也提出了用串列加速器测量^{14}C的建议。同年的晚些时候，加拿大麦克马斯特大学与美国罗彻斯特大学同时在美国《科学》杂志上发表了用串列加速器测量自然界^{14}C的结果。1978年，有人发表了用回旋加速器测量^{10}Be的结果，加速器质谱计发展的序幕由此拉开。是年4月，第一次国际加速器质谱（AMS）会议在罗彻斯特大学召开，标志着加速器质谱学这门当代典型的交叉学科诞生。在此后的20多年间，AMS技术又得到了很大发展和提高，至20世纪90年代，世界上的AMS已超过40台，分布在美洲、欧洲、亚洲与大洋洲的十几个国家中，应用已相当广泛。关于这门新兴的科学技术迅速在世界范围内广泛应用的原因，正如美国科学家埃尔默和菲利普斯教授所说："如果不是地球科学家除了发展这种技术外别无选择的话，AMS决不会得到发展，但如果不是某些核物理学家对考古学与地球科学有兴趣的话，AMS也不会得到发展。"斯言是也。

　　随着这门学科的发展以及在地球科学、考古学、古人类学、物理学以及天体物理学、环境科学、生物医学等领域的应用，加速器质谱学已被越来越多的科学界人士所认知和熟悉，它在社会生活中发挥的作用和影响也越来越大。尤其是20世纪80年代宗教界和科学界利用AMS测年法对都灵裹尸布这一千年悬案成功的破解，使它的名气几乎在一夜之间响遍了整个世界。

　　1978年，美国天文学家麦克·哈特写了一本叫《人类百位名人排座次》的书，这本书问世之后曾轰动一时，旋即传遍世界各地，成为全球性的畅销书。在书中，麦克·哈特将人类诞生以来可知的对人类历史进程影响最大的一百位人物做了排列，其中耶稣基督位列第三，在穆罕默德、牛顿之后，释迦牟尼、孔子之前。

　　耶稣是基督教所信奉的救世主。据《圣经·旧约全书》记载，公元1世

第六章 夏代纪年的推算

纪初年,耶稣降生于伯利恒,他是上帝的独生子。他的母亲玛利亚是童贞女,因圣灵感孕而生下了耶稣。耶稣30岁时,开始在巴勒斯坦地区传教,渐渐成为人们心目中的精神和道德领袖。传说耶稣神通广大,诸如变水为酒、治病、驱鬼、叫死人复活、用五饼二鱼给5000人吃饱等等。耶稣在传教的后期,特选了12个门徒,并赋予他们以传教的使命和权力。后来耶稣和他的门徒为犹太教当权者所仇视,由于叛徒的出卖,耶稣被罗马帝国驻犹太总督彼拉多逮捕后,经判决被钉死于十字架上。据说耶稣死后第3天复活,40余日后升天。两千年来,关于耶稣基督其人其事,存在着许许多多的不解之谜,其中最有影响的就是都灵"圣体裹尸布"之谜。

耶稣受难图

关于耶稣受难的故事,人们并不陌生。在遥远的古代,罗马人发明了一种刑罚,将人钉死在十字架上,以惩罚死囚和逃亡奴隶。被钉人的手和脚都被钉子钉在两根木头做成的十字架上,然后,再把十字架竖起来。受刑者被吊在上面,缓慢而痛苦地死去。耶稣基督被出卖后就是这样受难的。之后,耶稣的门徒、亚利马太人约瑟去求犹太总督彼拉多,要把耶稣的身体领去。在得到彼拉多的允准后,耶稣的身体被领走。约瑟和另一个叫尼哥底姆的人,按照犹太人殡葬的规矩,把耶稣的身体用细麻布加上没药和沉香裹好后,埋葬在十字架旁一个小园子的坟墓里。到第3天,耶稣复活了,他的门徒只看到细麻布和耶稣的裹头巾在洞穴式的坟墓里,只是没有了耶稣的身体,这便是西方复活节的来源。

据说在早期基督教受迫害的时代,这块裹尸布就被人藏起来达300年之久。英国历史学家埃·威尔逊认为:裹尸布

213

在耶稣复活并失踪以后，通过不为今天知晓的渠道传到了土耳其的埃德隆，后来落入君士坦丁堡拜占庭统治者手中，一直保存到1204年。古代历史学家克劳利和法国十字军的一名军官鲁贝尔曾声称在1203年亲眼见到过这块裹尸布，当时是存放在君士坦丁堡的皇宫里。1205年，君士坦丁堡被东征的十字军攻陷，裹尸布随之易手，落入圣殿骑士团手中，一直到1312年，圣殿骑士团被教皇克雷芒五世强行解散后，裹尸布被运到法国杜斯省的贝桑松大教堂安放。1349年，教堂失火差一点把裹尸布烧毁。1353年，裹尸布到了巴黎沙尔尼伯爵的手里，并曾于1357年在其领地的利雷教堂公开展出。1432年，裹尸布又到了萨夫瓦公爵的手中，由于公爵府中也不慎失火，殃及裹尸布，所幸此布只是稍微受损。之后，裹尸布被移到意大利都灵大教堂公爵住的地方，并从1578年起一直保存下来。1978年裹尸布曾在都灵展出，并召开了一次以"科学与宗教"为题的学术讨论会。1983年，根据意大利国王翁贝托二世逝世前所立的遗嘱，将这块裹尸布赠送给教廷。于是，这块裹尸布被郑重地保存在一个银盒中，外面用红绸包裹供奉在都灵天主教堂的祭台上。

从总体上看去，这块裹尸布长4.35米，宽1.09米，上面有一个遭鞭笞和被钉在十字架上的人的血迹。裹尸布上布满了模糊不清的黄褐色斑点，隐约呈现出完整的人的前身和后身的形象。裹尸布的左侧留有仰卧的印迹，右侧有背部的印迹。裹尸布上的红色斑点，是从钉入钉子的双手手腕及脚的伤口中流出的血迹，两肋还留有被长矛刺入的印迹。这些印迹和《圣经·旧约全书》上所描述的耶稣受难时的情形都完全吻合。

裹尸布真的是耶稣基督受难的遗物吗？几百年来，历史学家、宗教学家、科学家围绕着它的真伪众说纷纭，争论不休。早在1357年，利雷教堂的主教亨利·布阿吉曾断言，展出的裹尸布是赝品。布阿吉的后任彼尔·德阿尔西在给教皇的信中，更郑重地指出，所谓裹尸布实际上是出自一位不知名的艺术家的手笔。为此，教皇克雷芒七世于1390年1月6日发布教皇谕令，禁止展出这块裹尸布。由此，这块裹尸布成为基督教在全世界保存得最严密，也是引起争议最大的一件遗物。

1898年，都灵大主教迫于教徒压力，同意让科学家进行直接的实物考察研究。自此，人们对裹尸布才有了更详细的了解。同年，考古摄影专家寒贡

第六章 夏代纪年的推算

多·彼亚拍下了几幅圣体裹尸布的照片，底片冲洗出来以后，上面所显示的人像比布上的影像更为清晰。此后不久，法国著名医生德拉治和他的同事保罗·维农开始研究这块裹尸布，并于1902年将研究报告上交法国科学院。德拉治在报告中说，裹尸布所显示的是一幅十分逼真精细的人体影像，表明此人生前曾饱受酷刑，最后遭受钉死在十字架上的痛苦。整个人体，除了手和脚之外，满是鞭痕。胸部和腹部被鞭打的伤势尤为严重。两肩两膝也有伤迹。两手和两脚有明显的血迹伤孔，很可能是被钉子打穿的。德拉治总结他的报告说：一方面有裹尸布的物证，并有芦荟粉的残迹，表明出事地点应在埃及境外的中东某地，死者被钉死在十字架上，死前曾遭严刑鞭打；另一方面，对证历史记载和传说，耶稣受难前在犹太曾受过酷刑，与布上所见的人体影像一样。这份报告曾引起一场轩然大波和持久的争论。反对者坚持认定裹尸布根本就是伪造的，"是一个不知名的画家的杰作"。

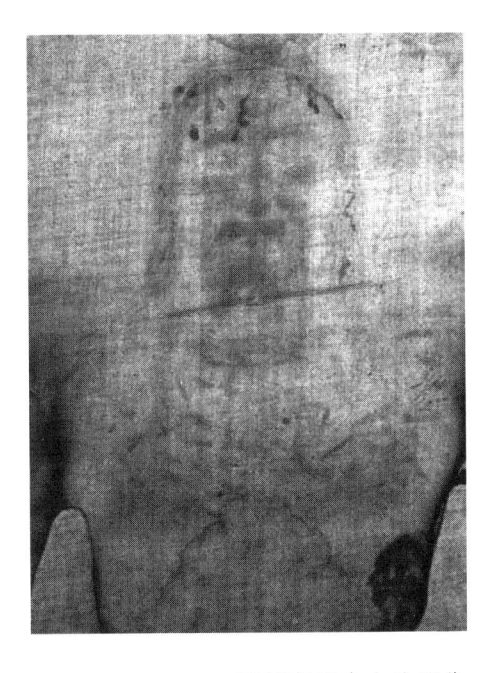

耶稣裹尸布上的影像

1931年，摄影专家塞比·恩利再次为裹尸布拍照研究，断定裹尸布上的影像绝不是画家的手笔。因为把底片放大以后，看不出布纹里有丝毫颜料的痕迹。

德国作家班纳在详细研究过裹尸布之后说，如果真是耶稣基督的裹尸布，那就是说他在十字架上被放下来以后还没有死，因为他死了的话，伤口就不会再流出血水，而满身流出的血也一定会在身体被布裹上之前早已凝结而不会留在裹尸布上。班纳认为耶稣在十字架上仅是失去知觉而暂停呼吸，刽子手以为耶稣死了，就让人把他从十字架上解下来，放在墓穴里。为此班纳还进一步做了假设：耶稣入墓后，可能是芦荟粉发生了效力，再加上墓内寒冷，耶稣便苏醒过来，在众门徒前复活，然后再升天。最后班纳特强调一点，裹尸布上所显示的钉子伤口在右手腕上，这足以证明裹尸布是真的。如果钉子钉在手掌上，身体的重量会把两只手扯破的。研究过裹尸布的医学专家们也都注意到了影像上所显示的肌肉都变了形，这是钉在十字架上而造成的。坚信裹尸布是真品的人表示，从人体解剖观点上所发现的这些细节，就是最杰出的画家也不能伪造的。1978—1981年，由美国30名科学家和医学家工程师组成的研究小组，使用各种最新仪器对裹尸布做了进一步研究，发现裹尸布具有古代耶路撒冷地区的特征。但这个说法又遭到了不少人的反对和攻击，关于裹尸布的真伪，仍是一片茫然。在无休止的争论中，人们又提出了种种不同的假说。

随着科学技术的发展，科学家们对这块圣布的兴趣似乎超过了天主教会，只不过经过多次分析仍得不到明确的结论，有些有可能得到明确结果的测试如常规^{14}C测年法，又因为要求取样过多而遭拒绝。随着新的核分析技术——加速器质谱学开始兴起并迅速发展，它的超高灵敏度和只要求微量样品的优点为英国"都灵裹尸布协会"所注意。经过长达10年的接触和安排，科学家们终于得到了鉴定这块圣布的机会。1986年9月29日，在意大利都灵召开了一次由教皇科学院院长主持的专题技术讨论会，出席会议的有都灵大主教的代表、教皇科学院以及来自法国、意大利、瑞士、英国、美国有关实验室的代表共22人。会议达成协议，同意剪取邮票大小的样品，由超高灵敏度的加速器质谱技术（AMS）进行测定。

1988年4月21日，不列颠博物馆的考古权威和大主教一起来到都灵教堂，他们关闭了严密的保安系统，从圣器中取出这块有争议的尸布，大主教亲自从上面剪下了一块长7厘米、宽1厘米的布条，然后又分成3小块，分别装在3个标有号码的金属盒中。除此之外，还有3种已知是1世纪、11世纪和14世纪的物品作为对照样品一齐被送往3个指定的实验室，只有配合这次鉴定的伦敦不列颠博物馆知道各个样品的出处。

测试在美国亚利桑那大学、英国牛津大学和瑞士苏黎世联邦理工学院的加速器质谱计实验室同时进行。每个实验室都收到4个只有编码，没有其他任何标识的样品。这些样品经净化后燃烧成二氧化碳，再通过催化还原成纯净的碳，然后装入加速器的离子源，加速到较高能量后逐一进行计数，最后通过计算而得到每种样品的年代。

实验表明，3家实验室的独立测量达到了极佳的一致性，各个结果的差异在120年以内。测试表明，这块裹尸布在公元1260到1380年之间制成的可能性为95%，而有100%的肯定性表明它的产生绝不会早于公元1200年。

测试结果很快被送到梵蒂冈罗马教皇的办公桌上，两个星期之后，教皇下令将真相公布于世。1988年10月13日，都灵大主教、红衣主教巴莱斯特雷罗在召开的记者招待会上正式宣布：这件几个世纪以来被基督徒奉为圣品的耶稣基督裹尸布是中古时期织出的赝品。至此，都灵裹尸布的真相大白。

真伪之争总算在科学的裁决下结束了，但故事还没有就此完结。这个被钉在十字架上的人体形象是如此的精确，甚至可以辨别出只有法医和病理学家才能认识到的血液从伤口流出的重力效应等。究竟是谁，采用了什么样的工艺将如此生动的具有极高美学价值的耶稣形象印在布上的呢？又怎么能完整无损地保存了几个世纪呢？科学人员所测定的13或14世纪能伪造出来吗？对此，有人认为，这块裹尸布是真正的裹尸布，尽管它不是耶稣基督的。宗教史专家们认为，裹尸布的影像不是耶稣，而是"小基督"。所谓"小基督"是指在早期基督教小团体内具有超凡能力的成员。这些人在宗教情感的激励下，为体会耶稣受难时的感受，由小基督团体的成员把他们钉在十字架上，并让同伴用包尸布把自己包裹起来。那块裹尸布，就是这样留下来的。这种说法的理由和证据是由于在基督教的大量宣传品中就有不少教徒自我折磨的图画。这种解释仍然没有得到科学、宗教、艺术界人士的共识，相关的论争一直持续下去。

当然，科学鉴定的结果使天主教徒受到了极大的震动。但教会还是相当理智地宣称他们相信科学的鉴定，并不会因真相大白而垂头丧气。都灵大主教在会见记者时平静地说："无论是裹尸布还是其他什么东西都不能动摇我们的信仰。这些东西对我们的信仰来说是无关紧要的。圣布是宗教精神的显示，它不是圣物，而是一个图像。用宗教的词来说，它是基督的圣像。"这表明教会仍尊重和崇拜这块印有基督圣像的圣布，它仍然是信徒们崇拜的精神圣物。

从牛津到北大

与大多数先进科学技术一样，同西方发达国家相比，中国对加速器质谱计（AMS）的利用则相对滞后一个时期，直到20世纪80年代中期才开始引进这门新兴学科。

就中国的知识界而言，真正开始关注加速器质谱学，要追溯到1979年。这一年秋天，一位游姓的法籍华人科学家携法国籍夫人来中国做学术访问。由于游教授的夫人在著名的加速器质谱创始人之一瑞斯贝克的实验室工作，所以在华期间，游夫人来北京大学做了这门新兴学科的报告并介绍了这种加速器质谱计的原理、性能及应用效果。她的演讲得到了北京大学 ^{14}C 测年专家陈铁梅、原思训等学者的关注与重视，但由于当时的中国尚没有足够物质条件建立这样的实验室，故听者对这门新兴的学科和先进的技术也只是以羡慕的心情略做了解而已。

就在游夫人离开北京大学5年之后的1984年冬天，国家教委组织一个代表团到国外看望中国的留学生，北京大学副校长陈佳洱教授是这个代表团中的一员。当代表团来到英国牛津大学时，在看望留学生之余，陈佳洱来到该大学的核物理实验室看望他的老师和朋友。原来在1964—1965年期间，时任北京大学技术物理系副主任的陈佳洱，作为访问学者曾在牛津大学核物理实验室工作过一段时间，并和该室的师生、同事建立了深厚的友谊。此次随代表团出访，陈佳洱再次来到20年前自己生活、工作过的学术圣地，自然要寻访故旧，一叙分别之情。就在这次交谈中，陈佳洱了解到一个他很感兴趣的消息，这个消息的大意是，以撒切尔夫人为首相的英国政府出于财政上的考虑，对由国家拨款的科研机构进行了经费削减，这个调整使赫赫有名的牛津大学也受到冲击。在缺少经费支持的情况下，牛津大学端电压6MV的串列静电加速器只好关闭。鉴于这种情况，该大学核物理实验室和校方领导人决定将这套旧的加速器设备无偿地赠送给第三世界国家。在陈佳洱赴英之前，因某国的需求，校方已准备将这套设备相赠，只是尚未付诸行动。陈佳洱到来后，凭借过去的交情，使相关的决策者改变了原来的主意，这位决策者在向陈佳洱透露消息的同时，特意说明："如果你们北京大学乐意要，就先送给你们。这套设备本身不要钱，但运费你们要自己掏腰包。赠送的条件是，你

第六章　夏代纪年的推算

们必须将这套设备充分利用起来，为科学做出应有的贡献。"

面对如此一件好事，陈佳洱当然不会错过，因为他知道，要购置这样一套新设备，没有几千万人民币是拿不下的，这笔钱就北京大学而言绝不是一个小数目。于是，陈佳洱除了向对方表示感谢之外，表示回国后申请经费以便将这套设备尽快运回中国。

1985年夏天，在陈佳洱和其他北大校方领导的努力下，加速器设备从英国牛津大学运到北京大学。由于有了事先的承诺，运回后的设备当然不能趴在仓库里毫无作为，必须进行工作，只有如此，才不辜负牛津方面的好意和期望。但到底在哪些领域开展工作，具体操作程序如何，达到什么样的科学标准等，因为此前谁也没有接触过，要运作起来自然是困难重重。这时北大技术物理系加速器教研室主任李坤教授经过调查研究，提出了发展加速器质谱技术的建议。这一建议得到了北大副校长兼重离子物理研究所所长陈佳洱教授和北大技术物理系主任江栋兴教授的支持，他们三人联名向国家自然科学基金委员会提出立项申请。1986年5月，陈佳洱写信给正在牛津大学做访问学者的北大技术物理系郭之虞教授，信中写道："最近江栋兴、李坤和我正联名申请有关加速器质谱计的基金，以为课题做好准备工作。我很希望你回国后也能参加此项工作。"1986年6月，信发至英国，时逢加速器质谱学国际研讨会在英国召开，郭之虞遂参加了会议并跟国际质谱界建立了联系，同时对工作的方向也有了大致的了解。

此后，郭之虞与国内联系频繁，不断将在国外了解到的情况反馈回来，并积极筹划购买关键部件。1986年底，北大考古系陈铁梅教授也来到牛津大学访问工作，他和郭之虞一起为基金申请做了大量的调研。此时李坤教授在国内也忙着组织队伍、制订计划。基金申请的准备工作在国内和国外同时紧张地进行。1987年春，郭之虞结束了学术访问从牛津返回北大，此时该基金申请已正式立项。经过充分准备，这项申请顺利通过论证答辩，得到了基金委批准并被列为国家自然科学基金"七五"重大项目。从1988年开始，加速器质谱计的设计、加工、安装和调试工作在北京大学全面展开。

就在加速器质谱计正式投入使用前，北大技术物理系的诸位教授便开始酝酿如何利用这先进的科学技术，做些重大而有意义的事情。酝酿的结果是，将工作重点放到考古、地质和生命科学领域之中。当时甚至考虑了用

AMS测定殷墟甲骨的年代的可能性。1993年春天，经过5年的努力，加速器质谱计的配装和调试工作全部完成，这拉开了中国首次利用这种先进的科学技术进行^{14}C测年的序幕。

1994年，全国^{14}C测年学术研讨会在四川巫山召开。就在这次会议期间，考古学家殷玮璋、郑光，^{14}C测年专家仇士华、原思训和北京大学加速器质谱计实验室的郭之虞，晚上在房间聊天时，再次讨论到用AMS解决重大考古问题的可能性。有人提出如果利用加速器质谱计的优势，将夏商周三代的系列含碳样品进行一次大规模的测定，这样许多争论不休的问题便可以得到解决，三代年代学的基本框架或许可以建立起来。这个提议得到了大家特别是郭之虞的赞成，他们认为这确是一件意义非凡的大事、好事。但麻烦的是，如此大的项目，经费问题不好解决，且加速器质谱计的设备性能也需要上一个台阶，否则在精度上难以达到预期的效果。这次闲聊让大家激动兴奋了好一阵子，最后明显的困难又使大家特别是郭之虞深知，这只不过是一厢情愿的纸上谈兵罢了，当时没有人预料到在一年之后，这个设想会变成现实。

1995年秋的一天，仇士华突然兴致勃勃地给郭之虞打来电话："老郭，上次谈的夏商周的事还想不想干？"

"当然想干，不过困难这么多，怎么个干法呢？"

"有门儿了。"

"怎么有门儿了？"

"夏商周断代工程就要立项了，这次是政府出面，国家拨款，困难可以解决了。"

"真的？！"

AMS测年技术的应用

当仇士华以^{14}C测年专家的身份最早和李学勤等著名学者与国务委员宋健交谈、讨论时，他就感到^{14}C测年的常规法和AMS法发挥重大威力和作用的时代已经到来了。仇士华深知，由于AMS法具有所需样品量少、功效快等

第六章 夏代纪年的推算

常规^{14}C测年法不能比拟的特点，AMS测年法就必然成为夏商周断代工程中一个不可或缺的重要部分。为此，"工程"在立项中特设了AMS测年这一专题，其主要研究目标和预期成果是：将北京大学加速器质谱计的^{14}C测量精度提高到0.3%—0.5%（相当于±40年）的水平；提高AMS测量的功效和系统的可靠性，完善AMS^{14}C测年的方法；为夏商周断代工程测量样品250个。工程领导小组任命郭之虞教授担任该专题组组长，并全权负责AMS^{14}C测年事宜。

郭之虞做科研成果报告

郭之虞，1944年生于江苏常熟市虞山脚下一个书香门第，祖父早年赴英国里兹大学学习铁路建造专业，学成归国后曾任粤汉铁路武昌至株洲段总工程师，为中国铁路事业的发展做出了杰出贡献。差不多在相同的时候，郭之虞的外祖父也留学英国，在曼彻斯特大学攻读化工专业，在结束了长达13年的留学生活后，回国到北京工业学院（后来的北京大学工学院）化学系任教授、系主任。郭之虞自小跟外祖父在北京读书，并对天文学产生了浓厚的兴趣，在北京市二十五中学读书期间，曾组织过一个天文小组，业余学习天文知识，并准备投考大学天文专业继续深造。让他感到遗憾的是，当时全国大学中设天文专业的并不多，著名的南京大学天文系这一年又不在北京招生，郭之虞只好舍去自己的首选志趣和爱好，考入了北京大学技术物理系，攻读核物理专业，时在1962年。从1956年到1966年的10年，是中国的核科学和北大技术物理系蓬勃发展并不断巩固提高的时期，尽管其间经历了一连串的运动，北大技术物理系还是为祖国的原子能事业培养出了一大批高水平的专业人才。就郭之虞而言，可谓恰逢其时又走背运，正当他毕业、准备在核科学领域大显身手时，"文化大革命"爆发，根据毛泽东主席关于知识分子要到基层接受工农兵再教育的最高指示，郭之虞被分配到山东潍坊无线电三厂从事生产半导体二极管的工作。在这家集体所有制的小厂里，郭之虞一干就是10年，其间经历了娶妻生子的过程，也取得了由一名普通工人升为技术组副组长的"荣耀"。当然，按他的组织能力以及开发新产品的贡献，他是完全有资格坐上技术组组长这把交椅的，不过按当时的政治条件，像他这样的知识分子能当这个"官"已经是很幸运的了。

在山东潍坊搞了10年半导体二极管和三极管生产的郭之虞，随着"文化大革命"的结束，人生和事业的命运又有了新的转折。1978年，他作为恢复高考后的第一届研究生重返北大校园，在著名核物理学家虞福春和陈佳洱的指导下，重新开始了原子核物理学的学习和研究，直到1981年毕业后留校任教。

1983年，经教育部批准，北京大学成立了与技术物理系血肉相连的重离子物理研究所，根据领导的安排，郭之虞在系里继续任教的同时，将主要精力投入研究所的一系列研究工作之中。自1986年起，郭之虞介入加速器质谱学领域，并致力于这门学科的研究和发展。1993年，他被校方任命为重离子物理研究所副所长，由于当时的所长陈佳洱身兼数职，所里的研究工作和日常事务主要由郭之虞和另一位副所长包尚联负责，郭之虞的主要精力依然放在加速器质谱学方面。夏商周断代工程立项后，他自然就成为AMS ^{14}C测年专题的主要组织者和领导者。

尽管北京大学的加速器质谱计1993年投入使用后，在3年多的时间里取得了一批重要的科研成果，但由于资金投入有限，设备老化严重，加速器质谱计的运行水平较低，性能也不十分理想，测定精度一般存在1%—2%的误差，且系统的稳定性差，故障率高，自动化程度较低。这种状况显然不能满足夏商周断代工程的需要。如果要达到具有国际先进水平的^{14}C测量精度，势必要提高技术水平并加强设备的改造。在时间极其有限的情况下，研究方案的正确性和实施组织的有效性就显得格外重要。

为了保证任务的顺利完成，按照基金重大项目的管理办法，北京大学重

第六章 夏代纪年的推算

离子物理研究所专门成立了由郭之虞、李坤等7人组成的专题学术领导小组，有关研究方案、技术路线、进度安排等重大问题均由学术领导小组研究决定，再由专题负责人组织执行。值得庆幸的是，通过前些年对加速器质谱计的建造和运行，郭之虞等学者已积累了丰富的经验，对存在的问题有了清楚的了解。同时，加速器质谱学专家们多年来一直与国际学术界保持着密切的联系，对国际上的研究进展与技术进步也有清楚的了解。所有这一切，又为专题的完成奠定了技术上的基础。

刘克新在实验室对采集样品进行技术处理

从1996年初开始，夏商周断代工程AMS测年专题组进行了大量的文献调研，并召开了多次方案讨论会。当专题的可行性经专家论证通过后，又抓紧了具体实施方案的落实，并广泛听取了国际同行的意见。1996年5月下旬，专题组成员、青年核物理学家鲁向阳副教授在参加第七次AMS国际会议期间，曾与世界上各AMS实验室的专家就设备技术升级改造问题进行探讨，并向他们了解对当时两种流行的商品化离子源的评价。1996年11月，专题组组长郭之虞与专题组成员、年轻的学者汪建军两人赴美国进行考察，访问了几家处于世界先进地位的AMS实验室，与美国专家深入讨论了有关技术问题，并访问了美国国家静电公司（NEC），考察了其商品化的AMS专用离子源。当时正在澳大利亚国立大学访问工作的专题组成员、青年学者刘克新副教授，也及时将他在该处调试与使用NEC离子源的情况与经验反馈回国。在此基础上，专题组经过与国外两家商业公司直接谈判，并综合考

223

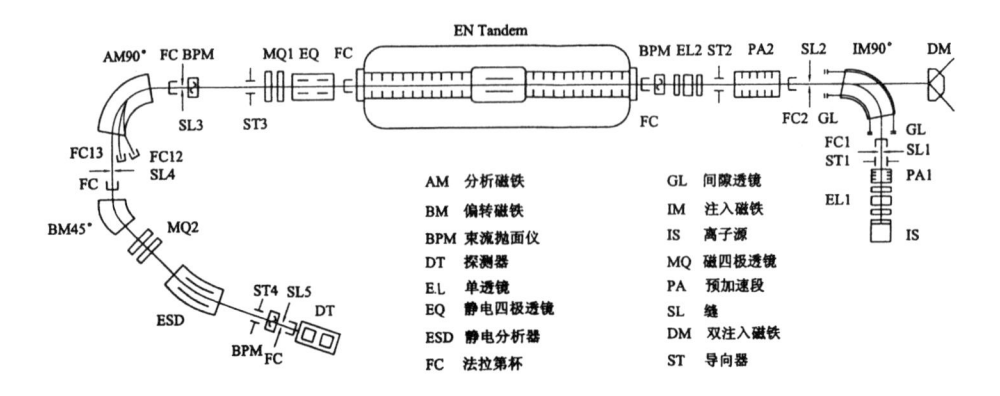

北京大学加速器质谱计装置示意图

AM	分析磁铁
BM	偏转磁铁
BPM	束流抛面仪
DT	探测器
EL	单透镜
EQ	静电四极透镜
ESD	静电分析器
FC	法拉第杯
GL	间隙透镜
IM	注入磁铁
IS	离子源
MQ	磁四极透镜
PA	预加速段
SL	缝
DM	双注入磁铁
ST	导向器

虑到价格等因素，最后确定了购置设备、仪器的整体方案。

从1997年4月开始，专题组开始购置和安装新的设备，到1998年3月，设备安装基本结束，开始全系统联调，对不够理想的部位进一步改造和完善。

1998年12月初，夏商周断代工程向北大AMS专题组提供4种样品进行盲检（检测者事先不知道样品的出土地点和年代），测定结果与中国社科院考古所、北京大学考古系仇士华、陈铁梅具体负责的两个常规^{14}C实验室所得到的年代值在允许误差范围内基本一致。稍后，专题组还选出7个样品，送往在世界同行中颇负盛名的加拿大多伦多大学加速器质谱学实验室进行测量，以和北大AMS的结果做比对参考。再后来，AMS专题组对国际原子能机构（IAEA）提供的标准样品进行了比对测量，前后两期比对的结果均显示了良好的一致性。与此同时，AMS专题组有计划地对一些样品安排了复测，以检验测量结果的可靠性，并对一些考古学家有疑问的数据也安排了复测。通过一系列盲检、复测和比对，结果表明，北京大学加速器质谱计的测量结果有较高的可信度，所给出的年代数据与真值的偏差，一般不会超过2σ的范围（95%置信区间）。鉴于以上取得的可行性效果，北京大学AMS专题组开始对夏商周断代工程提供的批量样品进行测定，并在测量过程中继续深入地进行^{14}C测年方法的研究，以

第六章 夏代纪年的推算

使测量质量不断得到改善和提高。

当然，加速器质谱计作为科学领域一门先进的技术，它的操作和运算过程是极其复杂的，外人很难领悟其中的奥妙，仅仅是一个基本公式就列有一长串令人眼花缭乱的数字，请看下面基本公式的一个片段：

加速器质谱计^{14}C测年是相对测量，即以标准样品（下标为s）为参照来进行未知样品（下标为x）的测量。考虑到本底（下标为b）校正和分馏校正，样品年龄

$$\text{Age} = -8033\ln(\text{MC}), \quad (1)$$

其中MC为未知样品以现代碳（Modern Carbon）为单位的放射性比活度，以下称为样品的MC值。

$$\text{MC} = K_s \left[\frac{R_{xs} - R_{bs}}{1 - R_{bs}} \right] K_{fr}, \quad (2)$$

其中

$$R_{xs} = \left[\frac{R_x(14/13)}{R_s(14/13)} \right], \quad (3)$$

$$R_{bs} = \left[\frac{R_b(14/13)}{R_s(14/13)} \right], \quad (4)$$

K_s为标准样的MC值，中国糖碳的$K_s=1.362$，国际草酸OX–I的$K_s=1/0.95$。K_{fr}为分馏校正因子，若以中国糖碳为标准样，

$$K_{fr} = \frac{(1 + \delta^{13}C_x/1000)}{(1 - 19.32/1000)} \left[1 - \frac{2(25 + \delta^{13}C_x)}{1000} \right], \quad (5)$$

若以OX–I为标准样，

$$K_{fr} = \frac{(1 + \delta^{13}C_x/1000)}{(1 + \delta^{13}C_s/1000)} \left[\frac{1 - 2(25 + \delta^{13}C_x)/1000}{1 - 2(19 + \delta^{13}C_s)/1000} \right]。 \quad (6)$$

故我们需用AMS测得R_x，R_s，R_b，用常规质谱计测得$\delta^{13}C_x$和$\delta^{13}C_s$（中国糖碳的$\delta^{13}C_s=-19.32$），然后即可求得样品的年龄。

面对如此复杂、严谨、精密的科学计算，负责这个专题的学者们付出的

225

鲁向阳作 ^{14}C 测年报告

鲁向阳（右二）、刘克新（右三）等青年学者在进行设备安装调试

心血和精力是可想而知的。同时从另一个侧面也可以看出，夏商周断代工程是在怎样的一种科学条件和科学精神的指导下进行的。

所幸的是，加速器质谱计测年专家在承担了夏商周断代工程专题之后，得到了北京大学校领导和重离子物理研究所的高度重视与支持。先后有26名学者分别承担了物理、机械、真空、电子、计算机等不同专业的工作。需要特别提及的是，AMS测年设备，不像一般人想的那样是由几台电脑和几根试管构成的。其设备的总重量达几千吨，需要3000多平方米的空间才能合理摆放，否则就无法进行正常工作。在设备改造期间，专题组人员四处采购部件，运回后自己动手安装，当安装最大部件时，正处于酷暑时期，青年学者鲁向阳等顾不得斯文，光着汗淋淋的膀子，和其他学者们一道喊着号子来回搬运。青年学者汪建军于1994年硕士毕业后留校在重离子物理研究所工作。一位朋友在中美两地创建了一家较大的上市公司，邀请其加盟，所付的报酬是在所里工作的十几倍。面对如此优厚的条件，汪建军萌生了离开北大重离子物理研究所的念头，并打报告向所领导正式提了出来。此时正值夏商周断代工程上马，汪建军被编入AMS专题组并负责数据获取系统。鉴于人手短缺，许多工作需要青年学者介入，所领导劝其以国家利益为重，将这项工作完成后再作考虑。汪建军愉快地服从了组织决定，继续留在AMS专题组，

安装成功后的加速器

并尽其所能完成所承担的工作，直到专题结束后才调离工作岗位。1998年初，加速器质谱计的设备改造接近尾声，调试工作和方法学研究即将开始。这是一项繁重而艰巨的任务，谁来担此重任？郭之虞首先想到了刘克新副教授。他是陈佳洱指导培养的博士研究生，曾在建造北京大学加速器质谱计的第一期工程中立下汗马功劳，在AMS调试上有丰富的经验。但此时他正在澳大利亚国立大学做访问学者，且因工作出色，外国老板希望他能延期回国。这样的机会不易多得，但郭之虞还是狠下心发出了要求他按期回国的信息。刘克新得知国内情况后，立即放弃了国外的优越条件，毅然奉召回国，并随即投入夏商周断代工程中。

当AMS进入调试与测量阶段后，由于时间紧、任务重，机器不得不连续几天几夜不停地运转，加班加点和值夜班对专题组人员而言已是家常便饭。在一年多的时间里，刘克新等青年学者在机器边日夜坚守，深怕发生故障和不可预测的事故。正是由于有

在夏商周断代工程 ^{14}C 测年汇报会上，鲁向阳与郭之虞（左起一、二）向与会专家演示检测成果。右为考古专家杜金鹏

了这样一支具有很高的学术与专业技术水平，又具有拼搏献身精神的队伍，工作才得以顺利进行。

北京大学加速器质谱计在被成功地改进之后，^{14}C测量精度已由原来的1%—2%提高到0.4%—0.5%，测年误差在32—40年之间。就批量样品的测量而言，所测样品超过工程指定的250个，并达到了国际先进水平。在其他方面也完全达到或超过了工程预期的效果。

AMS法专题组，对考古人员提供的木炭或骨制样品，进行了测定。当^{14}C年代值测出后，由对系列样品树轮校正法和贝叶斯统计学做过深入研究的青年学者马宏骥，进行树轮曲线校正和计算，最后通过拟合换算出一个误差较小的日历年代。

关于河南龙山文化晚期分为三段：

第一段　以王城岗一期、煤山一期为代表；

第二段　以王城岗二、三期，瓦店一、二期，煤山二期为代表；

第三段　以王城岗四、五期，瓦店三期为代表。

经过对王城岗遗址的系列含碳样品进行AMS^{14}C年代测定并拟合，得出下列数据：

河南龙山文化晚期遗存分期及AMS测年数据

分期			单位	样品	实验室编号	^{14}C年代（BP）	拟合后日历年代（BC）
一段	王城岗	一期	告西T130H340	骨头	SA98100	3738±43	2190—2110
			告西T153H402	骨头	SA98101	3728±44	2190—2105
二段	王城岗	二期	告西T157奠6	木炭	SA98102	3635±50	2132—2082
			告西T179奠8	骨头	SA98104	3627±36	2128—2084
	王城岗	三期	告西T31H92	骨头	SA98108	3703±55	2090—2030
			告西T179H470	骨头	SA98110	3732±43	2090—2030

续表

分期			单位	样品	实验室编号	¹⁴C年代（BP）	拟合后日历年代（BC）
三段	王城岗	四期	告西T92H192	骨头	SA98116	3697±42	2050—1985
			告西T242H536	骨头	SA98117	3611±41	2038—1998
			告西T157H418	骨头	SA98120	3648±35	2041—1994
	王城岗	五期	告西T107H233	骨头	SA98122	3669±34	2030—1965
			告西T51②	骨头	SA98123	3657±37	2030—1965

从上表可以看到，河南龙山文化晚期的时间排序为公元前2190—前1965年。

由于此前用¹⁴C常规法所测二里头遗址的最早年代为公元前1880年，这就不难发现，河南龙山文化晚期的最晚段公元前1965年，与二里头遗址最早段公元前1880年之间有85年左右的缺环，从文化传承关系和考古发现的层位关系来看，二里头一期遗存常常叠压在河南龙山文化遗存之上，两者在时间上紧密相接，其间不可能再有什么缺环。但比较它们的文化面貌，却又有着明显的区别，这个区别表明河南龙山文化到二里头文化出现过文化中断现象，产生过突变。也就是说二里头文化不是河南龙山文化的自然延续，河南龙山文化也不是形成二里头文化的全部来源。有鉴于此，夏商周断代工程部分学者认为，河南省新密市新砦遗址以某些单位为代表的遗存，早于二里头文化一期，晚于河南龙山文化晚期。根据这条线索，"工程"于1999年开始安排考古人员对新砦遗址再次进行了发掘，发掘结果证明新砦文化二期上接龙山文化晚期（新砦一期），下连二里头文化一期，正填补其间的空白。由此可见，整个龙山文化晚期到二里头文化¹⁴C测年的年代跨度上、下限为公元前2190—前1521年，总积年为669年。

当然，这个积年只能说是一个大的时间框架，并不能代表整个夏代的年数，有关夏代积年还要参照其他学科的研究情况进行整体推算。于是，便有了天文学的介入。

科学与人

中国是天文学发展最早的国家之一，早在史前时代，先民们对寒来暑往，月圆月缺，植物的生长、成熟和动物的活动规律，就积累了一定的知识。最迟在新石器时代早期，中国先民就开始对日、月等天象进行观测。1972年，在河南郑州市大河村仰韶文化遗址出土的彩陶片上，曾发现绘有天文的图案，这些图案有光芒四射的太阳纹和肉眼极难看到的日晕图，有满月和蛾眉月彩绘，还有残存的北斗星象图等，这些图像反映出先民们已积累了相当多的天文知识，并把它们绘制在陶器上。据专家考证，其图案绘于5000年以前。而1963年在山东莒县凌阳河大汶口文化遗址出土的灰色陶尊上，则刻画着太阳与云气的形象图案，陶尊的年代距今大约有4500年。或许在这个时候，人们就根据日之升降、月之圆缺及某星在天空的位置来定方位、定时间、定季节了。当时，除日、月外，人们对红色亮星"大火"相当重视。"大火"，现代天文学称为"天蝎座α星"。传说在中国古帝颛顼时代，就设置"火正"之官，观察大火运行，用以指导农业生产。可以说，天文学在各门自然科学中是产生最早的一门学科。诚如恩格斯所说："必须研究自然科学各个部门的顺序的发展，首先是天文学——游牧民族和农业民族为了定季节，就已经绝对需要它。"

中国早期天文学在"定季节"的同时，还伴有鲜明的占星术特点和强烈的政治色彩。《周易·象传》说："观乎天文，以察时变。"《系辞·上》也说："天垂象，见吉凶。"这里说的天文就是天象，按中国古代的占星家的理论和学说，宇宙天体与人间社会可相互感应，天象的变化乃是上天对人间祸福的示警。这种独特的文化心理不仅促使统治者垄断一切天文占验，而且使他们不得不辛勤地观测天象，以便寻找天象与人事之间的某种联系。从传说中的黄帝开始，历朝历代都有占星家，这些人几乎都以他们各自的占星术对当时的政治产生过不同程度的影响。

历史上的占星家关注的天象主要有两类，一类属于奇异天象，另一类则是五星运动。关于奇异天象的占验比较简单，因为某一颗星主掌某事都已形成一套固定的模式，于是占星家根据它们的变化特点，便可预测吉凶。相对

第六章 夏代纪年的推算

而言，五星的占验就复杂得多，不仅各星所具有的吉凶性质不同，而且它们的动态所反映的吉凶情况也不同，占星家们把已经掌握的五星在一个运动周期内的运动情况作为五星的常态，如果它们的运动与常态相违背，就可以依据不同的变化来确定吉凶。而中国古代天象记录，其数量之多，门类之全，系列之长也是世界其他国家难以匹敌的。正是古人留下的这笔珍贵而丰富的文化遗产，才为夏商周断代工程提供了一条重要的研究途径。

不难理解的是，由于天象自身所具有的周期性，根据其运行规律，利用现代先进的科学手段，完全可以对文献记载中早已逝去的天象进行回推，这种推算方法在科学高度发达的今天，已达到了相当精密的程度，完全可以推算出这些天象发生的准确时间，从而可以帮助研究者解决历史年代学中，特别是夏商周三代年代学中的某些难题。

夏商周断代工程启动之初，李学勤、席泽宗等专家就注意到天象的研究将在工程中起重大作用，因而参考国外的天象研究方法，专门列出了"仲康日食""武王伐纣天象""懿王元年天再旦"等研究课题或专题，并由工程首席科学家、科学史界的翘楚席泽宗具体负责在全国范围内选择有关学者，对各个项目进行分配，然后分头研究。

席泽宗在书房（作者摄）

席泽宗，1927年6月生于山西省垣曲县，自6岁起开始在家乡念私塾。1938年，抗日战争的烽火结束了他5年的私塾生活。这一年，国民

党军队节节败退，日军乘机追至垣曲。席家不得不举家避往乡间，席泽宗也被迫辍学，从此开始了颠沛流离的少年时代。

1941—1944年间，席泽宗在陕西洋县国立七中二分校上初中，虽然生活极为清苦，但此处实行的是新式教育，他开始在这里接触到一些自然科学知识，包括天文学。1941年9月21日发生的日全食给他留下了深刻印象。1944年他进入兰州西北师范学院附中读高中，西北师院的前身即北京师范大学，北平沦陷后迁往后方。当时学校里学习空气浓厚，席泽宗读了许多课外读物，其中有南京紫金山天文台台长、著名天文学家张钰哲写的《宇宙丛谈》，这本天文学的科普文集使席泽宗对天文学产生了更加浓厚的兴趣，进而开始找其他的天文书籍来阅读。席泽宗回忆说，自己生平在科学道路上有两个转折点，都和张钰哲有关，《宇宙丛谈》就是其中之一。

1948年元旦，正在中山大学读书的席泽宗在广州《越华报》发表了他的第一篇文章《预告今年日月食》。此后他一面学习，一面在广州、香港等报纸上发表了几十篇文章，这些文章大部分都和天文学有关。1951年，北京商务印书馆出版了他的第一本著作《恒星》，那时他还是一名学生。

席泽宗从中山大学毕业前，因对天体物理感兴趣，曾联系好去南京紫金山天文台工作，但毕业时人事部门却把他分配到了北京的中国科学院编译局，担任《科学通报》的编辑。在这里，他认识了主管编译局的中科院副院长、著名气象学家竺可桢。1952年，根据竺可桢的安排，他被送往哈尔滨俄语专科学校，专修俄语两年。1954年回编译局后，他和戴文赛合作翻译了苏联阿米巴楚米扬等人的《理论天体物理学》。此书于1956年由科学出版社出版后，曾长期被作为研究生的教材使用。

当时苏联天文学界对利用历史资料研究超新星爆发与射电源的关系很感兴趣，他们曾致函中国科学院，请求帮助调查有关的历史资料。竺可桢把这个任务交给了席泽宗，这是席泽宗涉足天文学史研究的第一步。一年之后，即有蜚声中外的《古新星新表》问世。

20世纪40年代初期，金牛座蟹状星云被证认出是公元1054年超新星爆发的遗迹。1949年又发现蟹状星云是一个很强的射电源，不久发现著名的1572年超新星和1604年超新星遗迹也是射电源。根据这个发现，天文学家产生了设想：超新星爆发可能会形成射电源。由于超新星爆发是极为罕见的天象，因此要检验上述设想,必须借助于古代长期积累的观测资料。而证认古代新星和超新星爆发记录的工作,曾有一些外国学者尝试过,如伦德马克等。但他们的结果无论在准确性还是完备性方面都显得不足。

从1954年起,席泽宗连续发表了几篇研究中国古代新星及超新星爆发记录与射电源之间关系的论文,接着在1955年发表了《古新星新表》。他充分利用中国古代在天象观测资料方面完备、持续和准确的巨大优越性,考订了从殷代到公元1700年间的90次新星和超新星爆发记录,成为这方面空前完备的权威资料。《古新星新表》发表后很快引起美国和苏联的重视,两国先后在报刊上做了报道,随后在专业杂志上全文译载。俄译本和英译本的出现使得这一成果被各国研究者广泛引用。在国内,竺可桢副院长也给予很高的评价,并一再向学术界介绍。竺可桢临终前将这项成果和《中国地震资料年表》并列为新中国成立以来中国科学史研究的两项重要成果。

随着射电天文学的迅速发展,《古新星新表》日益显示出其重大意义。于是席泽宗和薄树人合作,于1965年又发表了《中朝日三国古代的新星纪录及其在射电天文学中的意义》一文。此文是在《古新星新表》的基础上做了进一步修订,又补充了朝鲜和日本的有关史料后,制成的一份更为完善的古代新星和超新星爆发编年记录表。这份记录表同时确立了七项鉴别新星爆发记录的判据和两项区分新星和超新星记录的标准,并讨论了超新星的爆发频率。这篇论文发表后,在国际上产生了更大范围的影响。第二年(1966年),美国《科学》杂志第154卷第3749期译载了全文,同年,美国国家航天和航空局又出版了一种单行本。自此之后,世界各国科学家在讨论超新星、射电源、脉冲星、中子星、γ射线源、X射线源等最新天文学研究对象时,经常引用以上两文。1965年李约瑟致函竺可桢,建议推荐席泽宗为国际科学史研究院通讯院士,这时的席泽宗仅是一名助理研究员。剑桥英文版《中国天文学和天体物理学》杂志主编、爱尔兰丹辛克天文台的江涛在1977年10月的美国《天空与望远镜》杂志上撰文说:"对西方科学家而言,发表在《天文学报》上的所有论文中,最著名的两篇可能就是席泽宗在1955年和1965年关于中国超新星记录的文章。"美国著名天文学家O.斯特鲁维等在《二十世纪天文学》一书中只提到一项中国天文学家的工作,这就是席泽宗的《古新星新表》。

对利用历史资料来解决现代天文学课题，席泽宗长期保持着注意力。1981年他去日本讲学时曾指出："历史上的东方文明绝不是只能陈列于博物馆之中，它在现代科学的发展中正在起着并且继续起着重要的作用。"或许，正是有了这种思想的指导，才有了《伽利略前二千年甘德对木卫的发现》论文的发表，并再次轰动了世界天文学界。

木卫是指从属于木星周围的小星，它们和木星共同组成了一个系统。学术界大都认为木星的4颗大卫星是伽利略于1610年用望远镜首先发现的。有些书中说，用肉眼无法看见这4颗大卫星，因为它们离明亮的木星太近了。但是席泽宗经研究发现，木星的181颗大卫星是肉眼可见的，两千多年前的中国战国时代天文学家甘德就看见过。

早在1957年，席泽宗就注意到《开元占经》中所引一条战国时期关于木星的史料："甘氏曰，单阏之岁，摄提格在卯，岁星在子，与婺女、虚、危晨出夕入，其状甚大有光，若有小赤星附于其侧，是谓同盟。"正是这条史料，使席泽宗怀疑甘德可能已经发现了木卫。这条史料许多人都知道，但伽利略用望远镜发现木卫这一事实，使那种认为木卫只能用望远镜才看得到的说法深入人心，成为传统观念，所以人们对这条史料大都轻易放过了。席泽宗却把这件事放在心上。多少年之后，他在弗拉马利翁的著作中发现了木卫可用肉眼看见的主张，后来又在德国地理学家洪堡的记述中发现有肉眼看见木卫的实例，这使他联想起甘德的记载，于是着手研究。经过周密的考证和推算，他证明：上述甘德的记载是公元前364年夏天的天象，甘德确实发现了木卫。同时，他又将这一结论交付北京天文馆天象厅做模拟观测。与此同时，中国科学院自然科学史研究所组织青少年在河北兴隆县做实地观测，北京天文台在望远镜上加光阑，模拟人眼进行观测，三家观测结果一致表明在良好条件下木卫可用肉眼看到，而且甘德的记载非常逼真。这些观测有力地证实了席泽

1981年2月13日，香港《大公报》对席泽宗重要论证的报道

第六章 夏代纪年的推算

宗的结论。这个结论把人类认识行星卫星的历史提前了两千年，在国际上引起巨大反响，国内外报刊做了大量报道，英、美等国都翻译了全文。以毕生精力研究中国天文学史的日本京都大学名誉教授薮内清为此发表了《实验天文学史的尝试》一文，认为席泽宗的研究是实验天文学史的开端。

席泽宗从青年时代醉心于天体物理学，至20世纪50年代以《古新星新表》蜚声国际天文学、科学史两界，由此奠定了他在学术史上的地位。此后他在中国恒星观测、宇宙理论、天文学思想史、人物研究、敦煌卷子、马王堆汉墓出土帛书中的天文学文献等方面又做了大量重要工作，终成享有国际声誉的天文学家和天文史专家。他曾出任中国科学院自然科学史研究所所长、中国科学院院士、中国科学技术史学会理事长、国际天文学联合会天文学史组织委员会委员、第16届国际科学史大会远东组主席、国际科学史研究院通讯院士等，并已被8种世界名人录列传。

夏商周断代工程正式启动之前，他就作为中国天文学史界的代表，参加了论证筹划以及可行性报告的起草工作。不过按席泽宗的说法，他刚开始介入这项工作之时，心理上有一种"如临深渊，如履薄冰"的感觉。因为夏商周断代工程所要解决的是一个古史年代学问题，而过去的年代学研究者，往往付出了很大的努力，但成功率却极其有限。中国

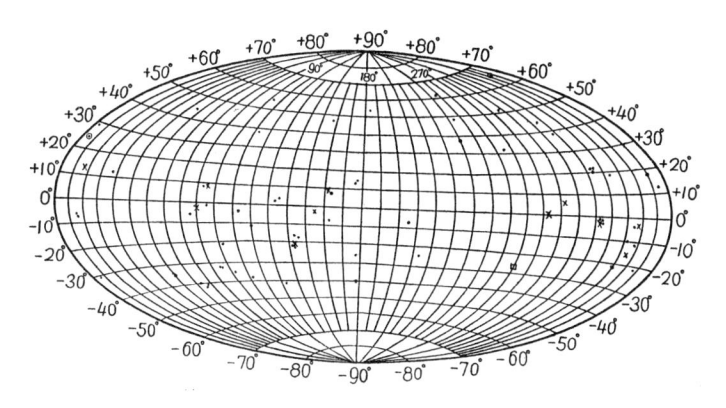

古新星的视分布图。图中，·为新星；X为超新星；⊙为再发新星；□为南赤极（引自席泽宗《古新星新表》）

235

两千年来的研究者不用说,就是国外也是如此。例如世界顶级的大科学家牛顿,在完成有关的天体力学研究之后,开始研究《圣经》中记载的有关古史年代问题,他所倾注大量心血研究出的结果,后来被科学界当作神学类的东西无情地抛弃了。可以说,在这一研究领域,牛顿是不成功的。在20世纪50年代初期,席泽宗任《天文学报》编辑时,在第一期就刊登了天文学家刘朝阳写的关于武王伐纣年代的文章,结果引来了许多批评意见。有的学者在寄给编辑部的信中写道:按照几何原理,两点方可画一线,三点才可画一个圆。而刘朝阳是只知其一不知其二,就开始连线和画圆,其间谬误可想而知。面对众多学者对刘朝阳文章观点的批评,席泽宗感到武王伐纣问题,是个既让学者们敏感,又十分棘手复杂的难题,不是一两个学者凭自己掌握的知识,在短时间内就可以解决的,所以后来只在刊物上刊登了一篇批评文章,就匆匆偃旗息鼓了。这次当席泽宗和李学勤、仇士华等专家聚在一起谈到"工程",并表露了自己的担心时,李学勤从社会科学的角度对"工程"所具备的条件和可行性做了解释,而仇士华则用具体的事例说明有些过去看似无法解决的问题,现在能够得到解决。如武王伐纣的年代问题,仇士华表示可以用 ^{14}C 测年法,对一些墓葬的系列样品,通过高精度测年来确定这段历史的范围,然后再参考其他的研究成果,就可以确定一个较为准确的年代。过去只从天文学的角度来看待年代学的席泽宗,想

席泽宗(中)与夏商周断代工程专家讨论历史记载中的日食事件(作者摄)

不到还可以从考古、^{14}C测年、金文历谱的排序等角度来综合交叉研究并确定年代。经过几次沟通和交流，他消除了顾虑，信心大增，决心为"工程"的完成尽自己的最大努力。

在"工程"的早期，他受有关方面的委托，邀请全国各地的部分天文学家如吴守贤、张培瑜、陈美东、陈久金、薄树人、刘次沅、江晓原、孙小淳、胡铁珠等，在京召开了一个专业性的座谈会，就如何利用天文学方法研究夏商周年代问题进行了讨论。会上，席泽宗开列了在"工程论证报告"中拟定的十个天文学研究专题，供大家讨论，并根据与会者各自的条件和能力选择其中的一个或几个专题分头进行研究。与此同时，对每一个研究项目承担者的工作条件、工作计划、研究方法与途径、所达到的目标等，都给予了初步论证。如相传在夏代仲康年间曾发生过一次日食，这次日食后来记载于《尚书》中。如果通过天文学研究，算出这次日食在夏朝仲康时所发生的绝对年代，可对夏代年代框架起到很好的补充和验证作用。当与会者对"仲康日食研究"这个项目的工作条件、研究方法与途径等问题和困难进行论证时，席泽宗特别指出："当年考古学家徐旭生对这一记载曾看得非常重要。徐老说过，'我们疑惑我国古史可靠年代开始的问题，等到将来仲康时日食的问题能圆满解决以后，或者就没有太多的问题了。也同埃及年代学上的问题一样，到了天文学家确实计算出来天狼星于公元前4241年7月19日黎明在孟菲斯的纬度出现以后，就没有太多的问题一样'。"

对于这种看法，席泽宗说："徐旭生先生未免把问题看得过于简单了。事实上，古埃及的年代问题，并不是单靠天狼星偕日出的计算就可以解决的。而中国夏代仲康时期的日食，也是梁代虞𠫵以来，1000多年争论不休的问题。首先，记载这次日食的《尚书·胤征》的真伪有问题；其次，承认确有这个文献，但说的是不是日食，又有争论；第三，承认是日食，但发生在哪一年，又有争论，经过历代为数众多的天文学家的推算，仲康日食发生的时间，最早的可以早到公元前2165年，最晚的可以晚到公元前1876年，上下相差289年，而按一般的说法，夏朝只有400多年。"

面对以上情况，席泽宗和承担此专题的天文学家吴守贤等学者，在经过反复讨论后认为，其研究的目标，首先是要确定《尚书·胤征》的有关记载是不是日食事件。假如确为日食事件，就可以运用天文学成果，对这次日食的发生时间进行推算。鉴于目前国内外已有多种推算结果，必须运用最先进的天文软件和国内外日食记事的比较法，重新推算公元前2200—2000年间中原地区的可见日食。为了保证结果的正确，还需要加进月亮轨道根数长期变化和地球自转长期变化的数据。最后还要与文献考证相配合，以断定最合理的日食年代。

在这次讨论会上，席泽宗在总结性发言中强调：单纯的天文学计算不能解决夏商周年代问题，必须各学科互相配合，才能取得进展，而夏商周断代工程正是为这种合作开辟了前所未有的大好局面。在这项自然科学与社会科学联合攻关的"工程"中，天文学研究必将发挥独特而重要的作用。

夏商周断代工程正式启动后，席泽宗以首席科学家之一、专家组副组长的身份，统揽、指导有关天文学方面的研究工作，并同另外三位首席科学家和专家人员一道，对研究成果做出最终的评判和取舍。

奇异的夏代天象

从文献记载看，夏代有五星聚合、仲康日食两条天象记录，这两条记录可以通过科学的推算来考察夏代纪年。

据《太平御览》卷七引《孝经钩命诀》载："禹时五星累累如贯珠，炳炳若连璧。"另据《古微书》载："帝王起，纬合宿，嘉瑞贞祥。"

五星聚合是指五大行星在夜空中会聚在很近的距离内，或如连珠，或如拱璧，异常壮观。这种特殊的天象，自然引起特别的关注与诠释。古人多认为五星为五德之主，它的行度、动态与政治、灾祥有密切关系。五星循度，为得其行，则天下太平，政和民安；乱行则有亡国革政兵饥丧乱之祸。由于五星聚合关系到天下兴亡，因此受到历代帝王的重视，并对社会文化生活产生了深刻的影响。在这种政治、文化背景下，许多五星聚合的现象被记录下来，并得以流传后世。

利用五星聚合的历史天象记录来讨论解决古史年代学问题，古今中外许多学者都曾做过尝试。随着电子计算机和天文力学理论的巨大进步，计

第六章 夏代纪年的推算

算行星在天体中的准确位置已不困难。因此，20世纪80年代之后，天文学家对五星聚合的问题重新进行了系统的研究。如台湾清华大学历史研究所黄一农等学者通过具体的天文计算，系统地讨论了中国古籍中记载的八次五星聚合记录，尤其是夏商周三代的记录，从而对西周共和以前的古史年代提出了许多具有参考意义的新见地。

夏商周断代工程启动之后，关于"禹时五星聚"的天文记录推算，由中国科学院紫金山天文台徐振韬和南京大学天文系蒋窈窕两位天文学家负责。

夏朝建国的年代，按一般年代估算，在公元前2100年左右，两位学者应用美国ARC软件公司开发的先进软件，在围绕这个年代前后相差一二百年的范围内搜寻，结果发现有一次非常理想的五星聚合。这次特殊的天象就发生在公元前1953年2月。电子计算机显示，从2月中旬起，在黎明的东方地平线上，土星、木星、水星、火星和金星自下而上排成一列，非常醒目壮观，完全可能给人留下极为深刻的印象。这

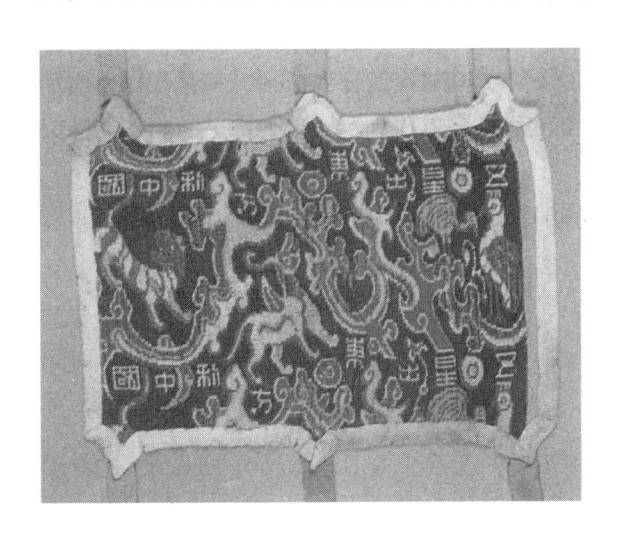

新疆民丰尼雅遗址出土的汉晋"五星出东方利中国"锦质护膊

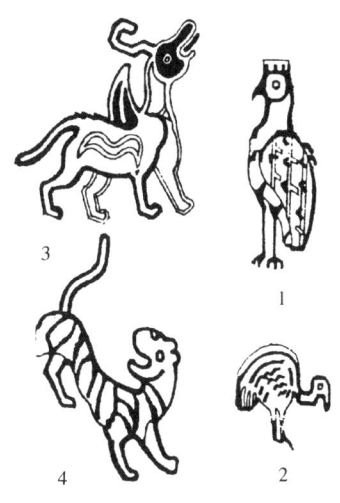

"五星出东方利中国"织锦上的四种动物图案：1.孔雀；2.仙鹤；3.辟邪；4.虎

种天象奇景一直延续到3月初。特别值得指出的是，在公元前1953年2月26日夜，五大行星几乎团聚在一起，相互之间的角距离小于4度，更增加了"五星连珠"的神秘色彩。据此，两位天文学家断言："这个天象可能是人类文明史上发生的最难得的'纬合宿'即五大行星团聚现象。它可能被认为是一种'嘉瑞贞祥'，暗示'帝王起'，要建立新的王朝。如是，则上列两条记录反映出夏朝建立时发生的天象，其绝对年代应该是公元前1953年。"

当然，这个推算是建立在文献记录绝对可靠、日历换算也绝对准确的基础之上的。现代研究证明，古代关于天文现象的记录，绝大多数出自实际观测，应该是可靠的。就五星聚天象而言，也应是准确和可靠的，不存在后人伪造的情况。但也不能排除的是，由于政治上的原因，记录者出于对时局、灾祥的附会，或许会将天文现象发生的年月做些改动。再加上记录中出现的缺失和传抄过程中存在的错误，其绝对值也是难以保证的。因此，"禹时五星聚"天象记录推算出的公元前1953年只能作为估定夏代年代的一个参考基点，而不能作为定点。

如同上文所言，中国在遥远的古代，就将天象观测作为一个国家极其重要的政事，每一朝代都设置位高的专官，专门从事这种观测工作。而朝廷对天官的期望也往往很高，督促极为严格，若天官不认真观测，就很容易出乱子，天官本人也有被诛戮的命运。如在中国最古老的典籍之一《书经》中有一篇叫《胤征》的文章，讲述了一位司天的天官因玩忽职守遭到杀头的悲剧故

命官受时图（引自《钦定书经图说》）

第六章 夏代纪年的推算

事。由于这个故事发生的年代之早和具有的典型意义,因此给后人留下了深刻的印象。

夏代经过禹、启到太康时代,国势就有些不妙,而这位太康掌管朝政后,放情纵欲,不理朝政,既不关心历法,也不过问天官的工作,使国家政务和农事陷入了混乱不堪的局面。这种局面终于遭到了以后羿为代表的武装集团的反对,并起兵夺取了国家政权。太康等兄弟五人在后羿军队的凌厉攻势之下,不得不放弃京都而出逃。

太康死后,其弟仲康继位。为了吸取太康一朝的教训,仲康对朝廷内外进行了整顿,不仅新设立了司天的职官羲和,还任命胤侯执掌兵权,很有些中兴的势头。正在这个时期的某一个朔日,突然发生了一件惊天动地的大事。只见原本高悬天空光芒四射的太阳正一点一点地消失,顿时天色由灰变暗,由暗变黑,几步之内难辨人影。在野外游荡的鸡狗鹅鸭甚至微小的蚂蚁,都因急于寻找归宿以至在黑暗中团团乱转,路上的行人面对这突如其来的天象变化,个个惊恐万状,争相夺路而逃。按照当时的认识和天命的宇宙思

羿射河伯
(屈原《离骚·天问》插图,明·萧云从作)
原文:帝降夷羿,革孽夏民。胡射夫河伯,而妻彼雒嫔?冯珧利决,封豨是射。
注释:天帝降下夷羿,篡夺帝位,变革夏政。河伯,黄河水神。雒嫔,洛水美女神,即宓妃,河伯之妻。宓妃与羿淫乱,河伯得知,化作白龙前去探察。结果被善于射猎的羿一箭射瞎了右眼。
萧云从自注:"河伯化为白龙,羿射眇其一目也。羿又梦与雒水神宓妃交。冯珧利决,封豨是射者,言不德,唯恃其弓,以射神兽,为畋猎之娱也。"

想，凡日食出现，预示着国家将有灾难发生，这个灾难可能会危及帝王的地位或者性命。只有国王亲率众臣到殿前设坛焚香舍钱才能将太阳重新召回，灾难也可以避免。这个过程称为"救日"。此时，宫中乐官眼看太阳一点点沉没，黑暗就要笼罩大地，焦急与惊恐之中迅速敲响了救日的钟声，洪亮急促的钟声穿过一层层富丽豪华的大殿，惊动了夏帝仲康和文武百官，主管钱币的财官啬夫慌忙去库中取钱礼天，帝仲康也匆匆出后宫上朝率百官举行救日之礼。就在朝廷上下一片惊恐与混乱，并忙得不可开交之时，独不见负责司天的关键人物羲和前来。帝仲康正为羲和没有提前报告日食之事大为恼火，又不见其前来行救日之礼，自是愤恨不已，情急中忙派人去找寻。意想不到的是，这羲和正醉卧屋中，发着鼾声做着美梦，外面发生的惊天动地的大事似乎与他毫无关系。仲康闻知，气得脸色铁青，根据夏朝政典规定，凡不及时上报日食的天官"杀无赦"。于是他咬牙切齿地高声喊道："快把这个擅离职守、违背朝纲的昏官砍头！"这一声命令，将正沉湎于美梦中的羲和推上了断头台。

以上的故事明确表述了夏朝仲康时代的一次日食记录，也是全世界所知最早的一次日食记录。在流行的古文《尚书·胤征》中，曾经这样较详细地表明了当时胤侯奉命征伐羲和的情形和理由：

羲和像

惟仲康肇位四海，胤侯命掌六师。羲和废厥职，酒荒于厥色。胤侯承王命徂征，告于众曰：嗟！予有众，圣有谟训，明征定保，先王克谨天戒，臣人克有常宪，百官修辅厥后，惟明明。每岁孟春，遒人以木铎徇于路，官师相规，工执艺事以谏，其或不恭，邦有常刑。惟时羲和，颠覆厥德，沉湎于酒，畔官离次，俶扰天纪，遐弃厥司。乃季秋月朔，辰弗集于房，瞽奏鼓，啬夫驰，庶人走。羲和尸厥官，罔闻知。昏迷于天象，以干先王之诛。《政典》曰，先时者杀无

羲和身首异处

赦，不及时者杀无赦。

就这次事件，与古文《尚书》相呼应的是司马迁在《史记·夏本纪》中的记载："帝仲康时，羲和湎淫，废时乱日，胤往征之，作《胤征》。"若将两文比较就可发现，后者对前文的"乃季秋月朔，辰弗集于房"等时间和日食现象没有记载。按常理推论，《史记》的可靠性很大，而古文《尚书》不足以完全置信。但《左传·昭公十七年》曾在讨论若日食发生，应举行的典礼问题时，引用到这一段记载，由此可见这次日食记录应是可靠的。依据《左传》所载"日月之会是谓辰"，故"辰弗集于房"就应表明那一天确是发生过日食。但是，也有一些学者对此表示怀疑，因为在4000多年前的远古时代，要求一个天文学家准确地预报日食，似乎是让人难以置信的。日本学者新城新藏在其所著的《东汉以前中国天文学史大纲》中，就对此事持怀疑态度。而英国人所编的百科全书，对公元前世界各国的日食记录都编入条目中，唯独对中国这次世界上最早的日食记录以不可信为理由弃之不理，这让中国学者很是不平。当然，要让现代人相信早在4000多年前，天文学家就能够准确地预报日食并非易事。但问题是，古文《尚书》并没有说羲和非要在日食发生之前的多少天给以预报。事实上，如果有了够多的日食记录，仅将它们排比估算，亦可能得到一个纯经验的周期公式来做日食的预测，做到这一点应是可能的。仲康时代的羲和集他前辈同行几百年的观测经验，完全有可能知道在看不见月亮的那些日子里，应当注意发生日食的可能性，或者说在朔日前后要勤于观测，不能有丝毫懈怠。一旦发现日食，要及时报告。而羲和的过失就在于他对这次日食事先没有闻知，以致犯了"失时"或"不及时"的大罪，最终惹来了杀身之祸。

无论对此怎样评价，这个事件本身是让人难以释怀并无法忘记的。所以自梁代天文学家虞邝认为这次日食发生于仲康元年起，历代天文学家如僧一行、郭守敬、汤若望、李天经等都利用不同的推算方法进行过推算，至20世纪80年代已有13种不同的结果。夏商周断代工程同样注意到了这次日食记录，并委托中国科学院陕西天文台、南京师范大学物理系、南京大学天文系等单位的吴守贤、周洪楠、李勇、刘次沅等学者进行推算，以考察夏年。

吴守贤，1934年生于湖北沙市，1956年南京大学天文系毕业后，到中科院上海天文台从事天体测量研究。1970年调入中科院陕西天文台，成为陕西天文台的创建人之一。1986年任研究员，1987年任博士生导师。之后出任陕西天文台副台长，中科院西安分院（暨陕西省科学院）副院长、院长、党组书记，中国天文学会副理事长、陕西省天文学会理事长、陕西省科技史学会名誉理事长等职。其在天文方面的主要成就和贡献是：参与创建中国世界时系统，参与创建国家授时中心（陕西天文台），主持BPM短波授时台的建立。基础研究包括地球自转变化、天文常数系统和天文学史等。其中由他主持的BPM短波授时系统，获中科院科技进步一等奖，排名第一；中国世界时系统的建立，获国家自然科学二等奖；国际地球自转联测，获中科院自然科学一等奖。

以著名天文学家吴守贤为首的"仲康日食研究"专题组，受领任务后，详尽分析研究了历代前贤发表的原始文献和间接的准原始文献，同时分析了他们各自的工作背景、依据和方法，对不同成果的可信度给予了评判。

经过研究分析，吴守贤等学者发现，在仲康日食的研究中，前贤们分别采用了两类完全不同的方法，一种是采用中国古代历数推步法，另一种是采用基于牛顿天体力学理论设计的现代日食计算方法。但不管采用哪一种方法，他们都或多或少地采用了中国历史编年史料的记载，而这些记载是否真实往往正是历史学家有重大争议的。根据日食出现的规律，在同一地点两次日食发生的间隔时间平均约300年。由于仲康日食的天文要素记录不全，天文学家在推算时，就不可避免地要使用历史编年资料，在这样的背景和条件下，推算出的结果就很难统一和准确。吴守贤等专家用现代方法，并使用最新的太阳和月亮历表对历代天文学家的13种说法进行核算，发现每一种说法都存在问题。现代计算的结果是，如果文献记载中所谓的"季秋"与"房宿"相对应，那么这个时代就应是公元前14—前6世纪，根本不在人们公认的公元前21—前16世纪的夏年之间。夏代季秋之月太阳不在房宿，"季秋"与"房宿"这两个条件只能有一条符合仲康日食。当然，日在何宿是看不到的，古人如杜预作《左传注》也不认为"房"就是房宿。因此，在两个条件中，非要选择其一的话，"季秋"的可能性比"房宿"要大。专题组将"季秋"设定在10月1日至12月18日之间，对洛阳地区公元前2250年至前1850年共400年间的可见日食进行普查性计算，得出符合季秋的大食分日食共有11

次，其中发生在公元前2043年10月3日、公元前2019年12月6日、公元前1970年11月5日和公元前1961年10月26日的4次可以作为夏初年代的参考。

至此，关于夏代年代学研究的三条主要途径即：文献记载中的夏代积年；河南龙山文化晚期以及二里头文化的分期与 ^{14}C 测年文献中有关天象记录的推算等已全部完成。那么夏代到底起始于何年，又终止于何年？由于夏代总积年已被工程专家组根据文献记载选定为471年，只要找出夏朝灭亡的那一年，再由这一年上推471年便是夏朝的始年。根据"工程"关于商代年代学专家们的研究结果，选定夏朝灭亡、商朝建立之年为公元前1600年。那么以公元前1600年上推471年，则夏代始年应为公元前2071年，这个年代从考古学的角度看，基本落在河南龙山文化晚期二段（公元前2132—前2030年）范围之内。因此，工程专家组为取整数，定公元前2070年为夏的始年。

至于这个夏商分界之年，也就是公元前1600年是如何推算出来的，这正是下面要回答的。

第七章 商代早期文明

夏商文化的纠葛，引发了关于界标的学术讨论。^{14}C测年一锤定音，两座城邑的早晚之争宣告平息。小双桥遗址的发掘，洹北商城的大发现，商代前期文明的脉络终于被理清。

夏商界标的论争

夏代纪年已有结论，接着要叙述的是商代纪年的推定。

根据夏商周断代工程的课题设置，整个商代以著名的殷墟文化为界，分为商前期和商后期两部分，每一部分各设几个小的专题。

建立商前期年代学框架的主要依据是商前期考古学文化的分期与测年，以及商前期都城的历史地理学研究和古代文献有关商年记载的研究。

从考古学的角度看，属于商前期的重要遗址有郑州商城、偃师商城、郑州小双桥遗址、安阳洹北花园庄遗址、邢台曹演庄遗址和东先贤遗址等。如果以上述遗址的发掘和分期研究为基础，便可以建立起比较完整的商前期考古学文化序列。当然，在这几处遗址中，郑州商城和偃师商城又是主要研究探寻的对象，因为只有解决了这两座都城的年代和性质问题，才能确立夏商文化的分界。

前面已经介绍，关于二里头遗址文化一、二期之间，二、三期之间，三、四期之间，四期与郑州二里岗下层之间等，到底哪里是夏商文化分界的争论，在1997年11月于河南召开的"夏商周断代工程夏、商前期考古年代学研讨会"上，专家们通过对实物的观察，普遍趋同二里头文化为夏文化。也就是说，二里头文化已不存在商文化的问题了。那么最早

偃师商城发掘现场，王学荣（右）向作者介绍发掘情况

第七章　商代早期文明

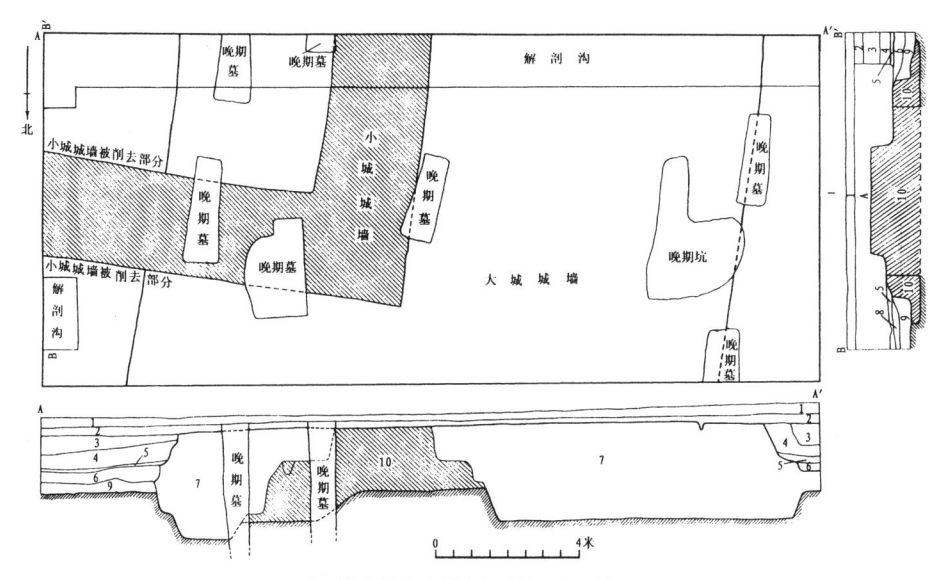

图二　偃师商城小城西北角与大城西城墙位置关系平、剖面图
1. 耕土层　2. 淤土层　3. 淤土层　4. 散夯土　5. 大城使用时期路土　6. 大城城墙附属堆积　7. 大城城墙加宽部分夯土　8. 小城使用时期路土　9. 小城城墙附属堆积　10. 小城城墙夯土　A.1983年发掘部分回填土

偃师商城小城西北角与大城西城墙位置关系平、剖面图（引自《河南偃师商城小城发掘简报》）

的商文化在哪里？郑州商城或偃师商城哪一个是夏商划分的标志？随着问题的提出，学者们在将目光集中到郑州商城和偃师商城这两座文化遗址的同时，也围绕上述问题再度展开了激烈的争论。

就在"工程"开展不久后，为便于^{14}C测年研究，"工程"首席科学家专门安排考古人员对郑州商城和偃师商城某些区域进行了发掘，并提取了具有典型性的含碳标本。也就在这次发掘中，偃师商城的考古人员在原来大城的基础上，又发现了一座南北长约1710米、东西宽约740米的小城。小城内外有壕沟、道路、墓葬、水沟、灰坑等遗迹。从所发掘的遗迹、遗物看，小城明显要早于大城，大城正是在小城的基础上兴建起来的。尤其在小城内宫殿区北部发掘出的一条大灰土沟，其时间跨度几乎涵盖偃师商城所有时期，大大有利于对其早期遗存面貌的认识和对城址性质的正确判定。据此，"工程"专题组成员、偃师商城的发掘者杜金鹏、王学荣等考古学家认为：

249

由于小城的规模不是很大（面积约80多万平方米），并不构成否定其为早商王都的理由。小城的狭小和在建造过程中表现出来的仓促与简陋，以及在城墙设计方面所具有的浓厚的军事色彩，应与商汤灭夏之初，为了镇抚夏遗民、巩固统治权而在夏王朝的腹地傍临夏旧都新建商王朝的统治中心时所面临的政局不稳，人力、财力匮乏等情况，正相符合。相反，在当时的历史背景下，若商汤能在河洛地区迅速建筑起一座规模庞大的城池，倒是一件不可思议的事情了。

值得注意的是，小城城垣、宫室以及墓葬朝向等特点，与郑州商城、黄陂盘龙城、安阳殷墟的商代建筑是一致的。根据学术界的共识，二里头文化的大部分属于夏文化，偃师商城的建造是夏商文化的一个界标。那么偃师商城小城属于商文化遗存，显然是没有疑问的了。……综上所述，偃师商城小城应为早商时期的王都遗址。联系到小城的地理位置正与史传汤都西亳的地望相符合，小城在二里头遗址之近旁突然拔地而起，以及小城与二里头遗址（从大的历史发展进程上看）间一兴一废的更替，使得我们有较充分的理由相信，这些考古学事实正是董仲舒《春秋繁露》所说商汤灭夏"作宫邑于下洛之阳"的最好注脚。这是划分夏、商文化的一个重要界标。

专家在讨论会上。自左至右：郭之虞、杜金鹏、王巍、殷玮璋（作者摄）

针对偃师商城这一新的发现，"工程"专门组织专家进行了讨论。有的专家认为，新发现之小城可能是同期打破关系，并不意味着小城时间更早，仍坚持郑州商城早于偃师商城，夏商分界的界标自然是郑州商城。

而坚持郑亳说的北大考古系教授邹衡认为，偃师商城小城刚刚发掘，所出遗物很少，许多问题还没有弄清楚，而且关于偃师商城的认识与发掘材料出入较大。小城的断代没有确凿依据，大灰沟最早一期的地层单位与城墙没有关系。从已发掘的材料看，偃师商城也不会早于郑州商城，故不能以偃师商城为界标。如果^{14}C对二里头遗址、郑州商城、偃师商城所提供的含碳标本测得正确，有可能会产生矛盾，这个矛盾会在以上三个遗址的测年比较中得到解决。如果^{14}C测年证实郑州商城和偃师商城的年代相差不大，那么以这两个城共同作为夏商分界的标志也是可以的，但偃师商城不能作为唯一的界标。

针对邹衡的观点，杜金鹏就偃师商城的情况做了三点说明：第一，偃师商城的地层是清楚的，大灰沟出土的遗物也是清楚可辨的，其中灰沟第一段出土的遗物以二里头文化因素居多，第二段遗物单纯，主要属于商文化因素。第二，偃师商城的分期是在很多专家工作的基础上进一步得出的，现在的分期根据新的地层关系早晚搞得更加细致可靠。在研究过程中，我们还请了专家前来考察、把关，应该说，我们的工作是被学术界认可的。第三，关于偃师商城的年代问题，最早的那个小城，我们在1996年就发现了线索，1997年开始发掘，所出的材料确实不算多，我们已尽可能地将材料发了简报。但在小城中发现有墓葬、墙、水沟之间的关联关系，大灰沟在宫殿区，周围有墙，可能也是建筑遗迹。它在第一、二段使用，四段时被填平，此时在其北面出现了石砌的水池。另外，发掘的宫殿遗迹有五个在第二段使用，第三段时扩建，此时又出现了大城，这也可作为旁证。

针对杜金鹏的说明，曾参加过偃师商城发掘的中科院考古所副所长王巍补充道："偃师商城的始建年代还没有得到直接证据，但现在至少证明小城比大城早。尽管目前尚不能证明城墙本身早到第一段，不过可以结合城内的遗迹关系相互证明得出结论。小城范围内的最早的遗迹是大灰沟一段的，其遗迹与四号宫殿共用一墙，两者可能有必然的关系，而不是像邹衡先生所说的那样没有关系。"

关于夏商文化的界标问题，王巍对杜金鹏等人的观点表示认同，并指出在郑州商城要区分先商、早商文化是困难的，而偃师商城出现于夏都二里头附近，它的出现应晚于夏的年代，进入了商王朝时期，所以偃师商城的始建年代应近于夏商文化的分界。这个观点，同样得到了河南省文物考古研究所研究员杨育彬的支持。杨育彬认为，夏商文化如果要定界标，应只有一个，那就是偃师商城，因为偃师商城比郑州商城的工作更扎实，前者作为夏商的界标更明了，也易被学术界接受。

对郑州商城和偃师商城到底谁早谁晚、谁有资格充当夏商界标问题的争论，"工程"专家组成员、考古学家殷玮璋颇不以为然。他说："在过去的十几年里，考古学界干了些什么事呢？就是为郑州商城早还是偃师商城早而进行争吵，而这个争吵是没有结果的。你说这个早，他说那个早，有什么凭据？是不是偃师商城就比郑州商城一定要早，那郑州商城以后再发现早的遗址怎么办？这种争论把我们的精力挪到了不应讨论的问题之中，恰恰忽视了或者说没有把我们应该研究的东西抓起来。1995年在偃师召开商文化讨论会，这个会议由我主持，有许多专家参加，会上大家依然是争论不休。当时仇士华先生对我说，关于郑州商城和偃师商城到底谁早的问题，^{14}C测年可以解决，如果^{14}C测年出来，我想这就有了依据。事实上，大家都坐在家里讨论是解决不了什么问题的。就考古学的角度而言，必须对一座都城挖到一定程度，你才能把这个遗址的情况了解清楚。否则，讨论来讨论去总是没有抓住根本，没什么意义。"

关于能否用都城来作为界标的问题，殷玮璋也有不同于其他学者的看法，他说："我不同意用都城来解决夏商分界问题，考古学上的断代必须用考古本身的方法来解决，用考定某个都城的方法是解决不了考古学上的问题的。文献上记载着亳，你就说这个都城是亳，有什么证据？你找的那些证据许多是建立在假设之上。当然，这个假设是允许的，但必须在得到证实的情况下，再做第二个推论。可有些学者不等这个假设予以证实，接着第二个、第三个、第四个，一连串的假设都出来了，看起来头头是道，什么问题都解决了，但考证后发现不是那么回事。实际上这是超前意识，凭空想象，而科学是不允许这样做的。"

由郑州商城与偃师商城之争，牵涉到二里头文化的分期问题，殷玮璋讲道："我认为二、三期之间有非常突出的变化，从出土的陶器来看，明显是两种不同的文化。但邹衡先生就是不同意我的看法，认为二、三期之间有变化，但太少，是量变，不是质变。试想一个朝代的变迁，在文化上不可能是突变。新中国成立后十年，才搞了北京十大建筑作为标志，现在看到的高楼大厦，是近几年才出现的事。许多生活用品也是慢慢地淘汰、更换，没听说在新中国一成立的时候谁把自家的锅碗瓢盆全砸了，全部更换新的。即使你砸了，想换新的，恐怕工厂也一时造不出来。再如秦始皇灭六国，实行天下统一，从考古学的角度看，你在六国之内很难找到秦的历史影子。这就证明朝代的变更跟文化的变更是不同步的。新中国成立后，梁思成等人提出要建一个新都，结果毛泽东把梁思成批了一顿。按理说毛泽东领导人民推翻了三座大山，开辟了历史新纪元，他为什么不去建个新都？这就说明一段历史或一个朝代的更替并不意味着就要建都。历史上也是这样，当一个王朝诞生后，要有一个休养生息的阶段，要轻徭薄赋，减租减税，不可能立即劳民伤财地去建新都。可以说，历史上几乎没有一座都城是由于改朝换代而建的，都是由一些更复杂的因素决定的。如商代盘庚迁殷这个事件，在迁都之前，盘庚将官吏、百姓召来好一通训话，他说他是为了大家的好处而决定搬家，如果你们不同意搬，我就怎样怎样，又是利诱，又是威胁等，这就证明要迁一座新都不是件容易的事情。再例如，周灭商之后，商王还在那里管理他的臣民，周王派两个弟弟在一旁监视着他。周朝本身也没有因为把殷灭掉了就又建一座都城。所以新建都城不能作为朝代更替的分界线，换句话说，郑州商城和偃师商城无论谁早谁晚，都不能作为夏商分界的标志。"

对殷玮璋的论点，偃师商城的发掘者、夏商周断代工程"偃师商城的分期与年代测定"专题负责人杜金鹏表示不敢苟同。他认为偃师商城大城与小城的发掘，为夏商周断代工程所做出的最大贡献就是提供了分期的坐标，且是唯一的坐标。杜金鹏说："按照以邹衡为代表的郑亳说的观点，郑州商城作为商的老据点，如果建城，在夏朝灭亡前就已建立，那么这个城就应属于和夏代平行的先商时期。当灭夏的战争爆发后，商人是从河北一带到郑州，然后再到偃师。而灭夏之后，商人又回到了郑州，回去后的商人造没造城，什么时候筑造很难准确地下结论。但偃师则不同，由于和二里头相隔十余里，不灭夏就不可能造城，可以说偃师商城肯定是商人灭夏之后建造的。到底是什么时候建造的，通过发掘和对城墙的解剖，我们发现偃师城墙中都包含着二里头文化时期的陶片，且这些陶片是二里头二期或三期之中的，绝对没见到二里头四期的陶片。这个现象就有一个反证，证明偃师商城不可能早于二里头三期，只能晚于三期，应是建于二里头四期之时。"

针对殷玮璋所讲的二里头的文化分期问题，杜金鹏表示："原来学术界的主流观点是二、三期分开，中国社科院考古所在1995年以前大部分专家都是这个观点，后来由于偃师商城的出现，大部分人都转变了观点。转变最早的是赵芝荃，结果引来了许多嘲笑，说赵先生学问不扎实，今天这么说，明天又那么说，到底有没有个准数？其实当时许多人由于对偃师商城没有公开发表的发掘资料不了解，对学术进展变化的细节不清楚，也就无法理解赵先生的苦衷。当时赵先生在偃师商城的发掘中，发现了许多线索，感觉偃师商城比较早，跟二里头四期靠得上边了。但发掘资料比较零碎，数量也少，要拿这点东西搞出一个肯定的说法有些玄乎。在这种情况下，赵先生说话就显得比较含糊，如有'可能吧'等语气。其他的人认为这个人做学问怎能这样？到底怎么样你倒是说出来啊？但到了我们发掘的时候，由于基本搞清了偃师商城的性质，才真正把要说的说了出来。对于这个举动和说法，赵先生表示：'我当初不敢说的事情，你们把它旗帜鲜明地提了出来，我举双手赞成。'通过夏商周断代工程安排的发掘，现在我们越发感到，二里头一、二、三期肯定是夏代的文化，四期则分成两半，后面一半肯定已进入商代了。但四期从整体上来看还是夏文化，创造和使用这种文化的是夏人。所以说四期后半段又是商代的夏文化，即后夏文化。按中国的传统，一个朝代灭亡了，胜利的一方大不了拆了他的宗庙，抢了他的礼器，从来没有斩尽杀绝的一说。那么夏商之交也是一样，夏人虽然国破家亡，但有一部分依然在二里头的都城住下去了。随着文化的惯性，二里头文化仍沿着夏人原来的轨道向前发展，这便出现了四期后半段商代的夏文化。相比之下，位于6公里之外的偃师商城就不一样了，商人来了以后，完全接受了进步的夏文化，但对自己的文化又不放弃，在这种情况下，偃师商城的早期早段就形成了夏商混合的文化。二里头也有这种现象，但跟偃师商城又有区别，原有的文化体系基本没有被打乱，商文化只是星星点点地插进去一点，混合得不是很明显，这便是说二里头四期后半段肯定是商文化的理由。那么二里头四期前半段是不是商文化呢？现在还不敢肯定，因为没有证明。如果证明四期后半段确是商文化，再将王朝灭亡这个时间差考虑进去，则二里头三、四期的中间就有可能是真正的商灭夏这个历史事件发生的时间分界。但问题是，发掘实物就

第七章 商代早期文明

在这里放着，偏偏有人说早，有人说晚，没办法了，我说实物就在这里摆着，你还不统一认识吗？肯定方法上出了问题，如果大家都是一种方法，一种逻辑，是可以有个统一认识的。有的学者反对用都城作夏商的界标，认为用考古学文化分期来划分夏商是最准确的，但这个方法就更麻烦，更说不清、划不明。如殷玮璋先生一直坚持不放二里头二、三期划分法，郑光先生坚持一、二期划分法。按殷先生的观点，认为二、三期东西不一样了，不一样就是夏商分开了嘛！照这个说法，郑光先生的观点就更对了，他说一、二期的差别比三、四期的差别更大呢！夏商就更应该在一、二期之间划分。我们以前也是这种逻辑，也是这种方法，但后来放弃了。为什么放弃呢？因为殷先生说的那个方法是软性的，夏商本来是邻邦，你居西南边，我住东北边，且有一段时间商臣属于夏，是夏的附属国。在这种情况下，他们的文化交流是很密切的。既然如此，在二里头文化中出现商的东西完全可能，也是属于很正常的事情。不过这个现象也存在一个标准问题，比如说二里头文化中出现多少件商的东西算文化交流，出现多少件是王朝更替？是50件还是100件？这就是软性的，难以说清楚。而以城邑作标准，就是硬性的。我们从软的标准退守硬的标准，是因为软的标准公说公有理，婆说婆有理，争论了十几年仍没有结果。在没有办法的情况下，不得不退到这个硬的标准上来。如果按殷先生坚持的那个方法，再争论50年恐怕还是没有结果，因为大家都认为自己说的对，别人说的不对，卖瓜的不说瓜苦，只说瓜甜。你说二里头出了商的东西，他说是文化交流，别人又说是王朝更替，这样势必坠入一个模糊不清的迷宫。这样的争论包括二里头宫殿的废弃也基本相同。有人说，你看这宫殿都废弃了，夏王肯定是被赶下台了，宫殿都没有了，他还能在这里继续称王称霸吗？但也有人反过来说，这本来就是个土台子，没灭亡也到了应该倒塌的时候了。有的人又说，北京故宫400年没修过，也可能哪一年地震它就趴下了，但这能说王朝灭亡了吗？这样的标准自然又属于软性的了。赵芝荃先生原来也将二里头宫殿废弃作为夏朝灭亡的一个条件，但这只是辅助性的旁证，唯一的标准还在偃师商城。夏朝不灭亡，商人不可能在其旁边筑城，而商城崛起了，标志着夏朝已经完蛋，此时正是二里头宫殿废弃之时。两个条件相互对应，才说明事情的真相。如果没有偃师商城的崛起，单靠一座宫殿的倒塌就企图证明夏朝的灭亡是难以令人置信的。当然，以偃师商城作为夏商分界的标志，不是单纯的王朝更替这个事件的标志，只是文化分界的标志。商灭夏之后，不可能马上就兴建一座城池，这里有人力、物力和时间等条件的限制，其间必有一个时间差问题。这个时间差是3年、5年，还是10年、8年，考古学本身无法解决。但除了考古学以外，其他任何一种方法也无法解决，包括精密的天文运算也无能为力。除非发现像殷墟甲骨文那样的文字记载，但这个发现的希望是很渺茫的，因此这个难题也只有靠偃师商城来解决。换句话说，偃师商城就是夏商分界的界标。"

对于杜金鹏提出的软性与硬性的划分观点，殷玮璋依然颇不服气，他说道："什么是硬性的标准？通过发掘所发现的材料才是硬性的，划分夏、商的标准要用材料说话，而不是笼统地用一座城衡量，只有将发现的材料哪个属于夏，哪个属于商，准确地划分出来，才能说其他的问题，否则是无从谈起的……"

尽管学者们对夏商分界各自有不同的划分方法，并围绕郑州商城、偃师商城到底谁早谁晚，谁更有资格充当界标的问题争论不休，但是，就以上两座商城而言，它们是已知最早的商代都邑遗址，其始建年代最接近夏商更替之年这一个大的框架，学者们并无争论。鉴于此，只有依靠^{14}C测年来了结这段争论了十几年的公案。

根据"工程"专题人员杨育彬等考古学家的划分，郑州商城的商前期文化分为四期，在四期之前，是被直接压在商城城墙下的属于二里头文化的洛达庙类型遗存。各期的^{14}C测年数据见下表：

洛达庙类型晚期遗存和郑州商城分期及常规^{14}C测年数据

分期		单位	样品	实验室编号	^{14}C年代（BP）	拟合后日历年代（BC）
洛达庙类型晚期遗存		ⅤT155G3	兽骨	XSZ142	3286±36	1680—1670（0.07） 1630—1540（0.93）
第一期	二里岗下层一期早	ⅡT166G2	兽骨	ZK5371	3261±35	1580—1490
	二里岗下层一期晚	ⅡT203H56	兽骨	ZK5373	3202±37	1518—1478
		ⅡT159	兽骨	ZK5370	3174±41	1515—1480

续表

分期	单位	样品	实验室编号	^{14}C年代（BP）	拟合后日历年代（BC）
第二期	二里岗下层二期	ⅡT202H150	兽骨	ZK5369	3221±36	1474—1436
		ⅡT202H60	兽骨	XSZ144	3184±35	1485—1425
		ⅡT236H156	兽骨	XSZ147	3148±40	1485—1480（0.09） 1455—1415（0.91）
第三期	二里岗上层一期	ⅡT201H69	兽骨	ZK5368	3130±34	1427—1392
		ⅡT234H28	兽骨	XSZ145	3140±35	1429—1395
		ⅡT234G2	兽骨	XSZ146	3138±37	1429—1393
		ⅡT201G1	兽骨	XSZ141	3125±48	1429—1393
第四期	二里岗上层二期	98ZS②H12	木炭	ZK5353	3094±34	1390—1300（0.95） 1280—1260（0.05）
		98ZS②H12	兽骨	XSZ081	3061±37	1380—1260
		ⅡT157H17	兽骨	ZK5372	3030±38	1370—1210
		ⅡT201H2	兽骨	ZK5366	3136±34	1400—1370（0.33） 1340—1315（0.67）

洛达庙类型晚期遗存和郑州商城分期及AMS测年数据

分期	单位	样品	实验室编号	^{14}C年代（BP）	拟合后日历年代（BC）
洛达庙类型晚期遗存	T232H231	骨头	SA99068	3385±38	1740—1630
	T232H230	木炭	SA99067	3320±56	1730—1720（0.02） 1690—1610（0.98）
	T155G3	骨头	SA99076	3293±48	1685—1645（0.60） 1640—1605（0.40）
	T232H233	木炭	SA99110	3291±35	1685—1645（0.55） 1640—1605（0.45）

续表

分期		单位	样品	实验室编号	^{14}C年代（BP）	拟合后日历年代（BC）
第一期	二里岗下层一期早	T232夯土Ⅶ下垫土	木炭	SA99066	3247±49	1600—1540（0.88） 1530—1515（0.12）
		T232夯土Ⅶ	木炭	SA99070	3285±39	1600—1525
		C1H9:25	卜骨	SA99057	3288±47	1600—1530
		C1H9:43	骨匕	SA99061	3292±42	1595—1530
		T166G2	骨头	SA99074	3281±42	1600—1540（0.92） 1535—1525（0.08）
		T207夯土墙	骨头	SA99078	3283±85	1600—1525
	二里岗下层一期晚	T232夯土Ⅵ	木炭	SA99069	3281±65	1533—1497
		T203H56	骨头	SA99077	3243±40	1526—1496
		97XNH69	卜骨	SA99073	3219±35	1522—1496
第二期	二里岗下层二期	T233F1	骨头	SA99065	3272±34	1508—1489（0.61） 1479—1465（0.39）
		T236H160	骨头	SA99071	3185±45	1504—1471
第三期	二里岗上层一期	T234H8	骨头	SA99123	3263±40	1476—1446
		T233H19	骨头	SA99114	3225±32	1476—1444
		T234G3	骨头	SA99124	3152±48	1473—1436
第四期	二里岗上层二期	T157H17	骨头	SA99111	3189±35	1446—1419
		T157G1	骨头	SA99125	3153±36	1441—1415

1997年11月，夏商周断代工程"夏、商前期考古年代学研讨会"在河南省郑州和偃师召开。就在这次会议期间，"工程"研究人员仇士华、殷玮璋，向河南省文物考古研究所人员询问有没有现成的可供 ^{14}C 测年的木炭标本。河南方面的考古人员回答说，在仓库里保存着一根完好的井框圆木可以测试。这根后来编号为T1J3的圆木，属于郑州商城二里岗上层一期的遗物，当仇士华、殷玮璋见到时，只见这根圆木不但保存完好，更可喜的是木头的外皮还保留如初。于是，仇士华就从这根圆木的最外轮开始，每隔几轮向里

取一个样品，直至成为一个系列，然后带回北京进行^{14}C测年。结果得出圆木最外轮的年代为公元前1408—前1392年，这个数据应是该井的建造年代。若以这个数据和所测的二里岗上层一期其他的样品对比，发现其年代基本相合，从另一个侧面证明了郑州商城^{14}C测年范围的正确性。

偃师商城分期及常规^{14}C测年数据

分期	单位		样品	实验室编号	^{14}C年代（BP）	拟合后日历年代（BC）
第一期	一段	ⅦT28⑩	兽骨	ZK5417	3220±36	1600—1565（0.67） 1525—1506（0.33）
		ⅦT28⑨	兽骨	ZK5416	3219±34	1600—1560（0.69） 1525—1505（0.31）
	二段	ⅦT28⑧	兽骨	ZK5424	3252±34	1532—1487
		小城T54G1	木炭	ZL5453	3258±36	1532—1487
		ⅦT0200H19	木炭	ZK5447	3150±37	1516—1486
第二期	三段	ⅣT32HG2	木炭	ZK5402	3237±37	1500—1461
		T0301H94	木炭	ZK5442	3158±48	1496—1464
	四段	ⅡT11M27	人骨	ZK5412	3207±31	1467—1429
		ⅡT11M31③	人骨	ZK5421	3206±36	1466—1427
		ⅣT03H179	兽骨	ZK5403	3201±31	1464—1428
		ⅣT31H120	木炭	ZK5400	3191±48	1459—1412
		ⅡT11M27⑦a	兽骨	ZK5413	3183±40	1456—1412
		ⅦT28⑥	兽骨	ZK5415	3130±35	1434—1388
		ⅡT11M25	人骨	ZK5411	3120±32	1429—1387
第三期	五段	偃师商城路土①	木炭	ZK5452	3126±37	1405—1370（0.37） 1355—1350（0.04） 1340—1315（0.59）
		偃师商城G1	木炭	ZK5451	3053±34	1380—1260

偃师商城分期及AMS测年数据

分期		单位	样品	实验室编号	^{14}C年代（BP）	拟合后日历年代（BC）
第一期	一段	ⅦT28⑩	骨头	SA00052	3190±55	1605—1540（0.94） 1525—1515（0.06）
		ⅦT28⑨	骨头	SA00053	3290±50	1605—1535
	二段	ⅣT53G2	骨头	SA99121	3220±35	1525—1489
		ⅦT28⑧	木炭	SA99117	3295±45	1565—1500
		J1D2T1009④G3	木炭	SA99013	3300±50	1565—1500
		ⅦT0301H99G10西段	木炭	SA99012	3260±40	1555—1490
第二期	三段	ⅦT28⑦	骨头	SA99118	3230±45	1504—1460
		ⅣT54H180	木炭	SA99008	3210±45	1503—1460
	四段	ⅦT0502G9	木炭	SA99011	3245±35	1470—1436
		ⅣT54⑧	木炭	SA99006	3230±45	1469—1430
		ⅦT27-6A	骨头	SA99119	3110±40	1440—1400
	第五段	J1T0419Ch③	骨头	SA99122	3105±40	1425—1365（0.99） 1360—1350（0.01）
		ⅣT34④下	竹炭	SA99009	3100±40	1425—1365（0.95） 1360—1350（0.05）
		J1D2T0412H61	竹炭	SA99002	3030±60	1410—1350
		J1D2T0511H64	木炭	SA99005	3125±60	1430—1365

从^{14}C测年数据可以看出，郑州商城和偃师商城的始建年代基本相同，都在公元前1600年左右。有了这样一个科学的数据，关于郑州商城和偃师商城到底谁早谁晚的争论，在持续了十几年之后，总算宣布暂告一个段落了。

但是，关于郑州商城和偃师商城到底谁有资格充当夏商分界界标的问题依然没有达成共识。随着夏商周断代工程的进展，"工程"专家组根据两座都城的性质和^{14}C测年数据，在《1996—1999年"工程"阶段性成果报告简稿》（征求意见稿）中，做了"郑州商城和偃师商城基本同时并存，其始建年代都是夏商分界的界标"的结论。对这个结论，在1999年9月24日至26

日，由中国史学会、中国考古学会、中国科技史学会与夏商周断代工程办公室联合召开的"工程"阶段性成果学术报告会的讨论中，部分与会学者又提出了不同的意见。曾长期主持二里头文化遗址发掘，后又主持偃师商城发掘的考古学家赵芝荃明确提出了自己的观点，他说："《简稿》把郑州商城和偃师商城都作为夏商的分界是不妥当的，不能因为在郑亳说和西亳说两者之间难以做出取舍，就把这两座商城都作为夏商分界的界标。从二里头、郑州商城和偃师商城的出土器物来看，偃师商城应该早于郑州商城，因此，偃师商城才是夏商分界的界标。"这个意见得到了部分与会学者的赞同。

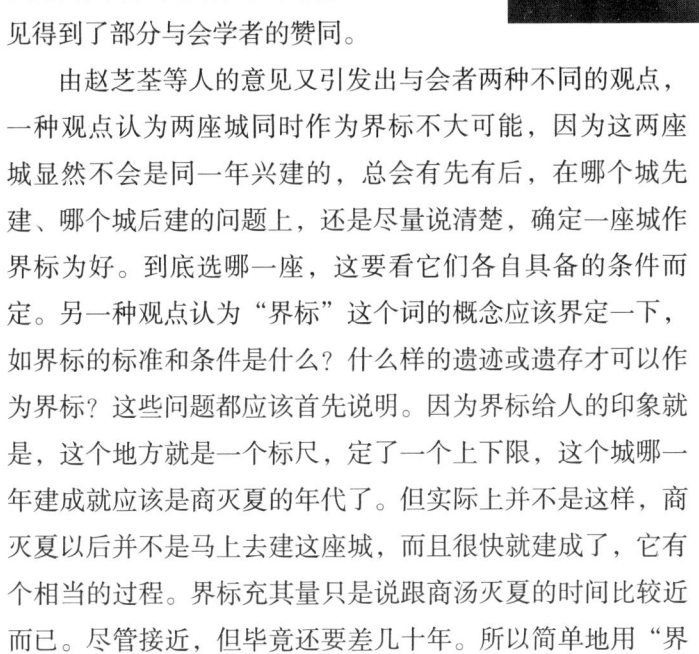

考古学家杨育彬在会上伸手表示界标只有一个，即偃师商城（作者摄）

由赵芝荃等人的意见又引发出与会者两种不同的观点，一种观点认为两座城同时作为界标不大可能，因为这两座城显然不会是同一年兴建的，总会有先有后，在哪个城先建、哪个城后建的问题上，还是尽量说清楚，确定一座城作界标为好。到底选哪一座，这要看它们各自具备的条件而定。另一种观点认为"界标"这个词的概念应该界定一下，如界标的标准和条件是什么？什么样的遗迹或遗存才可以作为界标？这些问题都应该首先说明。因为界标给人的印象就是，这个地方就是一个标尺，定了一个上下限，这个城哪一年建成就应该是商灭夏的年代了。但实际上并不是这样，商灭夏以后并不是马上去建这座城，而且很快就建成了，它有个相当的过程。界标充其量只是说跟商汤灭夏的时间比较近而已。尽管接近，但毕竟还要差几十年。所以简单地用"界标"两个字，容易混淆概念。

除以上两种观点外，山东考古学家张学海认为，诸如郑州二里岗下层这样的概念,应该看成考古学文化的界标,而相关历史事件的界标最好是以某一墓葬或其他某一具体的遗迹为界标比较合适。

对于"界标"这一概念的解释,"工程"首席科学家仇士华认为,《简稿》中之所以这样称,是表示一个时间段。他认为这个时间段是可行的,只是"界标"这个词需要重新斟酌,如果不合适,那就不要再用,以免引起概念上的混淆。这次会议之后,"工程"专家组根据学者们提出的意见,将"界标"之说弃之不用,并将前面提到的一句话改成"郑州商城和偃师商城是已知最早的商代都邑规模的遗址,其始建年代应最接近夏商更替之年"。经过了这一番折腾,关于郑州商城和偃师商城的"界标"之争,才总算画上了句号。

小双桥遗址

小双桥遗址位置平面示意图

继郑州商城和偃师商城之后,按照考古学文化序列排比,便是小双桥和花园庄等具有典型代表性的遗址。

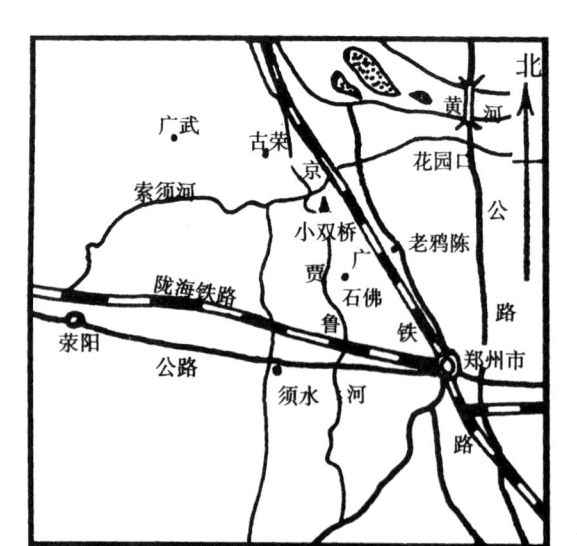

小双桥遗址位于河南省郑州市西北约20公里的石佛乡小双桥村和于庄村之间,海拔高度105米左右。北依索须河,遗址北部地势较高,向东、南渐趋低平,为平缓的冲积平原,土壤以褐色黏土、潮土为主,附近有索须河等水系。

小双桥遗址坐落在一片比周围略高的平坦台地之上,

第七章 商代早期文明

遗址南部有20世纪70年代修建的引黄入郑渠从西向东穿过。从考古人员掌握的资料看，该遗址东西长500米，南北宽340米，面积15万平方米。文化层堆积厚度在0.5—2.0米之间。1989年之前，该处商文化遗址一直未被发现。

1985年夏，遗址西北1公里的师家河村一社员在小双桥西北农田中取土时，在距地表1.5米左右的地方发现了一件铜器，随即上交省博物馆收藏。之后，郑州市博物馆在郊区搞文物普查时，曾根据师家河村农民发现铜器的线索，在遗址中心区"周勃墓"封土上发现过商代遗物，但对该遗址的性质仍未确定。

1989年12月，小双桥村农民王铁奎在村西麦场边取土时，又发现一件青铜器，遂上交文物部门。经河南省文物研究所考古专家郝本性鉴定，认为该器属商代前期的建筑物装饰性构件，并得出"在出土地点附近应当有十分重要的商文化遗存"的结论。依据这一重要线索，河南省文物研究所郑州工作站专门组织人力对小双桥遗址进行了调查和试掘。

经过调查和试掘，考古人员不仅发现了夯土建筑基址、壕沟、窖穴、灰坑、灶面、墓葬等文化遗迹，而且还发现有十分丰富的文化遗物，为研究小双桥遗址的年代和性质提供了重要的实物依据。考古学家据此认为，小双桥遗址应当是与郑州商城密切相关的一处重要的商代文化遗址。

为了进一步弄清遗址的范围、文化层的厚度、遗迹类型、遗址的布局、年代以及性质等方面的问题，郑州考古工作站的宋国定等考古人员，于1990年元月开始对遗址进行了全面调查，之后又对重点地区进行了多次钻探和发掘，发现该遗址总面积达144万多平方米，有多处大型夯土建筑基础、祭祀坑和青铜冶铸遗存。

从整体上看，小双桥遗址延续时间较短，在年代上相当于郑州二里岗上层二期。关于小双桥的性质，学术界主要有两种意见，一种认为是商代中丁所迁的隞都；另一种认为是郑州商城使用期后期商王室的祭祀场所。关于该遗址的文化分期与^{14}C测年见后表。

洹北商城的重大发现

从20世纪50年代末期开始，距安阳市老城北约3.55公里处的洹北花园庄及其相邻的三家庄、董王渡村一带，就屡有商代文物出土。1961年，考古研究所安阳工作队根据文物出土的线索，首次在洹北花园庄村附近调查到商代遗存。1964年，三家庄村东南约300米处发现一处商代铜器窖藏，出土青铜礼器8件。1979年，与花园庄村相邻的董王渡村也发现铜器窖藏。1980年，考古所安阳队为配合安阳市果品仓库基建，在三家庄东北清理了商代墓葬8座，并出土了多件器物。

考古人员在洹北进行钻探

洹北商城遗址平面示意图

从地理位置上看，上述村庄地处传统殷墟范围的外缘，历年的发现引起了考古工作者的高度重视。1996年，为配合夏商周断代工程，考古所安阳队开始着手在洹北花园庄村一带进行钻探，并发现了遗址线索。1997年，征得国家文物局同意，安阳工作队正式对遗址开方发掘，揭露面积136平方米，获得了首批较为丰富且地层关系明确的科研资料。1998年，围绕1997年的发掘地点又进行了大规模的密集布孔钻探。钻探表明，遗址规模不少于150

第七章 商代早期文明

万平方米。其分布范围包括今三家庄、花园庄、董王渡、韩王渡、屈王渡等5个自然村。通过钻探得知，上述几次考古发现，实际是同一遗址不同地点的遗存。钻探还查实，遗址的核心部位分布有大面积夯土建筑，遗址内绝大多数地点的文化层堆积较厚，而且包含的文化遗物十分丰富。这一钻探成果公布后，立即引起了学术界的广泛关注。

1999年10月至12月，安阳工作队考古队刘忠伏等学者再次在洹河北岸钻探，终于发现了一座规模宏大的商代城址。城址位于著名的殷墟遗址的东北外缘，与1961年国务院划定的殷墟保护范围相毗邻且略有重叠。整座城址深埋于现今地表2.5米以下，平面近方形，方向北偏东13度。从试掘情况看，城墙系夯筑而成，基槽的横截面呈锅底状，宽约10米。经钻探，城址四面城墙的长度都在2000米以上，城的总面积超过400万平方米，远远大于郑州商城。通过对城址进行局部解剖和从出土器物分析，其遗址的主体堆积显然属于中商时期，其中晚段遗存属于学术界原来所划分的殷墟文化一期偏早，约当盘庚、小辛、小乙时代，早段遗存则略晚于郑州小双桥遗址。

从文献记载看，成汤以后的都城迁徙，《竹书

考古人员在洹北商城宫殿区发掘的一号建筑基址

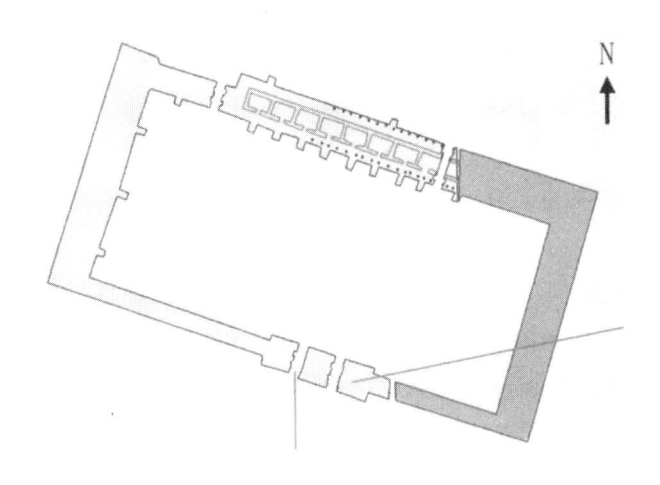

洹北商城宫殿区内的一号建筑基址复原示意图，面宽170余米，进深约90米，总面积达1.6万平方米，是迄今为止发现面积最大的商代单体建筑

纪年》记了5处：嚣、相、庇、奄、殷。《尚书序》记了4处：嚣、相、耿、殷。《世本》记了4处：隞、相、邢、亳。《史记·殷本纪》与《世本》相同。由于商代最后一个都城可以确认至少是武丁以后的，郑州商城和偃师商城又同为早商都邑（亳或隞），故遗址的发掘者认为，若文献不误，中商时期应与河亶甲居相、祖乙居邢（耿或庇）、南庚迁奄或盘庚迁殷相涉。

据发掘者杨锡璋、徐广德、唐际根、刘忠伏等考古学家推断，关于祖乙居邢，文献记载与安阳无关。从考古资料尤其是近年的新资料看，祖乙之"邢"应当在今天的邢台西南曹演庄、东先贤一带。南庚迁奄的有关文献也与安阳无干。且南庚徙都可能时间极短，未必能够从考古遗存中辨析出来。因而若论洹北花园庄遗址的性质，要么是"相"，要么是盘庚所迁之"殷"，要么它只是一处大型中商邑聚。

据《尚书》《竹书纪年》等文献记载，商代后期商王盘庚曾迁都至"殷"。随着安阳小屯甲骨文被学术界发现并成功释读，特别是王国维发表《殷卜辞所见先公先王考》和《殷卜辞所见先公先王续考》两篇著名论文以后，多数学者认为殷墟已经找到。科学发掘小屯遗址的发掘报告公布以后，学术界皆笃信以安阳小屯为中心的面积约24平方公里（后改为30平方公里）范围曾是盘庚所迁之"殷"。

然而，随着考古工作的深入，人们注意到，数十年来小屯"殷墟"发现的主体遗存均属商王武丁至帝乙帝辛时期。武丁以前盘庚、小辛、小乙数王时期的遗存甚少且规模很小，规格也远不能与王都遗存相提并论，因此越来越多的学者开始怀疑小屯殷墟是武丁所迁之都而并非盘庚之"殷"。

由于殷墟在中国考古学史上有着特殊的地位，故关于殷墟遗址性质的讨论，并不单纯是商史研究的问题，也是整个考古学界和历史学界所瞩目的大事。洹北花园庄遗址的勘探与发掘，为澄清小屯殷墟究竟是盘庚迁殷还是武丁迁殷的历史之谜提供了一个难得的契机。遗址的发掘者根据出土资料，大胆提出了一个假说："洹北花园庄遗址是盘庚所迁的'殷'；小屯'殷墟'虽确为商代后期都城，但实非盘庚、小辛、小乙三王所居，而是武丁以后各王都邑所在。"这一假说解释了为什么小屯殷墟迄今一直未能发现早于武丁的宫殿基址、王陵，以及不出武丁以前甲骨卜辞的疑团。由于洹北花园庄遗址的地理位置也在洹河附近，这一解释同样也可符合《竹书纪年》等文献记载。

关于以上这个假说，有的学者拥护，有的表示反对，但无论如何，有一个不可改变的事实，那就是洹北商城的发现，是商代考古工作的重大突破。从区域研究的角度看，洹北商城的发现，有助于理解殷墟作为商代最后一处都邑出现于洹河岸边的历史背景和文化背景，以及洹河流域古代聚落的发展演变规律，同时还为完善商代考古学文化的编年框架提供了关键性资料。在过去的考古工作中，虽然有学者意识到以郑州商城和偃师商城为代表的早商文化和以安阳殷墟为代表的晚商文化之间可能还存在时间缺环，但一直没有找到确切的资料予以证明。洹北商城的发现，不仅以确凿证据证实了该缺环的存在，而且提供了能够对该缺环阶段进行考古分期的实物资料和地层依据。这个发现对确立夏商周断代工程中的商年框架无疑将产生重大影响。

除洹北商城外，另一个被"工程"列入 ^{14}C 测年的东先贤遗址，位于邢台市西南郊约3公里的东先贤村附近。据考古调查，遗址被东先贤村分为南、北两部分，其中村北部分已知面积近10万平方米。东先贤遗址商文化遗存可分为五期，以H15和H34为代表的东先贤一期的年代晚于小双桥遗址，而与安阳洹北花园庄早段的年代大体相当。

工程对小双桥、花园庄和东先贤遗址出土的系列样品进行AMS测年后，其拟合结果如下：

小双桥、花园庄和东先贤遗址AMS测年数据

分期	单位	样品	实验室编号	^{14}C年代（BP）	拟合后日历年代（BC）
商前期第四期	小双桥 ⅣH116③	骨头	SA99108	3095±37	1435—1412
商前期第五期（花园庄早段）	花园庄 98AHDH11	骨头	SA99138	3189±42	1422—1397
	花园庄 98AHDH13	骨头	SA99140	3167±39	1421—1395
	花园庄 98AHDH12	骨头	SA99139	3061±34	1409—1381

续表

分期	单位	样品	实验室编号	^{14}C年代（BP）	拟合后日历年代（BC）
商前期第五期（花园庄早段）	花园庄99AHDM10	人骨	SA99141	3108±38	1395—1365（0.54） 1360—1325（0.46）
	花园庄98AHDT4⑤	骨头	SA99105	3083±35	1390—1330
	花园庄98AHDH10	骨头	SA99137	3053±41	1382—1338
	东先贤98XDT3H15	骨头	SA99083	3098±37	1395—1365（0.48） 1360—1325（0.52）
殷墟一期偏早（花园庄晚期）	花园庄98AHDH6	骨头	SA99134	3088±37	1340—1290（0.80） 1280—1260（0.20）
	花园庄98AHDH9	骨头	SA99136	3101±39	1340—1290（0.82） 1280—1260（0.18）
	花园庄98AHDH5	骨头	SA99133	3083±38	1340—1290（0.77） 1280—1260（0.23）
	花园庄98AHDH7	骨头	SA99135	3057±35	1340—1250（0.97） 1230—1220（0.03）

据《竹书纪年》《尚书·序》和《史记·殷本纪》等文献记载，盘庚迁殷前的商代前期，尚有成汤居亳、中丁迁隞、河亶甲居相、祖乙迁邢以及南庚迁奄等都城变迁。由于郑州商城和偃师商城基本同时或略有先后，是商代最早的两处具有都邑规模的遗址，故"工程"认为推断其分别为汤所居之亳和汤灭夏后在下洛之阳所建之"宫邑"亦即"两亳"的意见具有较强的说服力。其他如小双桥、洹北花园庄和邢台曹演庄、东先贤等大规模商前期遗址的发现，无疑也为推定中丁迁隞等都城的地望提供了重要的线索。

"工程"通过对上述遗址的分期和 ^{14}C 测年研究，基本建立了比较完整的商前期考古学文化序列。其排序为：

第一期　以郑州商城C1H9、偃师商城宫城北部灰沟最底层（如96YSJ1T28⑧、⑨、⑩）为代表；

第二期　以郑州商城C1H17、偃师商城8611D5H25为代表；

第三期　以郑州商城C1H1、C1H2乙、偃师商城85YS5T1H3为代表；

第四期　以郑州白家庄第二层、小双桥遗址的主体遗存为代表；

第五期　以安阳洹北花园庄早段97G4、98AHDH11、99AHDM10和邢台东先贤遗址一期98H15、H34为代表。

以上五期文化序列的建立，为推定商前期的年代奠定了坚实的基础。

商代前期纪年的推算

按照"工程"课题的设置，建立商前期年代学框架三个主要依据的研究已基本完成，那么从商朝建立到盘庚迁殷这段历史的年代跨度是多少？它始于何年又止于何年呢？要推算出结果，首先要对文献记载的商代积年加以比较研究。根据此前罗琨等学者对文献资料搜集与整理的成果，先秦及汉代文献关于商代积年的记载主要有：

《左传·宣公三年》："桀有昏德，鼎迁于商，载祀六百。"

《孟子·尽心下》："由汤至于文王，五百有余岁。"

《鹖冠子·汤政天下至纣》："汤之治天下也，……积岁五百七十六岁至纣。"

《史记·殷本纪》集解引《汲冢纪年》："汤灭夏以至于受，二十九王，用岁四百九十六年。"

《易纬稽览图》："殷四百九十六年。"

《汉书·律历志》引《世经》："自伐桀至武王伐纣，六百二十九年。"

"工程"专家组认为，《世经》记载的629年，不见于先秦文献，是刘歆据三统历推算出来的，不足凭信。

古本《竹书纪年》等书记载的496年说，因《竹书纪年》明确记载是29位王的积年，不足《史记·殷本纪》商代30王的数目（如计入未立而卒之太丁为31王）。中国现代著名历史学家陈梦家通过对古文献研究后认为："汤灭夏以至于受"可能是引述《纪年》者所加的说明，《纪年》原文可能如《通鉴外纪》注所引是"二十九王四百九十六年"。自汤数至文丁（文王受命）是29王，没有帝乙、帝辛。据"工程"专题人员常玉芝等学者对晚商祀谱的排比，帝辛在位30年（公元前1075—前1046年），帝乙在位26年，二王共在位56年，故商代总积年当为496+56=552年（含1046），若将伐桀之年计入，则为553年。也有学者认为"汤灭夏以至于受"可能是指从汤至帝辛即位，29王不包括未立而卒的太丁和帝辛。如是，则商积年为496+30（帝辛在位年数）=526年。《鬻子》记载的576年与553年接近，《左传》所说的"载祀六百"可理解为约数。

专家们认为，可以用于"工程"的商代积年有三说较可信，一为《鬻子》的576年说，二为古本《竹书纪年》记载，陈梦家解释的552年说，三为另一种解释的526年说。由于"工程"已从"武王克商研究"这一课题的成果中，选定周武王灭商之年为公元前1046年，那么以这个数字为定点，分别上推三说的商代积年，可得到公元前1622年、公元前1598年和公元前1572年三个数字。根据此前对郑州商城和偃师商城始建年代的^{14}C测年研究，已得结果为公元前1600—前1560年之间，这个时间段与以上三说基本吻合。有鉴于此，工程首席科学家研究决定，商的始年就在这个框架中取舍，并首选公元前1598年。为取整数，定为公元前1600年。

公元前1600年作为夏商分界之年，在回答了前面已经叙述的为什么夏代始年定为公元前2070年（1600年加夏代积年471年，取整数为2070年）。同时，也有一个关键的数字需要交代，这就是建立商代始年基点的历史上著名的武王克商之年——公元前1046年。可以说在整个夏商周断代工程中，如果武王克商，也就是说商朝灭亡、周朝建立的这个至关重要的定点得不到建立和确定，夏商的年代学体系就不可能较准确地建立起来。当然，在武王克商这个重大历史事件发生之前，有关商代后期的历史脉络和各王年代还是要先行说明的。这就面临着要解开又一个历史年代学之谜，即盘庚迁殷到底始于何年？

第八章 商代后期诸王的年代

扑朔迷离的商人迁徙之谜，最后一座帝都大揭秘。奇异的贞人，天才的破译，殷墟卜辞各归其主。独步世界的甲骨测年一波三折，流传日久的天象淘汰出局。盘庚的子孙再度登台亮相。

帝国的荣耀

按照学术界通常的划分方法,商代后期是自盘庚迁殷开始至商朝灭亡这一历史时期,而作为分界的遗址性标志就是著名的安阳殷墟。

纵观殷商的兴亡史,一个显著的特点就是其都邑频繁迁徙,汉代张衡曾概括道:"殷人屡迁,前八而后五。"这里说的"前八"是指成汤建国前之八迁,"后五"则为成汤建国后之五次迁徙。关于成汤之前八迁的具体去处,已无明确的文献记载,现代史学巨擘王国维曾对此做过考证,指出了"八迁"的具体方位,但没有得到学术界的共识和考古学上的证实,自然难成定论。成汤之后的"五迁",虽有文献记载,但又不尽相同,如可信度较高的三种文献《尚书·序》、古本《竹书纪年》和《史记·殷本纪》,其记载就有差异,参见下表:

典籍 商王都邑	《尚书·序》	古本《竹书纪年》	《史记·殷本纪》
商汤	亳	亳	亳
中丁	嚣	嚣	隞
河亶甲	相	相	相
祖乙	耿	庇	邢
南庚	(无说)	奄	(无说)
盘庚	殷	殷	先都河北,后渡河南,居汤之故居

由于文献的说法不同,汉代之后的研究者也就众说纷纭,难有一致的结论。当然这个争论主要是相对各王迁徙的

具体方位而言,对总体上的"后五",并无非议,还是给予肯定的。不过这后来的五次迁徙同前八次相比,有其性质上的不同。前八迁是商族建立王朝前氏族部落之流动迁移,后五迁则为殷商王都的迁徙。按《竹书纪年》的说法:"自盘庚徙殷至纣之灭,七百七十三年,更不徙都。"虽然学术界对这个七百七十三年之数是否真实表示怀疑,但都基本相信,商代自盘庚迁到殷之后,直到商王朝灭亡这一历史时期,再也没有迁过都城了。

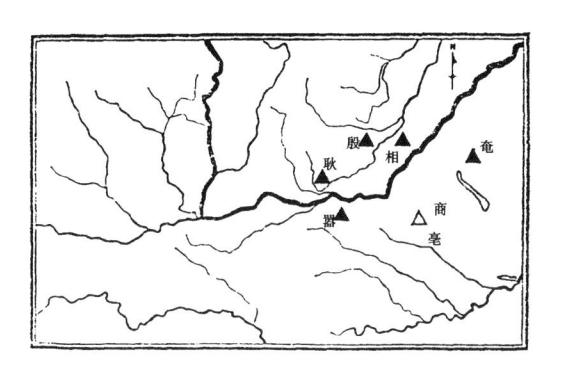

张光直认定的商代都城位置示意图(引自张光直《中国青铜时代》)

对于盘庚迁殷之事,司马迁在《史记·殷本纪》中,有过这样的描述:"帝盘庚之时,殷已都河北,盘庚渡河南,复居成汤之故居,乃五迁,无定处。殷民咨胥皆怨,不欲徙。盘庚乃告谕诸侯大臣曰:'昔高后成汤与尔之先祖俱定天下,法则可修。舍而弗勉,何以成德!'乃遂涉河南,治亳,行汤之政。然后百姓由宁,殷道复兴,诸侯来朝。以其遵成汤之德也。"

"帝盘庚崩,弟小辛立,是为帝小辛。帝小辛立,殷复衰。百姓思盘庚,乃作《盘庚》三篇。"

关于《盘庚》三篇这颇有历史研究价值的文章,司马迁没有转载,却在《尚书》中保存了下来,并成为研究殷人特别是盘庚迁都的唯一的重要依据。

据"工程"文献专题组学者们的研究,现在看到的《盘庚》三篇,虽然其中加入了某些后代的言论,但其基本内容为殷代史实似无疑义,其史料价值之高也是学术界所公认的。三篇均为盘庚告谕臣民之辞,共计一千二百余言,其篇幅之长为商代遗文之最,文章详细记录了盘庚迁殷前的准备工作以及迁殷后的政策措施。从三篇的记载可以看出,盘庚的这次迁殷,几乎遭到了举国上下,上到王公大臣,下到普通百姓的强烈反对，在强大的阻力面前，盘庚显示了他不达目的决不罢休的帝王气概。对贵族大臣的"傲上"和"离心"，盘庚在迁殷前提出了严厉的指责："荒失朕命""汝不忧朕心之攸困""乃不生生，暨予一人猷同心""不暨朕幼孙有比，故有丧德""汝有戕则（贼）在乃心"……（《盘庚》中篇）这一连串的指责表明，当时商王朝面临的处境是很危险的，如果不听盘庚的命令后果极其严重。于是，在盘庚向贵族大臣们三番五次地"敷心腹肾肠"地劝说、动员、威逼、利诱之下，臣民们才不得不随他一同从河北渡河南，来到洹水南的北蒙又叫殷的地方定居下来。

盘庚一意孤行，强迫臣民迁徙的原因，汉之后产生了许多不同的推测和说法。有的说是为了"去奢行俭"，阻止贵族的进一步腐化堕落，颇像今日所说的"反腐倡廉"。有的说为了躲避水灾水患。有的说是出于对"游耕""游农"的考虑，即当一个地方的地力耗尽之后，为了改换耕地，不得不常常迁徙。也有的根据《盘庚》三篇的诰辞，得出《史记》记载的"九世之乱"是促使这次迁徙的根本原因。由于当时王权与贵族之间的矛盾已不可调和，商王时刻面临着被篡位、夺权等危险，为避免更激烈的王位纷争和政治动乱，盘庚才不得不做出迁徙的抉择。当然还有人说迁徙是为了更有效地统治华北平原和伊洛盆地的王畿地区，并通过王畿地区，驾驭整个中原地区和四土方国，安阳殷地正是理想的城址。

无论盘庚迁殷的真正原因是什么，这个举动本身却成为整个殷商乃至中国历史上的重大事件。这个事件标志着"商人屡迁"的动荡生活的终结，同时也使长期处于低迷衰退中的商王朝重新出现了"殷道复兴"的局面。或许，正是由于这个局面的出现，才有了后来包括盘庚在内的8世12王270余年商代历史的延续。

[1]盘庚
　　|
[2]小辛　[5]祖庚　[7]廪辛
　|　　|　　|
[3]小乙—[4]武丁—[6]祖甲—[8]康丁—[9]武乙—[10]文丁—[11]帝乙—[12]帝辛

第八章 商代后期诸王的年代

前文已经说过，至迟在秦代，盘庚所迁的殷都已成废墟，其具体地望和位置渐渐不被人所知。而关于殷墟的发现与发掘情况，前文也有较为详细的叙述。需要略做提及和补充的是，在进行了10年共15次的殷墟发掘之后，从1937年至1949年，由于全面抗日战争及国内战争，原中央研究院史语所对殷墟的发掘工作被迫停止，大部分被发掘物品被运往台湾。

新中国成立后，1950年春中国科学院考古研究所开始筹备时，便首先恢复了殷墟的发掘工作，并于西北岗王陵区发掘了著名的武官村大墓和附属祭祀坑。武官村大墓规模宏大，墓中发现殉人和人牲79具，殉牲59具。1953年至1958年，在大司空村及薛家庄等地再次进行了发掘。从1958年起，中国科学院考古研究所组建了安阳考古工作队，1959年又设立了工作站，开始对殷墟进行长期的连续性发掘和研究。1961年，殷墟被国务院公布为全国重点文物保护单位，并划出了保护范围。

从1958年至1966年，安阳考古队在保护区内的工作一直没有中断，发掘了部分铸铜遗址、铸铜作坊、制骨作坊、圆形祭祀坑、车马坑等遗址。1966年，由于"文化大革命"爆发，殷墟的发掘被迫停止，直到1969年才恢复工作。在之后的30年中，考古人员对殷墟又进行了大规模的发掘，发现了许多重要遗迹及遗物，特别是妇好墓的发现震惊寰宇，使安阳殷墟的发掘再度步入辉煌。

郑振香（左）与刘一曼在殷墟西北地遗址发掘现场

1976年，著名女考古学家郑振香率领考古人员在洹水南岸的小屯村西约100米处，发现了妇好墓。墓圹为长方形竖穴，南北长5.6米，东西宽4米，深7.5米。墓葬未设墓道，墓室上部有建筑基址的痕迹，据发掘人员推测，可能是一座用于祭祀

275

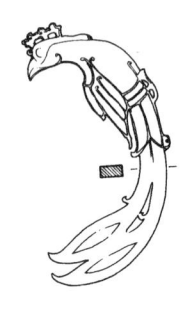

殷墟妇好墓出土的
玉凤摹图

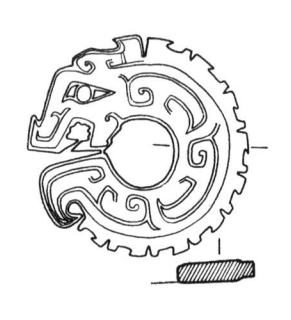

殷墟妇好墓出土的
玉龙摹图

殷墟妇好墓出土的
人物雕塑

殷墟妇好墓形制与
出土青铜器展示

的墓上建筑。

由于此墓埋压在殷代文化层之下，受到自然条件的保护，因而虽历经几千年沧桑而未遭盗掘。墓中除发现16个殉人和6只殉狗外，还出土了铜器、玉器、骨器等极其珍贵的文物1928件，其中铜器的总重量达到了1625公斤。在210件青铜礼器中，不少器类都是前所未见的重器。而大多数礼器上都铸有铭文，为考证墓主身份、墓葬年代，研究随葬品的组合，提供了重要的线索。

妇好墓是唯一能与甲骨文相印证并确定其年代和墓主身份的商王室墓葬。有专家认为妇好就是一期甲骨卜辞中所称的"妇好"，即商王武丁的法定配偶，庙号"辛"，即乙、辛周祭祀谱中所称的"妣辛"。

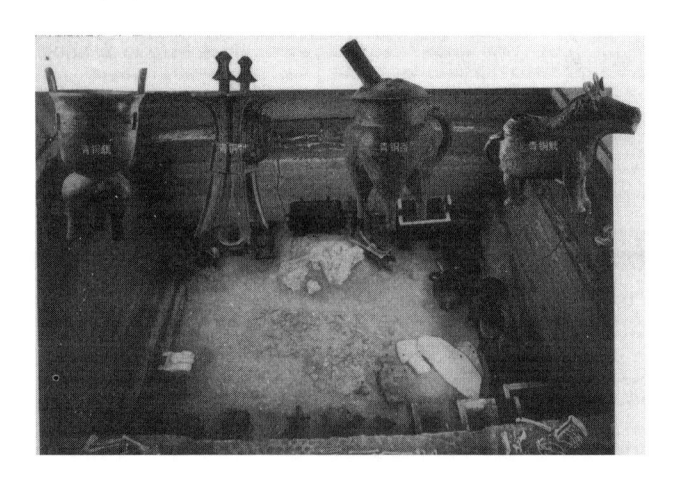

从出土的甲骨文来看，妇好之名，在武丁期卜辞中有较多的记载。她生前曾参与国家政事，从事征战，主持祭祀，地位相当显赫。甲骨文中有商王卜问妇好来归与否及关心妇好

第八章 商代后期诸王的年代

的家奴逃亡的记载，还有妇好有一次向商王贡入50只宝龟的记录。商王武丁曾多次占卜妇好怀孕生子之事，并为她举行祭祀以祓除不祥、祈求福佑。当然，还有学者认为，妇好是殷墟三、四期卜辞中所称的"妇好"，即商王康丁的配偶"妣辛"。墓葬年代属于殷墟文化第三期，约当廪辛、康丁、武乙、文丁之时。

殷墟妇好墓中出土的两件商代小型玉马

不论以上两种观点哪一种更接近历史的真实，但妇好墓的发现和发掘，无疑是20世纪中国境内最重要的考古发现之一，对考古学和历史学的研究具有极其重要的价值和意义。

1928年以来，有数十座宫殿遗址、十余座陵墓和十多万片甲骨以及数以千万计的铜、石、玉、陶、骨、角、蚌、牙

殷墟出土甲骨文中的"马"字

等器皿，在30平方公里的殷墟范围内被发掘出来，其数目之多、种类之齐全，是其他任何遗址都无法匹敌的。殷墟的发掘不仅对中国新史学和中国考古学的兴起产生了直接的重大影响，而且对中国历史的断代研究起到了不可替代的奠基性作用。为此，夏商周断代工程开始后，专门围绕殷墟文化设置了"商代后期年代学研究"的课题，并由殷玮璋具体负责这项研究任务。

殷玮璋，1936年生于上海，1958年于北京大学历史系考古专业毕业后，进入中国科学院考古研究所工作。先后参加、主持过安阳殷墟、二里头、铜绿山、琉璃河等遗址的发掘。夏商周断代工程启动之初，他正以中国社科院考古所研究员、夏商周研究室主任的身份，领导并从事着三代考古

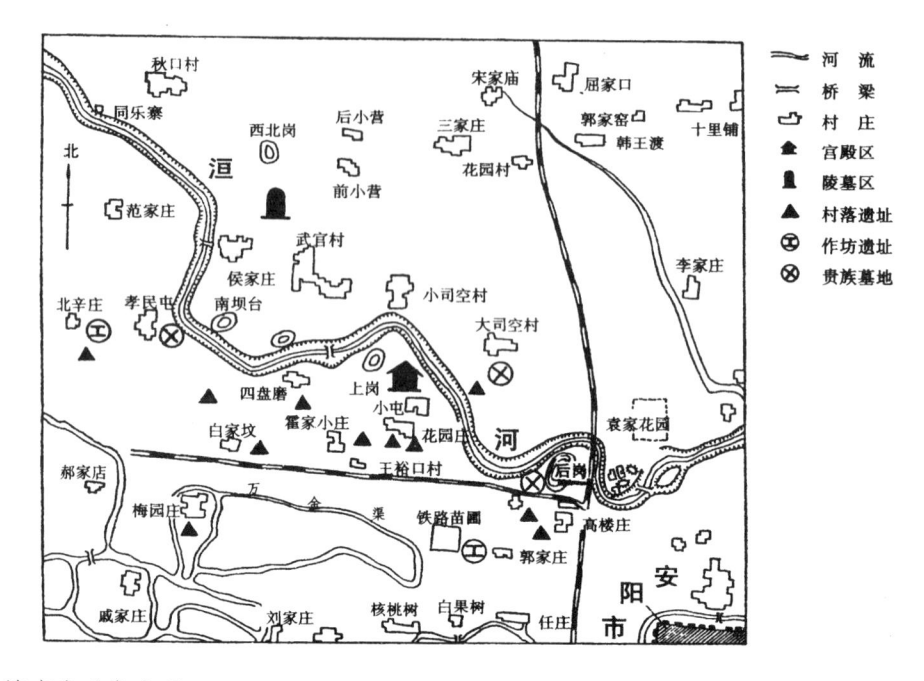

殷墟商代后期主要遗址分布示意图

学文化和科技史的研究。由于他的考古经历和在学术上的地位，"工程"首席科学家特邀其参加了早期研究计划的制订，并聘他为上述课题的负责人，主持商代后期年代学的研究工作。

要对殷墟文化进行断代研究，首先要解决的是其文化的分期问题。殷墟作为都城自盘庚至纣王共延续了两百多年，在这样长的历史时间内，文化是会不断发生变化的。从殷墟发掘七十余年的实际情况看，地下文化层的堆积极其丰富，其中包含的器物，在类别、器形及质地上都有不同程度的差别。因此，殷墟文化是可以按不同的层次进行分期的。

在殷墟初期的发掘中，李济等考古学家曾对小屯地下的文化层进行过尝试性的分期，但限于当时的条件和学术水平，只能区分辨别早于殷文化的仰韶文化和龙山文化及晚于殷文化的隋唐墓和现代堆积，对殷墟阶段的商文化未进一步进行综合性的分期研究。只有殷墟的早期发掘者、研究者董作宾在甲骨文方面给予了划分。直到20世纪50年代中期，北

第八章 商代后期诸王的年代

京大学考古系教授邹衡，根据新中国成立前殷墟遗址的地层及其出土的陶器，把小屯殷商文化分成了早、中、晚三期，并把它与郑州二里岗商文化连接了起来。1959年，中国科学院考古研究所安阳工作队根据大司空村和苗圃北地出土的材料，将殷墟文化分为早、晚两期，即大司空村一期和二期。到了60年代，邹衡又根据新中国成立前后殷墟遗址、墓葬出土的陶器和铜器，重新把殷墟文化分为四期七组，并参考各期所包含的甲骨文和铜器铭文初步估计出各期的绝对年代。即：

殷墟文化一期，约相当于甲骨第一期以前，或属盘庚、小辛、小乙时代。

殷墟文化二期，约相当于甲骨第一、二期，即武丁、祖庚、祖甲时代。

殷墟文化三期，约相当于甲骨第三、四期，即廪辛、康丁、武乙、文丁时代。

殷墟文化四期，约相当于甲骨第五期，即帝乙、帝辛时代。

由于殷墟中发现了大量甲骨文，且这些甲骨文又可以根据商王来区分时期，因此，也就可以依据陶器与甲骨文的共生关系来确定殷墟各期的文化。1962年之后，安阳考古工作站的郑振香、杨锡璋、刘一曼等考古学家，根据大司空村遗址和墓葬新近发掘出土的陶器，结合甲骨文字研究，发现大司空村一期约相当于武丁前期，大司空村二期约相当于武丁后期和祖庚、祖甲时期，大司空村三期约相当于廪辛、康丁、武乙、文丁

1984年，中国社会科学院考古研究所所长夏鼐，在殷墟考察时与安阳工作站考古人员合影。左起：徐广德、杨锡璋、夏鼐、郑振香

时期，大司空村四期约相当于帝乙、帝辛时期。

从邹衡与安阳考古工作队对殷墟文化的分期来看，都未超出四分法，对各期绝对年代的估计稍有不同，但基本一致。随着在实际工作中不断检验和修正，上述分期已成为商后期文化分期的标尺。

夏商周断代工程启动后，根据工程提出的"商代后期武丁以下各王提出比较准确的年代"的目标，特设了"殷墟文化分期与年代测定"这一专题，并由中国社会科学院考古研究所研究员杨锡璋负责。

杨锡璋，江苏无锡人，1958年于北京大学历史系考古专业毕业后，即到中科院考古研究所工作，1962年到安阳工作队，自此开始了对安阳殷墟三十余年的田野发掘和研究工作。先后参与了若干座宫殿遗址、大墓、宗庙祭祀场所等田野发掘，并作为安阳工作队的主要负责人之一，和其他考古学家一道对殷墟发掘七十年来的成就做了系统的总结。"工程"开始后，杨锡璋和徐广德等考古学家积殷墟几代学者七十年发掘、研究之经验，在进一步研究的基础上，将殷墟文化分期进一步完善，其中一期到四期相对应的商王如下：

殷墟一期：约当盘庚、小辛、小乙和武丁早期。

殷墟二期：早段年代约当武丁晚期，估计与祖庚、祖甲

考古人员在洹北商城钻探。左起：岳占伟、王巍、殷玮璋、岳洪彬、何毓灵，持械钻探者为殷墟发掘领队唐际根

时代相当。

殷墟三期：约当廪辛、康丁、武乙、文丁时代。

殷墟四期：约当帝乙、帝辛时代。

显然，从上述所提出的"工程"专题任务而言，不是说简单地将殷墟文化做个划分就算完事，更重要的是对所做分期正确与否的检验以及各期年代的推算。而要实现这个目的，关键看能否在各期遗存中采集到足够的可用于^{14}C测年的系列含碳样品。从理论上说，如果杨锡璋、徐广德、唐际根等学者对殷墟文化、甲骨的分期以及所推定的王世是合理的，那么在各期中所采集到的^{14}C测年标本，其所得数据也应与分期、王世的年代序列一致。通过对两个年代序列的对比，不仅可以检验各自分期序列中推定的王世的可信度，而且可以建立商后期的年代框架，并为推定商王武丁至帝辛之间各王相对准确的年代提供依据。

有鉴于此，杨锡璋、徐广德、唐际根等专题组人员，先从历年发掘所积累的资料中选出部分样品，又于1997年春季在殷墟的白家坟南地和东南地做了大规模发掘，揭露面积达6000多平方米，取得了50余个含碳样品。但是，当这些样品送往北京后，仍然不能满足^{14}C测年的需求，特别是殷墟一期和四期的样品较少，不足以排出系列。于是，"工程"首席科学家经过研究，决定继续提取样品，并派出课题组负责人殷玮璋和^{14}C测年专家仇士华赴安阳，和专题组的杨锡璋等考古学家共同讨论出一个可行的取样方式：1.所采选的各期含碳样品必须出自有随葬品的墓葬，或有其他共存遗物的灰坑等单位，使这些含碳样品及其所在单位的年代判断做到有根有据，一旦用这些样品进行测年，就将这些共存遗物与所测年代一起发表，做到有据可查。2.取样各单位在时间上应有先后，使这些含碳样品构成系列。3.取样单位的其他含碳样品也要妥加保存，供需要时提取。4.由于一期和四期的含碳标本相对较少，应以获取一、四期系列样品为重点，并至洹北三家庄等地考察选点。

根据已达成的共识，专题组人员在安阳考古工作队队长唐际根的安排下，于1997年秋—1999年秋，在殷墟的三家庄东地、花园庄西地、董王渡西南地及其他几个地点做了不同规模的发掘，并获得了一批含碳样品。经过3年的努力，"工程"专题组从殷墟12个地点共采集含碳样品111个，基本满足了^{14}C测年的需要。鉴于发现材料的增多，专题组将原来所划分的第一期早段改称"三家庄阶段"，并从第一期中划分出来。原第一期晚段改称第一期，并据此推定为武丁前期遗存。

特别需要提及的是，就在专题组人员为寻找样品在洹水北岸几个地点勘查与发掘过程中，偶然发现了总面积达400万平方米的商代城垣。这是整个20世纪发现的所有商代城垣中规模最大的一座。这一发现，引起了国内外学术界的极大震动。殷墟发掘70余年来，无数学者曾苦心积虑、疲精劳神、孜孜探寻而不得的殷墟城垣，因夏商周断代工程的实施而在洹水北岸被发现，这一重大成果，不能不说是"工程"推动多学科发展的一个极好例证。

对殷墟各期采集的样品做常规^{14}C测年后，经树轮曲线校正，得到24个系列样品的日历年代。

殷墟文化分期及常规^{14}C测年数据

分期	单位	样品	实验室编号	^{14}C年代（BP）	拟合后日历年代（BC）
一期	三家庄80ASJM1	人骨	ZK5586	3030±35	1370—1340（0.24） 1320—1260（0.76）
	洹北花园庄T3③	兽骨	ZK5595	3039±42	1370—1260
	白家坟东南M199	人骨	ZK5501	2920±35	1261—1239
二期	白家坟东南M272	人骨	ZK5511	2964±33	1255—1200
	白家坟东南M451	人骨	ZK5523	2994±37	1252—1209
	白家坟东南M82	人骨	ZK5521	2908±32	1255—1235（0.52） 1215—1195（0.48）
三期	王峪口南M389	人骨	ZK5578	2937±33	1190—1090
	王峪口南M396	人骨	ZK5579	2962±35	1205—1125
	王峪口南M395	人骨	ZK5581	2960±37	1205—1125
	王峪口南M398	人骨	ZK5582	2888±35	1190—1180（0.10） 1150—1080（0.90）
	大司空村南M1278	人骨	ZK5587	2856±35	1190—1180（0.01） 1130—1080（0.99）
	大司空村南M1281	人骨	ZK5588	2956±35	1205—1125

续表

分期	单位	样品	实验室编号	^{14}C年代（BP）	拟合后日历年代（BC）
三期	刘家庄北M875	人骨	ZK5590	2935±35	1190—1090
	刘家庄北M878	人骨	ZK5592a	2946±35	1200—1110
	白家坟西M3	人骨	ZK5525	2882±37	1190—1180（0.10） 1150—1080（0.90）
	白家坟东南M156	人骨	ZK5543	2983±34	1205—1125
	白家坟东南M441	人骨	ZK5538	2954±37	1205—1120
	白家坟东南M60	人骨	ZK5529	2951±35	1205—1110
	白家坟东南M296	人骨	ZK5534	2870±35	1190—1180（0.07） 1130—1070（0.93）
四期	白家坟东南M693	人骨	ZK5572	2942±35	1087—1045
	白家坟东南M23	人骨	ZK5551	2912±31	1083—1041
	白家坟东南M477	人骨	ZK5559	2900±35	1083—1038
	白家坟东南M432	人骨	ZK5558	2892±33	1080—1036
	小屯西北地75F11①	木炭	ZK358	2932±34	1085—1046

从^{14}C测年数据可以看出，殷墟文化最早为公元前1370年，最晚为公元前1036年，一期文化与四期文化之间的总跨度为334年。尽管上述每期的年代范围是否就是它们的实际年代，此时还不能下最后的结论，但有一点可以证实，上述年代序列与分期序列完全一致，没有出现祖孙颠倒的现象。至于这些年代能否同其他的年代衔接和匹配，并不发生矛盾，当然还要由如下几个方面的研究成果来验证。

贞人的发现与甲骨分期

自1899年甲骨文发现至夏商周断代工程启动，在长达一个世纪里，甲骨文出土约15万片，其中考古发掘出土的刻辞甲骨有34844片。1937年之前，甲骨文的出土地只限于小屯、侯家庄南地、后岗三处。20世纪50年代以来，随着考古工作的蓬勃发展，甲骨文出土的地点不断扩大，除上述3个地点外，在四盘磨、薛家庄南地、花园庄东地、花园庄南地、大司空村、苗圃北地、白家坟东地、刘家庄北地等8个地点都出土了刻辞甲骨。已被学术界广泛所知的是，殷墟的发掘，肇始于对甲骨文的辨识和释读，而自殷墟科学发掘之后，对甲骨文的研究在更大范围内科学而深入地展开，一时名家辈出，大师云集，遂使甲骨学渐渐成为一门世界性的显学。

1936年，董作宾在安阳发掘工地，脚下是"杀人殉葬坑"现场（台湾"中研院"史语所提供）

事实上，早在殷墟发掘之初，董作宾就开始了对甲骨文的系统研究，并不断地推出研究成果。1929年，董作宾发表了《商代龟卜之推测》一文，首次提出要对殷墟出土的龟甲做系统的分析与研究。

在第三次殷墟发掘的第二阶段，即1929年12月12日，在著名的"大连坑"内出土了"大龟四版"。董作宾对这十分难得的材料进行了长时间的细心研究，并于1931年发表了在甲骨学史上意义重大、影响深远的论文《大龟四版考释》，从而奠定了甲骨文断代体系的基础。董作宾指出，甲骨文在200余年间，"经过了七世十一王，这七世十一王的卜辞，必有许多不同之处，因此断代的工作，也就应运而生。倘若能把每一时代的卜辞，还他个原有的时代，那么，卜辞的价值便更要增高，由笼统的殷人两百年间的卜辞一跃而为某一帝王时代的直接史料了"。在这一研究的基础上，他进而提出了甲骨文断代的8项标准："断代之法，应从各方面观察而求其会通，大要不外下列的数种：一、坑层；二、同出器物；三、贞卜事项；四、所祀帝王；五、贞人；六、文体；七、用字；八、书法。"

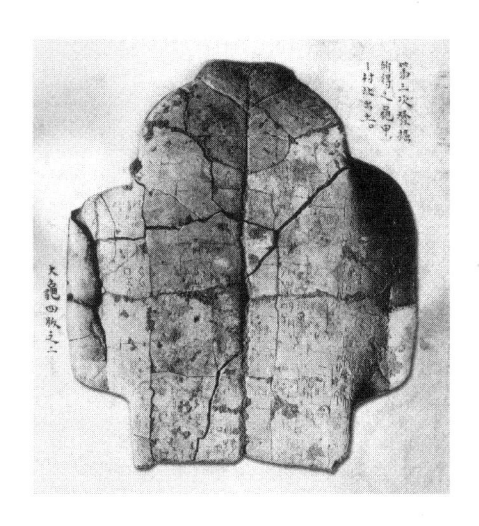

安阳殷墟出土的大龟四版（台湾"中研院"史语所提供）

在甲骨刻辞的前辞中，经常看到有"干支卜某贞"的字样。对于卜和贞之间的某字，以前的研究者有的疑为官名，有的疑为地名，有的疑为所贞之事。董作宾根据"大龟四版"中的第四版卜旬之辞的研究，论定卜贞之间的某是人名，而绝非地名或官名。这个发现，不仅使甲骨卜辞能够顺利通读，而且为甲骨文的断代提供了一条非常重要的线索和依据。其时正在日本进行甲骨文研究的郭沫若，从董作宾的贞人说中受到很大启发，他说："曩于卜贞间一字未明其意。近时董氏彦堂解为贞人之名，遂颇若凿破鸿濛，……凡是同见于一版上的贞人，他们差不多可以说是同时。如上列第四版，贞人共有六个，在九个月中，他们轮流着去贞旬，他们的年龄无论如何，必须在九个月内是生存着的，最老的和最少的，相差也不能过五十年。"通过同版共见的贞人间的联系，再结合其他断代标准，就可能把数以万计的甲骨卜辞分列于各个王世之下，使殷墟200多年的甲骨卜辞各归其主。董作宾的这一发现，为甲骨学的研究做出了开创性的贡献。

1933年，董作宾又将其甲骨文断代研究的最新成果——

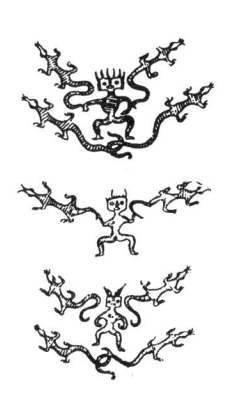

刻在商周青铜器上的巫师形象

殷墟出土甲骨文中的"龟"字

《甲骨文断代研究例》公之于世。这篇洋洋十万言的宏文，是甲骨学史上划时代的重要著作，它标志着甲骨文的研究自此进入了一个全新的时期。董作宾在《大龟四版考释》的基础上，经过深入、严谨的研究，创立了科学而缜密的甲骨文断代体系，这就是通行半个多世纪的著名的"十项标准"和"五期"说。所谓十项标准，即：

1.世系；2.称谓；3.贞人；4.坑位；5.方国；6.人物；7.事类；8.文法；9.字形；10.书体。

在此"十项标准"中，最重要的为世系、称谓和贞人，由世系可知称谓，由称谓可确定贞人属于某一王世，此三者实为甲骨文断代的"第一标准"。由此三者推演互证，则又有方国、人物、事类、文法、字形、书体等六标准。坑位"可以证同出卜辞之时代，然非亲与发掘工作者不易用之"，故只能作为断代的辅助标准。根据这"十项标准"，董作宾把殷墟两百多年、共八世十二王的甲骨卜辞划分为五个时期，即：

第一期：盘庚、小辛、小乙、武丁（二世四王）；

第二期：祖庚、祖甲（一世二王）；

第三期：廪辛、康丁（一世二王）；

第四期：武乙、文丁（二世二王）；

第五期：帝乙、帝辛（二世二王）。

郭沫若在看了董作宾的断代体系后给予了高度评价："惊佩其卓识，如是有系统之综合研究，实自甲骨文出土以来所未有。文分十项，如前序中所言，其全体几为创见所充满。"郭沫若对其贞人说尤为推崇："多数贞人之年代既明，则多数卜辞之年代直如探囊取物，董氏之贡献诚非浅鲜。"

毋庸置疑的是，在半个多世纪的甲骨学史上，董作宾的研究无论在当时还是对后世都产生了深远而巨大的影响。正如著名甲骨学者严一萍所说："五十年来，经过无数学者的钻研努力，而能够提纲挈领建立起甲骨学体系的，惟有彦堂先生""今天的十万片甲骨离不开这个体系，也就是甲骨有了成为一种专门学问的基础"。严氏此言与董作宾对甲骨学所做的贡献当是相称的。

占卜用的龟壳

1942年4月1日，董作宾在四川南溪写道："昔疑古玄同创为'甲骨四堂'之说，立厂和之，有'雪堂导夫先路，观堂继以考史，彦堂区其时代，鼎堂发其辞例'之目，著在篇章，脍炙学人。今者，观堂墓木盈拱，雪堂老死伪满。惟彦堂与鼎堂，犹崛然并存于人世，以挣扎度此伟大之时代也。"他回忆当年春天在成都访问郭沫若时的情景，感叹与之"神交十载"，自叹抱残守缺，绝学自珍。他发誓将终生从事甲骨文研究："一生事业，其将以枯龟朽骨之钻研而为余之止境乎？兴念及此，搁笔太息！"

考古人员在殷墟小屯南地新发现的一处甲骨坑

1949年，董作宾到了台湾以后，受聘为台湾大学文学院教授，后担任"中央研究院"历

1991年，殷墟花园庄东地3号窖穴（H3），出土甲骨由发掘者套箱运回室内清理。右为发掘领队刘一曼在对一个完整的龟版进行测量、清理

殷墟出土刻有卜辞的卜骨

史语言研究所所长。他一生著作甚丰，有专著十余部。只是离开了祖国大陆，远离了殷墟这考古学圣地，困守孤岛后，董作宾对甲骨学的发展趋势十分悲观。他在1956年所写的《甲骨学前途之展望》一文中，以忧伤的笔触写道："展望世界，甲骨学的前途，甚是暗淡。甲骨学的沉闷，也就是中国史研究之消极停滞，茫无端绪了……"

令人扼腕的是，董作宾未能看到故乡的发展和甲骨学研究的盛况便与世长辞了。

纵观安阳殷墟自1928年以来的科学发掘，甲骨文一直不断地被发现，其中较为著名的除1929年的"大龟四版"与1931年在小屯村北发现的卜甲285片、卜骨4片外，1936年6月，在小屯东北地发现了H127坑，坑内出刻辞甲骨17096片，其中卜甲17088片，卜骨8片，完整的有字卜甲近300版。据研究，这是武丁时代埋放甲骨的窖穴，数百版有字甲骨的内容极为丰富，对甲骨文与商代历史的研究具有重大意义。

1973年，考古人员在小屯南地发掘中又发现刻辞甲骨5335片，其中卜骨5260片，卜甲75片，大版而完整的刻辞卜骨近百版。这批甲骨出土时多有明确的地层关系，并与陶器共存，为甲骨文的分期及殷墟文化分期提供了宝贵的资料。

1991年秋，考古人员在花园庄东100多米处发现了一个甲骨坑，编号为花东H3，出土甲骨1583片，其中卜甲1558片，上有刻辞者574片；卜骨25片，上有刻辞者5片；共计刻辞甲骨579片。特别需要提及的是，此坑甲骨以大版的卜甲为主，其中完整的刻辞卜甲达300多版。刻辞内容较为集中，主要涉及祭祀、田猎、天气、疾病等方面。刘一曼、曹定云等甲骨学者根据甲骨出土的地层关系、共存陶器及卜辞内容判断，此坑甲骨属武丁前期。

殷墟甲骨文的发现与研究，把中国的信史提前到3000多年前。但甲骨文绝大多数属于卜辞，也就是说是王或王室贵族占卜向鬼神询问吉凶的文字记录，要单纯依靠甲骨文恢复商代社会的原貌仍有一定的局限性。新中国成立后，陈梦家等甲骨学者在董作宾提出的甲骨文分为五期的基础上，将甲骨文进一步分组，凡属于同一位贞人所占之卜辞，都归为一组，如宾组、历组、黄组等，并建立了区分其年代先后的学说。新的研究表明，甲骨年代并不完全按照王世划分，有时可以跨越两王，如以前被认为是武丁甲骨的宾组卜辞，实际上可以下延到祖庚之世。这些甲骨分期的新成果，对准确判定甲骨月食的顺序，进而回推其年代起到了重要作用。

刻有卜辞的卜骨（引自李圃《甲骨文选注·载车》）
卜辞刻在牛骨上，正面刻辞百余字，背面刻辞五十余字，记录了商王武丁祭仲丁、乘车狩猎等内容。殷墟出土的卜辞，通常包括前辞、命辞、占辞、验辞四个部分。前辞记载占卜时间、地点及卜者；命辞记载卜问内容；占辞记载根据卜兆对卜问内容做出的判断；验辞记载卜后的应验情况。《载车》卜辞四个部分的大意是：
前辞　癸巳那天占卜，史官殻贞问。
命辞　往后十日内有否祸殃？
占辞　商王占卜说，而今就有鬼神作祟！
验辞　神的旨意与卜兆相合。
甲午那天（即占卜后第二天），王追猎一头犀牛，小臣驾驭马车，马撞到山崖上，毁坏了车子，子央也栽下车来。

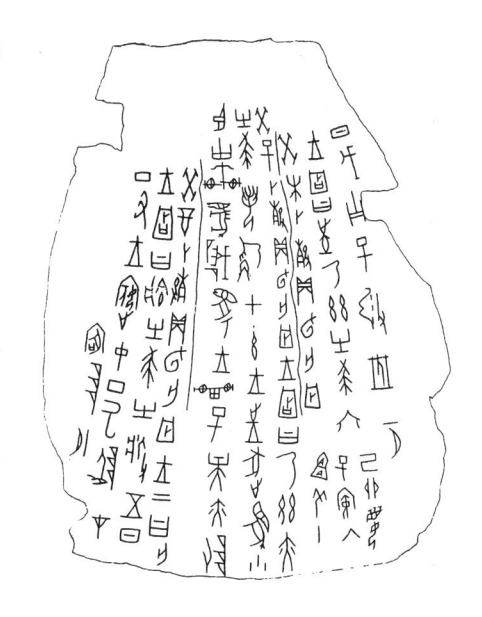

殷墟甲骨的测年

由于殷墟甲骨文已经有了比较成熟和准确的分期断代标准，选择分期明确、有断代价值的卜骨，利用高精度加速器质谱计进行系列^{14}C年代测定，就成为一种可能。

早在20世纪80年代末，当北京大学正在安装配备加速器质谱计之时，参加安装工作的郭之虞，就为这种高精度仪器在未来服务的方向上做过周密的思考和探索。在不断的探索与思考中，他想到了加速器质谱计服务于考古学时可以测量的木炭、小米、人骨、兽骨，继而想到了安阳殷墟出土的无字和有字甲骨。按照他的设想，如果能将这些甲骨给予测量，无疑将是一件极富意义的事情，并对殷商年代的断代研究产生不可估量的作用，其价值和影响绝不比都灵裹尸布的测定逊色。这个宏伟的构想一经出现，郭之虞便开始为此努力。1990年，他被北大校方派往瑞士苏黎世联邦理工学院进行访问工作，对方有一个加速器质谱计实验室，在国际上享有盛誉。为了检验对甲骨测量的可行性，临走之时，郭之虞经仇士华介绍，和中国社科院考古所有关负责人协商，从所里收藏的六片有明确分期的无字甲骨中，每一片取下如同指甲盖大小的一块，带往瑞士进行加速器质谱计测量。令他惊喜的是，甲骨不但可以测量，且测出的结果跟预期的年代基本吻合。也就是这次并未公开的成功试验，使他对未来利用加速器质谱计进行甲骨测年充满了信心与希望。

夏商周断代工程在酝酿之时，专家们就已考虑到利用加速器质谱计对殷墟甲骨进行测定的方案。经过反复论证，这个世界上独一无二的研究方案终于得以实施。

"工程"对殷墟甲骨测年所设置的目标是：用改装后的加速器质谱计，对各期、各组有字卜骨进行测年，对照高精度树轮校正曲线研究，将测得的数据转换成日历年代，进而排出商代后期武丁至帝辛的年代序列。同时，工程对样品的选取条件制订了五条严格的标准：

一、卜辞中有称谓，时代明确者。

二、有天象记录（如日食、月食）者。

三、有年祀者。

四、有重要贞人或重要事件者。

五、地层关系明确者。

在以上诸多条件中，至少符合其中之一，方可入选。

殷墟出土甲骨多达十五万片，要从中选出符合以上条件者，并不是一件轻而易举的事情。不过，这次选择不是直接到甲骨的收藏处一件件查找验看，而主要是依靠《甲骨文合集》这部著作进行查寻。

自甲骨文发现以来，由于古董商人和外国势力的染指，这一中华民族的瑰宝先后流散到了十二个国家和地区。流失的甲骨，不仅数量繁多，而且分散零乱。保存于国内的甲骨，也被几十个单位和私人收藏，其处所遍及许多大学、博物馆和科研单位。任何一位研究者，都难以窥其全貌，这无疑给研究工作带来了巨大的困难。早期的甲骨学家董作宾就曾提出过整理甲骨之事，然而，这是一项巨大的系统工程，没有国家的力量、众人的合作难以完成。到了1956年，在国家制订科学研究十二年规划时，著名甲骨学者胡厚宣高屋建瓴地提出了编纂《甲骨文合集》这一构想。

胡厚宣，1911年出生于河北省望都县，自幼勤奋好学，对中国古史、古文献尤有兴趣。1928年考入北京大学历史系，1934年以优异成绩毕业后，到中央研究院历史语言研究所工作。其时正值中研院史语所对安阳殷墟进行大规模的发掘，胡厚宣适逢其时地参加了殷墟发掘以来规模最大的第十次和第十一次科学发掘工作。两次发掘共揭示十座王陵大墓和一千二百多座小墓，当时年仅二十四岁的胡厚宣主持了M1004号大墓和著名的H127号甲骨卜辞坑的发掘。从这时起，胡厚宣开始了甲骨学研究，并于1942年完成了《甲骨学商史论丛》论文集。这部书被学术界推崇为甲骨文商史研究中"金字塔式的论文集"和"划时代的著作"，从而一举奠定了胡厚宣在甲骨学商史研究中的地位。为此，著名的《诗经》专家、杰出的《楚辞》研究者陈子展写下了绝妙的传世名句：

堂堂堂堂，郭董罗王，观堂沉渊雪堂化，彦堂入海鼎堂忙。君不见，胡君崛起四君后，丹甲青文弥复光！

当1956年国务院成立科学规划委员会并起草科学研究十二年远景规划

时，胡厚宣以复旦大学历史系教授兼该校中国古代史教研室主任的身份，应邀参加了规划的起草任务。也就在这次规划中，他提出了出版《甲骨文合集》的意见。这个意见不仅被采纳，还被列入了历史科学资料整理重点项目之中。同时，鉴于胡厚宣在甲骨学研究中的学术地位，国务院决定调胡厚宣来中国科学院历史研究所主持《甲骨文合集》的编辑工作。

1956年秋，胡厚宣离开相伴十年的复旦大学，来到北京中国科学院历史研究所出任先秦史研究室主任，并着手主持《合集》的编纂工作。1959年，历史所成立了以郭沫若为主任的《合集》编辑委员会，先秦史研究室成立编辑工作组，由胡厚宣兼工作组组长。

1961年，通过各方面调集力量，正式组成了十多人的编辑班子，由郭沫若任主编，胡厚宣任总编辑，开始了《合集》的编辑工作。

为尽可能地占有资料，编辑组除了掌握已著录甲骨文的全部书刊外，对全国各地各单位所收藏的甲骨又做了实地探访。对流散到国外的甲骨文资料，编辑人员尽量利用出国访问或讲学的机会加以收集，或请外国友人和出国考察的其他专家帮助收集。在工作的几年中，胡厚宣跑了25个省市自治区、38个城市、95个单位，访问了47位私人收藏家，凡有收藏甲骨的地方，他总是设法前去探访，凡是国内收藏的甲骨大都被他摸了一遍。正当大家以满腔的热情将全部精力投入到《合集》的编辑工作之中时，"文化大革命"爆发，《甲骨文合集》的编辑工作被迫停止，全部甲骨资料也险遭毁坏。在那个动乱的年代里，胡厚宣和编辑人员一道，设法将所有的甲骨资料装箱封存，先运到河南，又运到陕西，最后藏进深山，才将其保存下来。直到1972年编辑工作才再度恢复。经过编辑小组人员科学地整理辨伪、去重、缀合，最后精选出"在文字学和历史学上具有一定意义"的甲骨41596片编辑成书。编排体例依照学术界通行的五期分期法，将甲骨文资料分为五个时期：第一，武丁时期；第二，祖庚、祖甲时期；第三，廪辛、康丁时期；第四，武乙、文丁时期；第五，帝乙、帝辛时期。

1978年，凝聚着数位学者心血的《甲骨文合集》诞生了。从1979年陆续付印，到1983年，13巨册的印刷出版工作全部完成。《甲骨文合集》的出版，是甲骨文发现80多年来的一次大总结，它反映了甲骨文研究的最新成果，为以后的研究工作提供了全面而科学的资料，在甲骨学史上具有开创性的重大意义。

由于在夏商周断代工程中专门负责"文献资料库"专题的罗琨，以前在历史研究所参加过《甲骨文合集》的编辑工作，对有关情况比较熟悉，"工程"首席科学家决定甲骨文样品的收藏处所由罗琨提供，而具体的选取任务，由社科院考古所刘一曼、曹定云等甲骨学家负责完成。

对照书中的甲骨拓片，刘一曼、曹定云等学者经过一个多月认真的核对，缜密的筛选，严格的鉴别，终于选出了300多片符合条件的甲骨。但在这300多片甲骨中，许多条件优良者并不在国内，它们被分别收藏于英国、日本、美国等地。如甲骨文所记录的天象，比较明确的可用以定年的是五次月食卜辞。其中，乙酉夕和己未夕㿝庚申两次月食记有月名，是"工程"研究的重点。乙酉月食两版都是龟腹甲，庚申月食既有月名和月食的时间范围，又是卜骨。因此，庚申月食的测年，对"工程"就显得格外重要。但遗憾的是，两片月食记录的甲骨均藏英国的博物馆。显然，要让这些国家和地区将收藏的甲骨拿出来测量是不现实的。无奈之下，只好放弃国外等地收藏的甲骨。经初选、复选，最后确定利用保存于国内的150片甲骨进行测年。为慎重起见，"工程"利用社科院考古所的甲骨藏品做了取样实验后，对各地甲骨的取样做了严格的规定：1.不伤及刻辞卜骨上的文字；2.不伤及卜骨背面的钻凿痕迹；3.尽量从卜骨不重要的位置如骨臼或骨板下部取样；4.取样部位要修补上色。根据这4项规定，刘一曼、曹定云等甲骨学者先于考古所以无字甲骨试验并取得成功。所用甲骨修复上色后效果很好，不知情者几乎看不出来。这样做的优点是：既不影响原件的研究价值，也不影响陈列与收藏；甚至还因年代的测定，使它的收藏价值更高。但取样事宜因人为原因被迫停顿达一年零两个月之久。为使此项工作进行下去，夏商周断代工程领导小组报请有关方面批准，由文化部、教育部、国家文物局、中国社会科学院等四部门联合下发了如下文件：

关于协助做好"夏商周断代工程"甲骨取样工作的通知

各有关单位：

"夏商周断代工程"是国家"九五"重大科研项目，其主要目标是：以自然科学与社会科学相结合，采用现代科技手段，进行多学科联合攻关，将夏商周时期的年代学进一步科学化、量化，编制出有科学依据的"夏商周年代表"，为深入研究我国古代文明的起源和发展打下良好的基础。

在国务院领导的关心支持下，经过跨学科领域的专家和工作人员的共同努力，"夏商周断代工程"取得了可喜的成绩。根据"夏商周断代工程"进展的计划，1998年将重点对有关考古发掘样品进行碳14测定工作，以及用加速器质谱法（AMS）对经过分期的殷墟甲骨进行测年。

目前，"夏商周断代工程"项目办公室根据1998年1月16日国务院会议精神，已从分藏于18个单位历年出土的殷墟甲骨中选出220片作为测年的预选标本（见附件），有关工作人员将于近期赴各有关单位，从上述标本中选取150片进行取样。根据AMS法测年需要，每片甲骨取样约1克左右。

取样的工作人员应根据国家有关法规的要求，以对祖国文物高度负责的态度，精心谨慎地取样。取样的部位原则上在甲骨的边缘，以不损伤所刻文字为原则。取样后必须施行修复，使甲骨恢复原貌。

为此，请各有关甲骨收藏单位积极配合，使甲骨取样工作得以顺利进行。

特此通知。

一九九八年四月十三日

由于甲骨属于国宝级的文物，极其珍贵，取样时必须小心谨慎，尽量将损害减少到最低程度。为此，工程领导小组专门派甲骨学专家刘一曼、曹定云、黄天树等人，同考古所技术室的文物修复人员一道南下北上，赴各地大学、研究所、博物馆、图书馆等收藏单位提取甲骨样品。按照加速器质谱计的要求，每片甲骨只要取1—1.5克，即相当于指甲盖大小便可满足测量需要。甲骨学者在收藏单位找到所需样品后，在甲骨的适当位置小心翼翼地将一小块割下，然后文物修复专家立即用石膏等材料对残缺的部分进行修复，并使修复后的甲骨无论是颜色还是形状都尽可能地跟原样一致。当然，正是由于这些甲骨属于国宝级文物，各收藏单位才如同从自己身上剜肉一般难以取舍。经过和若干个单位多次协商，最后，"工程"派出人员终于采集到107片殷墟文化一至四期的卜骨样品。

如同当年测定都灵裹尸布一样，用加速器质谱计（AMS）进行甲骨测

第八章　商代后期诸王的年代

年,是夏商周断代工程一个大胆的科学尝试,也是世界首创。它的成败不仅关乎"工程"本身,就世界质谱学的应用与发展而言,也将在科学领域产生巨大而深刻的影响。因而,AMS测年专家在处理甲骨样品时慎之又慎,只怕产生半点闪失。

就AMS测年法而言,无论是测木头还是骨质样品,都要经过事先化学处理这一环节,而对有字甲骨的测定,这个环节就尤其显得重要。为此,工程特设了"骨质样品的制备和研究"专题,由北京大学^{14}C测年制样实验室的原思训教授主持工作。

早在工程决定用AMS法测定甲骨之时,和AMS测量设备配套的北京大学^{14}C测年制样实验室的原思训教授,已经率领助手开始制样方法的研究与制样设备的改进和更新工作了。

原思训,1934年生于江苏徐州市。读中学时,对水利电力学情有独钟。颇具忧患意识的他,感到国家的水利设施、电力相当缺乏,许多地区干旱严重,迫切需要解决水源,而水源的解决必须依靠先进的科学技术。为此,在1954年的高考作文《我的志愿》中,原思训淋漓尽致地畅述了自己将献身于水利、电力事业的人生理想,并对当时国家已经提出的是否要建设三峡大坝的计划表示了极大的热情和关心。天遂人愿,这一年他高考得中,被作为留苏预备生录取,所学专业就是水力发电。但是,天有不测风云,正当他为实现自己的理想发奋苦读之时,随着中苏关系的恶化,不但他的留苏之梦化为泡影,原有的理想也随之破灭。他被分到北京大学化学系,开始了分子、方程式等化学专用术语的学习。正当他对并不爱好的化学专业开始感兴趣并决心在化学领域施展理想时,由于国家准备动手搞"两弹一星"(原子弹、氢弹、卫星)研究,已是大三的他又随化学系的同学一道转入本校原子能系(后改为技术物理系)放射性化学专业就读。1959年毕业时,他本想随大部分同学奔赴酒泉和西昌基地从事"两弹一星"的研究制造工作,但校方却决定将他留在本系任教。这个决定尽管使他大感遗憾,但考虑到组织上的需要,他还是愉快地服从了,自此开始了教书育人的生涯。1973年,北大历史系筹建^{14}C测年实验室,他被调入历史系负责制样实验室的筹备工作。1983年,随着北京大学考古专业独立建系,他和他主持的实验室又归于考古系领导。

几十年的风雨沧桑,使当年朝气蓬勃的他两鬓斑白,到了将要退休的年

原思训在夏商周断代工程会议上陈述^{14}C测年技术需解决的几个问题（作者摄）

龄，尽管青少年时代的梦想一直没有机会得以实现，但在现实的岗位上倾注了青春和汗水的同时，原思训也得到了颇为丰硕的收获。夏商周断代工程启动后，他积几十年学术之经验，和助手们一道，为实验室技术装备的进一步完善，四处购置设备，研究测定方案、方法，在很短的时间内，就改进和完善了一个与加速器质谱计配套的中国第一个高质量的测年制样实验室，从而使中国的AMS测年在世界质谱学领域占据一席之地，并为中国AMS测年技术在各学科的广泛应用奠定了良好的基础。

原思训主持的夏商周断代工程"^{14}C测年样品制备与研究"专题组，在工程进行中所做的主要工作是：

1. 对骨质样品^{14}C测年中的分离与纯化做了深入研究，经前处理分离，纯化得到的测年样品能够满足高精度测年要求。

2. 建成了用元素分析仪做燃烧、分析与制备装置的AMS测年用CO_2制备系统。

3. 建立了4套合成石墨装置。

4. 成功研制样品气体回收系统。

5. 至1999年底共制备石墨样品514个，其中断代工程测年石墨样品274个。

就以上5条工作而言，如果不是搞这个专业研究的学者很难看出个中门道和套路，它的深奥难懂，即使夏商周断代工程的专家组大部分成员也为之感到头痛。这里需要略做解释的是，比如一块木头或是一块骨头样品，都不能直接拿来放在仪器中测量，加速器质谱计测量的是碳元素，不是木

第八章　商代后期诸王的年代

头、骨头本身所含的其他元素。而碳元素又包含在其他元素之中，如同小米、绿豆、大豆等煮成的八宝粥。如要测量小米，就需要将小米从这一锅粥中分离出来，这就是原思训和助手们要做的第一步工作。若专业一点来说，就是先把样品的无机部分去掉，留下有机物，有机物经过燃烧变成二氧化碳（CO_2）。因为加速器质谱计所要的还不是一般的碳样品，必须是经过燃烧后变成像铅笔芯那样的石墨碳即纯碳，方可测量。当年著名的都灵裹尸布的测定，也是采取这样的操作程序。于是便有了元素分析仪燃烧装置的研究和组建。但在具体操作过程中有一个重要的问题是，对来之不易的珍贵甲骨样品，如果在燃烧过程中出现差错怎么办？这就有了后来研制成功的样品回收系统。一旦在操作过程中出现问题，还可将已燃成气体的甲骨样品重新回收还原，再做第二次、第三次应用，这样就避免了一失"烧"成千古恨的遗憾。当然，在专题实施的初期，有一个问题令原思训困惑不解，这就是在已测出的几片甲骨中，其年代明显早于考古学家对殷墟的分期，有的甚至比考古学家预期的年代早200—400年。这个结果，在使"工程"专家组对AMS测年的准确性和可信度提出质疑的同时，也让原思训和负责AMS测年的郭之虞两位专家大伤脑筋。对比其他样品的测年可以看出，用同样的方法和同一台仪器所测木炭、小米、骨头等数据，唯独甲骨测年突然出现了这样大的差距，其他样品的符合率都较好，这就说明，绝不是机器设备的问题，症结肯定出在某个环节的操作上。那么到底是哪个环节呢？经过反复对比、检查、思索，原思训认为问题可能出在以下几个方面：

1. 所测有字甲骨样品，其骨头的存放年代与刻字时间并不同步，或许一块骨头在存放了200年之后才拿出来占卜刻字，这样骨头的实际年代自然要比刻字年代早200年。

2. 在安阳殷墟的发掘过程中，所出甲骨并不是全部完好无损，有相当一部分在出土时已成碎片。为了保持甲骨的完整，考古人员用黏合剂（如502胶）将甲骨碎片重新黏接起来。由于有了黏合剂的渗入，所含碳元素中便不可避免地渗入了其他杂质，所测年代自然就出现了大的误差。

3. 甲骨在出土前，由于地下水和泥的侵入，使含碳元素受到污染。同时，在出土后的流传过程中，由于拓片、观摩等原因，沾染了其他物质成分，如煤、石油等，这些同样使甲骨中的^{14}C受到污染，因而造成了较大的误差。

根据以上三种推测，原思训一边调查真实原因，一边研究相应的对策。但调查的结果跟他的推测并不太一致，大多数考古学家认为，有字甲骨的骨料不可能在收藏两百年后才拿出来占卜刻字，收藏时间一般应是几年或最多十几年，龟甲的收藏时间可能长些。同时乌龟这一生物，存活的时间也较长，民间就有"千年的王八万年的龟"之说。所以测量出的龟甲的年代有可能与刻字时间有较大的差距。但是，在所测甲骨中，大多都是牛骨、羊骨，而牛和羊的寿命不是太长，且在一般情况下，应该是将这些牲畜宰杀后不久即用来刻卜辞的，所以第一种推测是原因，但不是主要的原因。另外据到各地采集甲骨样品的刘一曼、曹定云等甲骨学专家讲，他们在采集样品时，没有取黏接的那些部分，而是照着完好的那一部分割取的。如此看来，这第二种推测似乎也难以成立。至于第三种推测则无人能说得清楚了。

尽管如此，但原思训经过深入分析认为：第一种推测可以排除，但第二种不应完全排除，即使采集甲骨样品的专家割取的甲骨是完好的那一部分，但黏合剂也可能通过化学反应渗透到这个部位，造成碳元素的污染，再加上其他方面的污染，出现大的误差就不足为怪了。根据以上情况，原思训针对性地探索研制出了一套去除、分离黏合剂和外来污染物的方法，使碳元素得以纯化。当这个程序完成后，再将甲骨样品交加速器质谱计进行测定，所得数据见下表。

甲骨系列样品分期及AMS测年数据

分期			单位或著录	样品	实验室编号	^{14}C年代（BP）	拟合后日历年代（BC）
早于武丁			小屯东北地 T1H1:164	无字卜骨	SA99101	3105 ± 34	1338—1313
甲骨一期	武丁	武丁早	合集20138	卜骨（自组）	SA98169-2	3063 ± 34	1323—1287（0.93） 1278—1273（0.07）
			M99③：1	卜骨（午组）	SA98187	3039 ± 35	1319—1280
			屯南H115	无字卜骨	SA98160	2977 ± 42	1314—1278
			屯南G1	无字卜骨	SA98161	2994 ± 41	1315—1278
			花东H3:707	无字卜骨	SA98162	2983 ± 55	1316—1278

续表

分期		单位或著录	样品	实验室编号	^{14}C年代（BP）	拟合后日历年代（BC）
甲骨一期	武丁中	合集2140	卜骨（自宾间类）	SA98173	3069±53	1285—1255（0.75） 1240—1220（0.25）
		合集302	卜骨（宾组）	SA98175	3051±32	1285—1255（0.79） 1235—1220（0.21）
		合集4122	卜骨（宾组）	SA98178	2991±38	1280—1231
		合集3013	卜骨（宾组）	SA98177	2985±35	1285—1225
	武丁晚	合集3089	卜骨（宾组）	SA98181	2989±42	1255—1195
		妇好墓	骨器	SA99040-2	2945±48	1260—1195
甲骨二期	祖庚	合集1251	卜骨（宾组）	SA99094	3023±32	1235—1210（0.51） 1205—1190（0.26） 1180—1165（0.23）
	祖甲	合集27616	卜骨（无名组）	SA98218	2985±32	1235—1185（0.76） 1180—1165（0.24）
甲骨三期	廪辛康丁	合集27364	卜骨（无名组）	SA98210	2996±44	1200—1185（0.18） 1180—1125（0.82）
		合集28278	卜骨（无名组）	SA98219	3005±32	1220—1210（0.04） 1200—1185（0.18） 1180—1150（0.53） 1145—1130（0.25）
甲骨四期	武乙文丁	H57:39屯南2281	卜骨（无名组）	SA98227-2	2961±34	1170—1105（0.95） 1100—1090（0.05）
		屯南H2	无字卜骨	SA98166	2913±45	1160—1085
		M16:34屯南3564	卜骨（黄组）	SA98251	2921±35	1160—1140（0.22） 1135—1085（0.78）
甲骨五期	帝乙帝辛	花南H1:6	无字卜骨	SA98159	2956±38	1100—1040（0.94） 1030—1020（0.06）
		合集36512	卜骨（黄组）	SA99097$_P$	2926±33	1100—1020
		合集35641	卜骨（黄组）	SA98253	2887±39	1090—1000
		钢厂M1713	羊肩胛骨	SA98167	2868±48	1080—970（0.88） 960—920（0.12）

从甲骨样品测定并拟合后的情况看，所得日历年代与"工程"确立的商后期年代框架基本一致。利用AMS法进行有字甲骨测年，在标志着这门技术为商后期年代学研究做出独特贡献的同时，也对世界AMS测年学科的应用和发展开辟了更加宽广的道路。

"三焰食日"之谜

由于甲骨、铜器多为考古发掘而得，其中甲骨文、铜器铭文记载的天象、历日是当时的记录，这些记录不像文献记载，成书较晚，真伪掺杂，因而具有很高的可信度。在已发现的铜器铭文中，除月相外，未发现其他天象的记录。因而，甲骨文中的天象记录就更加珍贵，其中的日月食记录，是夏商周断代工程可望得出天文定年结果的重要依据。

在已发现的十五万片甲骨中，被学术界认为可以用来推算的日月食记录有：

1. 宾组卜辞中的五次月食记录。

2. 宾组卜辞中一条被释读为"三焰食日"，并认为是日全食见日珥的记录。

3. 历组卜辞中五条带有干支，并且可能是日月食的记录，其中一条记"日月有食"，三条记"日又哉"，一条记"月又哉"。

在以上三种天象记录中，有关宾组卜辞五次月食记录的可信性，学术界没有争议，并且经学者们研究，这组卜辞属商王武丁到祖庚时期。在三千多年前，于这一不太长的时间范围内，竟有五次月食记录，这不能不说是世界天文史上的一个奇迹。在历组卜辞中，关于卜辞的时代和所记是否为日月食的问题，学术界一直存有较大的争议，尽管断代工程开

宾组卜辞拓片

始后，学者们又进行了重新研究，但由于仍存异议，工程专家组决定，历组卜辞的记录暂不作为依据用于讨论商后期年代。用于工程讨论的只有第一、第二两种天象记录。

前面略有介绍，任何一个民族先民的语言和文字，同后世相比都不是一致的，中国的甲骨文和金文都与当时流行的口语无关，或许是受到原始书写工具的影响，作为一种像"结绳记事"一样纯粹的"记录文字"，写起来当然是越简略越好。中国古文献中曾有"上古结绳而治，后世圣人易之以书契"的记载。书契就是指刻在竹、木、骨、甲上的文字，已发现的甲骨文和最早的陶文是用刀契刻在甲骨上，或契刻在陶范、陶坯上再进行翻铸或烧制的。由于写作工具的限制，一件事情不可能像现在一样下笔千言，它需要言简意赅，能帮助记忆就可以。如"乙卯允雨"就表示乙卯那一天下起了雨。由于有些书契太过于简单，有的出土时又难以辨识，这就需要有一个正确释读的过程。如果对某字释读不准确，那就可谓差之毫厘，谬以千里了。

对"三焰食日"这条天象记录，最早注意和研究者之一是著名甲骨学家董作宾。作为安阳殷墟最早的发掘者之一，董作宾很早就注意到甲骨文所反映的殷历，他在研究"大龟四版"之时，就从第四版卜旬之辞中发现了殷历有大月和小月之分。1931年，他发表了《卜辞所见之殷历》，对甲骨文中的纪日法、纪旬法、纪月法、纪祀法等殷历的基本问题做了初步研究。1934—1943年间，董作宾积时十载，潜心钻研，终于写出了鸿篇巨制《殷历谱》，从而开创了以甲骨文研究殷商年代之先河。就在这部著作中，董作宾曾举出殷墟小屯YH127坑出土的一版卜甲

"三焰食日"卜甲拓片

作为商代日食的例证。这片卜甲的拓本后来发表于《殷墟文字乙编》之中。其卜辞为：

甲寅卜㱿贞，翼乙卯易日。一。
贞，翼乙卯（乙卯）不其易日。一。
王占曰："止勿荐，雨。"乙卯允明霝，乞酓，食日大星。

这里，董作宾把卜甲上面卜辞的验辞后半段"乞酓，食日大星"解释为"三焰食日，大星"。之后许多学者沿袭其说，并认为是一次日全食时出现巨大日珥的记录。著名天文学家刘朝阳在《中国古代天文历法史研究的矛盾形势和今后出路》一文中，也认为这段卜辞为"三舀食日，大星"。按他的解释，"三舀"就是"三焰"，乃为日全食或环食时在太阳边缘可以看到的火焰，天文学上称为日珥。当时安阳地方看到日全食，太阳正从光亮变为黑暗的一瞬，突然有三团火焰在太阳边缘出现，观测者就以这三团火焰为日全食的主因，故有"三焰食日"的记录。大星似指那离太阳很近，平时不易看到的八大行星之一的水星，所以这又可以说是水星的最早观测记录。据刘朝阳断定，这片卜甲是殷朝武丁时代的东西，并根据卜辞记录推算出这次日食发生于公元前1302年6月5日，它发生于乙卯日，而且水星几乎就在那被食尽了的日面上出现，因而可使当时的观测者看到这颗明亮的大星而觉得非常惊奇，遂连同那在太阳边缘出现的三焰一并记录下来。

董作宾、刘朝阳等人对卜辞的这个解释，在很长时间没有人表示怀疑，直到很多年之后才有学者提出了不同看法。例如1981年出版的《中国天文学史》，即根据著名甲骨学家胡厚宣之说对此提出异议。同年，著名历史学家、古文字学家李学勤在考证后，于《郑州大学学报》发表文章，明确表示所谓"三焰食日"的卜辞实际与日食无关。但由于董作宾在甲骨学研究中所具有的特殊地位，以及该版卜辞拓本不很清楚，即所谓"三焰食日"的卜辞位于腹甲上部反面，文字夹刻于钻凿之间，且该处甲质疏松，在拓本上显示为一片麻点，使字的笔画难以辨认等原因，董作宾之说一直被大多数学者引用和予以推算。直到夏商周断代工程开始后，随着对这一问题的深入研究，此说才被作为工程专家组组长、首席科学家之一的李学勤正式否定。

李学勤，1933年生于北京，8岁进入小学插在三年级跟读。在小学校园里，李学勤开始广泛涉猎课外书籍，尤其对自然科学产生了浓厚的兴趣。他于1945年入北京汇文中学后，开始接触哲学名著，特别是对大哲学家金岳霖的《逻辑》等著作爱不释手。正是缘于这种爱好与兴趣，李学勤于1951年考入了清华大学哲学系。

按照一般的情形，一个年轻人进入大学并选择了自己喜欢的专业攻读，那么他以后所从事的职业和研究方向便基本定局。但正在哲学系学习的李学勤，却渐渐对古文字着迷起来。在李学勤经常光顾的北京图书馆里有许多关于古文字的书刊，书刊中那些千奇百怪、形状各异的金文、甲骨文，以及产生这些文字的远古时代和背景，是那样神秘莫测，让他充满好奇、遐想并流连忘返。由于甲骨文资料比较零散，难成系统，给研究者带来诸多不便，李学勤由此萌生了参与整理这批资料的念头。在北京图书馆，他阅读了各种有关的书刊和拓本，并开始着手缀合整理《殷墟文字》甲骨，后来出版的《殷代地理简论》也是那时草创而成的。在这个期间，他和曾毅公编录未发表过的甲骨拓本约七千片，并拟题为《甲骨文摭》出版，后来因为历史研究所编印更加完备的《甲骨文合集》，遂告中止。1952年，他到中国科学院考古研究所参加《殷墟文字缀合》一书的工作，这是他从事文物考古工作的发端。1954年初，李学勤调至历史研究所工作。

在此期间，他受著名甲骨学家董作宾《殷历谱》的启示，开始用"排谱"法对甲骨文进行整理研究，所不同的是董作宾用历法来贯串，李学勤则用地理来连贯。1959年，他平生第一部专著《殷代地理简论》出版问世，这一年他26岁。值得格外提及的是，李学勤在1956年发表的《谈安阳以外出土的有字甲骨》一文，注意到殷墟以外出土的有字甲骨，并做对比研究。如他在研究了山西洪洞坊堆的有字卜骨后认为，这些卜骨上的卜辞与殷墟卜辞不同，应是西周的遗物。当他研究了陕西长安张家坡出土的卜骨后，意识到这些卜骨上的卜辞可能与《周易》有关，由此，他指出甲骨并非是殷人的"特产"，并预料将来还会有更多的"非殷代的有字甲骨"出现。在以后的若干年里，随着考古事业的不断发展，中国的许多地区都相继发现了周代的甲骨，充分证实了李学勤的推论，西周甲骨的研究渐渐成为甲骨学中一个新的重要研究项目。

李学勤通过学术实践，认为甲骨文的研究应当遵循考古学的方法，从分组分期入手。在20世纪50年代完成的几篇论文中，他就遵循这一方法对甲骨文进行研究，其两篇论文《评陈梦家〈殷虚卜辞综述〉》和《非王卜辞》，正是对殷墟卜辞做了更缜密的整理和划分，得出在著名的YH127坑中，除绝大部分是武丁时期的常见卜辞外，还存在有五种"非王卜辞"的科学结论。但由于受当时材料的限制，他在文章中还依然维护董氏的"文武丁卜辞"说，这个观点直到1960年之后才得以改变。

就在对殷商和西周甲骨文字的研究取得初步成果之时，李学勤的注意力又投入到战国文字的研究之中。1958年和1959年，他相继推出了《战国器物标年》与《战国题铭概述》两篇题材新颖、视点独特、论证缜密的学术论文，文中将战国时代的金文、玺印、陶文、货币文字以及简帛等进行了综合性考察研究，这种研究角度和方法当时在国内尚属罕见，从而导致了古文字学的一个新的分支——战国文字研究的出现。

"文化大革命"之后，随着一个新的科学春天的到来，李学勤又以极大的热情将研究的重点投入到青铜器之中。

青铜器研究首先要解决分期断代问题，过去的青铜器研究者要么只凭铜器铭文断代，要么只靠器形排比断代。20世纪30年代，郭沫若首次将铜器的铭文、形制、纹饰进行综合研究，为青铜器的系统断代奠定了基础，不过那时还只能主要利用传世品进行研究。李学勤从事这项研究工作之后，主张在考古发掘的基础上进行全面的分析研究，他的《西周中期青铜器的重要标尺——周原庄白、张家两处青铜器窖藏的综合研究》一文，即针对具有标尺作用的铜器窖藏，把青铜器各器之间互相联系起来综合考察，由此推定出属于西周早、中、晚各期范畴的青铜器的标准器。这一方法发展了前人的"标准器系联法"的同时，还具有重要的开拓创新意义。

在研究周原出土青铜器的同时，李学勤还特别重视中原以外地区的青铜器研究，他在发表的《论西周诸侯国青铜器》《非中原地区青铜器研究的几个问题》等一系列论文中，对中原与边远地区青铜器间的关系问题，也提出了独到的见解。

1976年，中国社会科学院考古研究所在安阳殷墟发掘的妇好墓引起了考古学界的瞩目和重视。李学勤以此为契机，在对相关问题做了深入研究后，对殷墟卜辞分期提出了新的看法，认为传统的五期分法在"历组卜辞"的时代断代上出现了失误，其时代应从第四期提早到第一期的武丁时代。历组断代的新说不仅涉及甲骨分期的全体，也与殷墟文化的分期有着密切的联系，因此在学术界展开了热烈的讨论。李学勤的这一新观点得到了越来越多的学者支持，并在他的论点基础上又有新的发展。此后，随着殷墟小屯南地出土甲骨的刊布，商代的史料进一步丰富了，李学勤认为这些材料是"历组卜辞"分期的新证据，遂在研究后发表了《小屯南地甲骨与甲骨分期》的学术论文，提出了甲骨分期"九组二系"的新说，这个观点的提出，在国内外学术界引起了很大反响。

20世纪70年代初，轰动世界的湖南长沙马王堆汉墓出土了大量的简牍帛书。李学勤从1975年1月起，参加了马王堆帛书的整理注释工作，经他拼复的有《五十二病方》《养生方》《杂疗方》等医书。帛书中破碎严重的几种"刑德"和"阴阳五行"，也经过他与其他学者合作，整理完成。此外，他还先后对云梦睡虎地秦简、江陵张家山汉简，定县八角廊、大通上孙家寨等竹简、木简的整理工作付出了辛勤的汗水，为抢救祖国宝贵的文化遗产做出了贡献。

李学勤在从事学术研究的半个世纪中，发表论文三百余篇，对古代文化的许多方面都有精辟的论述。他出版的《中国青铜器概论》《东周与秦代文明》《新出青铜器研究》等著作，都是该领域极具学术价值的成果。他在长篇著作《东周与秦代文明》一书中指出："考古学的收获仅仅代表历史上的物质文化，这个观念恐怕是失之片面的。被称为锄头考古学的田野工作所得（除出土的古代书籍外），固然都是物质的东西，可是这些物质的东西又是和古代的精神文化分不开的。"他在以《重新估价中国古代文明》为代表的一批新的课题研究论文中，用大量的考古材料论述了中国古代文明的形成和发展，以及学术史与古代文明的关系，提出了对古籍的再反思，并促使人们透过"物质"的东西，来认识中国古代科技、宗教、信仰等方面的文化内涵和优秀精神。所有这些对中国学术史的研究，对进一步认识中华文明的发展脉络，真实合理地构筑中国古代文明大厦，都具有深刻的启迪作用。

李学勤自1954年到中国社会科学院历史所工作后，在20世纪50年代和60

年代，作为著名历史学家侯外庐的助手，主要精力是做思想史的研究，并参加过《中国思想通史》《中国思想史纲》等几部著作的编写。20世纪70年代，又参加郭沫若主编的《中国史稿》第一册的修改。从他的人生履历表中还可以看到，他历任中国社会科学院历史所副所长、所长、中国社会科学院甲骨文殷商史研究中心主任、清华大学思想文化研究所所长、国际汉学研究所所长、中国先秦史学会理事长、国务院学位委员会委员等职，并被选为国际欧亚科学院院士、美国东方学会荣誉会员。这些职务和称号，应是对他几十年学术成果的肯定和褒奖。

根据甲骨学家严一萍对所谓"三焰食日"卜甲所做的摹本，李学勤在反复考证后认为：董作宾所说"三焰"的"三"，其实是一个"乞"字，而下一个字"焰"应是"舎"字；"食日"不是日食发生的天象，而是一天中的时段名；至于"大星"的"星"字，应释读为"晴"，不是平时看到的某颗星象。

按李学勤的考证释读，这版卜甲的卜辞内容大致是：

在甲寅这一天，由殻贞问次日乙卯是否天晴，这是为了祭祀的事。武丁根据占卜的结果，判断说：不要陈放祭品，天要下雨的。到了乙卯，天亮时果然阴天，停止陈放祭品，上午吃饭的时候天气大晴。

甲寅日又贞问武丁鼻子有病是否神灵降祸。正面贞辞附记"王占曰"，却没有内容，大概是武丁身体不适，活动中断。反面贞辞改由王臣判断，认为应该停止"奎首"一事，这无疑是为了照顾武丁的健康状况。

有了这版卜辞的正确释读，李学勤认为：这条颇为著名的几乎被国际甲骨学界和天文史界沿袭了半个多世纪的甲骨文"日食"材料——"三焰食日"，与日食没有任何关系。因此，夏商周断代工程专家组将此条卜辞排除在商年代学研究的应用、参考之外。

既然殷墟甲骨文中共三条被认为是日月食的记录已连续排除了两条，那么只有第一条，也就是宾组卜辞中的五次月食记录可以应用了。

甲骨文天象的回推

按前文所列的第一种月食记录可以看到，这五次月食最独到之处是都记有日名和干支，分别为：

1. 癸未夕月食。
2. 甲午夕月食。
3. 己未夕皂（向）庚申月有食。
4. 壬申夕月食。
5. 乙酉夕月食。

由于上述五条记有月食的记录皆出于验辞，故学术界并不怀疑它们的可信性，但因月食易见，任何一个地点平均每年都能见到一次月食，而同一干支的月食有时五年后重新出现，所以对上述五次月食的不同排列组合，可以得到各不相同的结果。在夏商周断代工程之前，据学者们推算，这五次月食的年代有22家提出的40种不同的结果。由于"乙酉夕"和"己未夕皂（向）庚申"两次月食记有月名，因而成为这次夏商周断代工程中研究的重点。天文学家张培瑜，古文字学家李学勤、裘锡圭、黄天树、彭裕商和甲骨学家常玉芝、刘一曼、曹定云等都对五次月食进行了深入研究。尽管学者们对五次月食发生的年代和日期存有异议，但争议最大的则是"己未夕皂（向）庚申月有食"这条卜辞的记录。

在很长一段时间内，研究商代月食的绝大多数学者都沿袭董作宾的说法，认为这次月食是庚申那一天发生的月食。只是后来有德效骞、周法高两位学者提出异议，并认为是己未那一天夜里向庚申那一天凌晨过渡时发生的

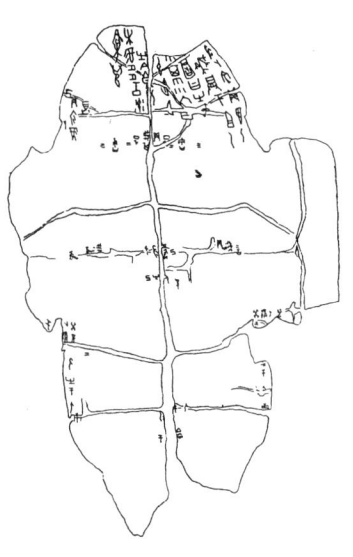

殷墟YH127坑所出刻有"甲午夕月食"的龟腹甲

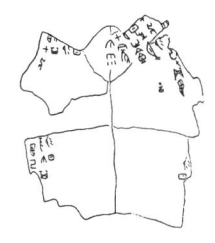

"癸未夕月食"卜甲

"壬申夕月食"卜骨

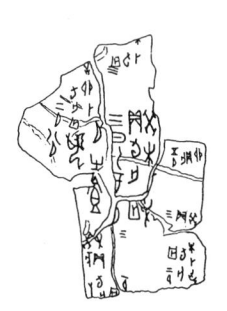

"乙酉夕月食"卜甲

月食。很明显，这前后两说对月食认识不同的关键点是取决于对卜辞中"己未"和"庚申"两个相接的干支日之间"뀼"字的解释。别看这个不起眼的"뀼"字，却对月食的推算起着重大而决定性的作用，可以说是差之毫厘就谬之数十年甚至数百年。董作宾认为这个"뀼"字是祭名，或指天象，而德效骞和周法高则认为此字意味着"中夜"或"连续到"之意。德效骞还基于商代纪日法是以夜半为始的观点，推算出这次月食发生于公元前1192年12月27日到28日，即安阳当地日期己未日下午九时五十三分，复圆在庚申日凌晨零时四十分。

除董作宾、德效骞、周法高等学者外，关于卜辞中的"뀼"字，学者们还有多种解释，从常玉芝在其所著《殷商历法研究》中搜集的材料看，不同的解释有十数种。如著名甲骨学者孙诒让释"豐"，学者叶玉森释"亜"，甲骨文研究大家郭沫若、唐兰、于省吾分别释"蚀""良""亞"等，但这些解释都有这样或那样的缺陷，无法在学术界达成共识。真正对"뀼"字给予正确释读和考证出其含义并在学术界取得共识的，当是北京大学中文系教授裘锡圭。

裘锡圭，1935年生于浙江省慈溪县，1952年考入复旦大学历史系。在复旦大学学习期间，对著名甲骨学家胡厚宣讲授的甲骨学、考古学等课业颇感兴趣，并立志在这方面发展。1956年毕业后，考取胡厚宣的研究生，并专门从事商代史和甲骨学的研究。不久，胡厚宣为编辑《甲骨文合集》奉命调到北京，裘锡圭作为一名年轻的学生和助手跟随导师一同来到了历史所，直到1960年底毕业后被分配到北京大学中文系汉语专业当助教。次年2月，裘锡圭在《考古》杂志上发表了他的第一篇学术论文《甲骨文中所见的商代五刑》，从此在甲骨学界崭露头角。尽管后来随着下放农村劳动、

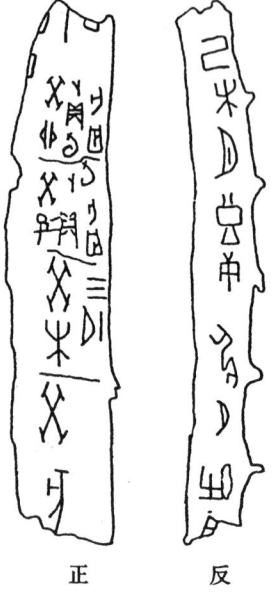

"己未夕뀼（向）庚申月有食"卜骨

"四清"等一连串的政治灾难,使他远离了平静的书斋,但凭着一个知识分子的文化良知和人生追求,他对自己所学专业的研究却从未放弃。1965年6月,当他从下放劳动的湖北江陵重返阔别四年的北京大学时,很快写出了两万余字的《战国货币考》一文。这是一篇在多少年后看来都具有很高学术价值的论文。可惜这篇文章没有来得及发表,他又被派往延庆县搞"四清"去了。后来赶上"文化大革命",他成了"反革命分子",被关进一个"监改大院",失去了人身自由。他的那篇论文也被弃于纸篓,直到十年之后才得以重新整理发表。

"文化大革命"结束后,像中国的大多数知识分子一样,裘锡圭又回到了自己的岗位继续从事教学和研究。历经了几十年的磨难和艰辛,他终于在古文献和古文字学领域成为一代名家。他对甲骨文"己未夕皀庚申月有食"中"皀"字的考释便是一个极其明显的例证。

1993年,裘锡圭在其发表的论文《释殷墟卜辞中的"皀""皀"等字》中,通过细致严密的考证,认为"皀"字应释为"皿",它"插在前后相接的两个日名之间而构成词组(前一日名之后有时加'夕'字,这种日名并可用'之'代替),如'甲乙皿乙丑'……都应该是表示介于前后两天之间的一段时间的"。同时指出,这种用法的"皿"应读为"乡(向)"即"向",与《诗经》"夜乡晨"的"乡"同义。如"甲子乡乙丑",可言"甲子夕乡乙丑",是指甲子日即将结束,乙丑日即将开始之时。按同类词组的意义类推,则"己未夕皿(向)庚申月有食"的意思是:月食发生在己未夜向庚申这一天过渡的一个特定的时间段,即这是一次在己未日夜间快要结束时发生的月食,该次月食发生的日期是己未日,不是庚申日。夏商周断代工程开始后,甲骨学家曹定云又将这个"皀"字释为"敦"字,按他的解释,"敦"字是过渡之意,和"向"字的意思基本相同。由此,流传日久的董作宾的"庚申月食"说就此宣告终结。

有了对卜辞的正确释读,就可对"己未夕皀(向)庚申月有食"发生的具体年份进行天文推算。不过,对这个年份的推算,又涉及另外一个较复杂的事情,这就是商代的"日界"是从半夜开始,还是从天明开始?这是个甲骨学界和天文学界长期争论的问题。以裘锡圭、张培瑜为代表的专家,认为商代的"日界"从半夜开始,而以常玉芝、刘一曼、曹定云为代表的专家,

张培瑜(左二)在"工程"研讨会上汇报自己的研究成果(作者摄)

则认为应从天明开始。一个"半夜",一个"天明",尽管看起来时间相差不多,但要以此推算几千年的月食,其结果就有了很大不同。"工程"开始后,关于甲骨文天象记录中五次月食的推算由紫金山天文台研究员张培瑜具体负责。

张培瑜,1935年生于青岛,自少年时代起对天文学就极为爱好,读高中时和班里几个同学成立了天文爱好小组,开始广泛接触天文学知识。1953年,他和同班的另外两名同学一起报考南京大学天文学系,均被录取。1957年毕业后被分配到中科院紫金山天文台,从此开始了他的天文学研究生涯。随着研究的不断深入,他的主攻方向渐渐转向天文历法和年代学这门天文学领域中的分支学科,并取得了极其丰富的研究成果。他积几十年刻苦研究之经验,相继完成、推出了《中国先秦史历表》和《三千五百年历日天象》两部著作,填补了古代天文历法和年代学研究的空白。这两部著作由此成为历史年代学家、考古年代学家案头必备参考书。张培瑜也因为这两部力作的问世,奠定了他在这门学科中的重要学术地位。正因为如此,他才被"工程"首席科学家聘为"武王伐纣年代的研究"这个极其重要和关键的课题的负责人，并主持"甲骨文天象记录和商代历法"这一专题的具体研究任务。

当张培瑜接手"工程"分配给自己的任务后，除组织安排"武王伐纣"这个大课题的相关事宜外，他将主要精力投入到"甲骨天象记录和商代历法"的研究之中。由于刻有"乙酉夕月食"记录的两版都是龟腹甲，而"庚申月食"既有月名和食时时间范围，又是卜骨，因此，"庚申月食"的测年，对"工程"尤其重要。但记此食的两版甲骨均藏于英国博物馆，按张培瑜的设想，如果通过协商或采取合作的方式，争取到英国取一点"庚申月食"的卜骨进行^{14}C测年，无疑会对这次月食年代的确定，起到重大的互证作用。但遗憾的是，他的这个设想最终未能实现。关于甲骨月食年代的确定，只有靠中国人根据现有的条件自己解决。为了排除日常琐事的干扰，他打破正常的作息规律，吃住都在紫金山天文台，在山上一待就是几个月，对专题中所涉及的内容，反复研究，仔细求证，在一层又一层的迷雾中，逐步廓清历史的真相。由于甲骨文历日、天象所涉内容广泛，在许多问题上学者们有不同的理解和观点，每当相关的工程研究人员聚在一起讨论时，张培瑜在想着自己观点的同时，更注意其他学者的观点，并不耻下问，虚心向不同观点的学者请教有关疑难问题。通过不断的交流、讨论、修正，张培瑜在感到眼界逐渐放宽的同时，学问也在步步升高，所研究出的成果也就更接近早已消失了的几千年前的事实本身，直到最后产生了自甲骨文发现以来历代天象历日研究中从未有过的重大突破。

根据对卜辞的分期分类，工程专题人员彭裕商、黄天树对五次月食的先后顺序做了排列，得出了基本相同的结果，认为"癸未夕"月食最早，"乙酉夕"月食最晚。从字体分析，五次月食发生于商代武丁中晚期的30年之内。由于文献记载，从盘庚迁殷到商代灭亡，其间不足300年，张培瑜在天文计算中，将这段时间前后延长200年。于是，以"日界"从半夜开始，那么在公元前1500—前1000年间，便可排出在中国全境包括安阳在内的44个城市可见的月食情况和月食表。月食表详细列出了安阳的见食情况，结果发现，在安阳可见的月食中，自公元前1400年到公元前1100年的300年中，只有一组年代既符合卜辞干支，又符合月食顺序，且这个结果正好在武丁中晚期的30年之内。具体数据如下：

癸未夕月食：公元前1201年

甲午夕月食：公元前1198年

己未夕皿（向）庚申月食：公元前1192年

壬申夕月食：公元前1189年

乙酉夕月食：公元前1181年

关于"己未夕皿（向）庚申"月食的精确时间，张培瑜的计算结果是公元前1192年12月27日22点51分。但是，甲骨学家常玉芝却另有别论，她认为"日界"应从天明开始，并以此推算出"己未夕皿（向）庚申"月食发生在公元前1166年8月14日早晨5点之后。这个结果同张培瑜的推算相差26年。

鉴于甲骨五次月食的特殊性和重要性，夏商周断代工程曾几次召集天文学家、古文字学家、甲骨学家等相关的学者进行讨论。在讨论中，学者们对"日界"的问题以及"己未夕皿（向）庚申"月食格外关注。"工程"首席科学家之一席泽宗，曾向学者们介绍了天文史学家江涛所著的《论我国史籍中记录下半夜观测时所用的日期》一文。按此文的观点，在中国的史籍中，记载下半夜观测，85%用的是上一天日期，15%用的是下一天的日期，如果用的日期是下一天，则绝大多数天象出现在本地时间3点之后。席泽宗认为此文颇有道理，并倾向于"己未夕皿（向）庚申"月食是一次带食而没的月食，这样，常玉芝推算的1166年最可取。另有学者范毓周也有相同的看法，并认为"日界"问题应重视民间传统，以鸡鸣为日始，春夏秋冬有差别。同时，刘一曼、曹定云、葛英会等学者也主张商代的"日界"应定在天未亮到日出之时较为合理。也就是说，常玉芝的推算结果是可取的，而张培瑜的结果不可取。

参加"工程"的古文字学家黄天树根据对甲骨文的研究，认为"旦"之前的"夙"应该是新的一天的开始。裘锡圭也认为，一天的开始至少不会晚于夙。也就是说，"日界"不会是在天亮之时。

按张培瑜的解释，月食的时间计算，涉及地球自转改正值的取值，他所推算的食甚在夜里22点51分的结果，采用的是过去通用的地球自转改正值。如果采用现在新的地球自转改正值，月食时间应该推后两个小时左右，这样就更符合月食发生在两天的分界之时。以此推算，常玉芝所主张的早晨5时之后，已成为早晨7时或者8时左右，已经是天大亮且太阳升起的时候，很难说是上一天和下一天的过渡阶段。

第八章　商代后期诸王的年代

古文字学家裘锡圭认为，从字体上看，五次月食的距离不应该拉得太远，应在30年以内较为合理。常玉芝的五次月食推算，有将同一贞人拉得过长等问题。

就以上两种不同的结果，经古文字学家和天文学家反复论证后认为，商代的"日界"应从半夜开始，"己未夕皀（向）庚申"月食是发生在己未夜并向庚申的前夜过渡的一次月食，天文推算结果应以张培瑜的推算为是，即商代武丁晚期到祖庚二王之间所发生的五次月食在公元前1201—前1181年共20年这个时间框架之内。

至于武丁在位年代到底属于哪一个时间段的问题，根据《尚书·无逸》、古本与今本《竹书纪年》《太平御览》《皇极经世》等文献可以看到下面的记录：

王名\年数\书名	《尚书·无逸》	《竹书纪年》（古本、今本）	《太平御览》卷83	《皇极经世》
盘庚		28（古）14（今）	18	27
小辛		3（今）	21	20
小乙		10（今）	20	28
武丁	59	59（今）	59	59
祖庚		11（今）	7	7
祖甲	33	33（今）	16	33
廪辛		4（今）	6	6
康丁		8（今）	31	21
武乙		35（古、今）	34	4
文丁		11（古）13（今）	3	3
帝乙		9（今）	37	37
帝辛		52（今）	33	33

从以上四种记载中可以看出，武丁在位59年应是可信的。由五次月食可大致推定武丁在位的年代：（1）如果"乙酉夕"月食在武丁末年，那么，武丁在位的年代约为公元前1239—前1181年；（2）如果"壬申夕""乙酉夕"月食下延至祖庚，那么，武丁在位的年代约为公元前1250—前1192年。

313

因武丁在位的年代不会超过公元前1400—前1160年的范围，而在此范围内，"己未夕⻊(向)庚申"月食只有公元前1192、公元前1166年两种选择，"甲午夕"月食最早为公元前1229年，所以，张培瑜等研究者认为，即使不采用根据新的甲骨分期分类得到的五次月食的顺序，武丁在位的年代范围也不会有大的变化，确定为公元前1250—前1192年应该是较为合理的。这个意见被"工程"专家组采纳。

武丁的年代范围已经确定，利用甲骨文和青铜器铭文，还可推算出殷商最后两个王——帝乙、帝辛的年代，所依据的方法就是周祭祀谱。

盘庚迁殷与列王的年代

从可考的材料看，远古时期，人们采用多种方法纪日，如结绳、刻木等。当历史发展到殷商时期，已经采用干支纪日法了。

干支是天干和地支的总称。天干为：甲、乙、丙、丁、戊、己、庚、辛、壬、癸。地支为：子、丑、寅、卯、辰、巳、午、未、申、酉、戌、亥。一个天干配一个地支，天干在前，地支在后，排尽所有组合，共六十对，以甲子开始，癸亥结尾，可以不重复地记录六十年，六十年以后再从头循环。

干支纪日的方法与干支纪年一样，每天用一种干支表示，六十天一个周期，循环往复，可以无穷。这种干支纪日法是中国古代的一大发明，它的优点就是用干支纪日不会发生错误，也不会造成重叠。此种纪日法从悠远的古代一直延续到今天仍未间断，可见它的生命力是多么强大。

在安阳殷墟出土的十数万片甲骨刻辞中，记有干支日的甲骨为数众多，从特点上看，殷人纪日虽然绝大多数是天干地支均书，但也有不少只记天干而不记地支，这种纪日法在历组卜辞中最为多见。

到了商代晚期，商王及王室贵族每当遇有重要事情需要进行占卜或铸铭纪念时，往往都要在刻辞和铭文的最后部分附记上当日的周祭祭祀，以此作为一种纪日的方式。由于以周祭的五种祀典对先王先妣轮番祭祀一周需要

第八章 商代后期诸王的年代

的时间是三十六旬或三十七旬，与一个太阳年的日数相当，所以一般在没有闰月等情况下，一种祀典对一位祖先的祭祀在一年中只会出现一次。因此，学者们称为周祭。用周祭祭祀纪日与用干支纪日同样方便，但商人往往是将此两种纪日法结合起来，在卜辞和铭文中前记干支日，后记当日的周祭祭祀。

从殷墟出土的甲骨卜辞看，帝辛的周祭材料较为可靠，依之排出祀谱，可确定帝辛在位年代。利用周祭材料也可排出帝乙祀谱，与帝辛祀谱连接，从而确定帝乙在位的可能年代。

1 甲子	2 乙丑	3 丙寅	4 丁卯	5 戊辰	6 己巳	7 庚午	8 辛未	9 壬申	10 癸酉
11 甲戌	12 乙亥	13 丙子	14 丁丑	15 戊寅	16 己卯	17 庚辰	18 辛巳	19 壬午	20 癸未
21 甲申	22 乙酉	23 丙戌	24 丁亥	25 戊子	26 己丑	27 庚寅	28 辛卯	29 壬辰	30 癸巳
31 甲午	32 乙未	33 丙申	34 丁酉	35 戊戌	36 己亥	37 庚子	38 辛丑	39 壬寅	40 癸卯
41 甲辰	42 乙巳	43 丙午	44 丁未	45 戊申	46 己酉	47 庚戌	48 辛亥	49 壬子	50 癸丑
51 甲寅	52 乙卯	53 丙辰	54 丁巳	55 戊午	56 己未	57 庚申	58 辛酉	59 壬戌	60 癸亥

在周祭系统中，帝辛元祀至十一祀祀谱有六件青铜器，这六件青铜器关系清楚，是商末三王祀谱最有根据的一段。殷商历法研究专家常玉芝对此排出了帝辛元祀到十一祀祀谱，这个祀谱在历法上符合阴阳合历的原则，在周祭上祭祀与季节基本对应，所以应属可信。经相关学者研究，这段祀谱二祀正月初一日的干支应是丙辰或丁巳。按照这一特征，再考虑当时岁首和月首的可能情况，得到帝辛元年可能的年代为公元前1085、公元前1080、公元前1075、公元前1060年等多个年代。因武王克商之年确定为公元前1046年，而周祭材料中记有廿五祀的青铜器应入帝辛祀谱，没有发现更多的祀数，所以

315

帝辛元年以选在公元前1075年较为合理。

按过去学者们的研究，从帝乙二祀到十祀材料密集，依之可以排出这段时间的周祭祀谱和月份。常玉芝将帝乙祀谱与帝辛祀谱连接，得到帝乙应为21年或26年。如采用帝乙在位21年，则帝乙时月份和周祭与季节均不对应。如采用帝乙在位26年，月份与季节虽不对应，但周祭与季节基本对应，故以帝乙在位26年较为合理。"工程"决定采用帝乙在位26年这一方案，并由此推定帝乙元年在公元前1101年。

既然武丁、帝乙、帝辛等三王的在位年已推算出，那么著名的盘庚迁殷之年又是哪一年呢？

盘庚迁殷到商亡的总年数，见于《史记·殷本纪》、正义引《竹书纪年》："《竹书纪年》云，自盘庚徙殷至纣之灭，七百七十三年，更不徙都。"这个"七百七十三年"的记载，不同版本有所不同。明嘉靖四年（1525年）汪谅刻本、群碧楼藏明嘉靖王廷喆刊本及清乾隆武英殿刻本作"七百七十三年"，武昌书局翻王廷喆刻本以及日本泷川本皆作"二百七十五"，金陵书局本作"二百五十三"。由此看来，这个七百七十三年的记载显然有误，大多数学者改作"二百七十三年"，但这样改动如香港中文大学著名历史学家饶宗颐所论，"亦乏依据，盖其确数靡得为详"。也就是说单从文献上难以判定"二百七十五""二百七十三""二百五十三"三说之正误。

因为已定周武王克商之年为公元前1046年，如采用275年说，则盘

盘庚迁殷图

革囊射天（引自《帝鉴图说》，明·张居正撰）

商史记：武乙无道，为偶人，谓之天神。与博不胜而戮之。为革囊盛血，仰而射之，谓之射天。在位五年，猎于河渭之间，暴雷震死。

张居正解：夫人君无不敬也，而敬天为大。《书》曰："钦若昊天！"《诗》曰："敬之敬之，天惟显思，命不易哉。"若以天为不足畏，则无可畏者矣。武乙之凶恶，说他不但不怕人，连天也不怕。故方偶人而戮之，为革囊而射之。呜呼！得罪于天，岂可逃哉！震雷殒躯，天之降罚，亦甚明矣。

庚迁殷在公元前1320年；如采用273年说，则盘庚迁殷在公元前1318年；如采用253年说，则盘庚迁殷在公元前1298年。因武丁元年被确定为公元前1250年，考虑到盘庚、小辛、小乙一代三王总年数的合理性，"工程"认为以253年说较妥，由武王克商的1046年上推253年，则盘庚迁殷在公元前1298年，为取整数定为公元前1300年。

盘庚迁殷在公元前1300年。据宾组月食记录，武丁元年定为公元前1250年，则武丁以前有50年，这50年内应包括小辛、小乙两个王。据《无逸》记载，武丁在位59年。又据古本《竹书纪年》载，武乙和文丁分别在位35年和11年。故取武乙35年，取文丁11年。据商末周祭祀谱，帝乙为26年，帝辛为30年，由此可得商后期王年的大致情况如下：

盘庚迁殷：公元前1300年。

盘庚（迁殷后）、小辛、小乙：共50年。公元前1300—前1251年。

武丁：59年。公元前1250—前1192年。

祖庚、祖甲、廪辛、康丁：共44年。公元前1191—前1148年。

武乙：35年。公元前1147—前1113年。

文丁：11年。公元前1112—前1102年。

帝乙：26年。公元前1101—前1076年。

帝辛：30年。公元前1075—前1046年。

从以上得到的商后期王年的大致情况来看，被推断为武丁时期至祖庚、祖甲时期的殷墟第一、二期的年代，同宾组五次月食推定的武丁年代（公元前1250—前1192年）基本一致或相当接近，整个商后期的积年和王世排序，与商前期以及武王克商之年的年代序列自然衔接，没有明显的矛盾。这就说明，"工程"对商代晚期年代的研究所建立的年代框架是合理可信的。

既然整个商代前期和后期的年代已有结果，接下来要叙述的，就是在"工程"中处于大厦基石地位的、至关重要的武王克商之年是如何推算出来的。

第九章 武王克商之战

两千年的纷争，两千年的迷茫，盖世英雄周武王何时敲响了伐纣的战鼓？沣西的考古发现，琉璃河与天马—曲村遗址的显露，利簋青铜器的出土，日月星辰的回推计算，遥远的武王克商之年得以再现。

牧野鹰扬唱大风

殷商作为中国青铜文明的巅峰时期，奴隶社会已高度成熟，那成千上万片刻字甲骨和雄尊巨鼎，撩拨着后世人类的缕缕思绪，那恢宏如林的王陵和殉葬坑中的累累白骨，更促使人们去追溯三千多年前这个强大王朝的轨迹。这曾是一个光被四表，协和万邦，具有光荣与梦想的繁荣鼎盛的王朝。这是一个天地互为经纬，人鬼交相感应，智者明君贤相和莽夫昏君奸佞共存、腥风飘洒、血泪飞溅的东方大国。如同世间的万事万物都有它的生老病死一样，作为在历史长河中显赫了五个多世纪的辉煌王朝，当传递到纣王的时代，已是日薄西山，气数将尽，只待某日某时那震天撼地的崩溃之音轰然响起。

殷纣王，这个中国历史上几乎家喻户晓的最为臭名昭著的一代"名"王，原本是一位多才多艺、英武强健的帝王，但同时也是一个极端自负、目空一切的莽夫。在他执掌国政后，尚武轻文，好勇斗狠，酷爱美女，宠信奸佞，刚愎自用，嗜血成性。在朝歌城台上那歌舞升平和血雨腥风相互交织的迷雾与玄机中，殷纣王最终领略了近六百年殷商社稷的绝唱。

据相关的史料和传说，作为商朝最后一个帝王的纣，执掌权柄后，恣意妄为，腐化堕落，恶贯满盈。他大造离宫别馆，在殷墟都城外的朝歌又劳民伤财建造了一个专门贮藏金银珠宝的高大的"鹿台"，在矩桥兴建了一个专门贮存粮食的仓库。为了满足自己寻欢作乐的欲望，他派人搜寻天下美女，贮存于自己的床前帐下，可谓妻妾成群，歌伎盈门，同时命乐师制作靡靡之音，日夜歌舞不休。更为甚者，他以酒为池，悬肉为林，命宫女歌伎们赤身裸体追逐其间，供自己和宠妾妲己开心取乐。他甚至荒诞到剖开孕妇的肚子，看胎

第九章 武王克商之战

箕狂梅醢（屈原《离骚·天问》插图，明·萧云从作）

原文：彼王纣之躬，孰使乱惑？何恶辅弼，谗谄是服？比干何逆，而抑沈之？雷开何顺，而赐封之？何圣人之一德，卒其异方？梅伯受醢，箕子佯狂？

注释：是什么使得殷纣王如此丧心病狂，迷乱昏庸？比干，纣王的叔父。梅伯，纣的诸侯王，为人忠直，屡屡进谏，纣王一怒之下将其杀死。醢，把人杀死后剁成肉酱以示惩罚。箕子，纣的叔父。《史记·殷本纪》载："纣愈淫乱不止。微子数谏不听，乃与大师、少师谋遂去。比干曰：'为人臣者，不得不以死争。'乃强谏纣。纣怒曰：'吾闻圣人心有七窍。'剖比干，观其心。箕子惧，乃详狂为奴，纣又囚之。殷之大师、少师乃持祭乐器奔周。周武王于是遂率诸侯伐纣。"萧云从自注："雷开受赐不足画，止以箕狂梅醢为图，著古人顺受之正。"

儿在腹中如何养育的境地。当他听说一位老人不畏水寒，在天寒地冻之日，敢在水中行走的趣闻，便命手下的酷吏把老人抓来，砍断其腿骨，看他与一般人有何不同……荒淫无耻的生活，闹得百姓怨声载道，诸侯众叛亲离。对此，商纣王非但不醒悟，反而变本加厉，制订了许多残酷的刑法，如"肉脯"，即把人杀了切成肉片晒成肉干；"肉醢"，即把人杀了剁成肉酱。还有"蛇坑"等酷刑，专门对付那些敢于指责他的臣僚。最为残酷的是，他独出心裁地发明了一种"炮烙"之刑，即把一个空心铜柱子烧得通红，然后将受刑人绑到铜柱之上，致使受刑人被烙焦而死，其状惨不忍睹。史载一位叫梅伯的大臣生性耿直，对纣王淫乱和残酷的行为极为不满，曾冒死进言，结果纣王大怒，让一旁的卫兵把梅伯押上铜柱，准备施以"炮烙"之刑。朝廷的臣僚在惊恐之中，一齐跪下替梅伯求情，在哀怜的呼救声中，纣王才收敛了一点怒气。为不再让大臣们随便诽谤自己，也为了杀一儆百,纣王又命人把梅伯推出去砍掉脑袋,剁成肉醢,包成包子,用盘子盛上,分给每个大臣食用。从此,对纣王的所作所为,满朝文武无人再敢轻易进言,只有重臣比干仍痴心不改,一连进谏三天。最后,纣王勃然大怒,厉声呵斥道:"你凭什么敢在我面前指手画脚?都说你的心有七窍,我倒要看看你的心是什么样子。"于是,他惨无人道地叫人剖开比干的胸膛,把他的心掏出来,用盘子承托着让大臣们观看。

鬼侯、鄂侯、文王是纣王所封的著名的三公。鬼侯有一位端庄美丽的女儿,为讨好纣王,他便将女儿进献入宫。想不到此女不喜淫荡,而且对纣王的所作所为表现出极大的厌恶,这自然引来了杀身之祸。一天,纣王要与她寻欢作乐,她予以拒绝,纣王大怒,不但将其杀死,还杀了她的父亲鬼侯,并剁成肉酱。鄂侯见纣王滥杀无辜,出面极力为鬼侯的冤情争辩,纣王更为恼火,索性将鄂侯也一杀了之,并将其

元子挟矢(屈原《离骚·天问》插图,明·萧云从作)

原文:伯昌号衰,秉鞭作牧。何令彻彼岐社,命有殷国?迁藏就岐,何能依?殷有惑妇,何所讥?受赐兹醢,西伯上告。何亲就上帝罚,殷之命以不救?

注释:伯昌,即周文王。秉鞭作牧,即执掌诸侯权柄,或作诸侯王。《楚辞》专家闻一多说,周文王在殷时受命作牧,已是89岁的高龄。受赐,指周文王接受殷纣王之赐。兹醢,指纣王杀掉文王的长子伯邑考并用其体熬成的肉羹。对这一段史实,闻一多考证说:"盖相传纣以醢赐文王,文王受而食之,后乃知其为伯邑考也。痛而告祭于天,愿以身就罚,不意天不降罚于文王,而降罚于纣,遂以国亡身死也。"

第九章 武王克商之战

尸体砍碎，晒成肉干用来示众。

文王得知，不寒而栗，暗自叹息。不料走漏了风声，被纣王知道，纣王便把他抓起来囚禁在羑里监狱欲令其死。文王的儿子伯邑考为了搭救父亲，带着珍宝求见纣王，纣王不但没有赦免文王，还把伯邑考一同抓将起来问罪。后来，纣王的宠妾妲己调戏伯邑考不成，恼羞成怒，便对其谗言陷害。纣王大怒，命人把伯邑考杀掉，剁成肉馅，做成人肉包子让人给文王送去令其吃下。为保住性命，万般无奈的文王不得不装聋作哑，将包子吃掉。纣王见文王吃了用伯邑考的肉做成的包子却不知晓，认为文王并非圣贤。不久，文王的大臣为营救文王出狱，在各处搜求美女、奇物、宝马良驹以献纣王。纣王见此，高兴之余，顺势赦免了文王，放其回到周原故地。

纣王滥施酷刑，诛杀无辜，堵塞言路，弄得庙堂之上人人自危，君臣之间离心离德。面对大厦将倾的危局，纣王不但不思悔改，反而穷兵黩武，不断用兵向外扩张。商王朝已是日暮途穷，面临着灭顶之灾。

与此同时，在沃野千里的黄土高原上却吹拂着和煦的春风——一个历史几乎与殷商民族同样古老的民族正在崛起。从先王弃开始的周族历经坎坷磨难，惨淡经营。在"重农慎狱，敬天保民"的旗帜和号令下，周族全体上下患难与共，同甘共苦。同时，周族还扶弱济困，主持公道，这使其赢得了众多方国的尊敬。周族的见贤思齐，求才若渴，又使四方人才纷纷来附。

被纣王囚禁了七年的周文王大难不死，侥幸脱离虎口，回到自己的国家后，励精图治，开始了灭商的大计。他请来了大智大勇之才吕尚做他的助手，并尊称吕尚为太公望。在生命的最后七年，在吕尚的帮助下，文王于头一年调解了虞（今山西平陆县东北）、芮（今陕西潼关西北）两国的纠纷，提高了自己在诸侯心目中的威望，自动来附者有四十余国，使周族在政治、外交上取得了极大的优势。第二年，派兵讨伐犬戎。第三年攻打密须。犬戎在周的北边，密须在周的西边。周文王用武力征服了这两个商的属国，解除了后顾之忧，随后便放心大胆地开始向东方推进。第四年伐耆（今山西长治西南），第五年伐邘（今河南沁阳西北）。当周东部的小国相继被消灭之后，第六年伐崇，把战争推进到殷的心腹地带。经过一个多月的艰苦奋战，崇国被灭，最终使周族形成了"三分天下有其二"的局势，并渐渐完成了对殷都离宫朝歌的包围。在这种情况下，周文王审时度势，毅然决定把都城由岐迁至丰，为灭商做了最后的准备。遗憾的是，就在大功垂成之际，周文王不幸死去。继位的武王姬发继承父亲的遗愿，决心完成文王的未竟之业。

此时商纣王的荒淫残暴日甚一日，域内域外烽烟四起，诸侯纷纷叛离，东南两处，刻无宁宇，殷商王朝的大厦已是风雨飘摇，几欲沉坠。

眼看伐纣的条件业已成熟，但武王还是没有轻举妄动，商王朝毕竟经营了数百年，可谓"百足之虫，死而不僵"。武王和群臣对面临的形势做了冷静、客观的分析后制订出正确的策略，首先把都城由丰迁到镐，积极做灭商的准备，然后率大队人马，东观兵于孟津，进行了一次军事演习和检阅。此时有八百多个诸侯小国前来参加盟会，周武王赢得如此众多的盟国，深知人心所向，大势所趋，殷商的灭亡已为期不远了。

牧野誓师

又过了两年，武王得知纣王更加昏庸暴虐，杀比干，囚禁箕子、太师疵，朝野上下人人自危，最后连少师疆也抱着乐器连夜出逃。贤臣良将一个个离去，纣王成了名副其实的孤家寡人。周武王认为时机已到，于是亲自率兵车三百辆，勇士三千人，甲士四万五千人，大举伐纣。周师从镐京出发，一路浩浩荡荡向东推进，在殷商离宫朝歌郊外的牧野与前来援助的方国联军会合，并召开了誓师大会。在这次大会上，武王以激昂凌厉的语气，愤怒声讨了殷纣王的主要罪恶，借此激发士气，鼓舞斗志，同时表现了奋勇歼敌、势在必得的信心和勇气。听到周军会师牧野、兵临朝歌的消息后，惊恐之中殷纣王不得不从爱妾妲己的怀里踉跄走

第九章 武王克商之战

出,匆忙拼凑起十七万人马,号称大军七十万,亲自指挥,到牧野迎战。

中国历史上规模空前的牧野之战开始了,周武王命令师父吕尚率勇士数人前去挑战。只见吕尚如老鹰奋击长空,大有一口将纣王吞入腹中之势。随后,武王以精锐部队"虎贲(勇士)三千人,戎车(兵车)三百辆"为先导,如急风暴雨般向商军冲杀过去。商纣王的军队原本就是以奴隶为主拼凑而成,平时受尽压迫和虐待,对殷纣王朝早已恨之入骨。在这种情形下,面对周军的凌厉攻势,商军不堪一击,随之在阵前哗变,纷纷掉转戈头,与押送他们的商兵头领厮杀起来。号称拥有七十万之众的商军,顷刻间土崩瓦解。商纣王见大势已去,转身逃回城中,登上鹿台,眼望四面潮水般涌来的周军,知道自己已无逃脱的可能,在生命最后的时刻,对封宫官朱升说出了自己的后悔之言:"朕悔不听群臣之言,误被谗奸所惑,今兵连祸结,莫可救解,噬脐何及?朕思身为天子之尊,万一城破,为群小所获,辱莫甚焉。欲寻自尽,此身尚遗人间,犹为他人作念;不若自焚,反为干净,毋得令儿女子借口也。你可取柴薪堆积楼下,朕当与此楼同焚。你当如朕命。"朱升听罢,满脸披泪,不忍行动。纣王双目含幽,进一步说道:"此天亡我也,非干你罪。你不听朕命,反有忤逆之罪。……当听朕言!"朱升听罢,只好寻些干柴于楼下,举火点燃。片刻,只见浓烟冲天,风狂火猛,作恶多端的商纣王于鹿台宫中自焚身亡。

周人及其友军赢得了战争的胜利,商都朝歌内的百姓满怀喜悦地迎接周武王的到来。灭商的第二天,周武王命人扫除道路,重整河山,举行了一次即位仪式,并隆重宣布:按

周武王(引自《帝鉴图说》)

上天旨意，周革殷命，政权更迭，当今是周家天下。自此之后，周为天下共主，一个新兴的王朝在华夏大地诞生了。

战鼓何时敲响

武王克商无疑是中国古代历史上一次重大事件，这个事件标志着商王朝的灭亡和周王朝的建立，是无可争议的商周两个朝代的分界线，事件本身也是一个极具典型意义的历史年代学课题。从年代学研究的角度看，这一分界线的推定，对其前的夏商而言，是其总积年的起点，对其后的西周来说，可直接影响到列王年数的估算。因而这个定点的确立，被誉为整个夏商周断代工程中最为重要和关键的一环。

由于武王克商有重大而非凡的影响力，所以传世文献对这一事件的叙述比较丰富，同时史料中还含有若干历日和天象的记录，这就为古今中外的学者利用文献和天文历法知识推定武王克商之年提供了理论上的依据和可能。但是，武王的军队何时出征，决战的鼓声何时敲响，鹿台的大火何时点燃……这一切，学者们的推算仅仅"从理论上说"是可行的，而实际问题的解决要比单纯的理论推算复杂、困难得多。因为传世文献对武王克商这一事件的记载虽丰富但不完整，而且真伪难辨，甚至相互抵牾和歧异，从而造成历代学者对材料的理解各不相同，推算时所采用的方法、角度也大相径庭，所推出的结果也就有了很大的悬殊。

关于武王克商之年问题，现代著名学者、甲骨文研究的先驱董作宾认为，早在战国时期就已有人尝试解决了，但学术界一般认为，最早从事这一问题研究的，当推西汉末年的刘歆。

关于刘歆其人，前文已有多处提及，但大都是浮光掠影，未能深究。鉴于他在古史年代学上是个无法绕开的人物，此处需要对他的生平和研究成果再略做补充。

据《汉书》载，刘歆，字子骏，西汉刘向之子。自幼精通《诗》《书》，并以广博的才识受到汉成帝的召见，封为黄门郎。后来受诏与他的

第九章 武王克商之战

专家在讨论西周王年问题（作者摄）

父亲、著名学者刘向一起"领校秘书，讲六艺传记，诸子、诗赋、数术、方技，无所不究"。刘向死后，刘歆复为中垒校尉。到汉哀帝即位之时，由于时任大司马的王莽年轻时曾与刘歆同为黄门郎，便举荐刘歆为侍中太中大夫，迁骑都尉、奉车光禄大夫，并"复领《五经》，卒父前业"。哀帝驾崩后，王莽把持西汉政权，对刘歆更加倚重，刘歆由此被举为"右曹太中大夫，迁中垒校尉、羲和、京兆尹，使治明堂辟雍，封红休侯。典儒林史卜之官，考定律历，著《三统历谱》"。当王莽在政治上羽翼丰满，撇开西汉刘姓王朝，自己当了皇帝之后，刘歆作为王莽的心腹重臣，荣登国师之位，显赫一时。

公元前7年，刘歆制订了著名的《三统历》，并根据《三统历》推算出武王克商之年相当于公元前1122年。这一结论在此后两千年间影响至深，几乎成为正统。如宋代邵雍《皇极经世》、刘恕《通鉴外记》、郑樵《通志》、元代金履祥《通鉴前编》等皆从其说。尽管刘歆的推算并不可靠，但学术界还是公认他制订的历术开创了推算武王克商年代的先河，对后世学者给予很大的启示。正如现代史学家范文澜在《中国通史》中所做的评论："刘歆造出一整套的历学理论，又造《世经》，凡经传古史所记大事的年、月、日都用《三统历》推算得到说明。这对古史年代的探求是一种贡献，虽然准确性并不很大。"

继刘歆之后，关于武王克商年的研究，影响较大的是唐代僧人一行根据《大衍历》所推算的公元前1111年之说。这一结论得到了董作宾等现代学者的支持。

一行，俗名张遂，魏州昌乐（今河南南乐县）人。生于唐高宗永淳二年（公元683年），卒于玄宗开元十五年（公元727年），中国古代杰出的天文学家。他一生中的主要贡献是编制《大衍历》，另外在观测天象、制造天文仪器和主持天文大地测量方面也取得了令人瞩目的成就。

一行的曾祖张公谨是唐太宗李世民的功臣，曾显赫一时，但其家族到武则天时代已经衰败。幼年时代的张遂喜欢读书，尤其喜欢钻研数学和天文，所以到了青年时代就精通了天文、历法和阴阳五行，并以学识的渊博闻名于都城长安，具有"后生颜子"的称谓。青年时代的张遂，正逢唐朝政局混乱、武氏家族权势熏天的时期。因张遂不愿与飞扬跋扈的政客为伍，更不愿为武则天的侄子武三思所拉拢利用，遂逃避到河南嵩山削发为僧，取名一行。在这期间，他先后在河南嵩山和浙江天台山研读天文、数学和佛经典籍，翻译和著述了多种佛经，在佛教界名声大振。到了神龙元年（公元705年），武则天退位后，李唐王朝因仰慕他的学识和声名，多次召他回京，均遭拒绝。太极元年（公元712年），唐玄宗李隆基即位，结束了战乱，并采取了一系列改革措施和发展经济的措施，国势有所好转。开元五年（公元717年），李唐王朝已走向稳定繁荣，为了整理和编纂国书，唐玄宗亲派一行的族叔专程前往荆州把一行聘请到京城长安，并让他主持编制历法的工作。经过几年的准备，一行于开元十三年（公元725年）开始编历。经过两年多的紧张工作，于开元十五年（公元727年）九月，一行终于在长安华严寺将历法初稿编修完毕，但由于劳累过度，从此染疾不起。唐玄宗闻讯，急召京师大德高僧为他诵经祈祷，亦不见效。这年十月，一行圆寂，年方44岁。

一行编修的历法初稿在他逝世后，经张说和陈玄景等学者整理，取名为《大衍历》，不久即由朝廷颁布天下。经过实际检验，《大衍历》是当时最

第九章 武王克商之战

优秀的历法，它比唐代已有的其他任何一部历法都更精密、合理。它不但在数学史上是一大创举，也是中国历法史上的一次重大改革。开元二十一年（公元733年），《大衍历》传入日本，行用近百年。其编写方法，在明末之前，一直被中国的历法学家所沿用。由于在天文、历法、仪器制造、数学等方面所做出的杰出贡献，一行被誉为同张衡、祖冲之、李时珍齐名的中国古代"四大科学家"之一。一行虽然英年早逝，但他的《大衍历》以及根据"历议"推算的武王克商之年的学说却流传下来，并为后人所铭记。

除一行之外，关于对武王克商之年的推算，代不乏人，并产生了多种不同的说法，如孔颖达疏《毛诗·大雅·文王》推算的公元前1130年说，据皇甫谧《帝王世纪》推算的公元前1122年说，据今本《竹书纪年》推算的公元前1050年说等。而学者姚文田在《周初年月日岁星考》中，一次共推出了公元前1067、公元前1066、公元前1065年三种说法。近代以来，特别是进入20世纪之后，研究武王克商之年的学者越来越多，参与研究的不仅有中国学者，还有日本、美国和欧洲的学者，研究者以不同的方法、不同的角度对此进行了深入的探索，尽管彼此之间仍有很大的悬殊和差异，但毕竟为问题的最终解决开辟了新的道路和前景。

夏商周断代工程启动后，专门设置了"武王克商之年研究"这一课题，而且专家组的专家们一致认为这个课题是工程所涉全部问题关键的关键，只有把克商之年这个定点抓稳抓牢，才有可能建立起三代年代学的坚固大厦。对这一课题的研究，首先要做的就是对前人的成果有个全面的了解，以达到知己知彼，百尺竿头更进一步的效果。但是，涉及武王克商之年的学术文献非常繁杂，且分散于国内外各个地区的各种报刊之上，有些论著在国内外著名的图书馆也难以寻觅，从而给研究、借鉴工作造成了极大的困难和障碍。鉴于这种情况，工程专家组成员、北京师范大学国学研究所教授彭林等学者，毅然提出由北师大国学研究所牵头负责搜集编辑、翻译有关文献的设想。这一计划自1997年3月开始行动，经过三个多月的努力，终于取得了令人欣喜的成果。

在此之前，关于武王克商之年到底有多少种说法，一直是人言人殊，难有一个统一的结论。有的说共23种，有的说共28种，一般认为最多可到

彭林（中）在西周王年研讨会上

《武王克商之年研究》书影

30多种。在这30多种之中，有相当一部分只看到引文而不见原文，这就使各种说法越发变得扑朔迷离。北京师范大学国学研究所彭林教授等学者通过对国内外文献的搜集发现，具有代表性的论著已达57篇，共有44种关于克商之年的说法，其中日本学者7种，美国学者7种，英国、瑞典、韩国学者各1种，其他为中国学者的结论。这些结论每一种都来自原作，并非辗转传抄而来，从而成为有关武王克商之年最完备的第一手学术研究资料。

在彭林教授的主持下，学者们将搜集到的各种文献，编辑成《武王克商之年研究》一书出版。从书中可以看到，在44种说法中，年代最早的为公元前1130年，最晚的为公元前1018年，前后相差112年。就年代长短及立论的依据而言，44种克商年的结论，大体可归结为长、中、短三种年代说。

一、长年说。以汉代刘歆根据《三统历》推算的公元前1122年说为代表，包括用各种古历推定的诸说，大致分布在公元前1127—前1070年间。此种结论在传统的年代学研究中影响最大。

二、中年说。大多以文献与金文、卜辞互证，所得克商年在公元前1070—前1030年之间。

三、短年说。依据古本《竹书纪年》立论，以公元前1027年说为代表，大致分布在公元前1030—前1018年之间。

显然，以上长、中、短三个大的年代范围内的44种说法，不可能都是真正的武王克商之年，历史上真实的克商年只有一种结论。那么真正的克商之年该怎样推定呢？为此，夏商周断代工程首席科学家组经过缜密的考虑和筹划，制订了两条途径。一是通过关键性考古遗址的分期与^{14}C测年、甲骨文日月食以及文献记载的综合研究，缩小武王克商年的范围；二是在以上范围内，通过金文排谱和对武王克商的天文学推算，寻找克商的可能年代，最后加以整合，选定出一个最佳年代。

沣西的考古发现

为了缩小武王克商年的范围，"工程"研究人员按照预定计划分头行动，其中由考古学家承担的"丰、镐遗址分期与年代测定"专题组，在陕西境内展开了紧张的工作。

丰镐遗址是周人建都周原岐之后的第二个都城遗址。前文已述，周人自古公亶父迁岐后并开始崛起，经历三代，至文王时已有了相当强大的势力，并开始不断地征伐周围的方国。当消灭了商王朝西部的重要方国崇后，周人开始了东向灭商的战前准备。出于战略等方面的考虑，文王末年，周人开始将都城向东迁移，以尽可能地接近商的势力范围。坐落于沣河西岸的丰京即其迁都之地。到武王时，又在沣河东岸建了一座新的都城，史称镐京。因丰京与镐京甚近，且武王居镐之后，丰京仍然保留着周王宗庙，而西周诸王常居于丰或在丰处理国事，故史家向来将丰、镐并称，这里是文王、武王直至平王东迁后，整个西周时期的都城。

西周丰镐遗址

关于丰镐都城的湮没过程史无详记,但从流传于世的零散线索看,两处都邑的部分或大部分宫室毁于周幽王被杀之役是完全可能的。应当说,自平王东迁洛邑后,丰镐就衰落了。自汉迄唐,史载丰镐地望皆以都城附近有丰水、鄗水、滈池和昆明池等诸水道为主要依据,并指出它们与当时的城邑如汉城、唐城或鄠县城的相互方位和关系。到唐末,与镐京关系密切的昆明池日渐荒湮,最后变为民田。而鄗水和滈池的湮没年代还在昆明池之前。尽管世传"丰邑在丰水之西",但北宋以后人们已经不能分辨古丰水的位置了。于是,整个周都丰镐的地望也就无法确指了。明清以来,许多学者试图查明丰镐的具体位置,并为此做过不少努力,但一直未能如愿。丰镐遗址像西方的特洛伊古城一样完全从人们的视野中消失了。

自田野考古学在中国兴起后,丰镐遗址又成为学术界注目的焦点,学者们试图以新的考古学方法来破解这个久悬于人们心中的谜团。1933年,由北平研究院史学会的著名学者徐旭生领导的,常惠、苏秉琦先后参加的考古调查队,在沣河沿岸做了首次考古调查,并在调查报告中提出了关于丰镐位置的一些看法和猜想。1943年,中央研究院历史语言研究所著名考古学家石璋如等人又对丰镐遗址做了第二次调查。但从他们后来发表的《传说中周都的实地考察》报告看,他们的调查结果较十年前的那次调查结果没有大的突破。

新中国成立后,中国科学院考古研究所在丰镐地区持续进行调查发掘,并专门设立了考古工作站,这是国内首批设

第九章 武王克商之战

立的屈指可数的几个考古工作点之一。自此之后，丰镐遗址的考古工作除"文化大革命"期间被迫停顿外，基本没有中断。

1951年春，由苏秉琦领队的中国科学院考古所考古队在沣河流域进行考古调查，并在一个叫客省庄的村庄北部进行了小规模的试掘，发现了仰韶文化、客省庄二期文化与西周文化的三叠层。

1953年秋，中科院考古所再次派出由石兴邦率领的考古调查队，这次调查队在1951年春季调查的基础上，沿沣河两岸的一定地区，做了比较普遍的调查。这次调查，在沣河中游地区发现了新石器时代文化遗存和西周时代遗址墓葬十余处。从这次调查的报告看，考古人员只是感到"这些西周遗存的出土，提供了一些史料，对西周问题的解决，实在是可注意的一个地区"。但是，"究竟丰京的中心地点在什么地方，尚难确定"。

1954年，陕西省文物管理委员会在沣东长安县普渡村清理一座西周墓葬，墓中出土了一批铜器，其中具有重要断代价值的是墓中出土的长由盉，上有铭文57字，记载了周穆王举行射礼的活动。从器形等特点分析，一般学者认为此盉铸于穆王时，并由此推测墓葬的年代为西周中期穆王前后。此墓出土的一组陶器、铜器，被学术界视为在西周陶器、铜器断代研究中属于西周中期的一个重要标尺。

陕西武功窑洞院落居址复原图（客省庄二期龙山文化时代）

1955年至1957年，由王伯洪率领的考古所丰镐考古队在

丰镐遗址出土的青铜牺尊、酒器（高12.07厘米，宽40.5厘米）

沣西地区的张家坡、客省庄一带进行了大规模的发掘，揭露遗址面积近9000平方米，清理西周墓葬190多座，为西周考古学分期研究提供了丰富的资料。后来，著名考古学家王伯洪、张长寿等人根据这批资料的研究结果，将西周居址分为早晚两期，西周墓葬分为五期，从而开创了丰镐遗址分期断代的先河。

1959年春，丰镐考古队在沣西马王村村北的发掘中，首次发现两处残缺的西周夯土基址，并在基址的东北邻近地区钻探出若干夯土基，为探索丰邑中心所在地提供了重要线索。

1961年至1963年，丰镐考古队在胡谦盈等学者的带领下，终于查明了丰水、鄗水、滈池和昆明池等古代水道位置，并在白家庄、上泉北村、洛水村等地试掘遗址面积约500平方米，初步搞清了遗址中的地层堆积、分期和年代，为探索镐京中心所在位置提供了佐证。

1967年，中国科学院考古研究所沣西发掘队，在沣西张家坡一带清理了西周墓葬124座，出土了大批陶器、铜器等器物。著名考古学家张长寿、胡谦盈等对这批墓葬进行了系统的整理和研究。根据对这批墓葬随葬陶器的组合和发展序列的分期断代研究，他们将这批墓葬分为六期，即：

1. 早期居住遗址；

2. 第一期墓葬；

3. 第二期墓葬；

4. 第三期墓葬；

5. 晚期居住遗址和第四期墓葬；

6. 第五期墓葬。

至此，沣西地区周人墓葬的分期序列得以基本建立，并为学术界所接受。根据出土青铜器等器物的特征，张长寿等考古学家推定，第一期墓葬的年代在成康时期，而以张家坡

第九章 武王克商之战

早期居住遗址为代表的遗存，其起始年代可能在文王作邑于丰之时。在随后的三十多年中，学者们又根据新的考古发现，对以上的分期给予了补充和修正，得出了更加可靠的考古学年代序列，并初步断定第一、二期考古学文化，经历了文王、武王、成王、康王等四个时期，武王伐纣的具体年代就包含在这六期文化之中。

尽管以上研究所提供的考古学年代分期框架基本可信，但有一个明显的缺憾，那就是直接的地层关系较少，出土材料零星分散，加之过去几十年的考古工作主要集中于墓葬的发掘，有关遗址发掘很少，具有明确地层背景的系列测年样品几乎没有。因而有关遗址的文化分期就显得不够清晰，其遗址的总体文化面貌也不清楚，对先周文化的认识仅仅是提供了线索，并无实质性的内容可做进一步的研究。同安阳殷墟商代后期遗址的 ^{14}C 测年数据相比，真正对武王伐纣这一历

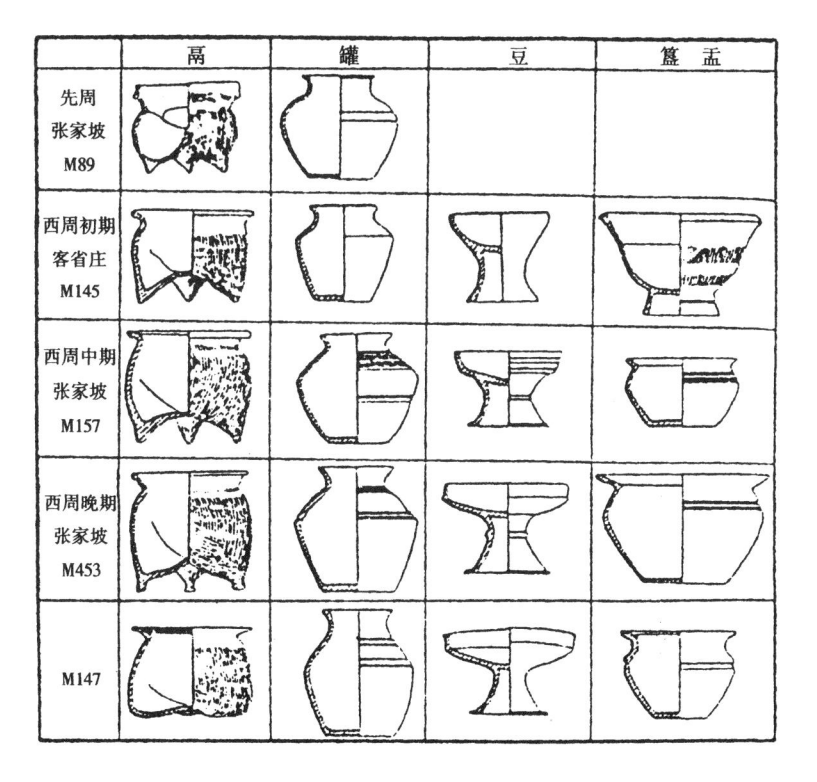

	鬲	罐	豆	簋 盂
先周 张家坡 M89				
西周初期 客省庄 M145				
西周中期 张家坡 M157				
西周晚期 张家坡 M453				
M147				

丰镐遗址出土先周、西周墓葬内随葬器物比较图

史事件起直接作用的，无疑是作为从先周晚期到整个西周一代具有政治、经济、文化中心地位的都城——丰镐遗址所提供的 ^{14}C 测年数据。因此，夏商周断代工程启动后，按照首席科学家的意见，"丰镐遗址分期断代"专题组，拟对沣西遗址进行有选择、有目的的考古发掘，以便找到预期的地层关系和层位明确、时代背景清楚、多样化的系列测年样品，供 ^{14}C 测年测定具体年代数值。

据文献记载和学术界的研究共识，以武王伐纣这一历史事件为界标，周人灭商前在丰镐活动约十年时间，以后即进入西周时期。武王伐纣这一重大历史事件对周人文化产生的影响无疑是巨大的。从考古学文化面貌上来看，明显地反映出早晚文化间的差异。因此，丰镐遗址的分期断代以及由此为背景的系列测年样品的提供，对武王伐纣及整个西周列王的年代研究都具有其他任何遗址无法替代的作用和价值。

按照夏商周断代工程项目的分工，"丰镐遗址的分期与断代"这一专题，由中国社会科学院考古研究所丰镐考古队承担，主持人为丰镐考古队队长、青年考古学家徐良高。

徐良高，1966年生于安徽省霍山县，1986年毕业于北京大学考古系，同年进入中国社会科学院考古研究所，从事考古发掘和研究工作，主攻目标为中国文明的起源、商周考古与历史研究，曾有《文化因素定性分析与商周青铜礼器文化圈研究》《夏商周三代城市聚落研究》《中国民族文化源

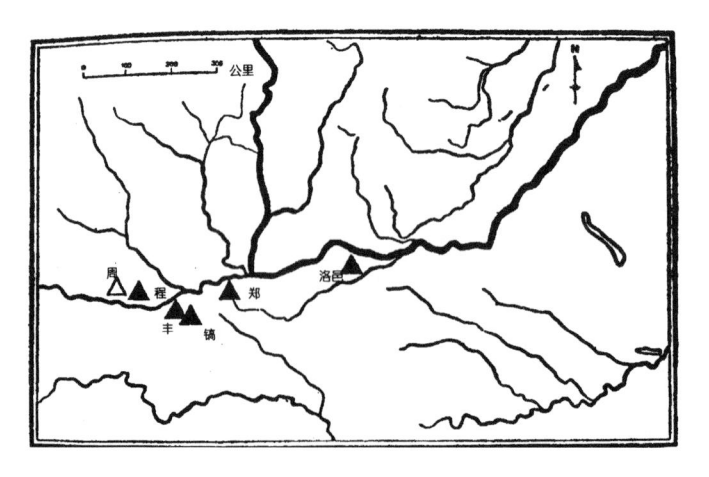

西周都城位置示意图（引自张光直《中国青铜时代》）

新探》等著作发表或出版。自1996年起，任中国社会科学院考古研究所丰镐考古队队长。

徐良高接到任务后，同考古学家杨国忠等人首先对过去的发掘资料进行了检验，然后做考古调查，以便选择适当的地点进行田野发掘。由于丰镐早期遗存分布少，且该遗址在汉代时已变成了皇家的上林苑，本来就极少的周代早期遗存，又随着上林苑的兴建而遭到了严重的扰乱和破坏。从以往的发掘情形看，在遗址中有许多汉代的遗物混杂于周代的器物中，这就给单纯寻找周代早期遗存造成了极大的困难。

在此次考古调查中，徐良高等考古学家最担心的一个问题就是能否找到足够的、未经扰乱的周代早期堆积。确切地说就是文王、武王时期这短暂的十余年间典型文化遗存，以及能提供清楚背景、面貌的含碳样品。按照"工程"首席科学家的计划，如果徐良高等人在丰镐遗址不能找到满意的文化遗存，就转而安排陕西省考古研究所到岐山、武功二县发掘王家嘴、郑家坡等先周文化遗址，以起到补救性的参考、辅助作用。颇为幸运的是，经过一段时间的调查，徐良高等考古人员最终还是在丰镐遗址的马王村西和大原村北两地发现了线索。

马王村位于今长安县沣河毛纺厂东部，以前考古人员曾在此处做过考古调查和发掘，1959年曾在村北发现了两处残缺的西周夯土基址。1961年冬，考古人员在村西发现、清理了一座铜器窖藏，共出土青铜器53件。1976年，在马王村北再一次发现了三座西周夯土残基址，并在一座基址内发现了陶水道管。正是在这样的基础上，徐良高等考古学家才发现了探寻日久的目标，并决定在此处进一步钻探和发掘。

当然，最终让徐良高下决心将发掘点选在此处，还有另外一个原因，这就是马王村原来准备筹建一个造纸厂，后来造纸厂半途而废，又将原址改成了一个养殖场。这一废一改，使许多原准备大兴土木的地方被搁置起来，成为野草丛生的空地。既然已在此处找到线索，又有一块空地可为发掘的场所，不但减少了许多和当地官员因协商相关问题而大费口舌的麻烦，也减少了经费的额外支出。因而，选择此处就成为一种必然。或许是苍天有情，大地有性，天地在冥冥之中给以相助。当徐良高做出这最后的抉择时，西周考古史上一项至关重要的成果也将随之诞生。

1996年冬天，徐良高等考古人员开始在马王村外的空地处实施大规模的钻探和试掘。经过几个月的努力，他们发现了一批西周早期墓葬和地层堆积物。既然出现了墓葬，又出现了西周早期文化现象，这标志着要寻找的目标已经显现，倘继续工作，必然会取得预期的成果。但此时已是大雪纷飞、春节临近，根据以往的惯例和气候条件，徐良高决定暂时停工，待春节过后再行发掘。临走前，他担心遗址、墓葬遭到破坏和盗掘，专门找到马王村养殖场的一位负责人，提出让他们帮忙，对已发现的墓葬区加以看顾，免得盗墓贼乘虚而入。结果，他的担心不久就变成了现实。

在陕西这个地下文物密布的地区，按照以往的规律，凡考古队钻探的地方，盗墓贼总是格外注意，并暗中观察，一旦得到机会便大肆盗掘。徐良高等考古人员在马王村外的空地上钻探时，就发现有几个当地打扮的人经常神秘兮兮地以不同的方式前来观察。由于考古人员经常出没于工地，他们一直没有得到盗掘的机会。考古人员暂时停工并离开工地后，盗墓贼凭着敏锐的嗅觉，知道机会来临了。这一年春节过后的第三天夜里，天空下起了大雪，盗墓贼瞅准这一时机，借着月黑风高，在茫茫的雪夜里携带工具悄悄潜入发掘工地，根据事先观察到的线索，开始了盗掘墓葬的行动。将近黎明时分，马王村养殖场一个守夜的老汉到户外小解，突然听到考古发掘工地传来异常的响动，便立即意识到一定是盗墓贼在作怪。因为有了徐良高的嘱咐，老汉意识到自己的责任，他回到屋里，迅速叫起了一同在此守夜的另一位老汉，两人稍做商量，便一人打着手电，一人挑着灯笼，高声呼喊着"有人盗墓了"的号子走了出来。经他们一阵狂呼乱喊，盗墓贼不敢在此久留，匆忙收拾工具离开了发掘工地，消失在风雪交加的夜幕之中。

待春节过后，徐良高等考古人员重返马王村发掘工地时，发现有两座墓葬遭到盗掘。其中一座墓在此之前就已被盗，这次盗墓贼又将盗洞打到了墓底。或许盗墓贼并不是老手，所打的盗洞方位有误，本来应打到墓葬的头部，结果却打到了脚部。按照周代墓葬的规律，随葬器物大都放置于死者的头部，因而盗墓贼进入墓坑后，不会有太多的收获。从劫后的遗存情况看，墓坑中残留了两件破陶器，大概盗墓者感到价值不大，索性没有理会。也许正因为在盗掘这个墓葬中的失误，盗墓贼毫不甘心地又转而盗掘另外一座墓葬。同样令他们失望的是，这个墓刚掘进一半，就被养殖场的老汉发现而不

得不半途而废，弃墓中宝物而一逃了之。既然墓葬已被盗，徐良高、杨国忠等考古人员分成两组，对两个墓葬分别进行了发掘和清理。结果发现此前被盗的那座墓，的确没有什么有价值的器物出土。而盗墓贼刚刚盗掘了一半就放弃的那座墓葬却正好相反，不但出土了大量的陶器，还出土了铜鼎、铜爵、铜觯三件西周初期的铜器。后来得知，这是在马王村工地所有发掘的二十座墓葬中唯一出土青铜器具的墓葬，且青铜器的铸造年代有可能在武王伐纣之后，对西周文化分期和断代具有重要的参考价值。

徐良高指挥人员正在发掘沣西97SCMT1灰坑

当两座被盗的墓葬清理完毕后，徐良高和杨国忠又分别带领考古人员在马王村工地展开了大规模的发掘。在所划分的两个组中，一组负责发掘灰坑，另一组负责发掘墓葬。

所谓灰坑，就是人类生活的垃圾坑，考古学上称为文化堆积，通过对坑中土层及残存物质的观察，可破译古代的人类文化信息，并为古代文明和历史的断代研究提供重要的参考资料。

根据钻探的情况，徐良高等人先挖了两个小型灰坑，结果并不理想，于是又在马王村考古工地的中间部位划出了一个长十米、宽两米的探方，并编为T1号，然后带考古人员开始下挖。当挖至三十厘米的深度时，发现了扰土层，扰土层下面开始陆续出土陶片和兽骨等西周中晚期的器物。当下挖至一米深时，发现了黄土层。就在这个地层中夹杂着一件异样的陶片，细心的徐良高捡起一看，这件陶片和已出土的陶

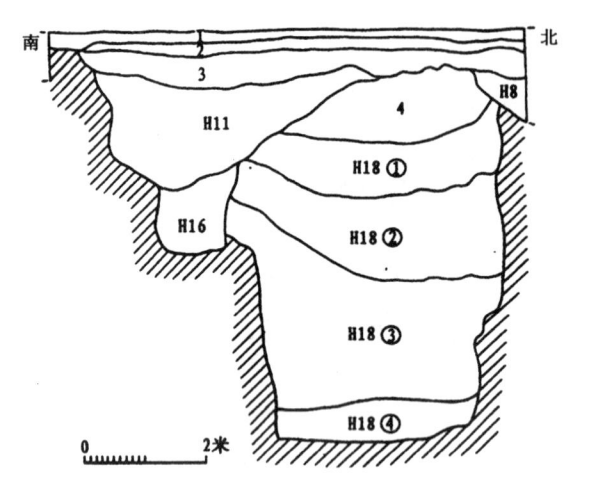

沣西97SCMT1西壁剖面图

片有明显的不同，其形制属于先周晚期典型器物。在发掘之初，徐良高一直担心这个探方下面是否能找到自己想找的东西，随着这件陶片的出土，他眼前猛地一亮，情不自禁地对同伴们喊道："这次行了，有希望了，先周晚期的陶片找到了。"

为了检验这一希望的前景，他命令停止发掘，用考古探铲实施钻探。当钻到两米多深时，从带出的土样观察，发现有丰富的文化内涵。接着往下钻，当钻至地表以下七米多深时仍不见文化堆积穷尽。徐良高见状大喜，按照考古学的常规和发掘经验，如此之深的文化堆积，不但标志着要寻找的目标颇有希望，而且有极大的希望。鉴于这种情况，徐良高决定将原有探方的宽度再扩两米，形成了一个长十米、宽四米的大探方。按照当时的预算，这个探方用一个多月的时间就可完成，但发掘之后才知道，其难度要比预想的大得多，发掘了两个多月仍不见底。而越往下挖，堆积越厚，文

坑内出土的典型陶簋　　坑内出土的典型陶质瘪裆鬲

化内涵更加丰富，其中炭样、小米、陶片、兽骨等纷纷出土。在整个探方内包含着五个小的灰坑，最为理想和最具价值的就是后来在考古学界较有影响的著名的H18号灰坑。

徐良高等考古人员在沣西H18灰坑发掘现场

H18号灰坑位于探方的正中部，南北宽4.50米—3.50米，东西长约6.30米，两边均超出了已挖探方的范围，只是用探铲钻探得知其大约的长度。其形状为口大底小，深达5.20米，坑内堆积呈南北向中间倾斜状。在考古人员后来为"工程"提供的研究报告所做的划分中，确定叠压在H18灰坑之上的，是T1第四层，时代相当于西周初期。而叠压或打破第四层和H18的有H16、H11和H8、H3、T1第三层等，其中H16、H11属西周早期，H8、H3、T1第三层属于西周中期。著名的H18灰坑又可分为四个小层：

（1）灰土层。夹杂红烧土、木炭，有草拌泥块和夯土墙皮，出土有罐、鬲、簋等陶器以及兽骨等。陶鬲包括袋足鬲和联裆鬲两种。

（2）浅灰土层。质软，包含陶片丰富，兽骨炭屑数量很多，另出有碳化粟米粒，并出土大量螺壳。

（3）浅灰土层。含兽骨、陶片较多，另有部分炭屑。

（4）黄土层。质较纯，陶片很少，有鬲、罐等。

经过三个多月的努力，T1探方总算在整体上发掘完毕。当徐良高等考古人员在室内整理出土器物时，发现H18灰坑内四小层中出土的陶片，彼此间往往可以拼对在一起，从各层的包含物来看，难以辨别早晚的分期特征。由此推测整个

徐良高在考古工作站向前来考察的"工程"专家组成员介绍出土器物

徐良高向前来考察的"工程"专家组成员在现场介绍沣西97SCMT1灰坑和H18坑发掘情况

H18灰坑的堆积是在一个较短的时期内形成的，其时代应为先周时期——这是丰镐考古史上首次发现的先周文化堆积。而以H18号灰坑为代表的器物群，可以作为先周文化晚期的标准器物群，考古人员可以此为定点加以研究。据文献记载，文王迁都于丰至武王伐纣之年仅隔13年，因而以H18号灰坑为代表的堆积应是在这一时期形成的。而T1探方的第四层，应是武王灭商后西周初期的典型文化单位，这个发现无疑为考古学上划分商周界限，提供了理想的地层依据。可以说，武王克商之年就包含在T1第四层和H18灰坑这一年代范围之内。

沣西发现典型先周文化遗存的消息很快在学术界传开，并引起广泛关注。1997年10月，夏商周断代工程项目办公室组织有关专家在西安召开了"先周文化学术研讨会"，会议期间，学者们专程到沣西发掘工地，考察了上述探方的典型地层关系的剖面，仔细检验了H18等各单位的出土陶器和其他遗物，确认了上述发掘结果，并一致认为这是西周考古史上的一次重要发现，也是夏商周断代工程启动以来所取得的重大成果之一，从而对沣西地区的先周文化取得了共识。

^{14}C测年专家分别用常规法和AMS法对以上这组地层中所采集的系列含碳样品做了测定,其中H18第二、三层出土的碳化小米,应是当年生的植物,所测年代应能反映该层的真实年龄。利用1998年树轮校正曲线对所测数据进行高精度扭摆匹配,常规^{14}C测年法得出武王克商年的年代范围为公元前1050—前1010年之间,其时间跨度为40年。用AMS测年法得出武王克商年的范围为公元前1060—前995年,其时间跨度为65年(见下表)。

沣西H18及相关遗迹常规^{14}C测年数据

分期	单位	样品	实验室编号	^{14}C年代(BP)	拟合后日历年代(BC)
先周	T1H18③	木炭	ZK5725	2893±34	1130—1080
先周	T1H18②	炭化小米 木炭	ZK5724 XSZ002	2860±33 2860±33	1067—1027
先周	T1H18①	木炭骨头	ZK5727XSZ032	2837±37 2837±37	1052—1016
西周初	T1④2.4米	木炭	ZK5730	2872±33	1040—1002
西周初	T1④上层	木炭	ZK5728	2854±33	1021—980
西周中	T1③	木炭骨头	ZK5732XSZ037	2845±33 2845±33	985—930

沣西H18及相关遗迹AMS测年数据

分期	单位	样品	实验室编号	^{14}C年代(BP)	拟合后日历年代(BC)
先周	T2H7	骨头	SA97022	2933±37	1095—1020
先周	T1H18③	炭化小米	SA97029	2850±50	1110—1100(0.05) 1085—1010(0.95)
先周	T1H18②	炭化小米	SA97030	2900±50	1090—1015
先周	T1H18②	木炭	SA97002	2905±50	1090—1015
先周	T1H18①	木炭	SA97003	2895±50	1090—1015
西周初	T1④2.4米	木炭	SA97009	2855±57	1040—980
西周初	T1④2.4米下	木炭	SA97004	2840±53	1040—980

续表

分期	单位	样品	实验室编号	^{14}C年代（BP）	拟合后日历年代（BC）
西周早	T1H16	木炭	SA97010	2810±47	1000—940
	T1H11	木炭	SA97011	2844±47	1000—935
西周中	T1H8	骨头	SA97013	2861±33	955—915（0.92） 910—900（0.08）
	T1③	木炭	SA97023	2728±47	920—850
	T1H3底3.4米	木炭	SA97015	2696±50	920—850
	T1H3	木炭	SA97014	2687±47	915—845
西周晚	M8	人骨	SA97025	2621±53	832—784

沣西H18灰坑的发现与系列含碳样品测年，为商周分界确定了年代范围，对推断武王伐纣的年代，排除多种不确切说法提供了重要依据。与此同时，为配合夏商周断代工程，徐良高等"丰镐遗址的分期与研究"专题组人员，又在沣西地区进行了大规模发掘，对确定丰镐遗址的性质、探索其聚落布局以及研究丰镐遗址乃至更大区域的周文化考古学分期及年代，再度做出了新的贡献。

除丰镐遗址外，与推定武王克商年代范围有直接辅助性关系的考古遗址，还有周初的北京琉璃河燕国墓地和山西天马—曲村遗址。

琉璃河燕国墓地的发现

武王伐纣之后，为了巩固刚刚建立起来的周王朝的统治，除了安抚殷商遗民之外，周政权还采取了"选建明德，以藩屏周"的政策，即分封周武王的同宗、亲戚和功臣，让他们建立诸侯国，形成拱卫王室的屏障。史载最早的分封中，就包括周公家族的鲁，召公家族的燕和姜太公家族的齐。

周武王最重要的辅佐臣僚之一——召公，是武王的堂弟，因早年采食于

第九章 武王克商之战

召地，故史称召公。在西周初期的政局中与周公并称，《尚书》中称"召公为保，周公为师，相成王左右"，可见召公在西周初年是一个位高权重的显赫人物。《诗经》载当年周武王在召公的辅佐下，一天开辟疆域上百里，后来历经成王、康王，位居三公、太保之要位，与周公平起平坐。武王得天下后，最早给予召公分封就国的奖赏，当是情理之中的事情。然而，召公受封的领地具体在什么地方，一直是史学界存有争议的问题。近代国学大师王国维认为在河北涞水一带，著名历史学家傅斯年认为在河南郾城一带。而另一位史家陈梦家在他的《西周铜器断代》中干脆做出了"西周时代燕国的都邑所在不易考定"的结论。这个疑团的最终解开是在琉璃河遗址发现之后。

分赐同姓图

关于琉璃河遗址的发现与发掘，世传有两种说法，其中之一是孙维昌等在所著《中华文明的历史足迹——新中国重大考古发现记》中的描述："琉璃河是北京市西南约五十千米的一个小地方。它最先是由业余考古学家吴良才先生发现的。吴良才先生是中国考古学先驱之一吴金鼎先生的胞弟，曾经在北京和兰州的中国银行工作。抗战胜利后，琉璃河水泥厂因恢复生产而向中国银行贷款，经办此事的吴良才先生在琉璃河收集了一大包陶片，返回北京后送到北平研究院史学研究所的苏秉琦先生处。苏先生也觉得这

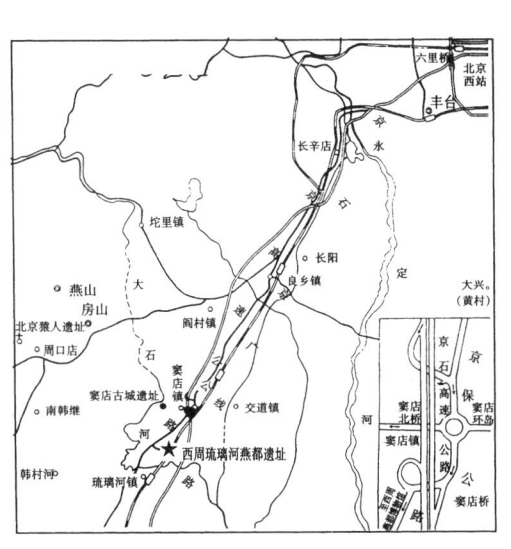

周公告士图

琉璃河西周燕都遗址位置平面示意图

琉璃河西周燕都城墙遗址

琉璃河燕都遗址出土的西周伯矩青铜鬲

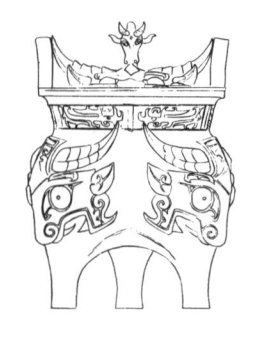

琉璃河出土的西周伯矩青铜鬲摹图

是一处很有价值的遗址，但是限于当时的时局动荡，无力组织发掘。直到1962年，在组织学生实习时，已担任北京大学历史系考古研究室主任的苏秉琦先生提出去琉璃河遗址复察和试掘的想法，后来在刘李店和董家林等地的试掘证明，这里有年代相当于西周的文化地层。但是当时对于这片遗址的重要性究竟如何并不是很清楚，而关于召公始封地的猜测多认为最初的燕国都城应当在今天的北京城西南，因此学者们并没有把琉璃河与燕国联系在一起考虑。"

文中继续介绍道："两年后，琉璃河黄土坡的农民上缴了两件从地下挖出来的铜器，其中铜鼎上有'叔乍宝尊彝'铭文，而铜爵上有'父癸'铭文，其实铭文上亦无特殊之处，但是在北京出土的带铭文的铜器绝不多见，其本身就有重要意义。正是这两片铭文将考古学家再次吸引到琉璃河，从1972年开始，一个专门组织的考古队在琉璃河进行了大规模的考古发掘。发掘材料明白无误地证明，琉璃河就是召公的始封地，而琉璃河的黄土坡就是燕侯家族墓地，召公的领地终于被考古学家找到了！"

据孙维昌等人介绍，墓葬区主要分布在琉璃河遗址中部的黄土坡一带。由于1964年当地农民在菜窖中发现了两件铭文铜器，70年代的墓葬发掘有意识地选在铜器出土地点的附近。1974—1975年，黄土坡墓地出土的器物中带有燕侯铭刻的鼎、簋、尊、鬲等就多达11件。在墓葬中发现的一种圆形铜泡，因为周围有漆木痕迹，考古学家推断这是漆盾上的金属装饰。其中52号墓葬中出土的铜泡上有"匽侯"字样,据此推测,这批青铜兵器是专门为燕侯制作的。以上说法,在考古界和社会上流传甚广,几乎形成了琉璃河遗址发现的主流之说。但也有不同的声音传出,北京大学考古系教授邹衡就明确表示对此说不敢苟同,他在1995年"北京建城3040年暨燕文明国际学术研讨会"上曾做了这样的陈述:

根据文献和(战国时期)金文的记载,周朝初年北方地名中就有燕、北燕、燕亳。周武王灭商,开始封召公于北燕。可是周初的北燕在今天哪个地方,这是一个长期以来没有解决、一直在探索的问题,大体上有蓟县、涞水和北京种种说法。清朝末年,在河北涞水张家洼出土了一批邶国的铜器,王国维曾经以为邶即是燕。据说在北京卢沟桥一带曾经出土了一批燕侯的铜器,其年代可以到西周初期。根据这些线索,从1956年以来我就开始注意这个问题:燕的始封地究竟在什么地方。1958年我曾经到北京广安门和陶然亭一带进行过调查,结果认为广安门和陶然亭一带根本没有可能是西周早期的都城,我见到的只是战国时期的陶片。西周燕都始封地一点线索都没有。1962年春天,北京市文物队的苏天钧来北大找我,说在琉璃河发现了一处遗址,让我去看看。不久,我带领三名毕业班的学生韩嘉谷、王恺、李东婉,曾经两次到琉璃河刘李店和董家林进行调查,捡到一些陶片,并开始做小规模发掘。这是琉璃河遗址首次发掘,通过掘开的几条探沟,发现一些灰坑和大量西周时期的陶片。我们经过详细的整理和研究,最后把结果给了北京市文物工作队。北京市文物工作队写了文章发表于《考古》1963年3期上,这是关于燕国始封地调查最早发表的一篇文章。除此之外,我同韩嘉谷同学曾经初步地调查了董家林的城址。当时这个城址还保存着城墙,高一米多,我们从城墙夯土里面找到了不少的辽代的陶片,所以当时断定城墙是辽代的。以后我又带了一名助教张郑国,展开了更大规模的调查,从永定河以南开始一直到拒马河,调查了很多遗址,其中重点的有五处。根据调查情况来看,丁家洼遗址和拒马河南岸小型遗址,都是西周遗址,但是规模都很小,不太可能是西周的燕都。

规模最大的是刘李店和董家林遗址,当时初步判断遗址的规模有1000米×500米,更重要的是我们在《太平寰宇记》中查到:幽州良乡县在燕为中都,汉为良乡县,属涿郡。这条记载虽然不见于更早的文献,《太平寰宇记》是宋朝的,属很晚的文献,但估计宋朝时可能有其他资料来源。这是一个推测。良乡城距刘李店只有2.5公里,这条记载非常值得注意。因此1972年北京大学考古专业同意我的建议,又组成发掘队,在刘李店和董家林进行了第二次发掘。这次发掘时间虽只一个多月,但规模却很大,师生共有四十余人,由我负责业务工作。这样大的考古队在全国恐怕也是很少见的。这次发掘的主要收获有:

(1)证明第一次试掘的结果是完全可靠的,此处的确是西周时期遗址,年代从西周早期一直到东周初期。

(2)遗址范围包括立教、黄土坡、庄头,经过详细勘探,遗址的面积超过第一次勘探的1000米×500米,扩大到3000米×1000米,这是一处规模很大的周代遗址。

(3)1962年见到的董家林辽代城墙遗址已经完全被破坏,地面上已见不到,原来地面上高一米多的城墙只剩下墙根,当时推断其时代可能很早,甚至早到西周初年。

(4)黄土坡某个社员讲,曾经在他家菜地里挖出过一件铜爵,他把铜爵卖到琉璃厂,当时琉璃厂的人警惕性很高,认为是从墓中盗出的文物,就偷偷地报告了当地派出所,结果此人被公安局扣留了。不过,这件铜爵根本不像有人说的那样有铭文,铜器铭文的出现是以后的事了。根据这一情况,我就派四五个学生在这位农民的菜窖附近开了条20米×0.5米的探沟,寻找铜器墓。几年以后才知道,这条探沟的南头,距后来发现的大片燕国墓地只有几米了。我当时估计所谓清末出土的燕侯铜器很可能就在这个地方,并不是出自卢沟桥。

(5)根据《太平寰宇记》的记载,当时我曾对学生说,这里的遗址很可能就是燕国的中都。作为燕都的条件有大规模西周遗址的存在、铜器墓的发现和文献的记载。后来随着天气渐冷,我们便停止发掘回来了。

大概七八个月以后,北京市文物工作队与中国社会科学院考古研究所合作,继续在琉璃河发掘,果然发现了有燕侯铭文的铜器,还有太保赠予的情况,完全证明这个遗址的确为燕的中都。

在1972年的平整土地中,遗址面临被铲平的危险,为此我向北京大学

第九章 武王克商之战

负责人八三四一部队①的副政委汇报了情况，他很快向国务院做了汇报。第二天，国务院农林口负责人带领几位部长来琉璃河，当时陪同他们来琉璃河的还有国家文物局局长王冶秋和中国科学院考古研究所夏鼐所长。问到我的意见，我表示对这样重要的遗址应当保存。这位负责人经过考虑后讲：中国这么大，保留这么三百多万平方米的地方不算什么。他命令推土机开出琉璃河，遗址就这么保留下来。"文化大革命"中为此事我受了很大的冲击，北大有人贴出大字报，说我欺骗中央首长，连西周陶片都不认识，把汉代遗址说成是西周遗址。1973年春、夏，中国社会科学院考古研究所的同志们来琉璃河发掘，工作了几个月，没有重要的发现，都纷纷埋怨我，说我夸张了此遗址的重要性，说我把他们坑陷在琉璃河，其实什么重要的东西也没有。该年秋、冬，他们继续发掘，终于发现了重要的墓葬，发现了有"燕侯"铭文的铜器等，此后再也不埋怨我了。于是我与琉璃河就此失去了关系。

刘绪讲述琉璃河西周燕都遗址发现经过（作者摄）

除以上两说之外，据中国社科院考古所研究员杜金鹏说，1962年，北京市文物工作队的郭仁、俞震和张岭等人，在房山县进行考古调查时，在琉璃河镇的刘李店村、董家林村、立教村发现古代遗址。同年10月，北京市文物工作队和北京大学在这一地区进行联合发掘，获得了一些西周时代文物，从而证明刘李店、董家林古代遗址均属西周遗址。

按北京大学考古系教授邹衡后来的解释，琉璃河遗址应是北京市文物队发现的，但其当时没有认识到它们的重要性。后来邹衡根据调查的情况复查、核

实了许多遗址，最后断定琉璃河最重要，于是带了三个学生于1962年开始发掘，这是该遗址首次发掘，北京市文物队没有参加。十年后的1972年，邹衡带领北大四十多个学生又在琉璃河黄土坡村进行发掘……

据当年参加这次发掘的北京大学考古系教授刘绪回忆说："我当年作为一名学生跟邹衡先生到琉璃河进行实习发掘，邹先生叫我们在黄土坡村一个老乡的菜窖边开挖两条探沟，当时我们木登登的，不知道开探沟是什么意思，反正叫开就开。不过这次只在老乡的菜窖里挖出了两个陶罐罐，没有什么特别的发现。后来才知道，邹先生是想找铜器，据说这里以前出过铜器。现在看来这个问题就很简单了，因为出现铜器就不是一般的遗址，肯定有意义，一般不会是个小聚落。北京有什么像样的古代遗址？无非是燕呵、蓟呵等等，邹衡先生可能意识到这方面的联系了，才叫我们挖探沟寻找。可惜这次只差一点就逮着要找的东西，但不得不承认，邹先生的学术敏感性是很强的，遗址早就发现了，你得认识它的重要性，但那个时候认识它的人并不多，要不他们怎么不早去？后来发现墓葬了，并且越挖越多，好东西就不断地出土了……要说这个遗址，最近几年听说是北京市文物队发现的，原来有人说是吴良才发现后报告给苏秉琦一事，现在他们两个人都去世了，没法核实了，也就不太容易搞清楚了。"

关于琉璃河遗址最早发现、发掘的情形，以上各说尽管有些不同，但整体脉络还是不难看得出来的。

接着要叙述的是，1973年和1974年，北京市文物队与中国科学院考古所合作，在琉璃河遗址发掘了部分墓葬后，1975年，北京市文物队又单独发掘，至1977年告一段落。在此期间，共发掘了西周时期墓葬61座、车马坑5座，基本确定了琉璃河遗址为西周早期的燕国始封地。对城址的年代，定为商末周初。墓葬的年代分为西周早、中、晚三期，依葬制分出商遗民墓和周人墓两种。

为取得更大的成果，从1981年开始，北京市文物队再次与已划归中国社科院的考古所合作，共同组成琉璃河遗址考古发掘队，队长由中国社科院考古所考古学家殷玮璋担任。多少年后，据参加发掘的考古队员回忆，这支新组建的队伍一到琉璃河，便在遗址的不远处用自备的简易木板搭盖房棚作为居处。由于房棚的简陋，考古人员不免要遭受风沙雨雪肆虐之苦。更让人难以忍受的是，一到夜间，成群结队的老鼠在床上床下不停地乱窜、撕咬，有时还鼠胆包天，借着漆黑夜幕的掩护，啃咬正酣睡的考古人员的鼻子和耳朵。就是在这样的环境条件下，考古队以前所未有的热情和开拓精神，一下开挖了几千平方米的探方。由于考古人员少，缺少技工，在这样大的遗址范围内操作起来很是困难，殷玮璋决定从当地高中毕业生中挑选十人进行考古发掘训练，并让他们在实践中边干边学。不久，这支队伍就能按照考古程序操作了，再后来，就连剔剥车马坑这样复杂而高难的技术也能够掌握。正是在这支年轻的技工队伍的配合下，考古人员才连续解剖了两处遗址，并连续发掘了两百余座墓葬与车马坑。1982年，美籍华人、著名考古学家张光直到琉璃河发掘工地参观、考察，面对庞大的发掘气势和考古人员的工作成就，张光直写下了"叹为观止"的留言，表达了自己的赞誉之情。而1986年发掘的著名的M1193号大墓，更是在学术界引起轰动，从而把燕国史研究推向一个新的高潮。

早在20世纪70年代初，这个坐落在黄土坡村庄旁的大墓就已进入了考古人员的视野，只是这墓的土堆中间有一个3米多宽的盗洞，这盗洞如同张开着的老虎嘴，使考古人员望而却步。因为谁都不乐意去费钱、费时、费力地挖掘一座早已被盗墓贼光顾过的空墓穴。当1981年殷玮璋率部进驻工地后，经过考察，他觉得这座墓尽管早已被盗，但还有发掘价值，于是跟当地村干部协商发掘事宜。这位村干部一听，感到一个千载难逢的发财机会到来了，便在满口答应的同时，以大墓靠近生产队打麦场和牲口棚为由，要求考古队出资6000元，作为拆迁的赔偿。殷玮璋明知对方是在借机要挟，但自知在人家

琉璃河M1193大墓
平面及墓道剖面图

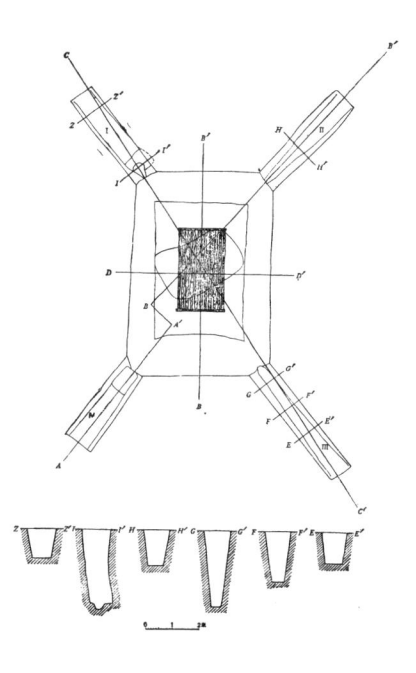

的一亩三分地开展工作,当然要受到掣肘。无奈之中,殷玮璋只好在请示上级后咬牙答应下来。令殷玮璋想不到的是,当牲口棚拆除后,大墓却不能发掘,原因是在打麦场的旁边还有一根电线杆需要拔除,而要移动这根电线杆,当然还需考古队拿出部分钱来作为补偿。既然拆迁牲口棚的钱都已拿出,这根电线杆的费用也只好再咬牙予以补偿。待这根电线杆被移走之后,考古队人员本认为这下说什么也可以发掘了,但还是不能行动。对方除了要100米电缆费用外,又附加了多种条件。殷玮璋一看这阵势,在悲愤之中,索性打消了发掘大墓的念头,带着队伍做其他方面的发掘去了。

到了1986年9月,殷玮璋回中国社科院考古所汇报工作,汇报到想发掘的那座大墓一直没有发掘时,考古所副所长王廷芳问道:"老殷,那座墓还想不想挖,要是挖,所里还有点钱,可以给你一万块作为发掘经费。"殷玮璋一听,当场答应下来,决定立即回去和黄土坡村的村干部再度协商,只要钱一拨下来,马上实施发掘。

考古队和村干部围绕经济问题经过又一次拉锯战之后,这座标号为M1193的大墓终于在1986年10月14日得以正式发掘。

在发掘过程中,考古人员始终注视着盗洞的走向和变化。这座墓被盗于何时已不可知,从表面看,盗坑位于墓室的北部正中,平面近似圆角长方形。到距地表6米处,盗坑由原来的长3.05米、宽1.95米,变成东西长2.6米、南北宽2.4米的椭圆形。至距地表8.4米的椁顶时,盗坑已扩及东、西、北三侧

琉璃河M1193大墓发掘情形

第九章 武王克商之战

墓壁，占了墓室的北半部。盗坑下部仅有零星的铜扣、长方形铜箸具，以及穿孔骨角、蚌片等小器物出土，这些无疑都是盗墓贼看不上眼的东西。

当整个墓坑被挖到底部时，考古人员发现这是一座有四条墓道的大型墓葬。在整个琉璃河遗址发掘过程中，过去曾发现过一条或两条墓道的墓葬，具有四条墓道的大墓还是首次被发现。尤其令人注目并感到惊奇的是，四条墓道分布在墓室的四个角上，并以墓坑为中心，呈口形向外散开。整个墓室为长方形土坑竖穴，四壁整齐，但愈往下，四壁渐趋收缩。经测量，墓穴至距地表8.4米时，南北长度为5.6米、东西宽为3.44米，墓底距地表10.25米。就其规模而言，这座大墓是琉璃河遗址任何一座墓葬都无法匹敌的。从已发现的商代和西周的大型墓葬看，凡有墓道的墓都为具有贵族身份的人所用。至于有四条墓道的墓，从安阳殷墟西北冈大墓的发掘情况来看，应属于王侯一级的人物所使用。因此，琉璃河遗址所发现的M1193号大墓，其主人必然是一地位显赫的燕侯。至于究竟是哪一代燕侯，当然需要结合墓中的其他出土物进行综合分析。

当M1193号大墓发掘到底部时，已是1986年的11月下旬。严寒的冬天来临了，天空开始飘起雪花。为了赶在封冻前将墓葬清理完毕，考古人员加快了速度，冒雪清理。就在清理即将结束的前一天，负责墓底清理工作的考古人员，意外地从墓坑东南部的泥水中发现了两件完整的青铜器物——铜罍和铜盉。墓葬中有铜器出土，其意义和价值

琉璃河西周燕国墓地出土的盉及盉盖上的铭文

千古学案

琉璃河西周燕国墓地出土的青铜罍

就非同一般。由于两件铜器锈蚀严重，加之从墓底取出时满身被泥水包裹，工作队长殷玮璋决定先将其放入工地库房，待墓葬清理完毕后，送考古所技术室进行除锈保护。想不到两个月后，经考古所技术室文物保护专家的除锈工作，这两件器物立即名声大振，被列为国宝级文物。其原因就是在两件器物的盖内和器沿内壁上发现了相同的各为43字的铭文：

王曰："太保，佳乃明。乃鬯享
于乃辟。余大对乃享，
令克厌（侯）于匽（燕）。旂、羌、马、
叡、雩、驭、微、克、宙、
匽入土眔（及）厥辞。"
用作宝障彝。

考古人员经对铭文的释解，认为此文记录了周王褒扬召公太保明德贤良，对王室忠诚，册封他为燕侯，并把旂、羌、马、叡、雩、驭、微等氏族，连同燕国一起纳入有周的版图，由他管辖的实史。

这是继20世纪50年代在江苏丹徒发现宜侯矢簋铭文之后又一篇关于周王封邦建国、授民封疆的重要文献。它的文字虽不如宜侯矢簋铭文长，但它的研究价值却毫不逊色。

关于这两件铜器的铭文内容、墓葬的性质及墓主人等问题，殷玮璋等考古学家于1990年发表的《北京琉璃河1193号大墓发掘简报》中曾做了这样的结论：

从两件铜礼器看，罍为小口，短颈，圆肩，圈足较矮，以弦纹、圆涡纹为装饰；盉体圆鼓，分裆不甚明显以及鸟纹的长尾不分段等特点，这都是周初器的特征。后者比灵台百

第九章　武王克商之战

草坡1号墓所出的盉还要早一些。

另外，从出土的铜戈看，多为短胡一穿，只有一件长胡三穿。但长胡三穿之戈商末也已出现，不过当时仍以短胡一穿者为常见，这与大墓所见是一致的。"成周"戈的出土说明此墓的年代上限不得早于成王时期，但其他器物也不会晚于康王时期。所以，将此大墓定在西周早期或成康时期是合适的。

燕国之封，史书有载。《史记·周本纪》在说到武王灭商以后曾"分封功臣谋士"，其中提到"封召公奭于燕"。在《史记·燕召公世家》中又一次说到"周武王之灭纣，封召公于北燕"，把燕国之封，记在召公奭的名下。在这次发现的长篇铭文中，以"王曰太保"开头，先褒扬了太保其人，又有"令克侯于匽"的册命。由于周初任太保的是召公奭，所以把封燕之事与召公联系起来是理所当然的，但因铭文中多有省文，时间、地点、作器者等都已省去，特别是对"令克侯于匽"句中"克"字，究竟是名词还是助动词，学者们都有着不同的理解，因而对全铭的释读和解释出现了不同意见。对此，中国社会科学院考古研究所邀请部分在京的专家学者，就M1193号大墓进行了座谈，著名考古学家苏秉琦、张长寿，著名历史学家李学勤、刘起釪，考古与古文字学家陈公柔、王世民、杜适松、张亚初、刘雨，以及琉璃河发掘队的殷玮璋等考古学家相继发表了自己的观点。专家们在高度评价了这一重大考古发现的同时，一致认定M1193号大墓是西周燕侯的陵墓，且是燕国第一位君侯之墓，但在第一代燕侯是谁的问题上有不同的看法。主持琉璃河遗址发掘的考古学家殷玮璋认为，M1193号大墓就是太保召公之陵，召公受武王的册封成为第一代燕侯，并亲自到位就封。不过他在成王、康王时期的大部分时间里仍在丰镐供职太保，死后才归葬于燕国。

琉璃河西周燕国墓地第251号墓出土的父戊尊

琉璃河西周燕国墓地1100号车马坑平面图

有的学者根据唐人司马贞在解释《史记》"封召公于北燕"时说的一句话，认为当初召公本人并未亲自到燕国就封，而是像周公一样，由自己的长子去燕国就封，召公本人一直在宗周做太保。因此，第一代燕侯应是召公的长子，那么M1193号大墓也就自然是召公长子之陵了。

尽管学者们对上述问题有所分歧，但所确定的M1193号大墓的墓主就是燕国的第一代君侯的结论，无疑具有重大的科学研究价值，它对早期燕国史和西周初年历史的研究提供了具有重要价值的参考资料。它的发现有力地证明了北京琉璃河遗址就是西周时期燕国的都城。

从1995年开始，北京市文物研究所与北京大学考古系联合对琉璃河遗址开始进行新一轮的发掘，在工作中，重点对城址、居址进行了全面钻探和发掘。自1996年起，北京市文物研究所、北京大学考古系、中国社科院考古所三家首次联合对遗址进一步发掘。夏商周断代工程启动后，琉璃河遗址的发掘与研究于1997年被正式列入"工程"的一个重要组成部分，并设置了"琉璃河西周燕都遗址的分期和年代测定"这一专题。专题分别由北京市文物研究所赵福生、王鑫、田敬东，北京大学考古系雷兴山，中国社科院考古所王巍、柴晓明等考古学家承担。在"工程"开展后的几年中，赵福生等考古专家通过对以往发掘资料的整理，以及对城址、宫殿区附近的祭祀遗址等进行补充发掘，得出了一个可靠的分期结论。关于西周燕都遗址的始建年代，赵福生等研究后认为，琉璃河遗址内应有三种文化共存："商文化、周文化和土著文化（即张家园上层文化）。其中商文化系统的陶器有些可能早到殷墟四期，延续到西周初期。但在西周燕都遗址中的居住址发掘的所有遗迹中出土的陶片，一直未见单独只出商文化系统陶片的遗迹，基本上是与周文化系统的陶片同出，有些甚至还有土著（张家园上层）文化的陶片，这种现象只能说明一个问题，即西周燕都城址内所有文化遗迹及文化堆积，都是召公封燕以后形成的。""工程"专题研究人员结合城墙基础和城外护城河内出的遗物推断，认为燕都城址始建于召公封燕之后，而绝不会早到商末。这样，就彻底避开了商周之际考古学文化难以区分的纠葛，为确定早期燕文化及武王伐纣的年代提供了一个准确的下限年代标准。专题人员将琉璃河遗址的居址和墓葬分为三期六段，分别相当于西周早、中、晚三期，基本上与中原地区诸侯国文化的发展进程相同。通过对各阶段年代的测定，可为整个西周列王年代的判定提供重要的依据。

关于召公封燕的具体时间，世传有两种说法：一为武王说，一为成王说。自1986年发掘出土的克盉、克罍发现有"王曰太保……"的铭文之后，虽然专家对此解释有不同的意见，但对文中的"太保"就是指召公奭，且铭文中所言即第一代燕侯封燕之事却一致认同。所有史料均记载召公是在成王时为太保，如《史记·周本纪》："成王既迁殷遗民……召公为保，周公为师。"《史记·燕召公世家》："其在成王时，召公为三公；自陕以西，召公主之，自陕以东，周公主之。"根据这些文献记载，"工程"专题组认为，封燕之事应为成王时，因武王之时，召公还不是太保而只称召公。另从《史记集解》"以元子就封，而次子留周室，代为召公"的记载推断，虽然召公被封于北燕，但召公本人未就国，而由其元子代之。可见，克罍、克盉铭文中的"王"指成王，M1193的墓主人"克"，即召公之"元子"，也就是第一代燕侯。

琉璃河遗址M1193墓葬椁木保存良好，经常规^{14}C测定，年代为公元前1015—前985年，这个数值为西周始年的推断提供了参考依据。

在夏商周断代工程的进行中，赵福生等专题人员于1996年秋，在琉璃河遗址灰坑H108第一层和第三层中，发现三片刻字龟甲。其中第一层出土的一片龟甲上刻有"成周"两字，这两个字的发现，对年代学的研究而言，具有极其重要的断代意义。

琉璃河燕国墓地分期及常规^{14}C测年数据

分期		单位	样品	实验室编号	^{14}C年代（BP）	拟合后日历年代（BC）
西周早期	第1段	M509	人骨	ZK5802	2890±35	1040—1006
		M503	人骨	ZK5800	2878±33	1040—1007
	第2段	M1082	人骨	ZK5807	2851±31	1015—972
		M1026	人骨	ZK5806	2850±32	1015—970
		M1115	人骨	ZK5808	2844±20	1010—972
		M513	人骨	ZK5804	2830±31	1010—950
西周中期	第3段	M512	人骨	ZK5809	2840±32	957—922
		M1022	人骨	ZK5812	2832±44	960—918
	第4段	M1088	人骨	ZK5817	2830±80	935—850
		M1003	人骨	ZK5811	2751±35	920—855
西周晚期	第5段	M1045	人骨	ZK5822	2713±37	852—810
	第6段	M1140	人骨	ZK5826	2626±32	820—795
		M403	人骨	ZK5803	2540±31	800—750

琉璃河遗址居址区分期及AMS测年数据

分期	单位	样品	实验室编号	^{14}C年代（BP）	拟合后日历年代（BC）
西周早期	96LG11H108③	木炭	SA98129	2843±50	1053—974
	96LG11H108①	木炭	SA98127	2803±50	1048—954
西周中期	96LG11H49⑤	木炭	SA98134	2747±50	935—867
	96LG11H49④	木炭	SA98135	2800±50	979—899
	96LG11H49③	木炭	SA98136	2826±41	963—914
西周晚期	96LH11H86②	木炭	SA98149	2758±37	879—830
	96LH11H86①	木炭	SA98147	2606±67	834—759

据文献记载，成周营建于成王初年。因此，"成周"卜甲的发现，表明H108的年代不会早于成周的建成，即其上限不会超过成王时期。从H108灰坑发掘的情况看，地层关系明确，是琉璃河遗址中时代最早的西周遗存之一。通过对其出土器物的特征分析，H108的年代应属西周早期的偏早阶

第九章 武王克商之战

段，将所出碳化样品用AMS测年，结果为公元前1053—前954年之间。这个测年结果与M1193号大墓的测年数值的对比研究，从另一侧面支持了成王封燕说。同时据《诗·大雅·韩奕》："溥彼韩城，燕师所完。"从今本《竹书纪年》"成王十二年，王师、燕师城韩"的记载来看，虽然史家对此尚有争议，但仍不失为一家之言。"工程"研究者认为，据此记载，封燕及修筑燕都之事更可细推为成王元年至成王十二年之间，也就是说，燕都遗址内的最早测年数据，应在成王元年至成王十二年这一范围之内。

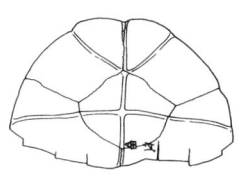

琉璃河西周燕都遗址96H108墓出土的"成周"卜甲

如前所述，通过"工程"专题组人员对居址器物分期和墓葬分期，可以看出西周燕都遗址的最早年代就在周初，这个年代已接近武王伐纣之年，因而，遗址的最早年代就成为检验武王克商年代的下限。根据琉璃河一期墓葬中最早的年代数据的中值推定，这个下限应是公元前1020年。也就是说，武王克商这一历史事件，不会晚于公元前1020年。

◉寻找早期的晋国都邑

同琉璃河遗址一样，天马—曲村遗址同武王克商这一事件有着直接的参照关系。

位于山西曲沃的天马—曲村遗址，是晋国的早期都邑，总面积达8.75平方公里，是已知山西境内规模最大的西周遗址。20世纪80年代以来，考古人员在此发掘了大面积的周代居址和500余座西周初期至春秋初期的中小型墓葬，90年代又在遗址的中心区发现了有着重大学术价值的晋侯墓地。

如前文所述，周武王在克商后出于政治上的考虑，曾进行过大规模的分封。但武王在位的短短几年中，周人对全国的统治并不巩固，政治上潜藏着严重的危机。因此，在他死后，其子成王即位，由周公（姬旦）摄理政事，不久即发生了管叔、蔡叔之乱。周公奉成王之命，出兵征伐，历经三年终于平息了这场战乱。之后便有了晋国始封地的出现。

据《史记·晋世家》等文献记载，武王与其后邑姜（姜太公尚的女儿）欢会之时，梦见天帝对自己说，我命你生个儿子，名虞，将来把唐国封给他。那里是参宿的分野，叫他在那里繁育自己的子孙。不久，邑姜果然怀有身孕，胎儿出生后，手上竟有一个虞字，故起名为虞。因为这孩子是武王的第三个儿子，按照伯、仲、叔的排法，又称为叔虞。武王死后，成王继位。管、蔡之乱被平息之后，有一天，年幼的成王与叔虞戏耍玩闹，成王削一片桐叶为珪赠予叔虞说："以此封若。"身旁的史佚听罢此言，立即请求成王择吉日封立叔虞。成王不以为然地说："吾与之戏耳。"史佚反驳说："天子无戏言。言则史书之，礼成之，乐歌之。"于是成王遂封叔虞于唐。因唐国在河、汾之东，方百里，故曰唐叔虞。姓姬氏，字子于。

平定管蔡之乱图

侯马晋国新田遗址分布图

以上的说法，在《吕氏春秋》和《说苑》中也有类似的记载，只是《说苑》将史佚换成周公罢了。年幼的成王也许不会想到，他的一句戏言竟然成就了周朝境内最为强大的北方雄邦——晋国的六百年皇皇伟业。叔虞死后，他的儿子燮父继位，改称晋侯，同时把唐国也改称晋国。这一国号一直延续到公元前5世纪，三家分晋，由

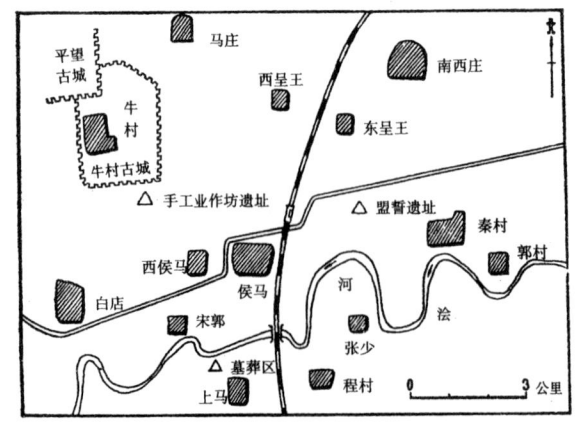

韩、赵、魏取而代之为止。当然，唐作为晋国政治中心的时间并没有六百年。据文献记载，晋国早期曾几度迁都，关于搬迁的次数和诸都的地望，汉以来，异说颇多，人们很难确切地得知。只是到了20世纪50年代，随着考古事业的发展，长期以来困惑人们的谜团才逐渐得以解开。

史载公元前585年，晋景公听从了韩献子的建议，把国都从故绛迁到了新田（新绛），新田从此成为晋国最后两百年的首都。

新田究竟在哪里？史书只记载在汾、浍两河之间，但具体地望还是令后来的学者大伤脑筋。从20世纪50年代初开始，中国的考古工作者即按照文献提供的线索，于曲沃、侯马两地展开田野调查。在逐渐排除了曲沃作为晋都新田的可能性之后，考古人员又把主要精力放到了相距不远的侯马，并得到了几条线索。1956年，国家文物局和山西省文化局联合组成一支文物普查工作队，在侯马附近进行了为期三个月的田野调查。就在这次卓有成效的调查中，考古人员在侯马以西发现了异常丰富的陶片、瓦片和夯土，从而推断这里应为晋国极为重要的都邑。尘封了几千年之久的晋都新田，从此向世人撩开了神秘的面纱。

1963年冬，考古人员在山西侯马铸铜遗址，把包含重要遗存的冻土运回室内清理

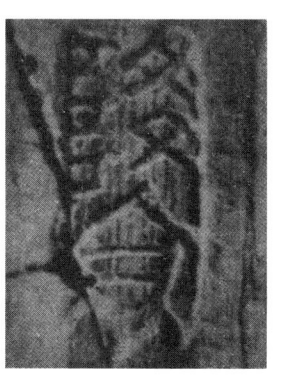

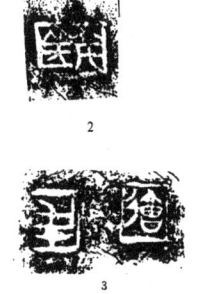

山西翼城北寿城出土的"降（绛）亭"陶文

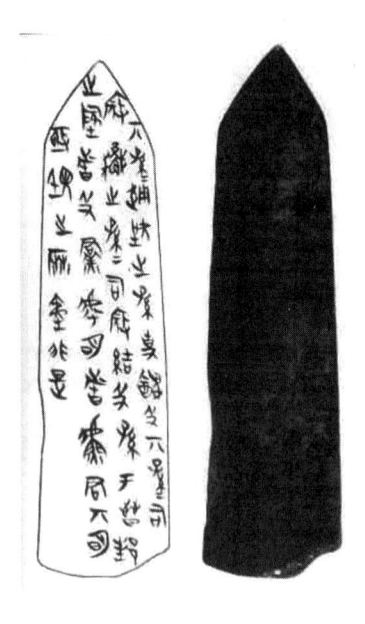

侯马盟书

新田遗址发现的当年秋季，山西省文管会设立了侯马工作站，并正式对遗址进行发掘。通过几十年的努力，考古人员在汾、浍之间发现了6个大小不等的西周到春秋时期的城址。从城址的规模、地望，以及出土器物的文化内涵等方面推断，除一处为晋景公迁都之前的小城外，其他五处都应是作为晋都的新田城及其附属遗址。自1965年始，考古人员又在距可能是晋国宗庙的呈王古城2.5公里处，发现了著名的"侯马盟书"。盟书中记载了晋国的一些盟誓活动，并明确指出，盟誓的地点是在"晋邦之地""晋邦之中"。特别是后来在乔村发现了"降（绛）亭"陶文，从而更加证明了今侯马一带的春秋古城就是历史上的晋国晚期的都城——新田。

遗址已被发现，那么，晋国前期的都城又在哪里？对此问题的研究，历代学者有不同的观点，但最著名的当属班固、郑玄的"北说"与顾炎武的"南说"。班固在《汉书·地理志》中说："唐有晋水，及叔虞子燮为晋侯云，故参为晋星。"班固所言的晋水在今山西省太原市西南晋源一带。郑玄在《毛诗·唐谱》中也认为晋之始封地在晋阳，即今太原市。太原西郊著名的晋祠，据说就是晋的始封之所。班、郑的北说自北魏起传承了近两千年，学术界绝大多数学者皆以为然，独清初学者顾炎武在其所著《日知录》中提出了不同看法，他认为："霍山以北，自悼公以后，始开县邑，而前此不见于传。又《史记·晋世家》曰：'成王……封叔虞于唐。唐在河、汾之东，方百里。'……而晋阳在汾水之西，又不相合。"因而提出了晋之始封地在晋南的"南说"。

1949年以来，山西省文物考古部门根据班固的"北说"，在太原市附近做过多次考古调查和发掘，却始终未找到大片西周遗址，虽偶尔发现相当于西周时期的陶片，但其风格与西周晋物迥然不同，显属其他文化系统。20世纪60年代，国家文物局组织考古专家苏秉琦、谢元璐、张颔等人，再赴太原晋祠附近做田野调查，在所找到的几座古城址中，最大且最早的一座为东周时期的古晋阳城。其他的古城时代最早的为战国时期，根本见不到西周的遗迹和遗物。

1963年，北京大学考古系教授邹衡、俞伟超，赴山东临淄调查齐国最早的都城。在几经周折之后，他们找到了一些线索，但没有结果，最后算是以失败告终。失败后的邹衡在经过认真的反思之后，决定从此放弃山东的调查，将注意力转向山西，希望能找到早期的晋都。他在详细地研究了文献记载后，对著名的早期晋都"北说"和"南说"都处于相信与怀疑的矛盾之中。班固和郑玄无疑是东汉时期最伟大的学者，两千年来，历代学人对他们两人可谓佩服得五体投地，凡某一历史事件由班固所说，学术界一般对此说都持肯定的态度。而顾炎武学识渊博、著述宏富，是清代学术史上一位继往开来的学术大师。晚年顾炎武测重考据，开清代朴学之风。他根据《左传》的记载，重新对早期晋都地望做了位于山西南部的推断，这样的胆识和魄力也是非一般学者所能比拟的。

就南北两说相比而言，邹衡更怀疑班固的太原说，这不仅是由于此前的考古学家多次在太原周围调查而无果的事实，还有一个可供怀疑的理由是，郑州明显有那么大一个商城，但班固在《汉书》中竟没有只言片语提到过，由此可见他记载的史事既有遗漏，也应有错误，并不是完全可靠。相对而言，顾炎武的"南说"应当较为可信，因为从考古学的角度看，许多夏商遗址已在晋南发现，周王朝是承袭夏商而来，且有《左传》"分唐叔……命以《唐诰》，而封于夏墟"的记载，晋南作为"夏墟"的可能也应该更大一些。尽管如此，他对顾氏之说仍没有把握。20世纪70年代末，邹衡奉命到太原郊区调查晋国都邑，但跑了包括晋祠在内的一圈，没有发现周代的遗址。恰在此时，山西省考古人员正在晋祠附近发掘号称唐叔虞的一座大墓，邹衡应邀前去参观。但遗憾的是，当大墓打开后，发现根本不是什么唐叔虞之墓，而是唐宋之后建造的一座伪墓。此事一出，考古界大哗，邹衡受到的刺激也很大，他觉得班固可能真的靠不住了，还是顾炎武说的有些道理。从此，他将调查晋始封地的目光彻底转向了山西南部。

按照顾炎武的说法，早期晋都应在汾水南面、襄汾县西南30公里的赵康镇一带。那个地方至今还有城墙遗址，郭沫若曾经对顾氏的这一说法表示相信和认可。但当邹衡带领学生满怀希望地前去调查之后，发现城墙遗址和出土的陶片等遗物全是战国之后的，根本没有周代的东西出现。看来顾炎武所说的这个地方也颇值得怀疑，但就整个晋南而言，还是颇有些希望的。

1979年秋，邹衡带领北京大学考古专业商周组的学生第二次赴晋南调查，重点是临汾地区。据邹衡后来说，之所以选择这个地区，是因为晋都始见于《左传》者为翼，即今之翼城。《毛诗·唐谱正义》引《汉书音义》臣瓒按："唐，今河东永安是也。去晋四百里。"历史上的永安在今洪洞县一带，20世纪50年代考古人员曾在洪洞永凝东堡发现过西周早期墓葬和铜器群，并出土了两版西周时期的卜骨，其中一版刻有文字。到了60年代，考古人员又在翼城鼓山东北麓发现过西周早期铜器群。所有这些都为晋都的调查提供了重要线索。

山西翼城、曲沃古代遗址位置图

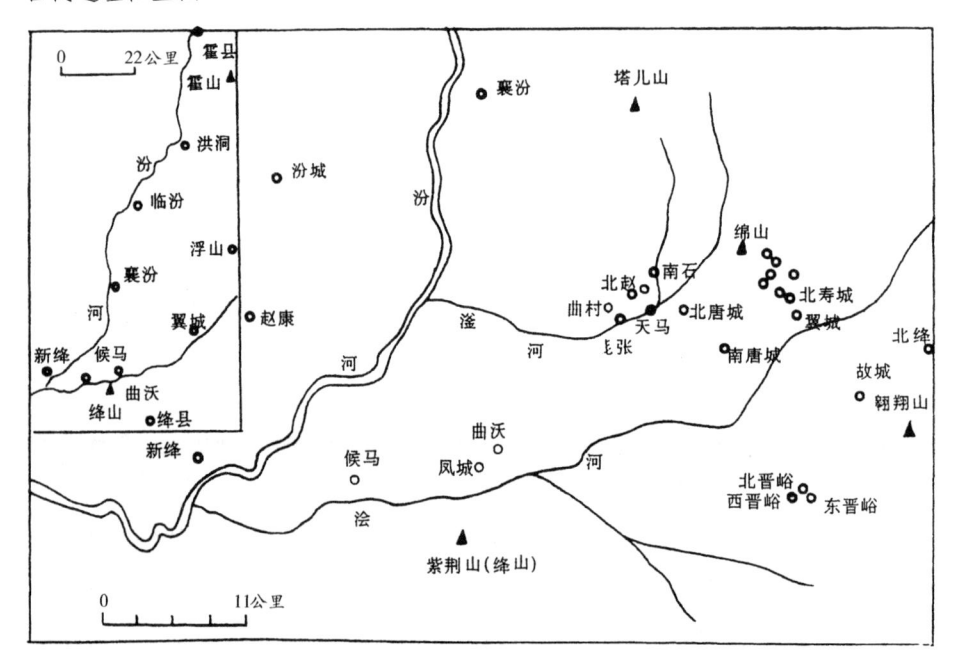

第九章　武王克商之战

在山西省考古所的配合下，邹衡将目标重点放在翼城和曲沃两县。在调查中，共发现了10多处西周遗址。其中最为重要的有3处，一是翼城东南7.5公里的故城村遗址；二是苇沟—北寿城遗址；三是翼城与曲沃交界处的天马—曲村遗址。为了对3处遗址的文化面貌有个大体的了解，邹衡率领学生与山西省考古所联合对遗址进行了试掘。试掘结果表明，故城遗址建城的年代应在东周时期，不合乎早期晋都的条件，故排除在外。第二处苇沟—北寿城遗址，文化内涵极为丰富，有龙山文化、二里头文化、西周早期至东周时期的晋文化以及汉代文化遗存，其中晋文化遗存的分布最为普遍。在清理的城内战国晚期的地层中，考古人员挖出一件红色陶釜，釜领部有横戳印陶文"降（绛）亭"两字。这一陶文的出现，对考古调查人员来说无疑是个重要线索，而收获最大的算是对天马—曲村遗址的调查与试掘。

晋侯墓地发掘现场

邹衡（左一）在天马—曲村墓地与徐天进副教授等一起发掘

天马—曲村遗址位于翼城之西和曲沃之东的两县交界处，因其在天马、曲村、北赵、毛张四个村之间的宽阔平原上，故名天马—曲村遗址。该遗址西南距侯马晋国遗址约25公里，西距汾河约12公里，南距浍河约8公

里。从整个地望来看，这个总面积约为3800米×2800米的遗址三面环山，两面近水，地阔土沃，颇有气势。

早在1962年，国家文物局组织的由谢元璐等专家组成的考古调查组赴山西做田野调查时，就发现了这个遗址。1963年秋，北京大学考古专业毕业班学生在此进行了首次试掘，由于试掘范围较小，对遗址的文化性质仍缺乏认识。16年后，邹衡率领学生会同山西省考古所再次对这个遗址进行试掘，发现了长达800米的晋国墓地，并试掘了部分墓葬。这次发掘，为认识此遗址的文化内涵及其分布、年代分期、文化特征等问题创造了条件。关于这次调查和试掘的情况，邹衡等考古专家经过研究分析，在报告中做了这样的结论：

我们试掘的苇沟—北寿城和天马—曲村两遗址，于文献虽皆无证，但都有早期晋物而值得注意。前者出有战国"降（绛）亭"陶文，与侯马晋国遗址出的几乎完全相同。天马—曲村遗址不仅规模宏大，而且延续的时间也较长。经过初步判断：此遗址在西周初期就已兴起，发展到繁盛时期是在西周晚期至春秋初期，而到春秋中晚期至战国早期，却又陡然衰竭下来。我们知道，侯马晋国遗址开始兴起是在西周晚期至春秋初期，发展到繁盛时期是在春秋中晚期至战国早期，战国中晚期才逐渐衰竭下来。从这两处晋国遗址的盛衰交替情况，人们将不难看出它们首尾相衔的关系。如果说后者是晋国晚期国都"新绛"，那么天马—曲村遗址和苇沟—北寿城遗址的发现，自然就为寻找晋国的旧都——"故绛"提供了极其重要的线索。

至于晋之始封地，晋阳、安邑两说是完全可以否定的。此外还有平陆县河东大阳"故夏墟"以及鄂地大夏（《世本》）之说，然其地在西周初年未必为晋所有，晋灭虢曾假道于虞可以为证，断然不可能为叔虞所封。剩下来只有永安、平阳两说可以考虑了。此两地相邻，今均隶属临汾地区，而最值得注意的是洪洞县和翼城县。此两县俱在"河汾之东"（《晋世家》），而翼城又在"汾浍之间"（《郑世家集解》引服虔说），尤其是今在此两县内发现了坊堆—永凝东堡、苇沟—北寿城、故城村和天马—曲村四处大规模的早期晋文化遗址，山西境内他处尚未有类似规模的遗址发现。因此，我们认为，霍山以南、绛山以北、汾水以东、浍水以西方圆百数十里的范围内，很有可能就是《晋世家》所谓"方百里"的晋始封之地。

第九章 武王克商之战

……今以天马—曲村遗址而言，其繁盛期恰好是从西周中晚期开始的，以苇沟—北寿城遗址而言，其南部平地遗址也是从西周中晚期开始，所以，仅就年代而言，两址作为故绛，都是具备条件的。但是，两址相距12—15公里，天马—曲村比较靠近汾河，可通漕运，且在一日之内可达闻喜（晋曲沃）；苇沟—北寿城距离汾河较远，难通漕运，且难一日而至闻喜。所以，若就地理位置而言，则天马—曲村作为故绛，可能性似乎更大一些。

天马—曲村晋侯墓地出土的青铜鸟尊

根据邹衡等人的推断，北京大学考古系与山西省考古研究所合作，于1980年秋对天马—曲村遗址正式发掘。此后每隔一年发掘一次，至1990年，共进行了七次大规模的发掘，除揭露了大面积的周代居址外，还发掘葬有青铜礼器或者陶容器的墓葬近五百座，共出土青铜礼器一百多件，有铭文者数十件。其中有一件西周中期的铜盉，上有"晋中违父作旅盉，其万年永宝"铭文。由此，邹衡认为，天马—曲村遗址确凿无疑是晋遗址。同时他结合西周早期一座墓中出土的一件上有"围乍新邑旅彝"的铜觯铭文和遗址附近尧都村残存的"尧裔子□□"清代碑文等遗物遗迹推断："天马—曲村遗址极有可能就是姬叔虞的始封地——唐。"

天马—曲村遗址规模宏大，包括墓地在内，总面积几达郑州商代遗址或殷墟遗址的一半，相当于西安沣西、沣东两遗址的总和，超过北京琉璃河燕国遗址两倍以上，是已发现的最大的西周遗址。就考古学文化分期而言，邹衡

天马—曲村晋侯墓地出土的附耳铜鼎

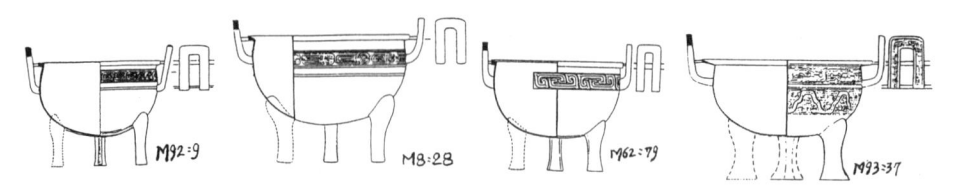

晋侯墓地出土的附耳铜鼎线描图

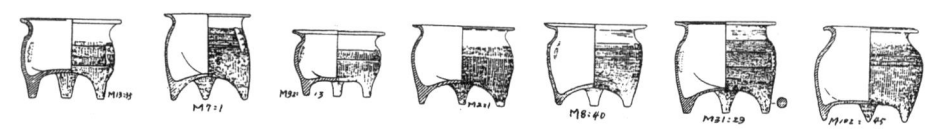

晋侯墓地出土的陶鬲线描图

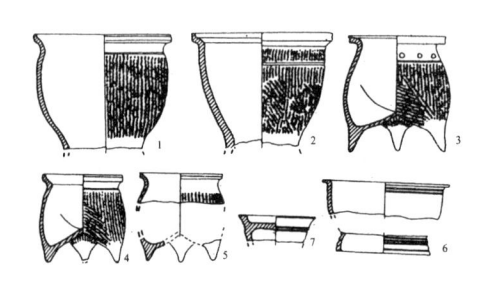

晋侯墓地出土的
早商文化期陶器
线描图

等考古人员将天马—曲村遗址分为五个大的阶段：

第一阶段：仰韶文化中晚期；

第二阶段：龙山文化早期；

第三阶段：二里头文化晚期；

第四阶段：西周早期至东汉晚期；

第五阶段：金、元、明时期。

从以上五个阶段的分期来看，第三阶段的二里头文化后来被证明是夏文化，夏文化之后接着就是周文化，那么在第三和第四阶段之间隔着整个商文化，既然没有商代的文化遗迹体现，这就为后来的夏商周断代工程提供了难得而特殊的条件。

夏商周断代工程启动后，在"西周列王的年代学研究"这个课题中，专门设置了"天马—曲村遗址分期与年代测定"这一专题，并由刘绪具体负责研究。

刘绪，1949年生于山西省广灵县，1975年于北京大学历史系考古专业毕业后，到山西省文物工作委员会工作。1980年再次考入北京大学考古系，在邹衡教授的指导下攻读硕士研究生。1983年毕业后留校任教。在读书和当教员期间，曾随北大考古系师生数次参加了天马—曲村遗址的发掘和研究。后晋升为北京大学考古系教授，主要从事商周考古的教学与研究工作。

按照刘绪的解释：夏商周断代工程之所以设置这一专题，除了天马—曲村遗址像琉璃河、丰镐等西周遗址那样，有比较完整、全面的可供^{14}C测年的系统样品外，它本身的文化从西周早期一直到春秋初年都是连续发展的，特别是发掘的几百座中、小型墓葬，其含碳标本极其丰富，西周早、中、晚各期一应俱全，这就为^{14}C测年提供了可靠的依据。另外一个显著的特点是，包括天马—曲村遗址在内的晋西南，经过几十年的考古调查与发掘，至今未发现商代特别是商代晚期的遗存，而西周早期的文化却突然冒了出来。因为没有商代晚期的文化，西周的文化遗存就更容易确定，同时也减少了一个大麻烦，这就是避免了一件器物或一个文化现象出现，有人说是商代晚期，有人说是周代早期的争论。从考古发掘来看，商代晚期和周代早期的文化遗存不容易分辨，而事实上当西周建立王朝之后，不可能将殷人全部杀光，只要人活着，原有的文化就不可能马上消失，必然沿着惯性延续一段时间。在这样一个新旧交替的阶段，要准确地划分哪是商代晚期哪是周代早期是相当困难的，如同二里头遗址文化的划分一样，不经过几十年争论是没有结果的。但天马—曲村遗址的特殊性就在于，只要出现器物，一看便知是夏代还是周代的，同时也不存在先周文化的麻烦。至于出现的文化面貌是周代哪一个时期的，可以参照出土的各种器物和现象进行研究、讨论、印证，但必须首先排除商末和先周的干扰，这便是天马—曲村遗址的独特之处。

在北大读书时的刘绪（后左一）跟随教授邹衡（前左一），与山西考古研究所张颔（前左二）等在黄河沿边津渡一带考古调查

既然天马—曲村遗址最早的西周文化很容易辨别，那么这种文化就应该接近晋国也就是唐的始封年代。如果接近了唐的始封年代，那距武王伐纣这一历史事件就应该接近或相隔不远了。又因天马—曲村遗址是离周朝的首都丰镐最近的一个封国都邑，它的文化面貌跟丰镐遗址的文化就更容易接近。事实上，从两地的考古发掘来看，所出的器物等文化遗存也是相同的。这样就有了更进一步的意义，即天马—曲村遗址的文化可牵涉和限制武王克商这一历史事件的定年，也就是说天马—曲村遗址中最早的西周文化，用^{14}C测年所得的数据，不能早于武王克商年，如果早于"工程"推算的武王克商年，就证明武王克商年的推算是错误的，因为晋（唐）国是在武王克商、周朝建立之后才就封的。同理，该遗址最早的西周文化也不能晚于武王克商许多年，至少不能晚于成王在位的年数。由此，天马—曲村遗址在考古学文化上就将武王克商之年卡在一个有限的时间范围之内了。这也正是工程要设立"天马—曲村遗址分期与年代测定"专题的目的和意义。

由于刘绪多年来一直参与天马—曲村遗址的发掘和研究，对诸方面的情况都有深入的了解，所以关于天马—曲村遗址的分期部分，由他负责研究。

在接手这一专题后，刘绪会同北京大学考古系徐天进、雷兴山等学者，经过一段时间的努力，在原来研究的基础上，将遗址中的西周遗存分为三期六段，各期、各段的AMS测年数据为：

天马—曲村遗址西周遗存分期及AMS测年数据

分期		单位	样品	实验室编号	^{14}C年代（BP）	拟合后日历年代（BC）
西周早期	第1段	J7H147	兽骨	SA98014	2868±54	1024—983
		J4M6081	狗骨	SA98007	2765±50	1015—915
	第2段	ⅣH109	兽骨	SA98016	2708±77	970—900
		J4M6306	人骨	SA98008	2858±50	961—917
西周中期	第3段	J7H23	羊骨	SA98019	2792±59	914—853
		J4M6411	人骨	SA98009	2796±50	881—849
	第4段	ⅣH402	鹿骨	SA98021	2743±62	860—817
		ⅣH402	羊骨	SA98020	2711±45	856—815

第九章 武王克商之战

续表

分期		单位	样品	实验室编号	^{14}C年代（BP）	拟合后日历年代（BC）
西周晚期	第5段	ⅣH326	猪骨	SA98022	2574±48	812—785
		J2M5215	人骨	SA98010	2604±50	815—788
	第6段	J2M5217	人骨	SA98011	2599±50	790—771

从上表可以看出，天马—曲村遗址的^{14}C测年，其中早期一段的中值约在公元前1020—前970年左右。而此前所述的与武王克商年有关的殷墟和琉璃河遗址^{14}C测年分别为：

殷墟四期：公元前1080—前1040年左右（见前表）；

琉璃河遗址一期一段墓葬：公元前1040—前1006年左右（见前表）。

由于殷墟商文化四期的年代有可能一直延续到西周初年，所以夏商周断代工程专家组认为，武王克商的年代范围就应相对提前，定在公元前1050年比较妥当。因北京琉璃河遗址一期H108灰坑出土有"成周"字样的甲骨，其年代不会早于成王，由此，其上界可以作为克商年范围的下限。又该遗址第一期墓葬中最早的年代数据的中值为公元前1020年，因而得出克商年的范围为公元前1050年—前1020年。

由于"工程"已对殷墟宾组卜辞中五次月食的年代进行认证，并计算出了五次月食的绝对年代，因而工程课题组参照文献所见商代积年和武丁及其后诸王年代的记载，并结合周祭卜辞对商末三王年祀的研究，得出武王克商年代范围为公元前1050—前1020年之间。

就以上的排比、研究情况可见，沣西遗址分期与^{14}C测年和由殷墟甲骨月食推断的克商年范围，虽是各自独立进行，但都集中在公元前1050—前1020年之间。有了这样两个条件，再结合先秦文献，可使这个论据更加充分。

先秦文献所载西周积年的范围在270年至290年之间。《左传·宣公三年》："成王定鼎于郏鄏，卜世三十，卜年七百。"周王朝自武王至显王共30世、31王（不计哀王、思王），自周显王三十三年起，六国次第称王，《左传》所载当指是时。又，显王卒于公元前321年，自此上溯700年，为公元前1020年，再加上定鼎以前的成王、武王之年，则西周总积年约为270年。

再如《孟子·公孙丑下》载，孟子去齐时说："由周而来，七百有余岁矣。"孟子去齐在周赧王三年（公元前312年），则西周始年应为公元前312年上溯700年，当在公元前1020年以上。

又如古本《竹书纪年》载："自武王灭殷，以至幽王，凡二百五十七年。"依次从公元前770年周平王东迁上推257年，则武王克商当在公元前1027年。

从以上对文献的研究可以看出，所得武王克商年的年代范围和沣西遗址、北京琉璃河遗址、天马—曲村遗址的年代范围基本趋同，从而对以往武王克商年研究中的长年说可以排除，并将范围从原来的112年缩短到30年之内。也就是说，真正的武王克商之年就在公元前1050—前1020年这30年之间的某一年。

那么，武王克商这一历史事件究竟发生于哪一年？

武王征商簋的面世

铜器窖藏出土地点示意图

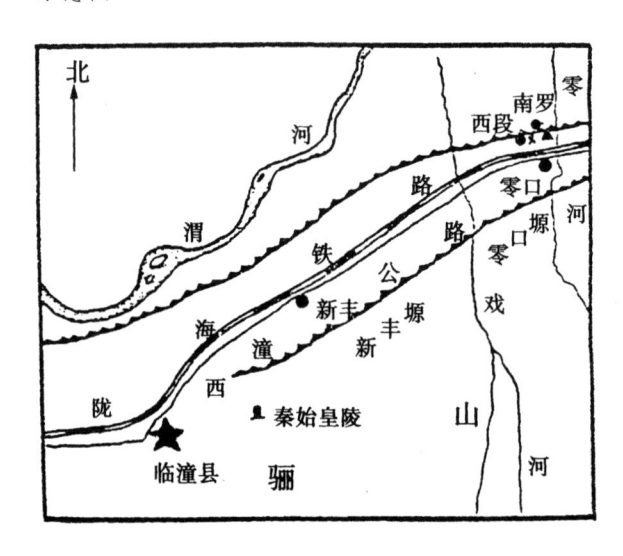

按照夏商周断代工程所收集到的武王克商年研究的资料，尽管已有44种说法，但纵观这些学者们的研究思路，就不难发现绝大多数是通过文献得出一个克商之年后，再用一两种天象记录作为旁证，来肯定这个结论，这样得出的结果就不免带有无法回避的缺失。因为研究者所利用的天象大都具有

第九章 武王克商之战

周期性，其旁证不难找到，故出现了同一个天象记录会被不同的学者用来支持不同的克商之年的做法。而要避免这种情况，就要求研究人员在利用天象记录推算时，必须对天象记录的选择慎之又慎。夏商周断代工程启动后，有关

窖藏内出土的青铜利簋和簋内铭文

专题人员从古代文献和出土器物中共收集到与这一战争事件有关的天象记录16项，其数量之多为世界所罕见。但正如前文所言，这些记录的载体多出于后人之手，时间跨度大，内容艰涩模糊，而且有的自相矛盾，这就为研究者造成了许多困难和障碍。经甄别和筛选，最为可信的当属利簋铭文所载的内容。

1976年3月上旬，陕西省临潼县零口公社西段大队的农民在搞水利建设时，于地下掘出了一个铜器坑和一批铜器。临潼县文化馆闻讯后立即赶赴现场进行调查，发现铜器的出土地点是一处周代遗址，面积约2万平方米。该遗址位于原零口公社驻地西北1公里的南罗村南、西段村东，在东距零河半公里的二层台地上。从农民们已挖掘的现场看，遗址耕土层下即为周代文化层，灰土堆积不厚，内含西周及春秋时期的陶尊、陶盆、陶鬲等残片。早于此前的1975年5月，当地农民就在此处不远的地方发现过一座西周前期的竖穴土坑墓，并出土了铜、玉、蚌、贝等器物。这次出土的铜器坑位于该墓西约200米，铜器已被推土机推离坑位，已无法知道当时的排列情况。但文化馆的文物干部赵康民等人从断崖上残存的坑壁观察，出土地应为一个深2米、宽70厘米的窖藏。就在这个窖藏里，共出土了60件青铜器和91件铜管状络

373

饰。而轰动学术界的著名的青铜礼器——利簋，就在其中。

经观察、测量，这件利簋为深腹，方座，双耳有珥（见文前插图）。通高28厘米，口径22厘米。其中腹与方座均以云雷纹为地，上饰兽面纹和夔纹，方座平面四角饰蝉纹。圈足亦以云雷纹为地，上饰夔龙纹。经除锈发现器底有铭文四行共32字，经著名古文字学家唐兰等人释读为：

珷征商，惟甲子朝，岁（越）
鼎克昏，夙有商。辛未，
王在阑师，易又事利金。
用作檀公宝尊彝。

按照唐兰的解释，这段铭文的大体意思是：周武王出兵征伐商纣，甲子那天的早上夺得了鼎，打胜了昏（指商纣），推翻了商王朝。第八天辛未，武王在阑师，把铜器赏给有司利，利用来做檀公的宝器。

铭文所记的显然是周武王伐纣之事。武王打败商纣进入殷都后，有许多事情要急于处理，一直到第五天戊辰，才用猪来追祭文王，并于同日立政，标志着周革了殷王朝的命而自己受了天命。这件铜器的所有者——有司利，是在武王立政后的第四天辛未受到武王赏赐的，于是利就于这一天刻了铭文。关于武王伐纣的历史，文献多有记载，但就出土的青铜器铭文而言，则是首次发现，利簋作为这次战役的实物证据，对研究武王克商年代的重要意义则是不言而喻的。正因为如此，这件青铜器称为利簋，又称为武王征商簋。并自发现之日起，备受世人关注。

从利簋的铭文看，武王克商的这一天正是甲子日，这个记载和许多古代文献所记的干支相合，从而证明文献至少在这一点上的记载是正确的。由于利簋本身所刻铭文较少，且铭文又较古奥难训，如唐兰、于省吾、徐中舒、张政烺等一批著名学者，都曾对铭文做过考释，但对一些关键性的字词及句子的理解却有分歧。特别是"岁（越）鼎克昏，夙有商"一句，如何标点、训释，就存在很大的差异。此处的"岁"字，唐兰释读为"越"字，越鼎即夺得了鼎。于省吾释"岁鼎"为"岁贞"，徐中舒又释"鼎"为"则"字。张政烺、严一萍等人解释为"岁星"，"鼎"作"当"讲，即克商之日的"岁鼎"就是岁星正当其位。也有学者认为"岁鼎"即岁星（木星）正当上中天，并与《淮南子·兵略训》的一段记载"武王伐纣，东面而迎岁"相合。也就是说，当武王率兵由丰镐出发东征的时候，在正面的东方能看到岁星。夏商周断代工程专题研究成员、西北大学文博学院教授黄怀信，在对铭文做了深入考释后，用白话释解为："武王向商都发起最后攻击，是在甲子日黎明，当时岁星中天。直到天黑，才占了商都。"若以黄怀信的解释，可知利簋铭文前半部分完整地记录了武王伐纣取得最后胜利的全过程。它的价值不仅是印证了文献中关于武王伐纣在甲子朝的记载，而且印证了纣王自焚于甲子夕的记载。更重要的是它记录了克纣之日黎明的天象，为推求武王伐纣的准确年代提供了可靠的信息。

叩问苍穹

尽管利簋铭文为武王克商之年提供了重要信息，但仅靠这些记录是难以得出正确的武王克商之日的，要想达到理想的目的，就天文学而言，必须对所有的天象材料进行全面研究。为此，夏商周断代工程在"武王伐纣年代的研究"这一大的课题中，专门设置了"武王伐纣时天象的研究"这一专题，并由天文史学家江晓原具体负责研算。

江晓原，1955年生于上海，1978年考入南京大学天文系，1982年考入中国科学院研究生院，在著名科学史家席泽宗院士的指导下攻读天文学史。1984年到中国科学院上海天文台工作，不久即长期领导当时中国唯一的天文学史研究组从事相关的学术研究。1988年获博士学位，1994年因在天文学史研究方面的特殊贡献被中国科学院破格晋升为研究员，次年任博士生导师。其研究成果主要包括：古代中西方天文学交流史；运用古代天文学资料解决当代天文学课题；古代中国天文学的性质与功能研究；利用天文学方法解决历史年代学问题等。另外在中国性文化史研究领域也颇有建树。在不算太长的职业研究生涯中，先后在海内外出版16种专著，并在英、美、德、韩、中国大陆及港台等地的著名学术刊物上发表学术论文80余篇，同时还有大量

的随笔、杂谈予以发表，被誉为当代中国学术界"功力深厚，思想激进，学术目光敏锐"的"才子型"中青年学者。

江晓原接手"武王伐纣时天象的研究"这一专题后，在他的两名博士生兼助手钮卫星、庐仙文的协助下，采用了与前人完全不同的新思路进行探索。这种新的思路就是将史籍中已知的16种关于武王伐纣的天象记录全部加以考虑，在逐一进行甄别后，选择相关的天象包括日、月、行星位置，彗星、日食、月食、历日（朔、干支）等进行验算。

前文已述，虽然已有不少中外学者此前在研究武王伐纣年代时考虑到了天象，但他们一般只用一种或两种来计算，故所得的结果总是各执一端且差异很大。对这种情形，江晓原认为，也许以前的研究者心里明白，应该把所有的天象都进行计算，只有如此，得出的结果才更加真实或接近历史事

江晓原（中）在"工程"研讨会上。左为助手钮卫星博士，右为考古学家王占奎（作者摄）

江晓原绘制的伶州鸠描述的大火、析木黄道星图

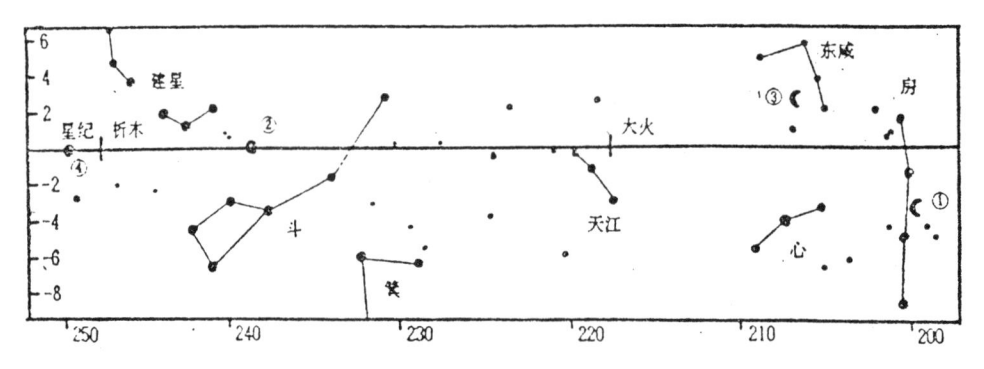

件的本身。但若真的如此操作，又往往力不从心，在计算机尚未发展、普及的年代，甚至在20世纪80年代的中国，一个天象的计算，学者们可能需要几个月或者更长的时间。按照天文学的理论，凡是能够回推计算的天象必为周期天象，而周期天象又必然会有多重解。例如文献上记载的"岁在鹑火"这一天象，每十二年就会出现一次，而同样见诸记载的"日在析木之津"的天象，则每年都会出现一次。这样的天象周期，如要回推到四千年前的某一段，需费很大的气力才能解决。所以此前的学者们通常只能对某种天象求取某一次或若干次特定的解，而无法对所有有关天象进行长时段的（如一百年）、全面的回推、排比和筛选。因此，学者们在通过其他手段获得一个假设的伐纣之年后，再拿出一个或两个天象记录来做旁证，就做出了最后的肯定性结论。但问题的要害是，由于天象的周期性，这样的旁证很容易获得，同一个天象往往会被不同的学者用来支持不同的伐纣之年，其所得结果的混乱也就可想而知了。

　　江晓原的研究思路和方法是，首先把历代学者各种说法中的年代分布，也就是公元前1100—前1000年的百余年范围确定下来，然后把已知的十六种天象放在这一百多年的时间内进行验算，如果有某种天象在这个时间段内不可能发生，就将这种天象排除。如果计算表明在这一百多年的时间内，有些天象虽然可能发生，但却不能用来定年的也要排除。如关于彗星的天象，文献中有武王伐纣时出

《世俘》书中关于天象的记录

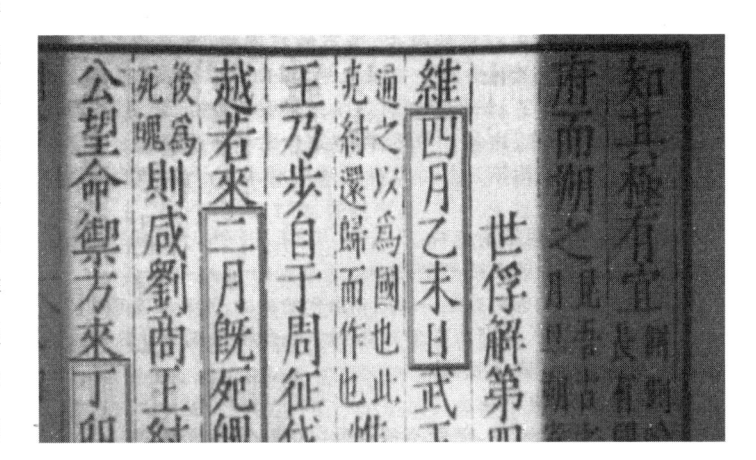

现彗星的记载，天文学理论表明，这种用来定年的彗星必须是哈雷彗星。经研算，记载中的彗星是哈雷彗星的概率只有0.3%，这样小的概率很难作为可靠的推论依据，故一并予以排除。

江晓原按照以上的思路工作后，在十六种天象中最终确认可以用来定年，同时又是在事先确定的一百多年时间段内可能出现的天象共七种，分别是：

1. 克商之日的日干支为甲子（据利簋铭文）；

2. 克商之日的清晨岁星当头（据利簋铭文）；

3. 周师出发时应能在当地东方见到岁星（据《淮南子·兵略训》和《荀子》）；

4. 在周师出发前后，有"月在天驷"和"日在析木之津"的天象（据《国语》伶州鸠所述天象及《三统历》）；

5. 从周师出发到克商之间应有一段时间距离，这段时间的长度应使得周师从周地出发行进至牧野合乎常规（据《武成》《世俘》及《三统历》）；

6. 周师出发后至甲子日克商前，应有两次朔发生，第一次干支为辛卯或壬辰；第二次则约在克商前五日，日干支为庚申或辛酉（据《武成》《世俘》所记历日）；

7. 在武王伐纣的过程中，有"星在天鼋"的天象（据《国语》伶州鸠对周景王所述伐纣天象）。

在确定了以上七种天象之后，接下来的工作就是寻找一个同时符合这七种天象的具体年代。如果找不到这样一个具体的年代，就说明当今的天文学研究还不能解决这个问题。而如果一下找出了几个年代，也同样说明天文学研究的作用是有限的——因为真正的克商年只有一个而不是几个。根据以上预设的条件，江晓原率领专题组研究人员，采用国际天文学界最先进的长时段计算软件DE404星历表进行推算。幸运的是，计算结果只有一个年代符合上述七种天象的条件。全部结果用下表可表示出来。

武王伐纣天象与历史事件一览表

公历日期（公元前）	干支	天象	天象记载之出处	事件	事件记载之出处
1047		岁在鹑火（持续了约半年）	《国语》	孟津之会，伐纣之始	《史记·周本记》
1045.12.3.	丁亥	月在天驷，日在析木之津	《国语》		
1045.12.4.	戊子	东面而迎岁（此后多日皆如此）	《淮南子》	周师出发	《三统历》《世经》
1045.12.7.	辛卯	朔	《武成》		
1045.12.9.	癸巳			武王乃朝步自周	《武成》
1045.12.21.	乙巳	星在天鼋（此后可见5日）	《国语》		
1045.12.22.	丙午	望（旁生魄）	《世俘》		
1044.1.3.	戊午			师渡孟津	《史记·周本记》
1044.1.6.	辛酉	朔（即死霸）	《武成》		
1044.1.9.	甲子	岁鼎	利簋铭文	牧野之战，克商	利簋铭文《武成》《世俘》
1044.2.4.	庚寅	朔 星在天鼋（此后可见20日）	《国语》		
1044.2.19.	乙巳	望（既旁生霸）	《武成》		
1044.2.24.	庚戌			武王燎于周庙	《武成》
1044.3.1.	乙卯			乃以庶国祀馘于周庙	《武成》

最后的结论是，武王于公元前1045年12月4日出兵东征，在出发后的近一个月内，岁星于日出前出现在东方天空。次年——公元前1044年1月3日师渡孟津，六天之后的公元前1044年1月9日在牧野之战中克商。此时牧野当地时间为凌晨4时55分，岁星正位于上中天，地平高度约60度。

当上述成果出现之后，江晓原于1998年7月致函"工程"首席科学家、专家组组长李学勤，将情况做了如下汇报：

江晓原计算并绘制的牧野之战天象图

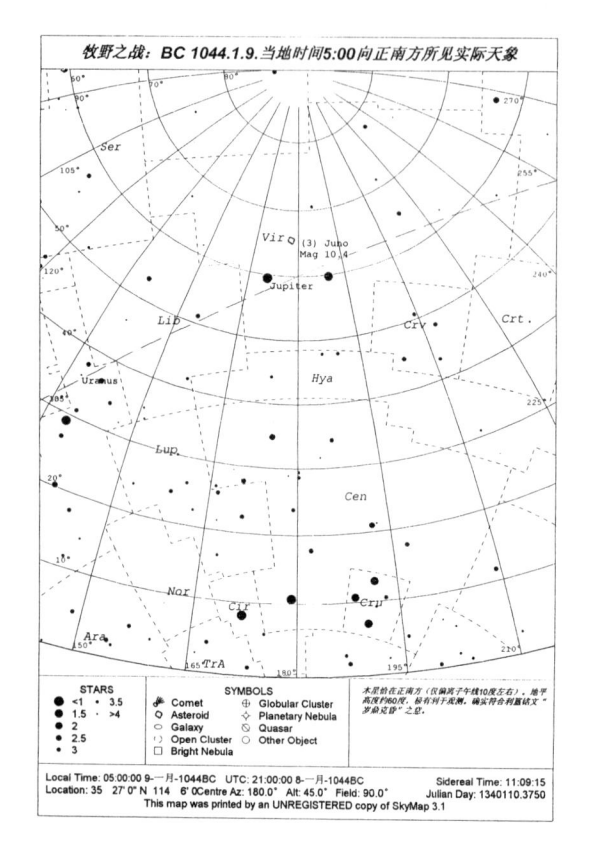

一、关于岁星天象

计算结果，非常令人鼓舞。按照我们推算的伐纣历日：

甲、武王出师近一个月内，岁星皆于日出前出现于东方天空，此与《淮南子·兵略训》所载"武王伐纣，东面而迎岁"极为吻合。

乙、克商之日，日出前一小时，正值岁星上中天，在正南方，地平高度约60度——这是一个非常利于观测的位置，恰与利簋"岁鼎克昏，夙有商"吻合。

丙、此时岁星在十二次中的位置是在寿星之次的头部，虽与鹑火相隔一次，实际仅差三十余度。而按照中国古代星占学原则，前后数年（极限情形可达六年）之内事，皆得作为事应。故岁于公元前1046年次鹑火，而武王于前1045年出兵伐纣，完全可以符合伶州鸠"昔武王伐殷，岁在鹑火"之言。

……

在这封函件发出之后，江晓原在助手的配合下，很快写出了研算的详细报告交夏商周断代工程项目办公室。在这份报告的最后，江晓原说道："接受本课题之始，我们并未抱乐观的态度，因为对史籍中众说纷纭的记载，有一个问题始终令人困扰：古籍中的记载到底在多大程度上是真实的？然而当最后结果浮现出来时，我们感到非常惊讶。我们只是在对古籍记载存疑的前提下，用天文学方法'姑妄算之'，但是在经过非常复杂、也可以说是非常苛刻的验算和筛选之后，而且是在完全不考虑考古学、甲骨学、^{14}C测年等方面结果的条件之下，发现《武成》《世俘》、利簋铭文、《国语》伶州鸠对周景王等文献竟然真能相互对应，而且能够从中建立起唯一的一个伐纣日程表（因为这是严格筛选出来的最优结果），这不能不使人由衷感叹：古人不我欺也！由本课题的结果，或许也可以反过来印证，古籍中关于武王伐纣天象的绝大部分记录都是真实的。许多关于刘歆伪造天象史料之类的说法，其实是没有根据的。"

面对这个可喜的成果，1998年12月20日，夏商周断代工程专家组和项目办公室，在北京礼士宾馆组织召开了"武王伐纣问题研讨会"，就以上专题成果报告进行研讨。来自全国六十余位一流专家学者经过两天的研究讨论后认为，江晓原等专题研究人员，利用全新的思路研究推导出的这一成果和前人相比有本质的提升，完全有理由认为是一次大的突破。但是，尚有两点不能令人完全满意：

一是公元前1045—前1044年岁星不在鹑火之次，从记载于《国语·周语》伶州鸠对周景王所说的伐纣天象中可以看出，这个记载包括四条相互关联的信息，这就是"岁在鹑火，月在天驷，日在析木之津，……星在天鼋"。这四条信息的后三条经江晓原等专题人员推算及多重验证，和所得的年代相当吻合。但唯独"岁在鹑火"一条不合，而这一条恰恰是被历代学者所重视并认为是不可或缺的。因为《国语·周语》中的这段话是日月星辰浑然一体，"岁在鹑火"限制了年份，"日在析木之津"限制了月份。按照上述推算，岁星在公元前1047年的下半年位于鹑火之次，这一年正是武王率八百诸侯会于孟津之时。按江晓原给李学勤的信函和结题报告中的解释：在牧野之战的前二年，从武王大会诸侯于孟津之时，就意味着广义的伐殷的开始，直到两年后成功克商。而在这个时间段里，正好和"岁在鹑火"的天象相吻合。对于这种解释，多数学者认为虽无不可，但毕竟有点牵强附会的味道，故只好作为存疑保留下来。

学者们提出的第二个不足是，上述研究对《武成》历日的解释采用汉代学者刘歆的定点说，这和已出土的大量青铜器铭文所反映的情况也多有抵牾之处。

鉴于以上情况，为慎重起见，研讨会之后，"工程"首席科学家决定委托中科院陕西天文台的天文学家刘次沅，对"武王伐纣天象的研究"这一专题结题报告进行验算，看有没有其他的结果产生。

千古学案的冰释

刘次沅受领任务后，很快开始了工作，验算结果表明，武王伐纣之年在公元前1046年，比江晓原的推算结果早了两年。根据刘次沅提交于"工程"的报告可知，在《汉书·律历志下》引《尚书·武成》中有三个月相的日期：

一月壬辰旁死霸
二月[庚申]既死霸，越五日甲子
四月[乙巳]既旁生霸，越六日庚戌

以上三个月相，用方括号标出的干支是根据后文补出的，它的重要性和研究困难在于，根据不同的月相词理解，可以得出不同的伐纣之年。刘次沅对一系列月相词做了全面的分析后，认为这些月相日期是定点的，是月内其他日期的出发点。前人对月相含义的研究曾耗费过很大的精力，大多数认为其中的"霸"是月亮的发光部分，"生霸"在月初，"死霸"在望后，"既"在标准月相之后，"旁"在"既"之后，每个定点可以有一两天。从如此假设出发，刘次沅取生霸为月初（阴历三至五日）、死霸为望后（阴历十七至十九日）之说。由《武成》历日排谱，并用张培瑜《三千五百年历日天象表》，结合"岁在鹑火"和"日在析木之津"天象推算，共得到公元前1094年、公元前1083年和公元前1046年三种结果。这三种结果都符合伶州鸠所说的其他天象条件。由于岁星在鹑火之次，也就自然符合对利簋铭文的解释。考虑到考古学方面的结论，刘次沅认为公元前1046年为最佳选择，武王在这一年克商的甲子日期是1月20日。推算结果表明，这一天子夜，木星正上中天，地平高度达79度，肉眼可见，格外明亮。

从江晓原的研究到刘次沅的验算，所得出的结论分别为公元前1044年和公元前1046年，这两个结论仅有两年之差，而两千多年来，关于武王伐纣年代的说法却相差112年。江、刘两人的结论一下将差距缩小至五十六分之一，这不能不说是一个了不起的突破性成果。

1988年，刘次沅（中）在剑桥李约瑟研究所访学时与Stephenson、Yau合影

当然，正如前文所述，有关武王伐纣的天象信息相当多，也相当模糊，这些信息不可能构成完全兼容的自洽体系，更何况某些信息本身就自相矛盾和相互矛盾。因此，靠天象信息来确定武王伐纣的日期，其中必有理解、演绎、取舍、勘误等复杂的问题。因而从某种意义上说，无论是江晓原的研究还是刘次沅的验算，都只能是在前人工作的基础上，找到了一种自认为最能自圆其说并接近事实本身的解决方案，而最后的选择和确定，必须与文献、考古、[14]C测年等各方面的研究配合起来，才能求得一个更为合理的结论。那么，公元前1044年和公元前1046年这两个结论，到底哪一个更为合理？

此前，在夏商周断代工程中负责"西周金文历谱研究"专题的天文学家陈久金，根据青铜器分期研究的成果并结合金文历谱和排比，提出了武王克商年的三个年代值，最后认为公元前1046年的可能性最大。

从江晓原和刘次沅的研究成果来看，尽管两说都落在了[14]C测年技术所得结果的公元前1050—前1020年范围之内，但

383

这两个结果都无法满足文献所给出的全部条件。因此，只能根据其满足的程度，以及与金文历谱匹配的状况来选定最优解。就两个结果而言，江晓原对金文纪时词语的理解以及推算出的公元前1044年说，与金文历谱研究所得结果难以整合。

根据"工程"专家组所定的金文历谱，成王元年在公元前1042年。因一直未发现四要素俱全的武王时期的青铜器，也就难以直接推定克商之年。但根据《尚书·金縢》可知，武王在"既克商二年"的某日得病，经周公祈告，次日即病愈，但没有提及武王的卒年。后世学者虽然对武王克商后的在位年数有不少争议，但文献记述武王克商后的史事没有一家超过四年。东汉学者郑玄在其《诗谱·豳风谱》提出，武王克商后在位四年。日本学者泷川资言在《史记会注考证》中引日本高山寺《周本记》钞本云，武王于克商后二年病，又"后二年而崩"，这一说法与郑玄之说相合，都应为成王元年（公元前1042年）前推四年，也就是公元前1046年。这个年代值不仅与刘次沅天文推算的公元前1046年说正相符合，且与金文历谱的衔接也较好，同时与《武成》等历日及伶州鸠所言的天象也能相容，其各方面的符合条件明显多于公元前1044年说，故工程专家组在经过反复权衡后，将公元前1046年确定为武王克商之年。

正是因为武王克商年这个至关重要的节点的确立，才陆续往前推算出盘庚迁殷年为公元前1300年、殷商开国年为公元前1600年和夏王朝始年为公元前2070年。可以说，整个夏商周三代文明时间大厦的构筑，正是立根于武王克商之年的研究这一基石之上的。也正是有了这根强有力的支柱，才有了克商年之后较为准确的西周列王年代的具体推算结果。那么，西周列王的年代又是怎样推算的呢？

注释：

①原注：当时北京大学已被军宣队接管。

第十章 西周王朝的兴衰

西周王朝骤然崛起，天下一统，诸侯分封。埋藏千年的晋侯墓地被盗掘，国宝级文物失而复得。测年技术的利用，青铜器透露的信息，神秘天象的观测与推算，西周列王的足迹再现人间。

晋侯墓地的分期与年代测定

西周自武王克商到幽王,共经历了11世12王。因司马迁在《史记·十二诸侯年表》中已经给出了自共和元年(公元前841年)以下的纪年,这就为西周年代学的建立提供了可靠的基准点,夏商周断代工程涉及的西周年代学研究范围为:

^{1}武王—^{2}成王—^{3}康王—^{4}昭王—^{5}穆王—^{6}共王—^{7}懿王—^{9}夷王—^{10}厉王—共和元年　　　　　　　　　　|
　　　　　　　　　　　　　　　　　　　　　　　　　　　^{8}孝王

1985年,张长寿率考古队员在张家坡西周墓地157号墓墓道中发掘的拆散的车子痕迹

关于西周年代学的研究,主要以文献研究为基础,通过考古学文化的分期与测年,建立年代学框架,同时构建金文(青铜器铭文)历谱并对有关天文材料进行计算,排出列王年代。这个课题由著名考古学家张长寿负责。

张长寿,1929年生于上海,1948年入上海圣约翰大学读书,1950年转入燕京大学历史系,1952年毕业。1956年到中国科学院考古研究所工作,长期致力于陕西丰镐遗址的田野考古发掘和研究。从20世纪50年代中期到90年代中期近40年的时间里,他和考古所丰镐发掘队的胡谦盈等考古学家一道,在陕西长安县沣河两岸,揭露了大面积的居住遗址和大型夯土建筑基址,发掘了数以千计的墓葬和多处青铜器窖藏。从张家坡发掘的两座唐代墓葬出土的墓志中,他推定此处就是久已迷失的丰京遗址。在此期间,根据在客省庄和张家坡等地的考古发掘、资料整理与研究成果,先后参与、主持编写了《沣

第十章　西周王朝的兴衰

西发掘报告》和《张家坡西周墓地》两部大型田野考古报告，基本确定了西周时期相对早晚的文化分期和年代序列。

值得特别提及的是，在《沣西发掘报告》出版4年之后的1967年，张长寿与胡谦盈等考古人员，在张家坡附近配合当地基本建设过程中，调查、发掘了西周墓葬及车马坑等共136座，并发现了独特的M89号墓葬。通过对随葬器物等深入细致的研究，M89号墓葬的年代被推定为周人在克商前作邑于丰这一特定的历史时期。从而，在考古学文化上就建立起沣西地区由作邑于丰的先周时期，直至西周末年的完整的周文化年代序列。

在从事考古工作的几十年中，张长寿先后为副研究员、研究员、博士生导师，并曾出任中国社科院考古研究所副所长兼夏商周研究室主任等职。同时兼任德意志国家考古所通讯院士。

夏商周断代工程启动后，他凭借在丰镐遗址从事田野考古发掘近四十年之资历，以及在西周文化分期和年代学断代研究中的学术成就，被"工程"聘为"西周列王的年代学研究"这一课题的总负责人。同时，由于他在西周青铜器研究方面具有深厚的造诣，夏商周断代工程启动之始，他还与王世民、陈公柔两位青铜器研究专家，承担了"西周青铜器分期研究"专题的具体研究工作，从而使自己的特长和学识得以多方位地发挥出来。

就考古学而言，与西周年代学相关的研究，主要集中在北京房山琉璃河燕国遗址和山西曲沃天马—曲村晋国遗址。通过

天马—曲村晋侯墓地发掘点。当地文物部门人员（右）对作者说："我脚下踩的地方就是一个大墓，原来这一片都是庄稼地，保护得好好的，80年代中期，盗墓风潮兴起，才乱了套。"（颜竹摄）

对琉璃河和天马—曲村遗址的考古分期研究，可以建立起系统的西周燕文化和晋文化编年序列。而对这两个文化序列的 ^{14}C 测年研究，又能够建立自周初开始的比较完整的西周年代框架，并作为确定西周始年的重要佐证。在对天马—曲村遗址晋侯墓地所见晋侯世系证认和测年的基础上，结合《史记·晋世家》等文献，还可以将西周列王与晋侯年代做横向比较，使所得年代框架与历史真相相合。

前文已述，作为早期晋都的天马—曲村遗址，由于汉以来历史学家已不知具体地望，乃至以讹传讹，穿凿附会，致使这座曾显赫一时的古代都邑在地下埋没两千余年无人知晓。正是由于这个缘故，在1986年考古人员正式发掘之前，该遗址从未被盗掘，成为中国大地上已发现的西周、春秋国都遗址中唯一完整幸存的。如此罕见的典型性遗址，无论是对晋文化还是对整个华夏文明的研究，都具有极其重要的意义。但1986年之后，该遗址被盗墓贼贪婪的目光所注意，从此，盗墓狂潮席卷而来，成百上千的人携带雷管、炸药和探铲，嘴里喊着"要致富，去挖墓，一天一个万元户"的口

北大考古队发掘的晋侯墓室内情形

第十章　西周王朝的兴衰

号，成群结队地涌入遗址，大肆进行盗掘活动。几年之间，凡遗址内的重要墓葬十之七八均被盗掘，墓内随葬器物被洗劫一空。大批西周和汉代文物源源不断地被走私盗运至中国香港、中国台湾，以及日本和西方国家，致使我国文化遗产惨遭浩劫，在学术上造成了难以弥补的巨大损失。鉴于事态的严重性和紧迫性，1992年，征得国家文物局同意，北京大学考古系与山西省考古研究所共同对墓地进行了抢救性发掘。此次发掘自4月开始，6月结束，共发掘清理了被严重盗掘的两座大型西周晋国诸侯级的贵族墓葬和一座小型汉墓。同时在两座大型墓葬附近区域进行了钻探调查，发现了三对规模相当的大型墓葬。从调查、钻探和发掘得知，此处是一处由数座大型墓葬组成的晋国高级贵族的墓地。

就在这次抢救性发掘工作结束不久，又传出墓地的另一座大墓被盗掘的噩耗，且从墓中盗出的数十件青铜器已走私至中国香港等地。面对如此严重的局势，在国务院的直接指示下，山西省政府及文物主管部门明令天马—曲村遗址所在的地、县政府务必加强墓地的保卫工作。同时，经国家文物局批准，北京大学考古系与山西省考古研究所再次组成考古队，于1992年10月16日至次年1月11日对天马—曲村遗址墓地进行大规模的抢救性发掘。这次发掘共探明西周时期甲字形大墓七组十五座，车马坑两座。限于时间的紧迫，考古人员

晋侯墓地M6、M7墓地门全景

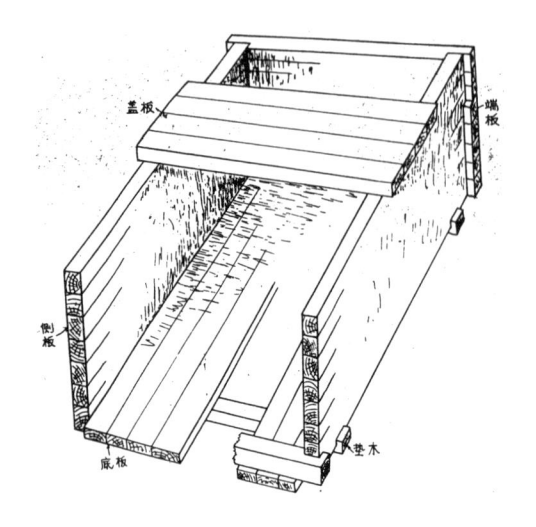

晋侯M1墓葬出土外椁复原图

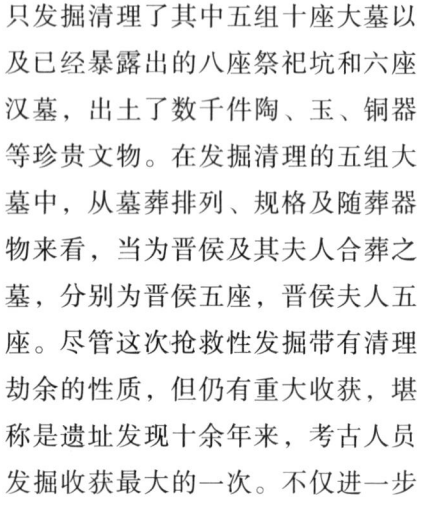

上图：晋侯M8墓内出土的经盗墓贼盗掘后残存的青铜兔尊
下图：兔尊拓片。与照片相比，它给人的感觉更加灵气飞扬，其腾空跃起的瞬间被活灵活现地表现出来

只发掘清理了其中五组十座大墓以及已经暴露出的八座祭祀坑和六座汉墓，出土了数千件陶、玉、铜器等珍贵文物。在发掘清理的五组大墓中，从墓葬排列、规格及随葬器物来看，当为晋侯及其夫人合葬之墓，分别为晋侯五座，晋侯夫人五座。尽管这次抢救性发掘带有清理劫余的性质，但仍有重大收获，堪称是遗址发现十余年来，考古人员发掘收获最大的一次。不仅进一步确证该遗址为早期晋都，而且从不同的方面修正和补充了历史文献记载的错误和缺憾，可谓是晋国考古乃至整个周代考古的空前发现。

在周代前期周文化的分期研究中，学术界长期以来一直缺乏西周晚期至春秋早期可作断代标尺的典型单位。尽管西周时期的诸侯墓地已发现多处，如河南浚县辛村卫国公族墓地和北京房山区琉璃河燕国墓地，其规模虽大，但早已被严重盗掘，遗存不多，布局也较模糊。再如河南三门峡市上村岭虢国公族墓地，其保存虽然较好，但延续时间短暂，规模也较小，很难涵盖周代前期的文化层面。天马—曲村墓地的不同在于，从钻探和发掘情况看，墓区内有一个庞大的晋国高级贵族和王侯一级人物的墓群，墓葬排列规整，演变序列清楚，且历史上未曾被盗，所有这些都成为研究周代墓地及墓葬制度发展演变的难得的依据。尤其难得和可贵的是，1992年底，发掘清理的编号为M8的一座大型墓葬，出土器物种类较为齐全，王的世系基本明确，为周文化考古材料的年代分期研究提供了一个可靠的标尺。除此之外，在有关周文化玉器的研究中，以往由于缺乏较完整的高级别的组合关系实物材料，而长期停留在对组合的假设复原之中。这次发掘的三座棺内玉器保存尚完好的晋侯及晋侯夫人墓葬，初步断定年代在西周早、中期之际和西周晚期，其同一时代的墓主又是夫妻关系，男女性别明确。所有这些丰富的文化内涵，又为研究西周早期至晚期墓葬玉器组合的发展演变规律、男女用玉制度的差异及等级差别等提供了可靠的佐证。

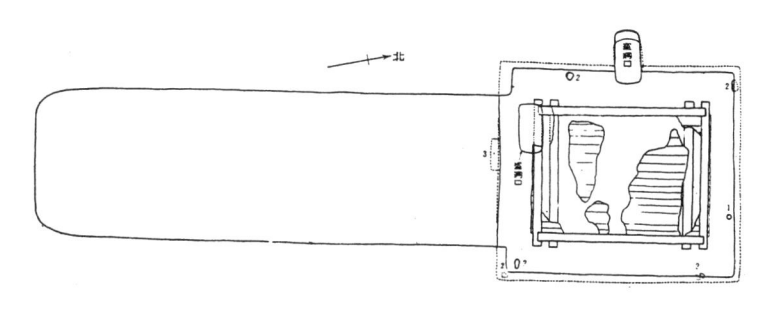

晋侯M1墓葬平面图

晋侯墓地出土的玉人摹图

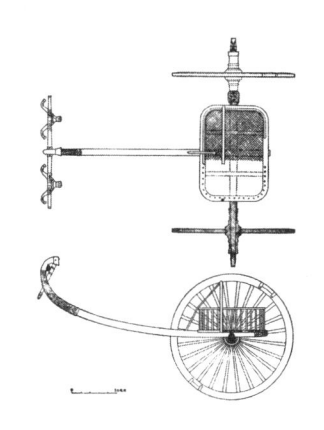

根据1985年张家坡西周墓地井叔墓发掘资料复原的西周中期车子

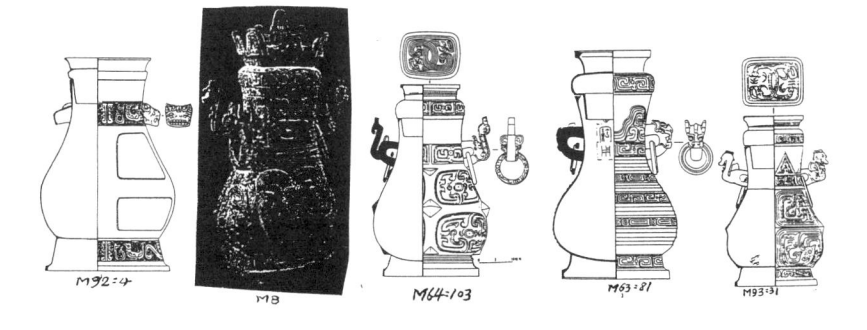

晋侯墓地出土的铜壶

晋侯墓地一号车马坑（作者摄）

继1992年底的发掘之后，北京大学考古系与山西省考古研究所又联合对天马—曲村墓地进行了三次大规模的抢救性发掘清理，至1995年初，整个墓地除附属车马坑之外，晋侯及晋侯夫人墓已全部揭露。这些大型墓葬的发掘，让世人看到了一批又一批湮没两千多年的珍贵文物的同时，也使人们透过迷蒙的烟尘，真切地感悟和洞悉西周晋国的历史风云——

自姬叔虞封唐后，其在位的年限大体与周成王相始终。叔虞死后，他儿子燮父继位，改称晋侯，同时把唐国改称晋国。据《史记·晋世家》载：

> 晋侯子宁族，是为武侯。武侯之子服人，是为成侯。成侯子福，是为厉侯。厉侯之子宜臼，是为靖侯。靖侯以来，年纪可推。自唐叔至靖侯五世，无其年数。
>
> 靖侯十七年，周厉王迷惑暴虐，国人作乱，厉王出奔于彘，大臣行政，故曰"共和"。
>
> 十八年，靖侯卒，子釐侯司徒立。
>
> 釐侯十四年，周宣王初立。
>
> 十八年，釐侯卒，子献侯籍立。献侯十一年卒，子穆侯费王立。

从文献记载来看，晋国的历史在穆侯之前，似无大事发生，但自穆侯之世，一个潜在的政治危机已悄悄深入晋国的权力中心。

第十章 西周王朝的兴衰

晋穆侯在位的第四年（公元前808年），娶姜氏为夫人。穆侯七年（公元前805年）他率兵从周王室之师共讨条戎、奔戎，这是晋国历史上可考的第一次对外用兵的记载。古本《竹书纪年》说："王师及晋穆侯伐条戎、奔戎，王师败逋。"既然王师败逃，晋师也必然败逃。就在这次战役后不久，穆侯夫人生下长子，因穆侯战败不悦，故取名曰仇。穆侯十年（公元前802年），又出师与戎狄战于千亩，并取得了胜利。恰巧这年其夫人又生下了次子，穆侯因该战成功，遂借着胜利的喜悦，为自己的次子取名为成师，也就是能成其众之意。面对长子和次子寓意完全不同的名字，晋大夫师服不无忧虑地说："国君给儿子命名，太稀奇了！因为命名是用来制订义法，以义法来产生礼节，用礼节来完成政治，用政治来匡正人民，政治上取得了成效才会使人民服从。相反，如果变更了礼节和义法，那么国家将会发生祸乱。相爱的配偶叫'妃'，相怨的配偶叫'仇'，这是古人命名的方法。如今给太子取名叫'仇'，而把少子取名为'成师'，这是祸乱的预兆。太子将来一定会被废黜的啊！"师服接着说："太子叫仇，仇的意思就是雠；少子叫

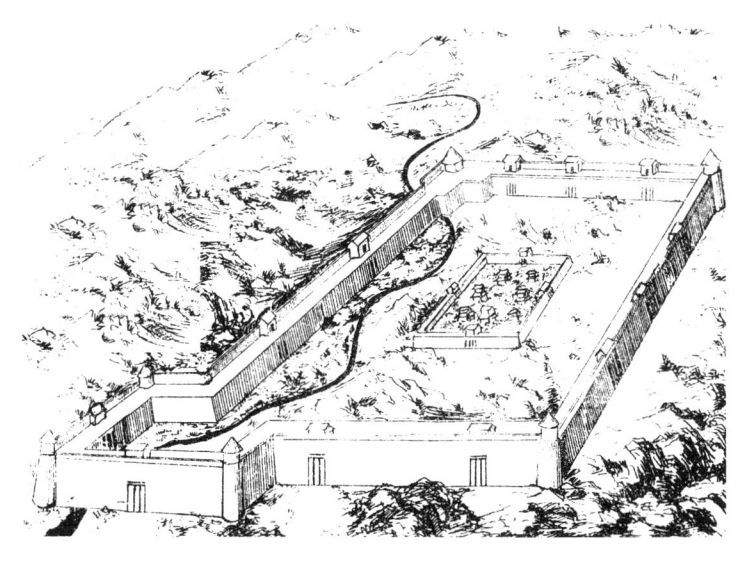

东周王城复原图。全城共十一座城门，除南面两门外，其余三面各有城门三座

成师,这个大号就是成就事业之意。名,是自己起的,世界万物,是自己定的。现在嫡庶之名相反相逆,此后晋国能不发生内乱吗?"师服的不祥之语不幸应验,当穆侯在二十七年(公元前785年)寂然死去后,晋国就出现了内乱。晋国的嫡长继承制第一次被打破了,不过这次内乱不是发生在太子仇和少子成师之间,而是在穆侯之弟殇叔和太子仇之间爆发。

穆侯死后,太子仇(晋文侯)没有能继位做上国君,而穆侯之弟殇叔以弟继兄成为晋国的统治者,这表明了殇叔在穆侯生前已经掌握了相当的实权,具有相当大的势力。

太子仇不得继位,遂避难出奔他国。过了四年,于公元前781年率领家徒私属卷土重来,成功地杀了叔父殇叔,夺回了政权,是为晋文侯。这次内乱从表面上看,对当时晋国社会各个方面的影响并不算太大,却在政治变革的层面上,在晋国敲响了奴隶制社会的主要支柱——宗法制丧钟的第一声,开启了晋国后来长期内战的历史。

晋文侯在位三十五年(公元前781—前746年),他在晋国历史上是一位杰出的君主。在他统治晋国的时候,西周王朝已濒临大厦崩溃的前夜。公元前771年,周幽王荒淫无道,废掉了太子宜臼,欲立庶子伯服,宜臼奔逃至申。申侯一气之下联合曾国、犬戎等攻下镐京,杀死幽王和伯服,拥立太子宜臼为平王。此时犬戎进驻泾渭,侵扰京师。战火后的镐京残破不堪,周王室难以在关中立国,决定东徙成周。这时晋文侯率晋军入陕,与郑武公、秦襄公合力勤王,稳定了东周初年的局势。

周平王嘉文侯之功,作《文侯之命》,这篇文诰至今被保存在《尚书》中。

平王在文诰中盛赞了自己的开国先祖文王和武王功德光明伟大,并认为他们的成功是因为当时的公卿大夫能够辅佐、指导和服侍自己的君主。同时赞扬晋文侯是促成他安于王位之人。勉励文侯能像文、武时代的贤哲那样勤事王室,继承其列祖列宗之余烈,治理好自己的国家。为表达自己的感激之情,平王还赐予晋文侯"秬鬯一卣;彤弓一,彤矢百;卢弓一,卢矢百;马四匹"。这些弓矢车马是征伐不廷之臣的象征,故晋文侯不负所望,在公元前760年又执杀了非正统的携王,结束了周王室达十年之久的二王并立局面,此时的晋文侯俨然像周初的周公旦一样,成为再造周命的功臣。

通观西周历史，晋国共历十一侯，据《史记·晋世家》载，西周至春秋初年晋侯世系为：

[1]唐叔虞—[2]晋侯燮—[3]武侯宁族—[4]成侯服人—[5]厉侯福—[6]靖侯宜臼—[7]釐侯司徒—[8]献侯籍（稣）—[9]穆侯费王—[11]文侯仇
　　　　　　　　　　　　　　　　　　　　　　　　　　　　　　|
　　　　　　　　　　　　　　　　　　　　　　　　　　　　[10]殇叔

晋文侯仇执掌国政时，相当于周幽王与周平王时期，晚年已入东周。文侯死后，晋国内战迭起。之后继位的昭侯、哀侯、小子侯、侯缗等诸侯王，或被杀，或被虏，几乎没有建造陵墓的可能。再之后的晋武公及其以后诸公，死后或皆葬曲沃，或葬别处，故天马—曲村墓地能够入葬的只有文侯仇之前的诸位侯王。

从已发掘的情况看，整个天马—曲村墓地东西约一百五十米，南北约一百三十米，共发现八组十七座晋侯及夫人墓。参加晋侯墓地发掘的刘绪、徐天进、雷兴山、罗新等考古人员，根据出土器物特征以及青铜器铭文中所见部分晋侯名字的考释，结合各地已知周代墓葬资料，总结出若干从早到晚演变的规律，并以晋侯墓地各组墓葬与之比较，发表了对晋侯墓各组序列的排比意见。很显然，这所见的八组十七座墓，分属于八代晋侯及其夫人，其中包括一位晋侯有两位夫人的墓葬。同样明显的是，同西周晋国所存在的十一位侯相比，墓地中又缺少三位侯的墓葬。故此，晋侯墓地发掘资料公布之后，围绕晋侯墓地的墓位安排和墓主到底是谁的推定问题，学术界展开了长期的争论。

鉴于晋侯墓葬的发现所具有的重要学术价值，夏商周断代工程启动后，专门设立了"晋侯墓地分期与年代测定"专题，并由晋侯墓地发掘的主持者、北京大学文博学院院长、夏商周断代工程首席科学家、专家组副组长李伯谦具体负责研究任务。

李伯谦，1937年生于河南荥阳，1956年考入北京大学。入北大之前，他怀着当一名作家的梦想，在第一志愿中填报了中文系，意想不到的是，他被第二志愿历史系录取。当他于这年的9月入校后，在历史系召开的迎接新生

李伯谦在山西侯马工作站察看晋侯墓地出土的青铜器（作者摄）

会上，老师们在介绍专业设置时，他才知道历史系还有一个考古专业。但这个考古专业具体学什么，做什么，目标是什么，当时的他并不清楚。按系里的规定，大学一年级不分专业，都在一起学习公共课。从二年级开始时，历史系所属的中国史、世界史、考古三个专业开始独立门户，每个专业的教研室都派出精明强干的教员到学生中做动员报告，并尽可能地将品学兼优的学生吸引到自己的专业门户中来。当时考古教研室派出做动员报告的是学术秘书吕遵谔，吕先生滔滔不绝的演讲口才和现身说法打动了许多学生的心。许多年之后，李伯谦还清楚地记得这位先生那极具鼓动性和诱惑力的演说："考古专业的学生除学习考古学之外，同时也要学习中国史和世界史，不仅要掌握书本知识，还要学会照相、绘图、发掘等一套方法。学历史的搞不了考古，学考古的却可以搞历史，而文献历史学和考古学是历史科学这辆车的两个轮子，只要到了考古专业，既学历史，又学考古，两个轮子就转起来了。一旦轮子转起来，祖国的名山大川甚至国外的许多地方，都可以去跑一跑、转一转了……"吕先生的一席话激起了许多学生对考古学的兴趣与向往，尽管大家此时对考古这门学问还一无所知，因有了吕先生的一番鼓动，许多同学觉得搞考古一定是件很好玩的事情，便纷纷要求进考古专业。李伯谦也怀着同样的心理，走进了考古专业的门户。

跨入考古专业大门的李伯谦可谓时运不佳，没等听过几节考古学的课，全国性的"反右"运动已开始，宁静的北京大学校园也闹腾到了难以安下一张书桌的地步。在这样一个喧嚣的环境和浓重的政治氛围中，他随波逐流地过了一年之后，才真正认识了考古学的意义和自己一生将要奋斗的方向和目标。

那是1959年春天，李伯谦随北大考古专业两个班50多人在老师的带领下，来到陕西省华县泉护村外考古实习。在一个叫元君庙的仰韶文化的墓地，李伯谦和其他同学在老师的直接辅导下，按照课堂上讲的田野考古发掘操作规程拉线布方，层层下挖。当大家第一次发现了距今七千多年的仰韶文化合葬墓时，惊喜之中思想的闸门也随之打开：这么多人为什么都埋在一个墓穴里？所看到的骨架是男的还是女的？他们之间究竟是什么关系？这些墓葬的年代分期、分布规律、相互关系和它们所属的社会发展阶段又是如何？这些不同的问题随着发掘工作的进行和一个个墓穴的揭露，从李伯谦和同学们的脑海中泛起。而要解答这些问题，不仅要揣摩实物资料，同时还要查阅文献，既要读实物这本书，又要读书本的书，真可谓两个轮子都转了起来。同大多数同学一样，这次田野考古实习，使李伯谦深刻地认识到，考古学固然是一门古老的学科，但它同样是一门崭新的科学，因为它随时都会有新的材料发现。考古学是属于发现者的科学，只要走出书斋就会有所发现。自此之后，考古对李伯谦的诱惑越来越大，而他对考古的兴趣也越来越浓，在考古学领域干出一番事业，成为他日后为之奋斗的目标和矢志不移的方向。

当1961年李伯谦毕业时，正赶上三年困难时期，学生的分配成了校方一个颇为头痛的问题。鉴于各方面的困难，李伯谦作为储备留在系里，后来正式分配到了考古教研室当了一名教员。在之后的三十多年里，他虽然不像分配到各省的同学有那么多做实际考古工作的条件，但留校之后，他借带学生实习的机会，先后参加过北京昌平雪山、房山董家林、河南安阳殷墟、偃师二里头、安阳大寒、江西吴城、青海柳湾、甘肃连城、湖北黄陂盘龙城、江陵荆南寺、河北涞水渐村、河南夏邑清凉山、山西曲沃曲村等几十处新石器时代至青铜时代重要遗址的发掘，同时还跑遍东北、华北、华中、华东、华南、西北、西南各地，调查过上百个遗址。通过这些发掘和调查，学校不仅培养了一批批学生，而且他本人也积累了一批又一批新材料，提出了一个又一个学术上的新课题。对李伯谦而言，每一处遗址，就好比一座矿藏，每进行一次发掘和调查，都会有新的东西被发现。培养学生是教师的天职，而研究发掘调查的资料，解决考古学提出的新问题同样是他义不容辞的责任。李伯谦在自己恪尽职守努力去做一名合格教师的同时，也丝毫未敢忘记做一名合格的考古工作者的责任。几十年来，围绕着发掘调查和考古教学提出来的新问题，他不断思考，也不断回答，对二里头夏文化的研究就是一个明显的例证。

确切地说，李伯谦真正接触夏文化研究这个课题，是从1963年秋带学生到二里头遗址发掘工地实习才开始的。自1961年毕业留校任教后，这是李伯谦第三次带队实习。考古发掘的程序对他来讲虽然比较熟悉，但参加发掘与探索有关夏文化的遗址还是首次。所以当进驻二里头后，他和同学们一起蹲在探方里，一方面辅导学生，动手教他们如何划分地层，如何找灰坑的边沿，如何记发掘日记、填写发掘记录等课业，一方面又开动脑筋琢磨深层次的学术问题。如发掘出来的这些东西究竟有什么特点？它和河南龙山文化、郑州二里岗商文化究竟有何不同？在琢磨的同时，他还经常向考古所的发掘人员请教，从而有了颇多的收获。二里头遗址的实习生活使李伯谦终生难忘，他日后在二里头文化上的研究成果，应当说是与这次参加实习有着密不可分的关系。

自1959年二里头遗址发掘以来，围绕着二里头文化的族属问题，学术界展开了广泛的讨论，并提出了种种推测。著名历史学家田昌五于1981年提出了二里头文化是"太康失国""后羿代夏"以后的夏文化这一观点。1986年，李伯谦在撰写《二里头类型的文化性质与族属问题》一文时，也提出了与田昌五同样的论断，但和田文不同之处是他的文章更多着眼于从考古学上对二里头文化的材料进行分析。之所以产生这种看法，当然不是突发奇想，而是有一个循序渐进的研究过程。同大多数考古学者一样，李伯谦最初也是二里头遗址为西亳、二里头文化是早商文化、河南龙山文化是夏文化说的赞同者，后来邹衡教授相继提出了郑州商城亳都说、二里头文化是夏文化说。经过不断的思考，李伯谦认为邹衡做出的论断论据有力，论证充分，有很强的说服力，心中原有的观念开始动摇。1983年偃师商城发现后，考古材料表明，偃师商城和郑州商城所建年代基本同时，这就为邹衡的论断增加了新的论据。既然郑州商城、偃师商城是基本同时的早商都邑，那么早于它的二里头文化当然只能是夏文化。从此，李伯谦的学术观念彻底转变，开始接受了二里头文化是夏文化的观点，但与邹衡的观点有些不同的是，他对二里头文化一期遗存是否属于最早的夏文化遗存的问题仍存有疑虑。这是因为：

第一，^{14}C测定的二里头文化一期年代在公元前1900年左右，与据文献记载推定的夏王朝始年最晚一说公元前21世纪要晚约百年；^{14}C测定的二里头文化一、二、三、四期的总年数为三百年左右，与文献记载的夏积年最少一说431年要少一百多年。两个数据都与文献记载相差很多。

第二，二里头文化和河南龙山文化（王湾类型）分布地域基本重合，时间上紧相衔接，但文化面貌却明显有别。根据文献记载，夏王朝的建立不是异族入侵、经过了血与火的大规模战争搏杀所致，而是部落联盟的酋长禹破坏禅让制度传位于自己的儿子启实现的，是在本族内发生的事情，是社会自然发展的结果。夏王朝的建立似乎不应在物质文化上引发如此大的巨变。

通过对这些问题反复琢磨、不断思考，李伯谦觉得还是应该从考古材料与文献史料中去寻找答案，但一时又无法得到满意的解决。正当他苦闷彷徨、百思不得其解之时，先秦文献中"太康失国""后羿代夏""少康中兴"等记载，以及《考古》1965年第5期《河南偃师二里头遗址发掘简报》中"二里头类型应该是在继承中原的河南龙山文化的基础上，吸取了山东龙山文化的一些因素而发展成的"论断，如同两块石头在他脑海中突然发生碰撞，爆出了耀眼的火花。二里头文化中，存在相当数量来自被认为是东方夷人文化的山东龙山文化因素的事实和文献中那个"代夏"的"后羿"（又称"夷羿"），其居地又恰在山东龙山文化范围之内的记载两相结合，使他顿悟到两者绝非是偶然的巧合，作为夏文化的二里头文化之所以与河南龙山文化（王湾类型）有别，之所以出现东方夷人文化因素，不正是夏初夷、夏两族冲突的结果和反映吗？火花闪过，李伯谦茅塞顿开，在充分的研究之后，做出了二里头文化是"太康失国""后羿代夏"之后的夏文化的论断，这个结论既可解释二里头文化中为什么会含有山东龙山文化的因素的问题，又可解释二里头文化一、二、三、四期的总积年为什么少于文献记载的夏积年的原因，可谓一通百通，许多百思不得其解的问题豁然开朗明了起来。这一创见，可谓是李伯谦对二里头文化研究的一个贡献。

当然，除二里头文化的研究之外，李伯谦对考古学的贡献，在他献给北京大学百年华诞的礼物——以《中国青铜文化结构体系研究》为题的论文集中还可以看出，这是他三十多年来不断思考的记录，也是不断回答的答卷。

作为全书破题之作的《中国青铜文化的发展阶段与分区系统》一文，系统地表述了李伯谦对于中国青铜文化结构体系的宏观认识。这篇文章作于1987年，当时尚未有江西新淦大洋洲和四川广汉三星堆的发现，但是他已经摆脱了传统的文化一元论观点的束缚。就整个区系划分而言，他从时间和空间两个视角进行分隔，时期的区分在中国考古学乃至新金石学中屡见不鲜，如果区域传统在将来的研究中被进一步强化，则很有可能无法在时间范畴上以若干个时代区分中国境内的全部青铜文化。换言之，所谓青铜文化的萌生、发展、繁荣和衰败的周期，只能是针对一个具体的对象而言，而不具备跨区域意义。李伯谦将西周以后的考古学文化分为晋、卫、郑、秦、齐、鲁、燕等系统，而不是以一个统一的名称概念化，这个划分无疑是具有超越和突破性的真知灼见。同时，他还敏锐地对新淦大洋洲和广汉三星堆的发现进行了评估，对"前所未见"的"地方特色"给予了相当的强调。在该著的综述部分中，有两篇与青铜剑相关的文章，表达了他一个由来已久的观念，即中国青铜剑是从其他文化中引进的。这个观点的意义在于突破了传统上对中国文化组成的陋

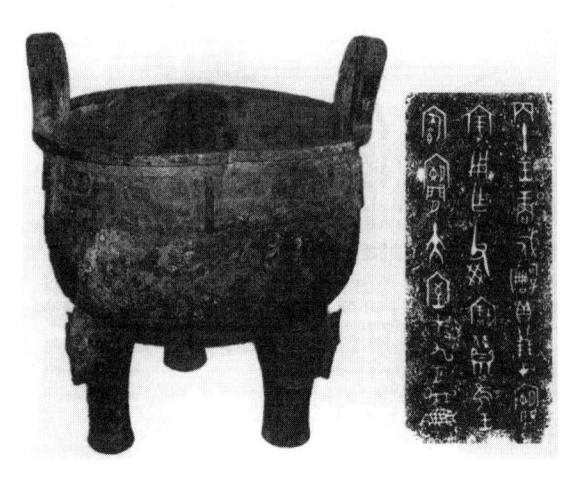

戍嗣子鼎及铭文拓片。该鼎口径41厘米、高48厘米、重44.4千克。1960年在殷墟后冈祭祀圆坑出土，是目前经科学发掘获得的铭文最后的商代青铜器

识："传统观念中的中国文化处于东亚文化圈的中心位置，是文化辐射的源地，其典型器物文化都是本土生成的。"李伯谦用类型学材料证明，即使是在中国文化的最内核的部分，仍然可能有文化输入的痕迹。

通观《中国青铜文化结构体系研究》全书，李伯谦很少使用"上古史"这个词汇，但所选取的诸篇无一不是与这个主题密切相关、血肉相连。从文章的内容看，在半个世纪前就已发出的"重建中国上古史"的呼吁已得到初步实现。但是这个实现绝不是传统文献的证实，而是一个在传统文献日趋失效的情况下，依靠考古学材料重新构建的过程。毋庸置疑的是，李伯谦的这部论文集正是重建中国上古史实践中极具代表性的作品之一。

当李伯谦承担了夏商周断代工程中"晋侯墓地的分期"这一专题任务之后，他即清醒地认识到，晋侯墓地各组墓怎样排序和其年代范围如何，是正确推定各墓墓主的前提条件。早在1994年，考古人员在发掘编号为M93的一座大墓时，曾发现M93打破了西周晚期的灰坑，这表明该墓年代的上限不能早于西周晚期。至于其他各组，均未发现墓葬与文化层、文化层与墓葬或墓葬之间相互叠压打破的现象，因此不可能从地层关系上确定8组17座墓的早晚序列，只有借助其他有关遗迹现象和墓葬随葬品的组合与形制另行分析，才有可能得出符合实际的科学结论。

在主持专题研究期间，李伯谦同其他研究人员一起，在吸收了晋侯墓地的发掘者刘绪、徐天进、罗新及其他考古人员研究成果的基础上，着重对各组墓葬的器物进行标型学研究，以理清其内在的逻辑关系。从八组墓葬所出土的陶鬲排比中认识到，虽然这些鬲并不同型，但可以看出其先后演化次序，并大致可以排出墓葬的顺序。另外，有的墓葬虽因被盗，出土的铜器已不完全，但同类同型器物排列起来，也可以明显看出其变化的轨迹。至于墓葬的年代范围，可以通过与已知年代的墓葬的对比来确定。如将晋侯墓地最早的一组，M9所出土的器物和宝鸡茹家庄M1号大墓、长安长甶墓等出土的器物比对，发现其特点基本一致。由于学术界多认为后两座大墓是西周穆王时期的，故晋侯墓地的年代上限不得早于穆王。又如晋侯墓地最晚的一座M93号大墓所出土的陶鬲，与天马—曲村遗址晋文化第四段的陶鬲相同，所出铜鼎的式样又与宋代《考古图》等书著录的晋文侯时的晋姜鼎十分类似，两者均为典型的东周早期样式，故晋侯墓地的年代下限显然已入东周。

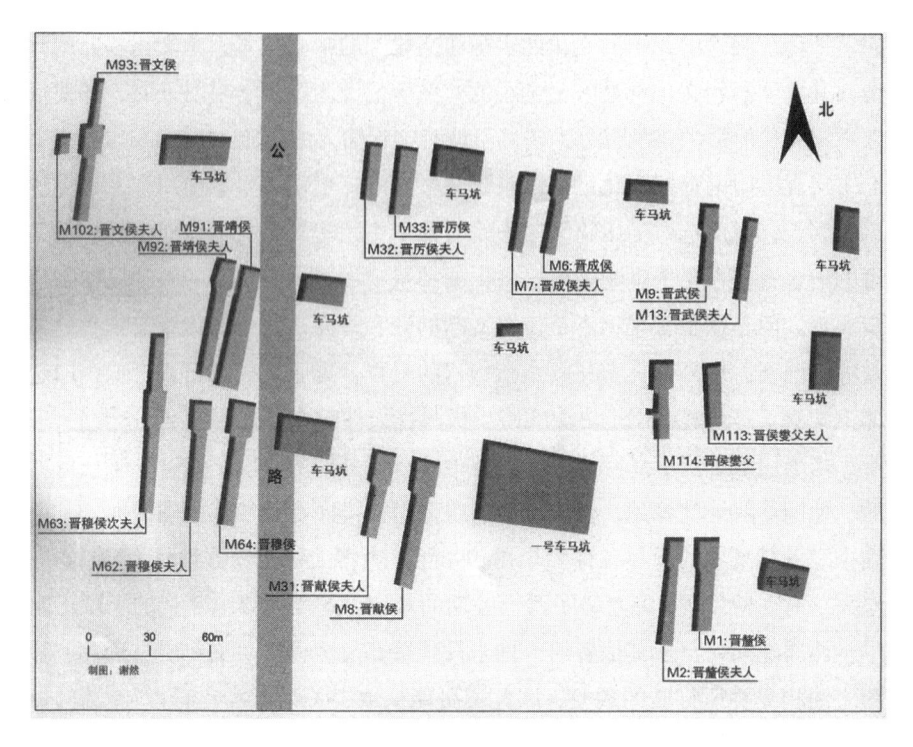

晋侯墓地平面示意图

既然晋侯墓地的年代范围已限定在西周中期偏早至东周初年，八组墓的先后排序也已明晰无误，根据铜器铭文中晋侯名讳的考释并与《史记·晋世家》及一些先秦典籍有关记载做比较研究，进而可推定出八组晋侯墓的墓主，依次是：

第一组M9、M13晋武侯宁族及夫人。

第二组M6、M7晋成侯服人及夫人。

第三组M33、M32晋厉侯福及夫人。

第四组M91、M92晋靖侯宜臼及夫人。

第五组M1、M2晋釐侯司徒及夫人。

第六组M8、M31晋献侯籍（稣）及夫人。

第七组M64、M62、M63晋穆侯费王及夫人。

第八组M93、M102晋文侯仇及夫人。

对以上八组墓葬，^{14}C测年专家用AMS法做了测定，其年代数据和《史记·晋世家》所记的晋侯年代对比如下表：

晋侯墓地AMS测年数据

墓葬 晋侯墓	墓葬 夫人墓	所出金文侯名	《晋世家》对应的侯	样品	实验室编号	^{14}C年代（BP）	拟合后日历年代（BC）	《晋世家》年代（BC）
M9	M13		武侯（？）	M9人骨	SA98089	2784±50	935—855	
				M13人骨	SA98090	2727±53	930—855	
M6	M7		成侯				910—845	
M33	M32	㰝马	厉侯	M33陪葬墓M108人骨	SA98091	2734±50	880—831	
M91	M92	喜父	靖侯				860—816	858—841
M1	M2	对	釐侯				834—804	840—823
M8	M31	苏（䩵）	献侯	M8木炭	SA98155	2640±50	814—796	822—812
				M39（夫人陪葬墓）人骨	SA98092	2684±50	814—797	
				M11(M8祭牲)	SA98094-1	2560±57	810—794	
					SA98094-2	2612±50		
					SA98094A-2	2574±51		
M64	M62 M63	邦父	穆侯	M64人骨	SA99043	2671±38	804—789	811—785
				M87（M64祭牲）	SA98095	2555±50	800—785	
				M64木炭	SA98157	2541±53	800—784	
M93	M102		文侯（或殇叔）	M93祭牲	SA98096-1	2517±57	789—768	784—781 殇叔 780—746 文侯
					SA98096-2	2595±50		
					SA98096A	2531±53		

据《史记·晋世家》载："靖侯以来，年纪可推。"依《史记·十二诸侯年表》，靖侯十八年即共和元年（公元前841年），上推17年，则靖侯元年应为公元前858年，其父厉侯卒年当为公元前859年。将《史记》纪年与^{14}C测定年代相对照，可以看出基本不出^{14}C测定的年代范围。这就进一步证明，以上对晋侯墓地墓主及其与西周列王王世对应关系的推定是正确的。晋侯年表的建立无疑对西周列王年表的建立提供了一个重要的参考基点。

青铜器透露的秘密

在"工程"中，与"西周列王的年代学研究"相关的研究方法，除考古遗址的分期与年代测定外，另一个就是对青铜器的分期和金文历谱的研究，这个方法是其他课题所没有的，也是本课题的一次创新性尝试。

清同治十一年刊《攀古楼彝器款识》插图

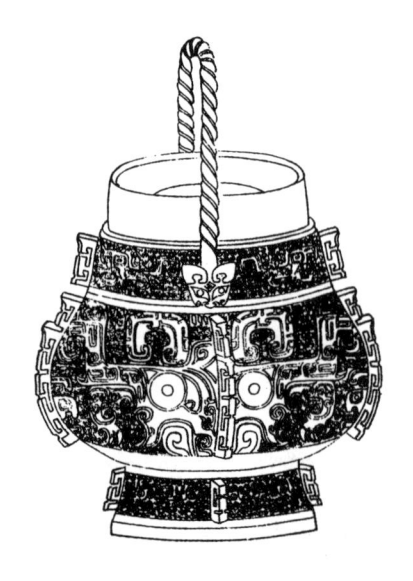

青铜器及其铭文的研究，是中国考古学和古文字学的重要分支。研究青铜器在中国已有很久的历史，早在秦汉已有萌芽，此后渐成一种专门独立的学问。宋以来名家辈出，如刘敞、吕大临、薛尚功、阮元、吴大澂等，都在这个领域中颇有建树。尤其是宋代吕大临的《考古图》，在相当长的一段历史时期内被学术界公认为是青铜器著录的典范。这部完成于1092年的《考古图》，其成就正如现代考古学家李济所言："用最准确的方法，最简单的文字，以最客观的态度，处理一批最容易动人感情的材料。他们开始，并且很成功地，用图像摹绘代替文字描写；所测量的，不但是每一器物的高度、宽度、长度，连容量与重量都记录下了；注意的范围，已由器物的本身扩大到它们的流传经过及原在地位，考订的方面，除款识外，兼及器物的形制及文饰。"这部流传后世并备受推崇的《考古图》，其成就的确是了不起的，它标志着中国古代青铜器及其铭文搜集、研究的一个高峰。但是，古代的研究也有其历史的局限与方法上的不足。由于流传的大批青铜器，绝大多数是偶然发现或者盗掘所出，没有明确的出土记载，只能一件一件孤立地研究。同时，古代的金石学家始终是因袭旧习，研究中大多偏重金文，无文字的器物往往被误以为缺少价值而遭到弃置。尤为严重的是，"对于原始资料审订的工作及取得手续，这八百年来的古器物学家没有充分地注意"（李济语）。同时，他们对铜器形制、纹饰和铭文都缺乏全面考察，因此就年代的推定而言多不可靠，甚至是一团混沌。所以，"当金石学走到清末民初的时候已是日暮途穷，需要新的方向了"。

随着现代考古学在中国的兴起，积郁了八百多年的死结终于解开了。特别是新中国成立以来，随着文物考古工作的迅速发展，各地陆续发现了大量珍贵的青铜器，尤其是青铜器窖藏的发现和从贵族大墓中出土的丰富多彩的青铜器群，为青铜器研究开拓了一个前所未有的新天地。

作为周人发祥地的周原，长期以来就以成批出土西周青铜器而闻名于世。汉之后的两千多年来，周原一带不断有青铜器出土。闻名于世的大丰簋以及被誉为"海内三大奇宝"

周原齐家村出土的方座簋及"周我父"簋盖

周原青铜器出土时情形

的大盂鼎、大克鼎、毛公鼎等"重器鸿宝",就出土于古老的周原大地。它们或出自墓葬,或出自窖藏,仅新中国成立后陕西省出土的西周青铜器就有3000余件。特别是陕西省扶风、岐山之间周原遗址的西周青铜器窖藏,更是埋藏丰富,有极高的科学研究价值。如1961年在齐家村东壕附近发现的一处编号为60F齐家J4的青铜器窖藏,出土了3件无盖、上有"周我父"铭文的铜簋。13年之后,又在这个窖穴的南边30米处发现了另一处青铜器窖藏,并出土铜器7件,极为巧合的是,其中3件上镌"周我父"的铭文的簋盖,在形制、纹饰上都和J4出土的镌刻"周我父"的簋完全对应。由此可见它们是同时铸造的原配器物,并属于同一人所有,只是不知出于什么原因被分埋在了两处。再如1974年在周原的强家村,1975年在董家村、白家村南等地的发现中,多有长铭重器,成组成套,有特殊的研究价值。尤其是1976年发现的扶风县庄白1号窖藏,出土铜器的数量多达103件。铜器的年代范围分布于西周早、中、晚三期,大多属于一个姓微的氏族所有。铜器铭文在30字以上的有20余件,其中一件著名的"史墙盘"铭文有200多字。这批铜器被埋藏在一个长方形竖井状坑中,从表面看窖坑挖得有些草率,四角颇不规整,但坑内的青铜器却放置得相当整齐,看来当年这批铜器的主人在埋藏器物时还是颇为从容和精心的。

从已发现、发掘的西周青铜器本身的特点看,不但数量较商代更多,而且在青铜器铸造的许多方面都达到了前所未有的更高水平。由于新中国成立后发现的铜器窖藏和墓葬,多数经过科学发掘和清理,并按照考古学的严格要求,对形制、纹饰、铭文、组合和铸造工艺等各个方面进行深入的考察,同时对窖藏、墓葬发现的位置、年代以及这些窖藏与周围其他各种遗迹之间的关系,进行了科学的层位记录与对比研究,从而为历史年代学的断代发挥了重大作用。

率先对青铜器铭文进行科学断代研究的,是现代著名学者郭沫若。他在1931年编撰的《两周金文辞大系》一书中,和在1935年增订出版为《两周金文辞大系图录》和《两周金文辞大系考释》中,采撷两周青铜器300余件,其中西周王臣之器162件,东周诸侯之器161件。该书首次将现代考古学的类型学方法应用于铜器研究之中,将器铭本身可以表明某王世的器物作为标准器或尺度,以其中的人名、事迹以至器物本身的造型、花纹、铭文字体等特征，去判断别的器物，从而把许多本身并未标明王世的青铜器归结在某一王世之下。郭沫若推定西周等时代有铭青铜器的断代方法，不但对器物时代鉴定具有重要意义，而且使青铜器铭文进一步具备和增强了科学价值，从而奠定了青铜器断代的基础，具有划时代的开拓意义。继郭沫若之后，有许多学者对西周青铜器进行了断代研究，其中唐兰、郭宝钧、陈梦家等学者，在这一领域分别取得了令人瞩目的成就。

王世民（左）与张培瑜在"工程"会议间隙讨论西周王年问题（作者摄）

正因为青铜器断代具有如此重要的科学价值，故夏商周断代工程在酝酿之时，就专门设立了"西周青铜器分期研究"这一专题。并预定了研究目标："以西周青铜器中铭文可供西周历谱研究者为主，就其形制、纹饰做考古学的分期断代研究，为改进西周历谱研究提供比较可靠的依据。"

目标中所谓"铭文可供西周历谱研究"的铜器，是指铭文中王年、月序、月相、干支四要素俱全的铜器。其研究的任务是从考古学的角度对这些四要素俱全的铜器进行比较准确的分期断代，从而使历谱研究能够建立在科学而坚实的基础之上，避免过去那种不顾铜器年代妄加推算的情况。这一专题由中国社会科学院考古研究所研究员王世民负责。

王世民，江苏徐州人，1956年北京大学历史系考古专业毕业后，到中国科学院考古研究所工作。"文化大革命"爆发前的近十年间，他在曾任考古所副所长、所长的著名考古学家夏鼐身边，从事秘书工作和文物资料管理工作。1963年，考古所开始筹划由著名甲骨学家、青铜器断代专家陈梦家主持编撰《殷周金文集成》，王世民被所领导派往参加、

陈梦家撰著的《美国收藏中国青铜器全集》，1962年被易名为《美帝国主义劫掠的我国殷周铜器集录》

协助陈梦家工作。按考古所当时的计划，《殷周金文集成》在几年之内可望完成出版，但意想不到的是，由于一次次政治风暴的袭击以及陈梦家本人悲剧的发生，这部书稿也命运多舛。

陈梦家，原籍浙江上虞，1911年4月12日出生于客居南京的一个牧师家庭。他自幼聪颖好学，16岁考取中央大学法律系，20岁出版《梦家诗集》，接着又陆续出版了《陈梦家作诗在前线》《铁马集》等诗作，并成为新月诗派的后起之秀。震惊中外的上海"一·二八事变"爆发之后，陈梦家怀着满腔的爱国热情，于第二天就和三位同学一道，从南京奔赴上海近郊的南翔前线，投身著名爱国将领蒋光鼐为总指挥的十九路军，加入淞沪抗战的队伍之中。在血与火交织的抗日前线，陈梦家以诗人特有的激情和爱国情怀，写出了一篇篇闪光的诗作，表达了对日本军国主义侵略者的义愤，热情讴歌了中国军民抗战御敌的豪迈气概，极大地鼓舞了中国人民抗战到底的精神斗志。1932年，陈梦家随著名爱国学者、诗人闻一多赴青岛，任山东大学中文系助教。在此期间，开始对古文字研究产生兴趣。自1934年开始，陈梦家入燕京大学国学研究所，攻读以容庚教授为导师的古文字学研究生，1936年毕业后留校任助教，从此走上了专治古文字和古史的道路。

1937年，北平沦陷，清华南迁后成为西南联大的一部分，陈梦家同许多知识分子一起，由北平南迁昆明，在新组建的西南联大中文系任教，主要讲授中国文字学、《尚书》等课程，并从事古代宗教、礼俗方面的研究。1944年9月，陈梦家以客座教授的身份应邀前往美国芝加哥大学东方学院讲学，一年之后任哈佛大学哈佛燕京学社不驻校专

第十章　西周王朝的兴衰

题研究员，主要考察、研究流散美国各地的中国青铜器。在美的三年里，他先后造访了上百处公私藏家，亲手摩挲千余种铜器，摄取图形图片，打制铭文拓本，对各种情况做了详细考察和记录，并于1947年编成《美国收藏中国青铜器全集》（英文稿）。1962年，此书的中文稿的标题改为《美帝国主义劫掠的我国殷周铜器集录》，由科学出版社出版。此外，陈梦家还曾远赴英、法、瑞典、荷兰等四国首都以及加拿大多伦多，收集当地所藏中国青铜器资料。在他不辞劳苦地奔波和努力下，共有两千多件国外所见青铜器资料被收集起来，成为国内外青铜器研究领域不可多得的珍贵文献。

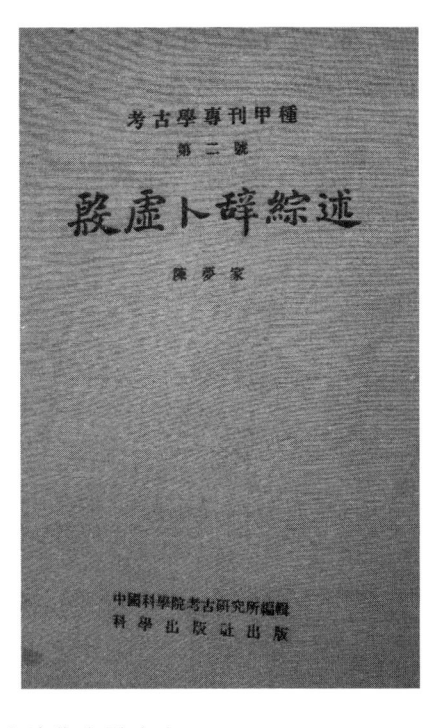

陈梦家著《殷虚卜辞综述》书影

1947年秋，陈梦家离开美国回到北平，在清华大学中文系继续讲授中国文字学等课程。1952年秋调至中国科学院考古研究所任研究员，并协助夏鼐副所长主持考古学书刊的编辑出版工作。自此开始，陈梦家进入了学术研究的高峰时期，在短短的几年间，他精心收集四万多片甲骨拓本，进行全面的综合整理，并对董作宾的"贞人"说和甲骨分期断代"五期"说以及"十项标准"做了补充和修正，对甲骨文分期断代研究做出了新的贡献。尤其是他于1956年出版的七十余万字的《殷墟卜辞综述》一书，全面、系统地总结了甲骨文自1899年发现至1956年近57年的研究成果，并在充分总结、利用前人研究成果的基础上，结合自己研究甲骨学的精深造诣，对甲骨文出土及其研究的经过、方法和内容等，特别是分期断代研究方面进行了科学论述，综合叙述了卜辞中的各方面内容，在许多方面较前人的研究有了新的突破，并为甲骨学的普及和提高发挥了积极作用。这是甲骨文发现以来,甲骨学研究领域第一部百科全书式的巨著,在甲骨学史上占有相当重要的地位,并对国内外学术界产生了较大的影响。

在潜心研究甲骨学的同时,陈梦家又以早年在西南联大任教时的西周金文讲稿为基础,撰写另一部巨著《西周铜器断代》。他认为,年代是历史的尺度,而先秦史的研究,尤须对此先有明确的规定,然后史事才可能有所依附。但不幸的是两千年以来,这些年代都在不定之中。学者们所标定的先秦年代,都是根据不甚可靠的材料,拟构而成的。其中,共和以前,年代尤为渺茫。今日要定这一段的年代,所凭借的主要材料有二:一是战国以来的书籍记录,一是古器物铭文。前者则以晋代出土的魏国《竹书纪年》最为可贵。其他书籍所记,或失之过晚,不用则可惜,用之则不能尽信。后者则因近代古物学的发达,颇可补文献之不足,证文献之可据。此两种材料若能审慎使用,加以精密考证,先秦年代的疑问,也许可以略略发现一丝曙光。

正是怀着这样的信念和理想,陈梦家才不惜才力,对西周青铜器做进一步断代研究。在书中,陈梦家根据自己多年的研究心得,针对西周的年历问题指出:"西周年历的重拟,应该有步骤的作去:首先作铜器断代的工作,从花纹、形制和出土地寻求某组某群铜器外在的联系,再从铭文内容寻求其内部的联系;其次有了若干组、群可以大约断代的铜器,就其所记的年月日推求各王在位的最低年数,从一个王朝的几组铜器排比其年月日的历组;最后由于各朝历组的排比而得西周历法的大概面貌(历法可以小小变易的),将前后相连接的王朝的铜器历法组串接起来,在串接过程中可以参考文献记载的王朝年数。"正是在这样的治学思想和方法的指导下,陈梦家在进行西周铜器的断代研究时,对已有铜器资料做了尽可能的彻底清理,并密切关注新的考古发掘与研究成果,不仅深入分析器铭内部的多方面联系,而且更注重铭文字形、书体、器物形制和纹饰的相互比较,力主在综合考察的基础上做出判断。这一切,对西周铜器研究进一步走上考古类型学的科学轨道,起了重要的推动作用。

1955年至1956年,是陈梦家在学术研究和人生道路上最为春风得意的两年。在此期间,他的长篇巨著《西周铜器断代》部分手稿开始在《考古学报》上连载,并引起学术界的瞩目。其早些时候的《尚书通论》《西周年代考》和《六国纪年》等著作,也在这个时期正式出版或再版。与此同时,他还着手将过去精心收集的海外所见铜器资料，汇编为《中国铜器综录》，并很快完成了美国、北欧和加拿大三部分册。意想不到的是，正当陈梦家处于事业的顶峰时期并忘我劳作之时，灾难突然降临到他的头上。1957年夏，他被划为"右派分子"，蒙受了不白之冤。处于当时的政治形势，他的

又一次暂时获得解脱的陈梦家

《西周铜器断代》被迫停止连载，而已编成的《中国铜器综录》分册，也自然断了出版的希望。陈梦家从人生与事业的顶峰一下滑入低谷，在精神上蒙受了巨大的压力和创伤。尽管如此，他还是强忍着精神上的痛苦，坚持不懈地进行学术研究。

1963年，经过了六个寒冬煎熬的陈梦家终于恢复了正常的工作和政治生活，在阳光初露的春天里，遵照考古所的计划要求，他开始主持筹备《殷周金文集成》的编纂工作，同时继续撰写《西周铜器断代》一书。令人扼腕的是，1966年"文化大革命"爆发，陈梦家曾经历了"反右"一劫，现又遭遇到"文化大革命"的厄运，他又一次成为"革命"的靶子，在势如滔天的恶浪中，他再也无法忍受精神上的折磨和人格的污辱，于1966年9月3日含冤自戕，年仅55岁。由他所主持编纂和撰写的《殷周金文集成》与《西周铜器断代》两书也随之搁浅。

"文化大革命"结束后，随着新的科学春天的到来，《殷周金文集成》又被提到了议事日程。由于陈梦家已撒手人世，这项工作在夏鼐的指导下，由王世民负责。他们会同陈公柔等几位专家，倾力投入到搜集资料、考释、研究与编撰之中。经过多方面的努力，自1984年开始至1994年，

《殷周金文集成》共18部陆续编撰完成并出版。这套历时近40年，凝聚了两代考古学家心血和智慧的皇皇巨著，共收集自宋代著录至20世纪90年代初1000多年间有铭文的青铜器近1.2万件，为青铜器铭文和有关研究，做出了划时代的开创性贡献。

就在参加编撰《殷周金文集成》的同时，遵照夏鼐的指示，王世民和考古所的张长寿、陈公柔等青铜器专家，又开始了对陈梦家遗著《西周铜器断代》的整理工作。前已叙述，陈梦家的《西周铜器断代》，曾于1955—1956年在《考古学报》上连载过部分内容，后来随着政治形势的骤变而中断。王世民等人接手这项工作后，将陈氏已发表和未发表的遗稿进行了全面、系统的整理，交由中华书局予以出版。再后来，王世民作为《中国美术分类全集》（500册）其中一个分类《中国青铜器全集》（16册）的编委，负责西周诸侯铜器（第6册）的编撰工作（张长寿参与该书商代晚期部分）。正因为有了上述经历和学识，夏商周断代工程启动后，关于"西周青铜器分期研究"的专题任务就落到了王世民、张长寿、陈公柔三位青铜器专家的肩上。

在研究中，王世民和其他两位专家都清醒地认识到，过去由于历史的局限，研究者在考订西周有铭铜器的年代时，虽已注意到器形和纹饰的比较分析，却长期缺乏典型墓地的分期成果作为参照，而对西周墓葬出土铜器的研究，也往往与传世有铭铜器对比不够。因而，这次研究在迫切需要广泛收集已有的西周铜器典型资料的同时，还需认真进行考古类型学的排比分析，在重新考察西周铜器主要器类发展谱系的基础上，进一步明确四要素俱全的铜

王世民等在"工程"中的研究成果

第十章 西周王朝的兴衰

器的相对年代。

按照以上研究思路，王世民、张长寿、陈公柔三位学者，将收集的西周铜器典型资料分为五个部分：（1）西周高级贵族大墓发掘出土的铜器。（2）保存情况较好的西周青铜器窖藏。（3）传世品中的成组铜器。（4）零星出土和传世品中的标准器。（5）其他有重要铭文的铜器，特别是年、月、月相、干支四要素俱全的铜器。

在具体的研究过程中，王世民等学者根据上述五个部分铜器的图像资料，选取比较常见的如鼎、鬲、簋、盘等11种器类共352件标本，逐类按其形制进行详细的分型、分式，之后再根据形制和纹饰的差异，将各型器物分为若干式。最后，逐件说明标本形制和纹饰的特点，如出土地点、现藏处所、尺寸、铭文内容及与其他器物的关联情况等，并判断它们的大体年代。与此同时，还要对西周铜器上常见的几种变化较多的主体纹饰，例如鸟纹、兽面纹、窃曲纹等进行系统研究。通过排比分析，探讨几种铜器纹饰的演变规律，判明它们的主要流行时间，在不同时期的纹样特点、装饰部位以及与其他纹饰的搭配关系等。最后，根据各类器物形制和纹饰的详细对比，铭文内容的多方面联系，特别是铭文一致和作器者相同的同组关系，以及年代明确的墓葬的同坑关系等，综合起来考察它们的谱系。当这些缜密而烦琐的工作完成之后，王世民等三位学者将西周铜器分为早、中、晚三期。各期相当的王世为：

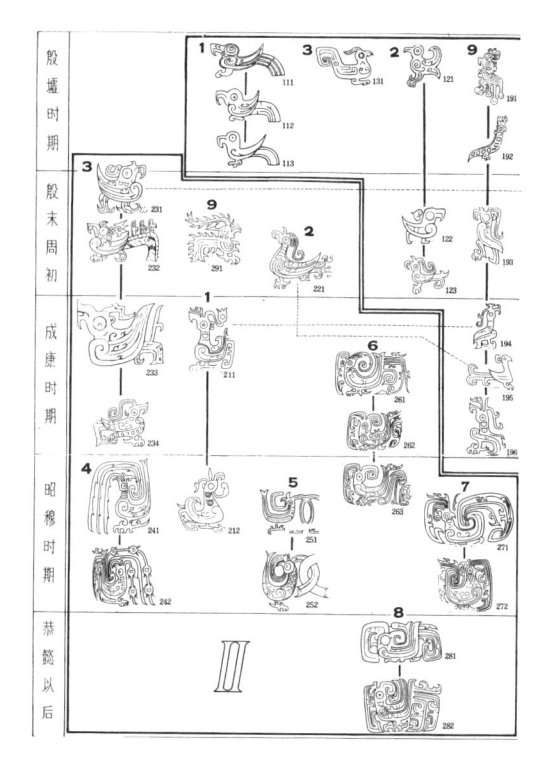

陈公柔、张长寿排列的青铜器鸟纹图谱

早期：武、成、康、昭

中期：穆、共、懿、孝、夷

晚期：厉、宣、幽

由于将四要素俱全的铜器置于整个谱系框架之中加以考察，这样所判定的年代就较为客观合理。

在已发现发掘的西周青铜器中，年、月、纪时词语与日名干支四要素俱全的共约60件，其中有器形图像的51件。经对诸器的出土情况、形制、纹饰等综合研究，并联系其他相关青铜器做分期断代，得出如下结论：

西周时期四要素俱全的青铜器分期断代表

序号	器名	分期	相当王世
1	庚嬴鼎	早期后段	康王前后
2	二十七年卫簋	中期前段	穆王前后
3	鲜簋	中期前段	穆王
4	三年卫盉	中期前段	共王前后
5	五年卫鼎	中期前段	共王前后
6	九年卫鼎	中期前段	共王前后
7	走簋	中期前段	共王前后
8	十五年趞曹鼎	中期前段	共王
9	休盘	中期前段	共王前后
10	师虎簋	中期后段	懿王前后
11	师遽簋盖	中期后段	懿王前后
12	无㠱簋	中期后段	懿王前后
13	吴方彝盖	中期后段	懿王前后
14	趩尊	中期后段	孝王前后
15	王臣簋	中期后段	孝王前后
16	四年瘐盨	中期后段	孝王前后
17	宰兽簋	中期后段	孝王前后
18	谏簋	中期后段	孝王前后
19	齐生鲁方彝盖	中期后段	孝王前后
20	大师虘簋	中期后段	孝王前后
21	十三年瘐壶	中期后段	孝王前后
22	元年师旋簋	中期后段	夷王前后

续表

序号	器名	分期	相当王世
23	郑季盨	中期后段	夷王前后
24	散伯车父鼎	中期后段	夷王前后
25	五年师旋簋	中期后段	夷王前后
26	番匊生壶	中晚期间	夷厉前后
27	伯宽父盨	中晚期间	夷厉前后
28	牧簋	中晚期间	夷厉前后
29	师㝨簋	中晚期间	夷厉前后
30	逆钟	中晚期间	夷厉前后
31	元年师兑簋	晚期前段	厉王前后
32	三年师兑簋	晚期前段	厉王前后
33	鄘簋	晚期前段	厉王前后
34	柞钟	晚期前段	厉王前后
35	颂鼎、壶、簋	晚期前段	厉王前后
36	师毃簋	晚期前段	厉王前后
37	大簋盖	晚期前段	厉王前后
38	大鼎	晚期前段	厉王前后
39	伯克壶	晚期前段	厉王前后
40	克钟、镈	晚期前段	厉王前后
41	克盨	晚期前段	厉王前后
42	伊簋	晚期前段	厉王前后
43	寰盘	晚期前段	厉王前后
44	蒯攸从鼎	晚期前段	厉王前后
45	晋侯稣钟	晚期前段	厉王
46	此鼎、簋	晚期后段	宣王前后
47	趞鼎	晚期后段	宣王前后
48	兮甲盘	晚期后段	宣王
49	虢季子白盘	晚期后段	宣王
50	吴虎鼎	晚期后段	宣王
51	善夫山鼎	晚期后段	宣王前后

需要说明的是，青铜器断代研究成果，只是排出了西周王年的总体框架，并不能确定全部、具体的西周王年。但是，夏商周断代工程在此基础上，依据五件青铜器和一条天象记录，结合文献，采取从后往前的方式，来

推定西周各王的在位年数。所依据的材料分别是：

西周晚期：吴虎鼎与宣王十八年
　　　　　晋侯稣钟与厉王三十三年
西周中期："天再旦"与懿王元年
　　　　　虎簋盖与穆王三十年
　　　　　鲜簋与穆王三十四年
西周早期：静方鼎与古本《竹书纪年》昭王之年
　　　　　《召诰》《毕命》历日与成、康之年

按"工程"设想，只要在以上材料中建立起7个支点，整个西周王年便可大致排出。

1.吴虎鼎与宣王十八年

1992年，陕西省长安县徐家寨村出土了一件铜鼎。该村位于县城南约2公里的申店乡，此处西为神禾原，东为少陵原，潏河从南而来，在徐家寨村南折而西流。这一年，长安县在此处大搞黑河引水工程，就在引水工程进行的过程中，包括吴虎鼎在内的一堆青铜器被隆隆的推土机推出。由于工地环境复杂，人员混乱，吴虎鼎等青铜器刚从泥水里推出，就被现场的民工哄抢一空。长安县文管会得知这一消息后，立即派人赶往工地展开调查，在有关部门的配合下，吴虎鼎等大部分出土的青铜器被追回。由于出土地点被破坏，文

"工程"成员在考察吴虎鼎铭文。自左至右：刘雨、陈久金、李学勤

第十章 西周王朝的兴衰

管会的工作人员已无法知道具体的埋藏情况了。

据长安县文管会穆晓军后来发表的文章称："所出吴虎鼎为立耳，小平沿，半球形深腹，蹄足，口沿下饰窃曲纹带。窃曲纹为变形夔凤纹，中间有目，下衬一道弦纹。腹底三足间有三组弦纹，每组两道。此鼎通高41厘米、口径40厘米、耳高7.9厘米、耳宽9.5厘米、足高18厘米、足径4厘米、壁厚0.5厘米，总重15.4公斤。"

吴虎鼎被追回后，一直作为一般文物放在县文管会的库房内收藏，直到1997年清查库房文物，工作人员对此鼎上的土锈进行剔除时，才发现了具有重大学术价值的铭文。铭文镌刻在鼎腹的内壁，共16行，每行10至12字，共计164字。由于一足脱裂，造成了几个字残缺不全。经著名历史学家、古文字学家李学勤及其他专家释读后，发现其铭文的内容是：

> 惟十有八年十又三月既生霸丙戌，王在周康宫夷宫，道入右吴虎，王命善夫丰生、司空雍毅，申剌王命。……

从形制、纹饰看，吴虎鼎具有明显的西周晚期特征。据李学勤考释，铭文中的"吴虎"非吴氏，"吴"当读为虞衡之虞，是官名。铭文中"周康宫夷宫"当为夷王之庙，而铭文中的"剌王"当为厉王，由此可知这是一件目前最为明确无误的宣王时铜器。历日中的"惟十有八年"即宣王十八年。学术界一般认为宣王时已有确切纪年，宣王十八年即公元前810

吴虎鼎铭文拓片

晋侯墓地M8墓室平面图。右下角为盗墓贼劫余的两件铜编钟

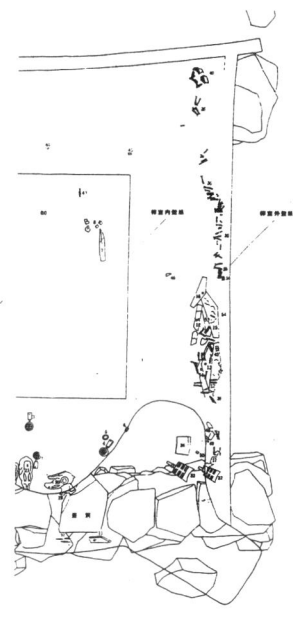

年。由于有了宣王纪年的准确定点，将此器与其他青铜器联系校正，在证明《史记》纪年可信的同时，可以将此鼎铭文中记载的日历作为西周晚期年代的一个重要支点。

2.晋侯稣钟与善夫山鼎

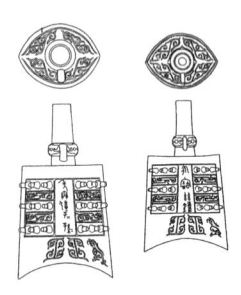

前文已述，山西省天马—曲村遗址自1986年之后，即引起了盗墓贼的注意，继而盗墓狂潮席卷而来，整个遗址被掘得千疮百孔，许多价值连城的国宝级文物惨遭洗劫。就在这一浪高过一浪的盗墓狂潮中，1992年秋，遗址中晋侯墓地M8号墓又遭到了盗掘。狡猾的盗墓贼利用地形地物，先将墓室东南角用炸药爆破成一个竖井状的坑道，然后顺坑道下挖至椁室东南角的底部，紧接着再向西横穿一个圆洞直接到了棺椁的足端。正当盗墓贼顺洞而入并在墓中疯狂地劫掠器物时，被当地村民发现，由于村民的制止和报警，盗墓贼携带部分珍贵文物仓皇逃离。

晋侯墓地M8墓出土的两件稣钟摹图与铭文

鉴于该墓葬已惨遭洗劫和破坏，经国家文物局批准，北京大学考古系与山西省考古研究所共同组成考古队，对此墓进行抢救性发掘、清理。就在这次清理中，在椁室的东南角出土了两件青铜编钟。编钟呈灰褐泛黄绿色，基本无锈蚀，形制为甬钟。两件甬钟的正面钲部分别镌刻铭文，其中一件有铭文七字，为"年无疆，子子孙孙"；另一件有铭文四字，为"永宝兹钟"。从出土的情形看，这两件甬钟显然还有同伴，并和同伴组成了一套完整的编钟系列，看来这套编钟的其他几件已被盗墓贼席卷而去了。

晋侯墓地M8墓经盗墓贼盗掘后，出土的两件稣钟

正当考古人员为编钟的流失悲愤不已、扼腕叹息之时，中国文物史上又一个罕见的奇迹出现了。1993年12月，上海博物馆从香港古玩市场将天马—曲村遗址M8号大墓中被劫走的编钟全部抢救回归，这个行动的主要组织者就是上海博

物馆馆长马承源。

马承源，1927年生于浙江宁波慈溪龙山镇。少年在家乡读书，1941年太平洋战争爆发的那天，14岁的他随父亲乘坐一只小帆船从海上漂泊至上海，不久即入上海的一所中学就读。在中学时期，他加入了中共地下党组织。当他考入大夏大学（上海华东师范大学的前身）历史系后，因频繁参加地下党的活动而被国民党特务列入逮捕的黑名单。随着形势日趋恶化，1948年，他被党组织转移到苏北解放区，1949年随军南下重返上海，参与领导上海公私合营等社会改造运动，其间差点当上了一家公私合营工厂的厂长。自1954年起，调入上海博物馆工作，后长期担任该馆馆长。

马承源（左一）介绍香港友人叶肇夫捐赠的子仲姜盘

自20世纪80年代开始，随着中国国门的打开，一些不法分子趁机勾结海外走私团伙，大肆走私盗卖出土文物，致使大批国宝流失海外。1992年，马承源因公务去香港，由于职业的习惯，便经常趁工作的空隙到香港古玩市场逛逛。也就在这看似轻松的浏览中，他发现许多内地出土的珍贵文物在此明码标价出售，这种状况让他感到极其痛心和内疚。自此，他暗下决心，如果条件允许，一定要想办法将这些流失的国之重宝尽己所能地抢救回来。在回上海前，他将这一想法告诉了在香港的许多朋友，并让他们留意古玩市场的动向。

1993年，香港中文大学张光裕教授给马承源来电话，告知香港古玩市场有人正在出售一批刻有文字的青铜编钟，大小共十四件，但一时还搞不准是真品还是赝品。马承源闻讯，让张光裕设法搞到编钟的照片和编钟铭文的拓片传真过来察看。张光裕不负所望，想尽办法将所需一切搞到手并传往上海博物馆。凭借几十年文物工作之经验，马承源一看照片和铭文拓片，便感觉到这批编钟非同小可，有可能是货真价实的国宝级的文物。为慎重起见，马承源又将编钟的照片和铭文拓片拿给上海文物部门的几位鉴定专家反复察看，在确定为珍贵文物后，他立即请示上海市政府领导人，以上海博物馆的名义出资将编钟购回，这一请求很快得到批准。因1993年的香港还未回归祖国，要办理去香港的签证需要几个月的时间，为了避免节外生枝，马承源电告张光裕教授，让其代表上海博物馆和卖方进行价格谈判。由于对方当时尚未意识到这套编钟的真正价值，同时又急于出手，故双方的谈判较为顺利，最后以100万元港币成交。据行家估计，如果卖方当时弄清了铭文的内容，这个价格只能购买其中最小的一件，甚至连一件也买不到。由此可见马承源的眼光和在处理此事中的精明果断。

编钟到手后，张光裕教授将其一件件包裹好，然后乘飞机直接送到上海博物馆，流失的国宝终于又回来了。

当十四件编钟落居上海博物馆时仍保持出土时的原貌，钟体上的文字绝大部分为厚厚的土锈所掩盖。经上海博物馆文物保护和科学考古实验室清理剔除之后，铭文全部显露。这十四件编钟明显分成两种类型，第一类为大钟，第二类为中小

从香港购回的十四件晋侯稣钟

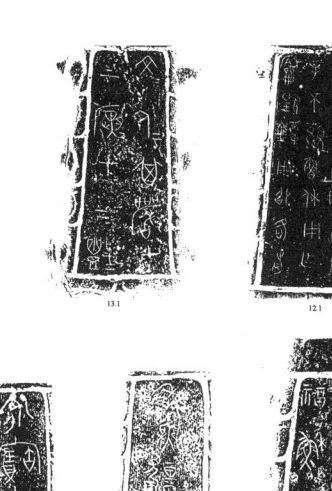

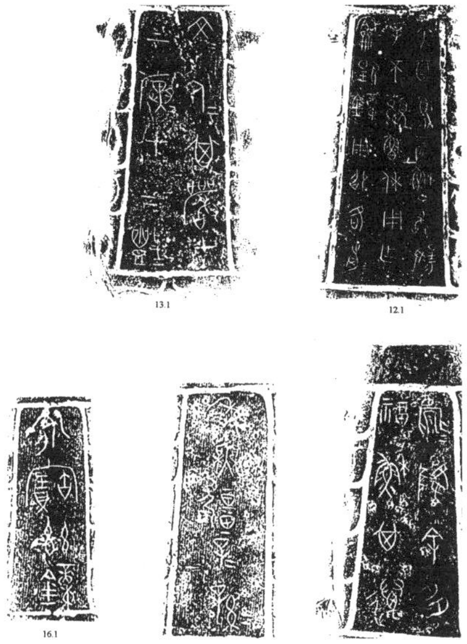

第十章 西周王朝的兴衰

型钟，两类钟的纹饰和特有的旋、干等皆不相同。由于有以上的差别，而且不了解原有的排列顺序，因而马承源等研究者对铭文产生了种种推测，或以为铭文不全，所缺尚多；或以为铭文并不按钟的大小次序镌刻；也有的认为全铭为一篇铭辞等。马承源等研究人员在对各编钟的文字做了反复的研究、释读后，按照文辞的先后排出编钟序列，然后检验各钟的音阶是否和谐。检验结果发现，第一组八件钟，大小成编，五声音阶，具有两列八度音。第二组六件钟，也大小成编，五声音阶，只是最后缺少相协的尾音。显然，同第一组相比，第二组缺少最后两件编钟。在这样一个研究结果的基础上，马承源想到了山西天马—曲村M8号大墓中那残存的两件编钟，经与北京大学考古系和山西省考古研究所联系，并参看相关的发掘资料，发现残存的两件小编钟，与上海博物馆从香港购回的编钟第二组大小和铭文完全可以排比连缀起来。因上海博物馆收藏的十四件编钟的文字都是刻凿的，两件小编钟的铭文也是刻凿的，由此可证是同一编之物。西周青铜钟铭文以利器刻凿，以此为首例。若将天马—曲村墓地出土的两件编钟连在一起，正好也是八件一组。后来上海博物馆请音乐专家对两件小钟进行测音试验，发现其音阶与同组的另六件钟相协，这就更加证明两组十六件编钟同为天马—曲村M8号大墓中出土。按郑玄注《周礼·春官·小胥》载："半为堵，全为肆。"一肆为两列八度音，是基本单位，二肆十六件为一虡，这是西周晚期的礼仪用器制度，可见天马—曲村M8号大墓出土的编钟为一虡之数。

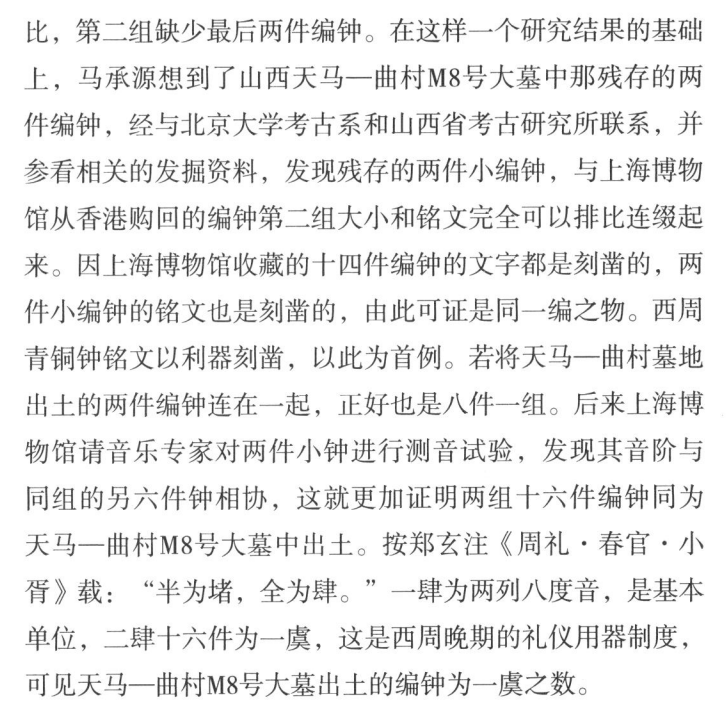

由于马承源、张光裕等人的共同努力，这批极其珍贵的文物不致失散和流入异域，这批编钟的抢救回归，在创造了

从香港购回晋侯稣钟拓片

421

文物收藏史上的一个奇迹的同时，也为后来夏商周断代工程中西周王年的研究提供了重要依据。

根据天马—曲村M8号大墓出土的材料推断，这座墓的墓主是晋侯稣，而此墓所出编钟的铭文中也有"晋侯稣"的记载，故编钟被称为晋侯稣钟。两组十六件编钟共刻铭文三百五十五字，这是新中国成立以来出土青铜器的铭文中最长的一篇。自马承源最先将前十四件编钟的材料公布于世并做了详细考释论述之后，立即在学术界引起轰动。特别是编钟铭文中所记的七个历日和五个纪时词语，在已著录的西周青铜器铭文中前所未见，这无疑将使西周月相的研究取得新的突破性进展。编钟的历日和纪时词语为：

惟王卅又三年，……正月既生霸戊午
二月既望癸卯
二月既死霸壬寅
三月方生霸
六月初吉戊寅
丁亥
庚寅

由于晋侯稣钟铭文的珍异和重要性，在引起学术界强烈关注的同时，也使学者们对铭文所涉及的许多疑难问题展开了广泛讨论。

根据司马迁《史记·晋世家》记载：

靖侯十七年，周厉王迷惑暴虐，国人作乱，厉王出奔于彘，大臣行政，故曰"共和"。
十八年，靖侯卒，子釐侯司徒立。
釐侯十四年，周宣王初立。
十八年，釐侯卒，子献侯籍立。献侯十一年卒，子穆侯费王立。
穆侯四年，取齐女姜氏为夫人。七年，伐条。生太子仇。……

从《史记》看，晋国的历代侯中，没有一位叫"稣"的人。但《世本》

第十章 西周王朝的兴衰

及三国时代的历史学家谯周皆称晋献侯"籍"为"稣"。据李学勤等专家考证，"籍"和"稣"相通，故司马迁所载的晋献侯籍就是编钟铭文中的晋献侯稣。

晋侯稣编钟铭文中有"惟王卅又三年"字样，通观整个西周晚期在位超过33年的，只有周厉王和周宣王，但从文献中可以看出，当周宣王十六年的时候，晋献侯稣已死亡，由此可见编钟铭文所说33年，绝不在周宣王时代，只可能在厉王时代。按照李学勤的推断，铭文中的晋侯稣系厉王即位后追称，编钟的一部分原是他随厉王出征作战的胜利品，后来将之配成了全套，作为纪念。因缴获的钟不会有铸好的文字，于是后来加以镌刻，称号也依刻字时的身份而改变了。

关于编钟及其铭文需要讨论的问题很多，而学者们又大多是见仁见智，各有不同的看法，所以当夏商周断代工程开始后，为了配合编钟的专题研究，由工程项目办公室专门邀请了李学勤、王世民、陈久金、张培瑜、高至喜、裘锡圭等不同学科的著名专家进行讨论。经过专家们集思广益，多次研究探讨，终于推定晋侯稣钟的"三十三年"应为厉王时期的年数。为了检验这个推定的正确性，测年专家对天马—曲村M8墓中的木炭样品进行常规法^{14}C年代测定，其年代为公元前816—前800年。为减少失误考虑，测年专家又用加速器质谱计对M8墓

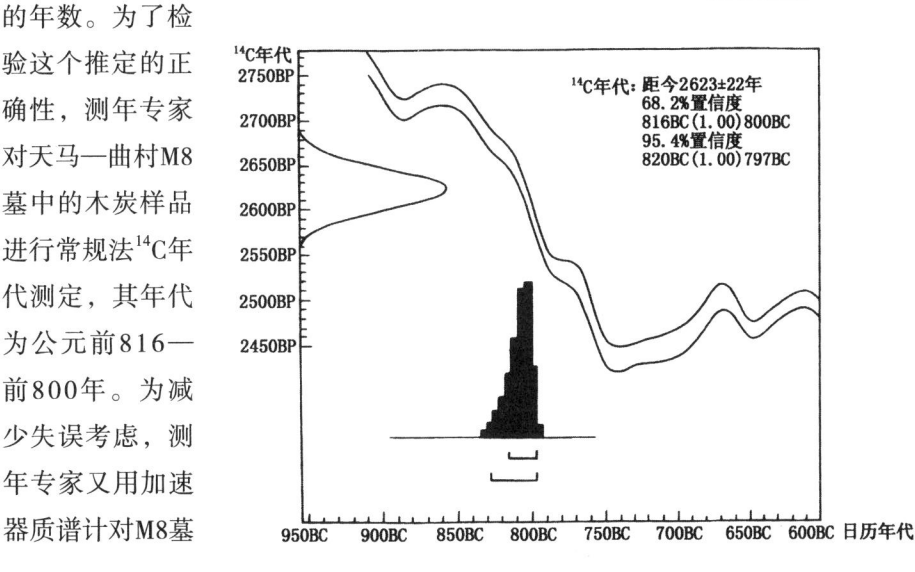

晋侯墓地M8墓的木炭，经^{14}C测年的拟合数据

^{14}C年代：距今2623±22年
68.2%置信度
816BC(1.00)800BC
95.4%置信度
820BC(1.00)797BC

中的木炭和祭牲样品测年，其年代分别为公元前814—前797年、公元前810—前794年。两种样品所得数据基本一致。《史记·晋世家》所载晋侯籍（稣）卒于周宣王十六年（公元前812年）与测年结果相吻合，所以晋侯稣钟的"三十三年"当属厉王。

既然编钟铭文"三十三年"已定为厉王时期，根据《史记》记载，由于周厉王"迷惑暴虐，国人作乱，厉王出奔于彘，大臣行政，故曰'共和'"。文献记载中明确的历史纪年始自共和元年，即公元前841年。那么厉王的在位之年又是多少呢？按《史记·周本纪》载，厉王在位共三十七年，而《史记·卫世家》和今本《竹书纪年》又说厉王在位均不足三十年。文献上的抵牾与矛盾，用晋侯稣钟来加以校正，可知厉王在位应超过三十三年。

尽管晋侯稣钟否定了今本《竹书纪年》厉王在位不足三十年的说法，但仍无法肯定司马迁《周本纪》记载的准确。夏商周断代工程课题组，又设法利用另一件青铜器来做推定，这就是颇负盛名的善夫山鼎。

善夫山鼎是20世纪60年代由陕西省乾县农民李培乾捐献给陕西省博物馆的一件青铜器。据李培乾说，此器于新中国成立前在麟游、扶风、永寿交界之地的某条河沟中出土，同出的还有其他几件青铜器物。据近年陕西省考古研究所学者吴镇烽考证，这批器物实出土于永寿县好畤河。此鼎高45厘米，立耳蹄足，口沿下饰重环纹带。内壁铸铭12行，共121字。其中的铭文"隹（惟）卅又七年正月初吉庚戌"，是已知西周金文中纪年最高的一例。从铭文日历看，不适合于宣王。研究者考虑到此鼎的形制、纹饰等均接近于厉王末年、宣王初年的颂鼎等青铜器，其时代应属厉王，由此可证

善夫山鼎

第十章　西周王朝的兴衰

《周本纪》所载厉王三十七年奔彘说是可信的。若取共和当年称元说，厉王三十七年当为公元前841年，三十三年当为公元前845年。从晋侯稣钟铭文日历和纪时语看，该年依建丑：

正月乙巳朔，既生霸戊午十四日；
二月甲戌朔，既望癸卯十八日；
二月甲戌朔，既死霸壬寅二十九日；
六月壬申朔，初吉戊寅初七日。

研究者认为以上第二条二月干支有误，决定将"癸卯"改为"辛卯"，从而变成：二月甲戌朔，既望辛卯十八日。这样干支、历日俱合。作为这一旁证，再次证明晋侯稣钟"三十三年"为公元前845年的准确性。

由于厉王三十七年（公元前841年）奔彘，至此可定厉王元年为公元前877年。

揭秘正在继续

通过对上述青铜器的研究，西周晚期的王年已经推定，而中、早期王年，同样可以用青铜器加以推定。揭秘正在继续。

1.虎簋盖与穆王三十年

事情就是这样的巧合，夏商周断代工程启动后的1996年8月，从陕西传出消息，一件青铜虎簋盖在陕西丹凤县被发现。经专家推断，这件青铜盖应是和虎簋连在一起的，遗憾的是器物已不知去向，只剩一盖埋入泥土之中。剔除土锈后，发现此盖是一件西周青铜器，上有铭文161字，起首云：

惟卅年四月初吉甲戌，王在周新宫，格于大室，密叔内（入）右虎，即位，王呼入（内）史曰：……

虎簋盖被发现之后，立即引起了夏商周断代工程青铜器专家的普遍重视，专家们遂集中精力对此盖的铭文进行研究。陈久金等金文历谱专家根据铭文月相、干支推定，此器放在宣王和穆王时代都可相合。为此，围绕虎簋盖到底属于哪一个王的问题，专家们展开了激烈的争论。正当大家争论不休时，一个意外的插曲出现了。工程首席科学家李学勤应邀到台湾做学术交流，其间他在台北故宫博物院看到了一件师虎簋，是西周懿王元年之器。其盖的花纹跟陕西丹凤出土的虎簋盖相同，铭文中均有"文考日庚"字样，用字措辞也均相同，由此可见两件器物为同一人所作。从虎簋盖铭记王命虎"胥（佐助）师戏"的记载看，当是虎初袭职时之事。因台湾收藏的师虎簋为懿王元年之器，则虎簋盖必在其前。

虎簋盖铭文的王年为三十年，西周中期穆王、共王、懿王等诸王在位超过三十年的只有穆王，因此，虎簋盖当属穆王时代的器物。

据工程专题研究人员陈久金等对三年卫盉、五祀卫鼎、九年卫鼎、十五年趞曹鼎等推排的结果，共王元年为公元

虎簋盖铭文拓片　　　　　　　　虎簋盖

前922年，而《史记·周本纪》所载穆王在位55年，按共王当年改元计算，前推55年，则穆王元年应为公元前976年，三十年为公元前947年。按金文历谱推算，该年四月丙寅朔，甲戌为初九，虎簋盖的历日正好与此相合，可知以上推定的共王、穆王年代可信。

2.鲜簋与穆王三十四年

鲜簋作为西周时期的一件青铜器，在学术上有着重要的价值，但这件器物长期不为中国学术界所知。据李学勤称：1978年，澳大利亚国立大学巴纳教授和香港中文大学的张光裕教授，共同编著出版了一本名为《中日欧美澳纽所见所拓所摹金文汇编》的书，这部著作是两位先生长期奔波于世界各地，四处探访金文材料的收获。书中收有一件流失海外，品名为"鲜盘"的青铜器的铭文拓本，引起了学术界的注意，而其铭文体例的特异又使不少学者看后认为这是一件伪器。

关于这件青铜器于何时、何地出土，又是在什么时候流失海外，并被何家收藏于何处等情况，学术界一直搞不清楚。有传言说此器被美国一家机构收藏，但究竟被哪一家机构收藏，没有人给予肯定的说法。由此，这件器物被蒙上了一层神秘的面纱。鉴于此器铭文重要的学术价值，1983年，李学勤等中国学者，趁在美国参加学术会议的机会，对这件记载中的"鲜盘"原件再三探访，希望能一睹其庐山真面目。遗憾的是，他们始终未能得知这件神秘器物的半点讯息。正当李学勤踏破铁鞋无觅处之时，1986年春天，他应邀赴英国同当地学者合作研究欧洲收藏的中国青铜器。就在此期间，李学勤无意中在英国伦敦埃斯肯纳齐商行见到了他盼望已久、寻访了几年的神秘"鲜盘"。通过对原件和照片的

鲜簋铭文拓片

反复观察，他认为这是真器真铭，并非伪造，只是器物并非《汇编》所称的盘，而是一件簋，应称鲜簋为是。

此器通身覆有光润的青绿色锈，布有红褐色锈斑，铭文共5行，44字。经释读为：

鲜簋

惟王卅又四祀，唯五月
既望戊午，王在犇京，禘
于昭王。鲜蔑磨，祼，王朝（赏）
祼玉三品、贝廿朋，对王
休，用作，子孙其永宝。

按照李学勤的考释，这篇铭文的大意是：在王的三十四年五月既望戊午这一天，王在犇京（宗周宗庙所在）向昭王进行禘祀。鲜受到王的褒奖，饮了鬯酒，王赏赐他三种祼礼用的玉器（祼用瓒挹取鬯酒，瓒系金勺玉柄，其柄属于圭、璋之类）和二十串贝。他感激王的恩惠，乃作此器，使子孙长期珍藏纪念。

在以上的考释中，李学勤认为铭文中的"禘"当为祭名，而当时的周王既然出面祭祀昭王，则作器时代必然晚于昭王。考虑到鲜簋的形制、纹饰尚有西周早期遗风，其年代不可能太晚，据文献记载，西周早期昭王以后至西周中期夷王之前，在位33年以上者，唯有穆王。因此，"工程"专题研究人员推断，此器的时代唯一的可能就是穆王三十四年。按虎簋盖铭文推算的时代，穆王元年为公元前976年，则穆王三十四年为公元前943年。从历日干支看，五月壬寅朔，戊午为十七日，与既望相合，所以以上推定的年代应是可靠的。

第十章 西周王朝的兴衰

3.静方鼎与昭王之年

　　1996年，日本出光美术馆出版了《馆藏名品选》第三集，其中编号为67的一件是中国西周时期的青铜器——静方鼎。这件器物在此之前不为学界所知，前些年李学勤和其他学者去日本访问这家美术馆时，也未曾见到。当静方鼎突然被公布之后，引起了学术界的关注。按李学勤的推想，此器可能入藏不久，但后来又听说该器外部曾附有一个旧的囊匣，由此又推想并非是新出土之物。但这件珍贵的器物到底出土于何时、何地，怎样流散于外域并辗转到出光美术馆落户，恐怕没有一个中国学者说得清楚。在1995—1997年期间，北京大学考古系副教授徐天进赴日本对部分美术馆和博物馆收藏的中国青铜器做了初步调查。经出光美术馆的同意，徐天进对该馆所藏部分青铜容器进行了实测和墨拓，其中的静方鼎引起了他的格外关注，就该器的形制、纹饰、铭文等做了研究，并发表了《日本出光美术馆收藏的静方鼎》一文。据徐天进后来说，他对此器出土、流失情况曾专门问过该馆的人员，但没有人告诉他其中的经过。这一点对中国人来说，也许永远是一个不得其解的秘密了。中国学者唯一能做的，就是根据器物的照片和铭文的墨拓做一些学术上的研究。

静方鼎

　　所见静方鼎内壁铸铭9行，共68字。经李学勤、裘锡圭等专家释读，此铭首文为：

　　惟十月甲子，王在宗周，令师中暨静省南国相，设居。八月初吉庚申至，告于成周。月既望丁丑，王在成周大室。……

据古本《竹书纪年》等文献记载，昭王十六年南伐楚荆，十九年丧六师于汉，卒于汉水中。与此事有关的青铜器，有明记十九年的䍙卣、析尊等，"工程"专题组按照这个系统进行了排比，得知静方鼎的"十月甲子"在昭王十八年，"八月初吉庚申"与"月既望丁丑"在昭王十九年。以穆王元年为公元前976年上推，昭王十八年为公元前978年，十月癸亥朔，甲子为初二日；十九年为公元前977年，昭王元年就应为公元前995年。八月戊午朔，庚申为初三日，合于初吉，丁丑为二十日，合于既望。可见以上推定合乎历史事实。

4.《尚书》与成、康之年

据文献记载，西周成王、康王在位总年数不少于40年。前已推定昭王元年为公元前995年，那么成王元年就不得晚于公元前1035年。

《尚书》中有成王七年历日"惟二月既望，粤六日乙未"和"越若来三月惟丙午朏"。《汉书·律历志》引古文《尚书》的《毕命》篇，记有康王时历日"惟十有二年六月庚午朏"。康王十二年历日合于公元前1009年，成王七年历日合于公元前1036年。

据此，"工程"确定成王元年应为公元前1042年，康王元年则在公元前1020年。

"天再旦"天象的观测与推算

中国古代文献《竹书纪年》中，有一条关于"懿王元年天再旦于郑"的记载，这条记载被天文学家认为是当时在郑地发生的一次日出时的日全食。它所造成天亮后转黑并再次天亮的现象，使古人产生了"天再旦"的感觉。由于西周懿王在中国最早的确切纪年"共和元年"（公元前841年）之前四代，所以这次日食在夏商周断代工程"西周列王年代学研究"课题中就显

第十章 西周王朝的兴衰

得极为重要。如果搞清楚这次日食发生于中国古代的何时何地，懿王元年这个坚固的支点就可建立起来，同时还可依此点为基础验证此前、此后各王已推定的结果是否准确。如果文献记载不误，现代天文学完全有把握确切计算出西周时期的这次日食。"工程"启动后，这一研究任务由中国科学院陕西天文台、国家天文观测中心研究员刘次沅承担。

刘次沅，1948年生于四川，1949年在全国解放的隆隆炮声中，随在西北大学任经济系教授的父亲迁入西安。尽管父亲是经济学教授，家中摆放的也多是经济学方面的书籍，但少年时期的刘次沅却出乎家长意料地喜欢上了天文，并渐渐到了痴迷的程度。上初中时，他和几个志同道合的同学成立了一个天文爱好者小组，除了学习讨论书本上的天文知识外，还自己动手制作小型天文望远镜等观测仪器，用以观测天空日月星辰。这个时期，他很渴望长大以后能做一个像伽利略、张衡那样伟大的天文学家。然而，天有不测风云，一场全国性的"上山下乡"运动使他的美好憧憬濒临破灭。1968年，正读高中二年级的他和中国大多数同代人一样，放下书包，走出校园，加入了"上山下乡"行列。他在陕西扶风县法门寺公社劳动了三年之后，有幸被招工到陕西韩城煤矿当了一名钳工。就在这个时期，刘次沅久藏在心中的天文学家的梦想开始复活。他利用工作的便利条件，在劳动之余又开始制造高倍望远镜等天文仪器，并试着做一些简单的天象推算。20世纪60

1969年，刘次沅（右一）在法门寺公社插队时与知青合影（刘次沅提供，下同）

年代末，中科院上海天文台分出一部分，在陕西组建一个新的天文台，主要负责全国标准时间的制订。到了1974年7月，中国科学院召开了八省市科研单位座谈会，认为原来的科研部门都是关起门来搞科研，知识分子集中的地方土壤已经板结了，很难长出参天大树，结出有利于社会主义建设的硕果。因此，会议要求各科研单位都要抓住"开门办所"和"掺沙子改良土壤"这两个新生事物，以跟上时代发展的步伐。刚组建不久的陕西天文台也像其他科研单位一样，适时地提出了"开门办所"和"掺沙子"等口号。在课题研究上采取"以工人为主体，技术人员当参谋"；在机构编制上，将技术人员与工人混编，并从各工厂调有实践经验的工人到课题组"掺沙子"，以加大科技人员队伍中工人的比例，使板结的土壤变成疏松的沃土。

就在这场特殊的"变革"中，刘次沅作为工农兵的代表，以"沙子"的身份从韩城煤矿调往陕西天文台，参加天体测量工作。由于刘次沅平时积累了一些天文知识，加之陕西天文台还有几位幸存的专家没有被彻底打翻在地，刘次沅边干边向专家请教，几年下来，渐渐成了天文台的骨干力量。如果说刘次沅以一粒"沙子"的身份进入陕西天文台是他的幸运和机遇，那么八年之后幸运之神再次垂青于他。他凭着多年的勤奋学习所积累的学术功底，于1981年考取了陕西天文台著名天文学家吴守贤的研究生，从此真正开始了作为一名天文学家的梦想之旅。

当刘次沅在吴守贤的门下完成博士学业后，他开始转入天文学史的研究。因此前已有了十

1974年，刘次沅在中星仪任观测员

第十章 西周王朝的兴衰

余年的天体测量经验，他在天文学史的研究中渐渐形成了以计算为主的专业特色，并将主攻方向放到研究推算中国古代天象记录的层面上来。夏商周断代工程启动后，他所承担的任务，正是他作为一名卓有成就的天文学家所具有的强项所在。

刘次沅在接受"懿王元年天再旦于郑"这一专题研究任务后，所做的第一件事，就是对文献资料和以往的研究情况进行梳理。

从已知的文献看，"懿王元年天再旦于郑"最早记载于河南汲冢出土的《竹书纪年》，但自从这部书失传后，就只能从其他书籍中辑出其中片言只语了。后人所看到的"天再旦"一条最早的来源，是唐代司天监官员、印度裔天文学家瞿昙悉达所著《开元占经》的引用。《开元占经》本是朝廷秘籍，严禁外传，到宋代已不为人所知，而明朝时又重现于世。其发现经过不可不谓传奇。明万历四十四年（公元1616年），挹玄道人程明善因极度喜好佛事，便不惜重金为一尊古佛重塑金身，想不到竟在古佛腹中发现了一部卷帙浩繁的古代典籍，这就是佚失已久的《开元占经》。此书引用了70余部古代星占学著作，保留了公元前4世纪以来天文观测的许多资料，《竹书纪年》所载的"懿王元年天再旦于郑"一事也保存其中。

尽管"天再旦"的记录来源如此周折、神秘，中国古代又不乏伪造

《开元占经》卷三《天占·天裂》条（引自《四库全书》文渊阁本）

433

天象的例证，但当今学术界似乎不怀疑它的真实性，其重要原因在于这样的记录历史上仅此一例。古人并不知道它的真正含义，没有伪造的动机，只是作为"存疑"流传下来。

"天再旦"到底是一种什么现象，千百年来似乎没有人加以明晰研究，只是到了1944年，才由现代著名天文学家刘朝阳指出是一次日全食或环食所引起的天光变化：

此为日食之记录，历来学者初不甚加以注意。盖其所以再旦，必因先有再夜。据今所知，仅有日全食或环食之时，其中心带所掠过之地球上某一区域，可于大光明之瞬间，骤然黑暗，如黑夜之再临，鸟雀归林，鸡鸭归埘，大星灿然出现在天上。案日全食甚时，非举火几不能见他物。日食完了，光明重来，恍如再旦，此为一般人所普知。环食甚时，虽不如全食之暗，然其食时食后，一暗一明，时亦可令人有再旦之感。

刘朝阳对这次日食有了初步的认识后，经过多方面的研究推算，最后选定公元前926年3月21日的日环食为"懿王元年天再旦"的记录。尽管他的推算结果后来被学术界证明是错误的，但这个举动本身却引起了广泛的关注，并为这一问题的解决带来了曙光。继刘朝阳之后，又有许多科学家对这一问题进行了研究、推算，但都由于这样或那样的原因，其研究结果始终未能得到学术界的公认。

面对以上研究状况，刘次沅在分析后认为：研究带食而出前后的天光变化规律和人眼的感受，是确定"懿王元年天再旦"确切日期的重要一环。日食时太阳为月亮所掩，天光肯定会因而减弱，引起人们的注意。需要深入研究的是，日食究竟能否引起天再旦的感觉？什么样的日食能引起这种感觉？这就需要对此类现象做如下几个方面的考虑：（1）当食甚发生时太阳处在不同的地平高度；（2）不同的最大食分；（3）不同的天气状况。这是一个三维的问题。实际上对同一次日食在不同地点观测，就可以获得不同太阳高度和不同食分的前两维结果。如果各地点能有不同的天气，就可以获得这一天文学上称为"带食而出"现象的全面的三维结果。

除了以上对日食天光做理论性研究外，刘次沅同时感到做一次多地点的

第十章 西周王朝的兴衰

实际观测，观测日出前后日食所造成的天光变化，将有利于加深对这条天象记录的理解和研究。或许，实际观测便是解决这一问题的前提条件和重要环节。那么在什么时间、什么地点进行实际观测呢？难道真的还会有"天再旦"的现象出现？带着这些问题，刘次沅怀着试试看的心理开始利用计算机进行天文推算。或许是上苍的恩赐，计算结果表明，在日出前发生的日食，20世纪内在东亚的大陆地区唯一的一次机会在1997年3月9日，日出前能够看到全食的地区在中国新疆北部与哈萨克斯坦、蒙古及俄罗斯交界处。结果还表明，20世纪末之前的另外四次日食，其相应位置都在大洋中，陆地无法观察。按照夏商周断代工程原定要在1999年底完成的计划，发生于1997年3月9日的日全食，就是天赐的最好也是仅有的一次机会了。机不可失，时不再来，刘次沅经过反复权衡，决定赴新疆进行布点观测。

刘次沅与周晓陆（左一）在黄河沿线考察时留影

正当刘次沅即将启程时，他的一位好朋友周晓陆出现了。周晓陆是西北大学文博学院教授兼西北大学历史博物馆馆长，对历史、考古、天文学颇有研究。前些年，他在完成了一部关于古代著名的天文星经的研究专著《〈步天歌〉研究》后，准备请当代中国天文学史界的泰斗、时任中科院自然科学史所所长席泽宗院士指教并题写序跋。席先生闻讯后，告诉周晓陆不必舍近求远，陕西省就有一位天文学大家吴守贤先生，可请他出面指教和撰写序跋。当周晓陆找到时任中科院西安分院副院长的吴守贤后，因吴守贤正忙于一项课题的研究难于脱身,便向周晓陆推荐了自己的学生、天文学家刘次沅。于是,刘次沅和周晓陆渐渐成了朋友。当周晓陆得知刘次沅准备赴新疆做"天再旦"的实际观测时,两人便有了这样一场对话:

周:这个机会实在难得,我随你去。
刘:你跟我一块儿去?
周:是。去了后我能帮你做一些事情。
刘:那个地方对我们来说山高水远,去一趟相当辛苦。
周:相比较而言,我对那里的情况比你熟悉,因为我有许多学生在那个地区工作,这对我们的行动会有所帮助。
刘:你说得很有道理,可这个专题的经费极其有限,很难承担两个人的差旅活动费。
周:那……
刘:要不这样,你去,我在天文台留守,前后有个照应,或许对这项工作更有利。
周:也好。

两人商定后,经过一番周密的策划,周晓陆肩负着"天再旦"实际观测的学术使命,于1997年3月1日赶赴新疆乌鲁木齐,并通过各种渠道和新疆各地的科协、教委、中学、气象台等单位联系,请他们在预定的阿勒泰、富蕴、塔城、克拉玛依、博乐、霍城、伊宁、石河子、奎屯、阿克苏等北南一线近二十个地点,联络、组织群众和天文爱好者进行实际观测。与此同时,对观测中需要着重注意的日食过程、日出过程、天象变化(晴天和阴天的不同变化)、视亮度及人体的感受等问题,周晓陆给予了特别的强调和指导。当这一切安排妥当后,周晓陆于3月7日自乌鲁木齐亲赴新疆北部的塔城市,与塔城地区教委教研室主任、地理学家徐精华汇合,共同商讨、组织观测的具体事宜。

根据刘次沅、周晓陆的推算,对考察"天再旦"现象,塔城的地理位置与日食表现,对于日出前10分钟以上所发生日食食甚的条件,明显区别于北邻的阿勒泰地区,这里正处于能否发生"天再旦"的临界线上。故此,周晓

第十章　西周王朝的兴衰

陆才亲赴塔城组织观测。

在塔城地委和塔城市政府的协助下，"天再旦"天象观测中心设在塔城最高的一座建筑物——银翔大厦——的顶端平台，这座建筑物共十三层约四十五米高，而当地海拔高度约为五百米，其纬度远远高于北京、兰州、西安、南京等城市。因没有大工业污染，天象观测条件极尽人意。可以说，此次观测活动占尽了天时、地利、人和各种条件。但是塔城的早春正是西风带气旋活动频繁的时期，气象条件极不稳定，这个现状又不免让周晓陆等观测人员多了一份担心。果然，到了3月8日，天气突变，小雨夹雪笼罩了整个塔城，这使每一位观测人员心中都蒙上了一层阴影。按天气状况分析，如果雨雪不停，第二天，也就是3月9日黎明的观测效果将受到很大影响。就在大家为如此糟糕的天气忧心忡忡时，一个意想不到的奇迹发生了。到了3月8日北京时间23时，雨雪突然停歇，天空渐渐由阴转晴。到了3月9日凌晨4点，阴霾散尽，万里苍穹露出了清晰的面容。此刻，海尔—波普彗星正横斜于东北天际，其离子尾与尘埃尾皆明晰可辨；猎户座、仙女座、飞马座、天鹅座恰似一盏盏耀眼的银灯，横挂在西南天际，火星的光亮灿烂夺目。已云集于银翔大厦顶端平台、由多民族组成的观测人员，在格外明亮的北极星、北斗星的映照之下，面对无垠的苍穹和璀璨的星光，久悬的心怦然落下，一时欢声雷动。

据周晓陆的观察记录：从3月9日晨7点25分开始，东方天际露出了淡淡的青玉痕，到8点左右，阵风从对面吹来，观测人员普遍感到寒气袭人。此时东边天际开始发亮并吐

塔城的代表性建筑塞提喀玛勒清真寺宣礼塔

塔城人民在观察"天再旦"天象

太阳跃出地平线

出鱼肚白。自8点10分始，观测人员已经能在熹微的光亮中辨认彼此面目了。在银翔大厦观测中心、塔城市二工乡烈士陵园观测点、塔城市一中操场观测点等处的观测人员，开始用照相机、摄像机拍摄不断变化的天象。

8点10分之后，天空开始由晴转少云，东方的地平线处云量增大，由暗红色渐渐转变成淡淡的铁红色，并从低处慢慢浸染到云层顶端。此时，东风达到了4—5级，明亮的星星逐渐隐没于晨曦之中。8点20分左右，曾耀眼夺目的海尔—波普彗星也隐去了，晨曦的光越来越明亮。8点30分左右，东方地平线之下，突然太阳的光线喷射而出，如同根根赤柱和条条红色的丝缕布向天顶，大块大块的鱼鳞状、瓦片状的云层，由鲜红转为橘红色。正当注视着东方地平线与天顶的人们感到眼前的朝霞似乎十分腼腆，远未达到应有的热烈与炽亮之时，天空又明显地开始变暗了。

8点35分，黎明时的朝晖竟转换成夕阳沉没的晚霞，太阳射出的光线在渐渐收敛，刚才橘红色的云裙变成血红色，接着又慢慢深染为铁灰色。天顶淡淡的红意也在逐渐消退，稍现白色的西边天际也暗了下来。8点38分，已隐没的海尔—波普彗星忽然再现于东北天际，并呈喷射状以匕首般的光芒刺破天穹。彗星的高度呈40度左右，周围许多亮星相伴而行。观测者在寒风凛冽的清晨，面对持续了两分多钟的彗星突刺，不免产生了一种惶惑、恐怖的感觉。

彗星光芒刺破天穹

从8点45分起，东方天际的云霞又渐渐由红转黄，天顶由暗变亮，所有的星星都隐没于朝晖之中。8点53分，太阳带食跃出，在约60公里之外的地平线上，映衬出起伏的山峦那优美的曲线。太阳的左下方，带着明显被掩的月影，恰似一弯红亮的新月散发出金色的光芒，凹凸不平的山影轮廓在光照中若隐若现，宛如海面上浮现的海市蜃楼。9点35分，残缺的太阳已全部复圆，温暖的阳光普照大地，整个塔城和周边山野田畴在阳光的照耀中分外壮观美丽。至此，"天再旦"的天象观测圆满结束。特别值得庆幸和回味的是，就在大家分别撤离观测现场之后，塔城地区天气再一次由晴转阴，接着天幕合拢，下起了纷纷扬扬的鹅毛大雪，整个塔城浸染在白色苍茫之中。

太阳再度跃出云海

苍天有情，苍天有性，苍天诸公以绝妙的安排和盛情，使观测人员在两次雨雪之间短暂的空隙中，对近三千年来的一个天象公案做了破解。这一切不能不令人欣喜异常，叹为举世奇观。

"天再旦"在新疆观测获得圆满成功的消息，随着一道道电波传往西安、北京和世界各地，当时有三百多家中外媒体对这一成果做了报道，在海内外引起了巨大反响。

之后，刘次沅和返回西安的周晓陆陆续收到了新疆天山南北各个观测点发送来的观测汇报。经过整理分析，获得了极具价值的天文观测资料。

阿勒泰：

市区内，由于东方有山。不能看到日出和日食，天气晴朗。

贾新跃，干部，观测点在五楼楼顶。8点40分，天刚亮，有一点点雾。8点42分，天色突然暗下来，有一种阴森森的感觉。8点46分，整个天空又开始明朗起来。当时因被山阻挡，没有看见太阳。

富蕴：

贺德清等七人，教师，中学生。在城西高地，海拔900米，东方为阿尔泰山。8点，天露曙光，银灰色变成粉黄色。8点41分，太阳未出，东边天空起雾而西边天较亮，慢慢地东边由灰而暗，由暗而黑，黑的部分越来越大，有"云横秦岭"之感，观察者仿佛进入混沌溟濛的世界。天变黑大约3分钟，然后黑暗部分之上浸出淡淡黄光。8点50分突然见到太阳从山后爬出，左边食入。8点54分拍照。强调食甚在8点55分至9时（与预报不同）。太阳逐渐复圆在9点38分，食进很

守候在陕西天文台骊山观测站的刘次沅

快，退出很慢。

乌鲁木齐：

刘振宏，医生。南山观测站，市区东南70公里。特别晴。8点尚可见彗星和火星。日出前东方天空暗红色。8点35分见到太阳，被食90%。8点30分后，天空亮度不再增加。8点45分以后迅速增加，天顶测光显示8点25分至8点32分亮度不增加。

王传波，工人。目视感觉天亮前无异常。天顶测光显示8点25分至8点35分亮度不增加，此后迅速上升。

陕西临潼：

刘次沅。薄云但不影响太阳成像。食甚前几乎可以直视太阳，食甚前后大约五分钟时间，在楼上向北室内，明显感到光线变暗。测光显示天光减弱1/2。

根据各地观测结果，刘次沅、周晓陆进一步研究认为：当年刘朝阳的推测是很有道理的，以日出前后的日食天象（再结合如地貌、气象等因素），来破解"天再旦"这段历史记载，可能是最巧妙也是最佳的方法。

通过在塔城的观测可知，"天再旦"现象以食甚0.97，食甚时与日出时约14分钟的时差，造成了黎明时分突然产生了"落日余晖，晚霞绚烂"，然后再度天亮的感觉。日出前后发生日食（大食甚偏食、全食），以往几乎没有报道，而此次的观测者却亲身感受了。除直接观测者之外，据周晓陆调查的情况，其他人以及各种动物几乎

周晓陆实测得到的太阳地平高度与天光亮度的关系

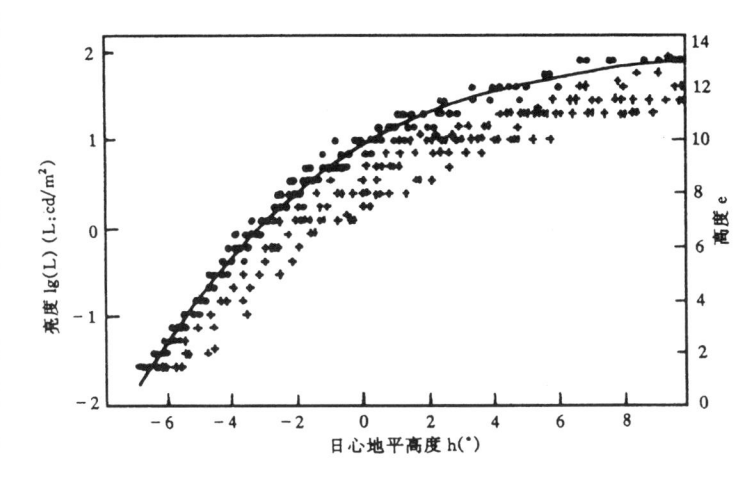

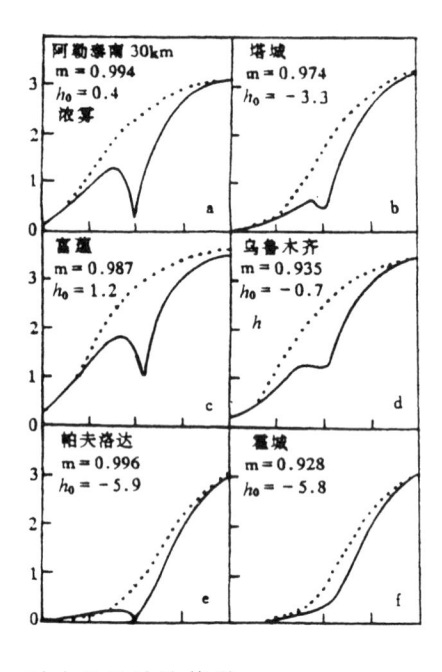

阿勒泰南 30km m = 0.994 h_0 = 0.4 浓雾 a	塔城 m = 0.974 h_0 = -3.3 b
富蕴 m = 0.987 h_0 = 1.2 c	乌鲁木齐 m = 0.935 h_0 = -0.7 d
帕夫洛达 m = 0.996 h_0 = -5.9 e	霍城 m = 0.928 h_0 = -5.8 f

刘次沅通过计算得到的日食过程天光视亮度

没有反应，绝不像太阳升出之后日食（全食、环食）的景象。如果没有预报，没有带着任务专门观测，这种发生在早晨的天文事件可能不会为人们所知。

中国古代有史官观察并记录天象的传统。商代甲骨卜辞证实，这一传统当时已经形成，商代卜辞中已经确认了日月食记录。综合各方面的情况，刘次沅认为，在周初时，王者身边就有史官（巫卜）随侍，注意观察天象和气象，并进行卜祭与记载。自然，他们对日月食、风云之类的现象是熟悉的（当时或许不能预报日月食）。就天色突然变暗这一现象而言，食分很大的日食、沙尘暴、很浓厚的乌云、遮天蔽日的蝗虫等现象都可能引起。对一个专事观察天象的史官，因计时报时的需要，看到了东方旦—再暮—再旦的景象，但并未看到日食或带食而出（商周时代日月食现象人们已不陌生），于是，这位天官带着不解与迷惑，忠实地记下了"天再旦"这三个字。或许，对阴云掩盖或山岭遮蔽的日食，"天再旦"便是一种最合理的解释。这一点，在阿勒泰所进行的实地观察中已做出了最好的说明。正如刘次沅所言，"对于一个注意观察天空而又未得到日食预报的人，这一现象的确是震撼人心的"。

历代天象记录，极少有人言及观测地点，因为这些记录来自史官。而史官随侍王的左右，其地点自然是在京城。据今本《竹书纪年》记载，周王朝诸王，自穆王以下居大郑宫。因为当时天子不在京城，所以史官在记下天象以后，特别注明地点在"郑"，这个特殊的记录，使后来的研究者增加了对该事件的信任度。

由以上分析，刘次沅认为，"天再旦"的记载是西周懿王的史官在随王居住郑地时，早晨例行观察天象（尤其是东边日出方向）时发现的。当时"天再旦"现象不是很强烈，普通人即使发现，也不会引起太大的震动。但是对每天专职观察日出的史官来讲，这样明显的异象，足以引起他的惊恐，继而报告天子，载诸史册了。

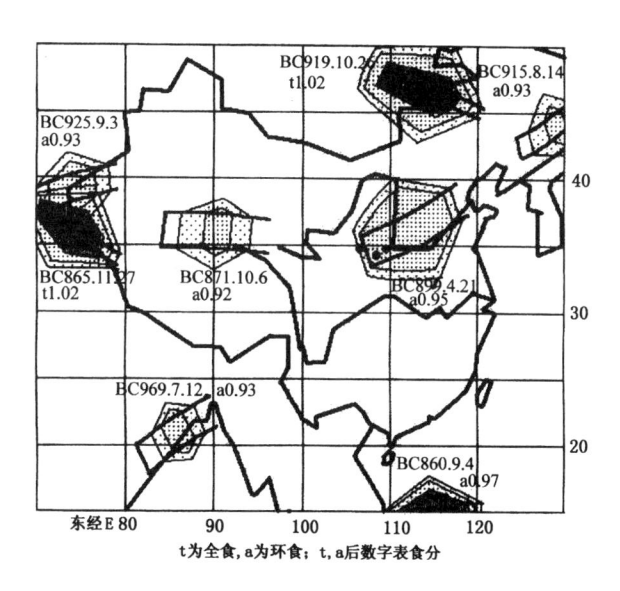

根据刘次沅的解释和计算，可以确知文献中记载的"懿王元年天再旦"事件是发生于日出之际的一次日全食，这是对历史上天文名词"天再旦"的又一次可靠的诠释。这次日食发生的时间为公元前899年4月21日早晨，观测地点在陕西凤翔大郑宫。刘次沅通过天象记录对历史年代"懿王元年"即公元前899年的准确

留守在临潼的刘次沅通过理论计算得到的公元前1000—前840年，中国地区"天再旦"现象分布图

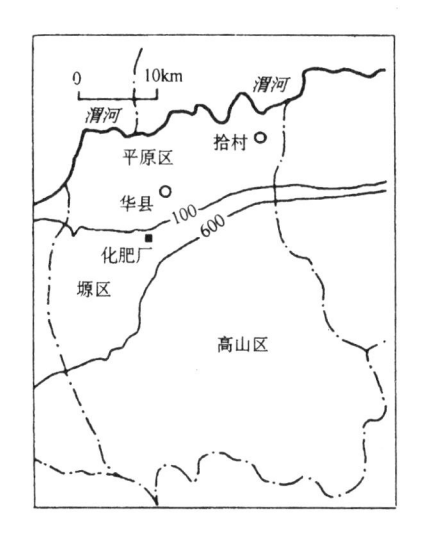

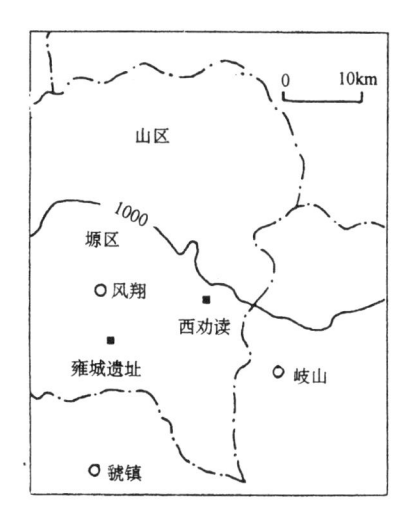

华县地图（左）与凤翔县地图（右）

推算，把历史上的帝王纪年年号与公元纪年年号对应起来，从而形成了整个夏商周断代工程中唯一的一个精确到年、月、日、时、分的时间概念和支撑点。这项成果的重大意义，除了成果本身对"工程"年代推定的价值外，同时也是一项科学研究方法的重大突破。

继刘次沅观测推算的这一结果问世之后，在此之前所拟定的关于"工程"所列的推定西周王年的七个支点的研究全部完成。

当然，有了以上七个支点，并不意味着"工程"中整个西周列王年代研究的终结。按照此前的课题设置，以上的研究成果还需要金文历谱的验证与支持。同有字甲骨的^{14}C测年一样，将金文历谱应用于年代学的研究，也是中国的一大特色。

◉西周金文历谱的排定

夏商周断代工程设置"西周金文历谱"这一专题，意在以西周青铜器的类型学为基础，以上述所开列的七个支点为框架，通过西周晚期66条年、月纪时词语和日干支确定的文献与金文材料，排出西周金文历谱，以验证西周每个王年的时代。这一专题由中科院自然科学史研究所研究员陈久金具体负责。

陈久金，1939年生于江苏省金坛县一个较为富裕的农民家庭，自小对天文颇感兴趣，上小学期间，除了学习学校规定的必修课之外，他经常买些天文方面的课外读物来学习。当他到苏州读高中时，学校隔壁有一座孔庙，庙里有一块很醒目的石刻，石刻上载有一幅神秘的天文地理分野的星象图。就是这块石刻，使陈久金产生了极大的兴趣，每有空闲必驻足此前观望和思考。他很想弄清这幅图的真正意义，但就当时一个中学生的知识显然是无能为力的。而对这幅神秘的星象图，越是不能顺利加以诠释，越使他对天文这门学科感到迷恋。渐渐地，他决定今后要走天文研究的路，以解开这幅神秘石刻的星象图和心中积存的更多的天文星象秘密。在这种思想和志向的指引下，他于1959年顺利考入南京大学天文系，自此开始了人生事业的第一步。

1964年，大学毕业的陈久金走进中科院自然科学史研究所，开始了职

第十章 西周王朝的兴衰

业天文学史研究的生涯。不过，生不逢时的他来到自然科学史研究所后，椅子尚未坐热就卷入到一个又一个的政治运动中无法脱身，紧接着史无前例的"文化大革命"爆发，他这个出身不好的一介书生，自然作为"革命"的对象被打入另册进行政治改造。就在这个大混乱、大动荡的非常时期，陈久金只有在夜深人静时，才偷偷翻一翻他所挚爱的、劫后残存的一点天文书籍和资料。到了"文化大革命"后期的1973年，随着政治形势的变化，中国知识分子的境遇有所好转。恰在此时，考古工作者在山东银雀山和长沙马王堆汉墓中分别发掘出土了西汉元光竹简历书和帛书《五星占》。由于这些出土文献的研究工作非相关的专家学者不能胜任，文物部门便找到中科院自然科学史所，希望所里指派几个懂天文历法的人做一下专门研究。当时的陈久金正闲得无聊，对此事颇感兴趣，便主动请求接手了这项任务。经过对元光历谱和帛书《五星占》的研究，他先后写出了汉初历法的初探、再探和有关岁星纪年研究的几篇论文。由于文中首次提供了与所有现存汉初月、日、干支文献记载完全相合的历谱，并且从理论上找到了推算的依据，故论文发表后引起

《天文图》碑拓（南宋·黄裳绘，现存苏州文庙）
图碑总高267厘米、宽116厘米，星图外圈直径约91.5厘米。图分两个部分，上半部绘星图，有1440颗星。以北极为中心，绘有三个同心圆，分别代表北极常显圈、南极恒隐圈和赤道，二十八条辐射线表示二十八宿距度，还有黄道、赤道和银河等。图的下半部为说明文字，正文共41行，连中间双行注，共2140个字，对宋代天文知识做了简单叙述。此图是世界上现存星数最多的古代星图，欧洲直到公元15世纪，著录于星图和星表的星数才只有1022颗

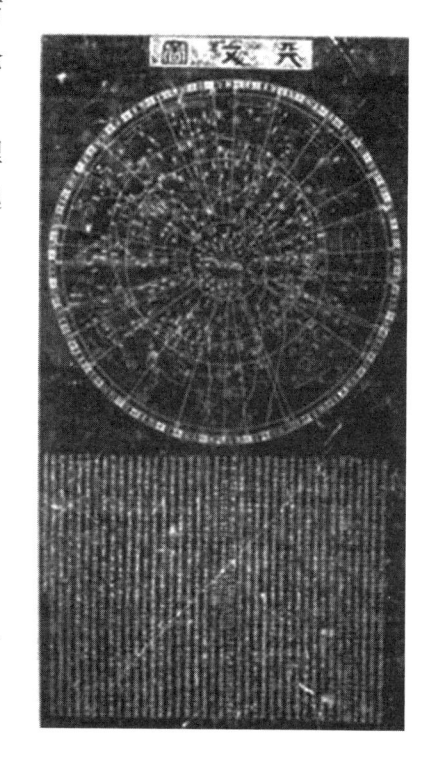

了较大反响，被史学界广泛引用。

正是这项当初顺手捡来的研究工作和产生的社会效果，使陈久金渐渐走上了中国古代历法这门分支学科的研究道路。此后，他又陆续发表了《中国历法成就》《历法的起源和先秦四分历》《九道术解》等论文，从而奠定了他在这门学科中举足轻重的学术地位。

当"文化大革命"的末日来临的前夜，由于某种特殊的原因，中国科学院、国家文物局、高教部发起成立了一个全国性的研究组织——中国天文学史整研小组。这个小组制订了许多项研究计划，其中有一个项目是少数民族天文学史。出于对少数民族文化的好奇和取得一个野外考察机会的心理，已被列为小组成员的陈久金争取到了这个项目。但好景不长，"文化大革命"结束后，整研小组人员就地解散，许多研究项目也随之宣告流产。意想不到的是，陈久金由此却和少数民族文化研究结下了不解之缘，并成为他一生不懈追求的事业。

此后的日子，陈久金与许多民族学家结合，走出书斋，不辞劳苦地跋山涉水，到云南、西藏、新疆等少数民族聚居地区，深入到民间进行采访，到处探寻文物古迹，向喇嘛、阿訇等宗教职业者请教，与专家合作翻译有关文献。他先后调查了傣族、彝族等19个民族以及古代匈奴、契丹、党项、女真等民族的天文历法知识，陆续写出了《彝族天文学史》《藏历的原理与实践》《回回天文学史研究》等一系列著作，从而为

陈久金在野外考察

中国天文学史的研究开辟了一个崭新的领域,并为世界民族天文学这门新兴学科做出了开创性的贡献。

值得特别提及的是,陈久金自走上天文学史的研究道路后,对在苏州读中学时,学校隔壁孔庙中那块载有天文地理分野的石刻星图念念不忘,并多次试图研究和破译其中的奥秘。但他一直没有弄清地域为什么会与星座相对应起来,而各地方志为什么又千篇一律地在开头都记载各地的天文地理分野,这块石刻星图便迟迟没有成功破译。多少年后,当他在研究中华民族史大系分类的时候,无意中发现图腾崇拜的民族分布与四象的名称和方位完全一致。这个偶然的发现让陈久金茅塞顿开并得出一个重要结论:四象概念的形成来源于中国古代华夏族群的图腾崇拜,分布于黄道带四方的四象,实即代表位居北极中央帝星统治下崇拜龙鸟虎蛇的四个民族。于是,四象和天文分野的本义也就真相大白了。这个发现,正如陈久金自己所言,"完全得益于自己对少数民族天文历法研究的积累和启发"。但从另一个方面看,也正是对他几十年来所付出的劳动与汗水的报答。

夏商周断代工程开始后,陈久金是以中科院自然科学史研究所副所长和著名天文历法学者双重身份作为工程专家组成员的。他除了主持"天文年代学综合性问题研究"这个大型课题外,还负责"西周金文历谱"这一专题的研究。不过就当时的情况而言,陈久金并不懂得金文和铜器的分期断代,但是,"工程"的考古学家,特别是青铜器研究专家刘雨等,将自己一生的研究心得告诉他,并将自己的智慧倾入其中,才使陈久金在较短的时间内就掌握了研究的要领。为了能排出一份较少失误,并能为大多数学者接受的历谱,陈久金在几个学科的学者的帮助和鼓励下,日夜赶工,反复推敲,每排出一次谱系便拿到"工程"有关专家召开的讨论会上探讨研究,充分听取专家们的批评意见的同时,不断进行修改、校正。经过七次讨论修改之后,在"工程"结题的前夕,就金文历谱的修订又专门召集了由李学勤、张长寿、朱凤瀚、裘锡圭等多学科学者参加的讨论会,对排谱中出现的争议和特别困难的金文月相,研究出一个妥善的解决方案,最终根据西周金文历谱排出了一份较系统、合理的西周王年表。

西周金文历谱

编号	文献或器名	王年	公元前	文献与铭文中年、月、干支与纪时词语	推排结果
1	《武成》	武元	1046	惟一月壬辰旁死霸	正月癸酉朔，壬辰二十日
				二月既死霸，粤五日甲子	二月癸卯朔，甲子二十二日
				惟四月既旁生霸，粤六日庚戌	四月壬寅朔，庚戌九日
2	《召诰》	成七	1036	惟二月既望，粤六日乙未	二月甲戌朔，乙未二十一日
				惟三月丙午朏	三月甲辰朔，丙午三日
3	《毕命》	康十二	1009	惟十又二年六月庚午朏	六月丙寅朔，庚午五日
4	庚嬴鼎	康二十三	998	惟廿又二（三）年四月既望己酉	四月壬辰朔，己酉十八日
5	静方鼎	昭十九	977	（十九年）八月初吉庚申，月既望丁丑	八月戊午朔，庚申三日，丁丑二十日
6	二十七年卫簋	穆二十七	950	惟廿又七年三月既生霸戊戌	三月甲申朔，戊戌十五日
7	虎簋盖	穆三十	947	惟卅年四月初吉甲戌	四月丙寅朔，甲戌九日
8	鲜簋	穆三十四	943	惟卅又四年五月既望戊午	五月壬寅朔，戊午十七日
9	师询簋	共元	922	惟元年二月既望庚寅	二月壬申朔，庚寅十九日
10	三年卫盉	共三	920	惟三年三月既生霸壬寅	三月庚寅朔，壬寅十三日
11	师遽簋盖	共三	920	惟王三祀四月既生霸辛酉	四月庚申朔，辛酉二日
12	五年卫鼎	共五	918	惟五年正月初吉庚戌	正月己酉朔，庚戌二日
13	齐生鲁方彝盖	共八	915	惟八年十二月初吉丁亥	十二月丁亥朔，丁亥一日
14	九年卫鼎	共九	914	惟九年正月既死霸庚辰	正月丁巳朔，庚辰二十四日
15	走簋	共十二	911	惟王十又二年三月既望庚寅	三月戊辰朔，庚寅二十三日
16	无㝨簋	共十三	910	惟十又三年正月初吉壬寅	正月壬辰朔，壬寅十一日

续表

编号	文献或器名	王年	公元前	文献与铭文中年、月、干支与纪时词语	推排结果
17	十五年趞曹鼎	共十五	908	惟十又五年五月既生霸壬午	五月己卯朔，壬午四日
18	休盘	共二十	903	惟廿年正月既望甲戌	正月壬子朔，甲戌二十三日
19	师虎簋	懿元	899	惟元年六月既望甲戌	六月丙辰朔，甲戌十九日
20	智鼎	懿元	899	惟王元年六月既望乙亥	六月丙辰朔，乙亥二十日
21	吴方彝盖	懿二	898	惟二月初吉丁亥……惟王二祀	二月壬午朔，丁亥六日
22	趞尊	懿二	898	惟三月初吉乙卯，惟王二祀	三月壬子朔，乙卯四日
23	牧簋	懿七	893	惟王七年十又三月既生霸甲寅	十三月戊申朔，甲寅七日
24	元年师旋簋	孝元	891	惟王元年四月既生霸甲寅	四月辛丑朔，甲寅十四日
25	师颖簋	孝元	891	惟王元年九月既望丁亥	九月己巳朔，丁亥十九日
26	达盨盖	孝三	889	惟三年五月既生霸壬寅	五月戊子朔，壬寅十五日
27	散伯车父鼎	孝四	888	惟四年八月初吉丁亥	八月壬午朔，丁亥六日
28	散季簋	孝四	888	惟四年八月初吉丁亥	八月壬午朔，丁亥六日
29	五年师旋簋	孝五	887	惟五年九月既生霸壬午	九月乙亥朔，壬午八日
30	师𫘤簋	夷元	885	惟王元年正月初吉丁亥	正月戊辰朔，丁亥二十日
31	王臣簋	夷二	884	惟二年三月初吉庚寅	三月辛卯朔，庚寅朔前一日
32	三年师兑簋	夷三	883	惟三年二月初吉丁亥	二月乙酉朔，丁亥三日
33	宰兽簋	夷六	880	惟六年二月初吉甲戌	二月戊辰朔，甲戌七日
34	逆钟	厉元	877	惟王元年三月既生霸庚申	三月庚戌朔，庚申十一日
35	元年师兑簋	厉元	877	惟元年五月初吉甲寅	五月己酉朔，甲寅六日
36	郑季盨	厉元	877	惟王元年……六月初吉丁亥	六月戊寅朔，丁亥十日

续表

编号	文献或器名	王年	公元前	文献与铭文中年、月、干支与纪时词语	推排结果
37	师俞簋盖	厉三	875	惟三年三月初吉甲戌	三月己巳朔，甲戌六日
38	师晨鼎	厉二	875	惟三年三月初吉甲戌	三月己巳朔，甲戌六日
39	四年疚盨	厉四	874	惟四年二月既生霸戊戌	二月癸巳朔，戊戌六日
40	谏簋	厉五	873	惟五年三月初吉庚寅	三月丁亥朔，庚寅四日
41	师㪍簋	厉十一	867	惟十又一年九月初吉丁亥	九月己卯朔，丁亥九日
42	大师虘簋	厉十二	866	惟正月既望甲午，惟十又二年	正月丁丑朔，甲午十八日
43	大簋盖	厉十二	866	惟十又二年三月既生霸丁亥	三月丁丑朔，丁亥十一日
44	师望簋、鼎	厉十三	865	惟十又三年六月初吉戊戌	六月庚子朔，戊戌朔前二日
45	十三年疚壶	厉十三	865	惟十又三年九月初吉戊寅	九月戊辰朔，戊寅十一日
46	大鼎	厉十五	863	惟十又五年三月既霸丁亥	三月戊午朔，丁亥三十日
47	伯克壶	厉十六	862	惟十又六年七月既生霸乙未	七月辛巳朔，乙未十五日
48	番匊生壶	厉二十六	852	惟廿又六年十月初吉己卯	十月辛巳朔，己卯朔前二日
49	寰盘	厉二十八	850	惟廿八年五月既望庚寅	五月壬申朔，庚寅十九日
50	融攸从鼎	厉三十一	847	惟卅又一年三月初吉壬辰	三月丙戌朔，壬辰七日
51	伯大祝追鼎	厉三十二	846	惟卅又二年八月初吉辛巳	八月戊寅朔，辛巳四日
52	晋侯稣钟	厉三十三	845	惟王卅又三年，……正月既生霸戊午	正月乙巳朔，戊午十四日
				二月既望癸卯（辛卯）	二月甲戌朔，辛卯十八日
				二月既死霸壬寅	二月甲戌朔，壬寅二十九日
				六月初吉戊寅	六月壬申朔，戊寅七日

续表

编号	文献或器名	王年	公元前	文献与铭文中年、月、干支与纪时词语	推排结果
53	伯宽父盨	厉三十三	845	惟卅又三年八月既死霸辛卯	八月壬申朔，辛卯二十日
54	善夫山鼎	厉三十七	841	惟卅又七年正月初吉庚戌	正月壬子朔，庚戌朔前二日
55	鄂簋	宣二	826	惟二年五月初吉……丁亥	正月丙戌朔，丁亥二日
56	颂鼎、壶、簋	宣三	825	惟三年五月既死霸甲戌	正月戊申朔，甲戌二十七日
57	兮甲盘	宣五	823	惟五年三月既死霸庚寅	三月丁卯朔，庚寅二十四日
58	虢季子白盘	宣十二	816	惟十又二年正月初吉丁亥	正月戊子朔，丁亥朔前一日
59	克镈、钟	宣十六	812	惟十又六年九月初吉庚寅	九月庚寅朔，庚寅一日
60	此鼎、簋	宣十七	811	惟十又七年十又二月既生霸乙卯	十二月癸丑朔，乙卯三日
61	克盨	宣十八	810	惟十又八年十又二月初吉庚（甲）寅	十二月丁未朔，甲寅八日
62	吴虎鼎	宣十八	810	惟十又八年十又三月既生霸丙戌	十三月丁丑朔，丙戌十日
63	趞鼎	宣十九	809	惟十又九年四月既望辛卯	四月甲戌朔，辛卯十八日
64	伊簋	宣二十七	801	惟王廿又七年正月既望丁亥（丑）	正月庚申朔，丁丑十八日
65	柞钟	幽三	779	惟三年四月初吉甲寅	四月辛亥朔，甲寅四日
66	史伯硕父鼎	幽六	776	惟六年八月初吉己巳	八月辛酉朔，己巳九日

  对以上青铜器铭文和文献七个支点的研究可知，在历谱中，只有懿、孝、夷三位王的在位之年不能确定，但由于此前已经论定懿王元年为公元前899年，厉王元年为公元前877年，懿、孝、夷三王共二十二年。属于这一阶段的青铜器可排出三王年数不同的几种方案，结合文献记载和青铜器铭文中的人物关系，工程专家组认为以懿、孝、夷分别在位八年、六年、八年为最佳方案，孝、夷元年分别为公元前891年和公元前885年。

为了验证金文历谱的可信度，"工程"将其王年与西周考古^{14}C测年对照，发现两者年代基本吻合。

西周金文历谱王年与考古^{14}C测年的参照

时代	金文历谱王年（公元前）	在位年数（年）	考古^{14}C测年 单位	拟合后日历年代（BC）
西周早期	武王1046—1043	4	琉璃河早期1段M509人骨	1040—1006
	成王1042—1021	22	琉璃河早期1段M503人骨	1040—1007
	康王1020—996	25	琉璃河燕侯墓M1193木椁	1015—985
			沣西T1④下层木炭	1040—980
	昭王995—977	19	沣西T1H16木炭	1000—940
西周中期	穆王976—922	55（共王当年改元）	晋武侯墓M9人骨	935—855
	共王922—900	23	琉璃河LG11H49④木炭	979—899
	懿王 孝王899—878 夷王	22	曲村J7H23羊骨	914—853
			晋厉侯陪葬墓M108人骨	880—831
西周晚期	厉王877—841	37（共和当年改元）	琉璃河LH11H86②木炭	879—830
			曲村ⅣH402鹿骨	860—817
			晋献侯墓M8木炭	816—800
	共和841—828	14	曲村ⅣH326猪骨	812—785
	宣王827—782	46	晋侯邦父墓M64人骨	804—789
	幽王781—771	11	曲村J2M5217人骨	790—771

从上表可以看出，整个西周列王的年代自公元前1046年武王克商起，一直到曾做出了著名的"烽火戏诸侯"荒唐之举的那位幽王的覆亡，每个王的年代全部列出，整个西周的时间跨度为275年。根据夏商周断代工程文献专题组的研究，关于西周的积年，两汉以后的文献记载分歧很大，且多不可靠，较可靠的先秦文献所载的西周积年在270年至290年之间。因而，以上利用几个学科交叉推出的275年，应是合乎文献记载和历史真相的。至此，夏商周断代工程所设置的整个西周列王年代的推算已全部完成。

第十一章 当惊世界殊

千古学案

成果的汇总,学界的检阅,中国古代文明的大厦渐渐显露出昔日的雄风英姿。科学研究的方式,从禁锢中突围,开拓出一片崭新的天地。时代需要黄钟大吕,世纪回声,昭示着中国灿烂的未来。

学界大检阅

经过两百多位不同学科的专家、学者的努力，夏商周断代工程预定的第一至第八个课题的结题工作，于1999年春季基本完成。由于八个课题的结果是根据不同的角度、不同的材料、不同的方法和路线多层次建构而成，就需对各项成果进行一系列分析研究，并进行整合、匹配，才能建立起整个夏商周三代的总体年代学框架。为此，"工程"在启动之始，就专门设立了"夏商周年代研究的综合和总结"课题，对各种成果进行收集、审查、分析、比较、研究，最后获取一个尽可能相互趋同并合乎历史真实的总成果。

这个"综合和总结"的课题由"工程"首席科学家、专家组组长李学勤具体负责。其实施的主要步骤和方法是：

1. 对课题结果彼此一致的，加以归纳和诠释。

2. 对各课题结果相互矛盾的，探索出一条合理的解决途径。

3. 对各课题结果中未能适当解决的问题，找出症结，重新研究，其中包括田野工作和年代测定。

4. 对各课题结果中显露的新问题，或在综合各课题结果时发现的新问题，设立新的专题进行研究，将其成果吸收入项目的综合结果之中。

5. 对此项工作，组织第一至第八各课题的一部分专家参加，并适当安排若干跨课题的学术研讨活动，最后综合形成夏商周断代工程结题总报告和一份夏商周年代表。

1999年5月12日，夏商周断代工程组织了"金文历谱""武王伐纣天象""甲骨年祀"和"仲康日食"四个重要专题的大型联合研讨会，对相关的问题在总体上进行讨论、分析、研究和整合。这次研讨会，在标志着各课题、专题的研究目标已基本达到的同时，也标志着"工程"正式进入了计划中的"综合与总结"阶段。

自1999年5月中旬起,各课题、专题成果基本得以汇总,以李学勤为首的"工程"首席科学家,一面进行成果研究整合,一面着手主持《夏商周断代工程1996—1999阶段成果报告·简稿》(以下称《简稿》)的起草工作。为使《简稿》尽可能全面而又简明扼要地反映"工程"的研究路线、方法和成果,"工程"专门成立了《简稿》起草小组,由专家组成员彭林任组长,青年考古学家张立东、"工程"项目办公室的徐凤先、江林昌、孙庆伟、李勇等任小组成员,具体负责《简稿》的起草任务。

前文已述,已得出的夏商周断代工程中的课题、专题成果,常常需要多学科的交叉、互证和互验,每一个年代结论,更需要有多学科交叉的互证、互洽。所以,就整个"工程"成果的整合而言,是在另一个更加广博、复杂、深入的更高层面上继续攻关的过程,这个层面所需要的学识和条件,以及所遇到的难题,远非单个专题或课题所能比拟。早在"工程"启动之初,在一次领导小组听证会上,当一位领导小组成员问李学勤对"工程"最大的担心是什么时,李学勤回答说:"最担心的就是多学科、多课题、多专题的成果拿出来之后,整合不起来。因为就单个学科的研究而言,过去许多前辈学者大都做过研究,并积累了相当的经验,我们现在再来研究,显然是站在前人的肩上往上攀登。在这种情况下,最糟的也不过是在原地踏步而没有进步,前人的成果还在那里摆着。但像'工程'这样多学科整合的工作,前人没有做过,我们也没有做过,可以说大家都没有经验,如果研究商代的出一个结果,研究西周的出一个结果,两个结果拼不起来怎么办?比如说商末和周初中间差距是一百年,或者中间又重叠了一百年,这样麻烦就大了。"

所幸的是,中国的古代文明是一个客观存在,年代学是一门科学,而对年代学的研究有其客观规律可循,虽然对这门科学的研究也许永远达不到终极真理,但总是朝着真理的方向迈进。所以夏商周断代工程实施之后,从工程各课题研究的结果来看,还没有出现李学勤最初所担心的那样大的"麻烦"。尽管如此,各专题与课题之间、各课题与整个"工程"之间,小的"麻烦"还是不断出现。在这种情况下,就要求研究者站在更高的角度,尽可能从各个方面来加以分析、处理和整合现有的矛盾,使所得结果更好地朝着真理的方向靠近。

为了整合西周和商代后期年代学成果，"工程"首席科学家在组织用两套思路反复推排金文历谱的同时，又组织对武王伐纣天象计算结果进行复核，同时组织了由商末三王周祀谱推算年代，以及与商代历日的对应关系等重点攻关。为解决夏商考古研究的缺环，以建立起完整的西周考古年代序列，"工程"又新增设"周原西周文化分期与研究"等专题，使整个"工程"下设的专题，由原来的36个增加到44个。而加速器质谱法测试过程对设备调试的研究，特别是骨质样品制备专题对甲骨样品的碳样纯化问题的研究，也伴随着"工程"成果整合的过程，不断得以改进和深化。由于不同学科成果的交叉、匹配，以及 ^{14}C 测年数据与考古信息的拟合等一系列难点的解决，西周至商后期17个年代支点才得以标定，夏商周年代框架才得以更坚实地建立起来。

就在"工程"对成果的研究整合不断取得新的进展之时，由彭林等人组成的《简稿》起草小组，在对各课题、专题的结题报告以及总体情况进行深入分析，对其论点、论据及其结论进行归纳、提炼的基础上，又对"工程"整合的新成果及时地加以吸收，从而完成了《夏商周断代工程1996—1999阶段成果报告·简稿》的初稿。

1999年8月，"工程"召开专家组会议，就以上《简稿》进行审议。在长达七天的讨论中，专家们对《简稿》的部分内容和观点提出了修改意见。随后，"工程"首席科学家与起草小组对《简稿》文本进行了仔细的推敲和修改，进一步形成了《夏商周断代工程1996—1999阶段成果报告·简稿》（征求意见稿）。此稿就夏商周断代工程的目标、研究途径、实施情况，以及各课题、专题的研究成果等做了简要而较全面的介绍，并附有《夏商周年表》。该年表中，所列的几个大的年代支点是：夏的始年为公元前2070年，商的始年为公元前1600年，盘庚迁殷之年为公元前1300年，武王克商之年为公元前1046年。在这个大的框架之内，还有商后期与西周各列王的年数。

在成果正式对外公布之前，根据夏商周断代工程领导小组的指示精神，由中国史学会、中国考古学会、中国科技史学会，会同夏商周断代工程项目办公室，联合举办了"夏商周断代工程成果学术报告会"，就"工程"制订的《简稿》广泛征求学界的意见。会议定于1999年9月24日至26日在北京召开，其间，正逢中国的传统节日——中秋佳节，被邀请的两百多位专家、学者，放弃了和家人共度良宵的团圆机会，满怀期望与惊喜之情，纷纷从二十二所大学与三十多个科研单位赶赴首都。他们中，有年高德劭的学界泰斗，有两鬓斑白的中科院院士，更多的则是活跃在夏商周历史学、考古学领域和天文史学界、科技史学界等各个学科科研、教学第一线的卓有成就的中青年学者。而这些学者，有的正在国外或即将赴国外访学，有的正出差外地，进行着学术研究和交流。其中有相当一部分考古学家，正在高山大漠、荒野田畴，进行着艰苦的田野考古工作。他们得知信息后，立即收拾行李，征尘未洗、汗渍淋淋，怀着对"工程"成果的殷切企盼，从四面八方云集会场，聆听"工程"报告并参加研讨。其时，有的科学家所研究的领域本不属于"工程"涉及的学术范围，但他们听到消息后，怀着对中国历史和中华文明的满腔热忱，以及对"工程"科研人员和所获成果的崇敬之情，主动和会议组织者联系，要求旁听"工程"报告。

李学勤（左）、金冲及在夏商周断代工程成果学术报告会上做报告（作者摄）

尽管"工程"启动三年来，已组织了大大小小三十余次学术讨论会，但大多数限于"工程"内部的直接参与者，而这次来自全国范围内不同学科的一流学者会聚北京，既是学术界一次难得的中秋大团圆，也是对"工程"成果的一次空前检阅。这次别开生面的成果大检阅，在让与会者亲自看到了"工程"所发挥的多学科联合攻关的优势的同时，在某种意义上更体现了科学与民主的学术风尚和严谨、求实的学术理念。正是在这样一种浓厚的学术研讨氛围中，学者们在听取了李学勤等四位"工程"首席科学家所做的学术报告后，才在研讨中认真诚恳,又异常活跃地敞开胸怀,尽情地表达自己的感受和建议,并为"工程"成果的进一步完善提出真知灼见。

面对夏商周断代工程所取得的一系列重要成果,与会的两百多位专家、学者群情激昂,精神振奋,给予了高度赞扬和充分肯定。他们认为,这些成果体现和代表了当今年代学研究的最高水平。"工程"所采取的自然科学与人文科学相结合的学术探索模式,在自身取得成功的同时,也对相关学科的发展起到了极大的促进作用,尤其是"工程"成果所体现的众多专家、学者相互合作的群体意志和团队精神,对即将到来的新世纪中国的学术研究和学科建设将产生深刻的影响。

会上,来自三个学会的负责人金冲及、柯俊、徐苹芳分别代表报告会的主办单位发表了讲话。金冲及说,1996年春,我国政府开始组织实施国家"九五"重点攻关项目夏商周断代工程,力求提出一份较准确的夏商周年表,这不仅是我国学术界的责任所在,也是国际学术界及亿万炎黄子孙的共同企盼。经过三年的努力,研究已经取得了一系列重要成果,达到了各项预定的目标,这是我国学术史上的一件值得庆贺的大事。今天看到这些成果,使我们不能不深表敬佩和赞叹。"工程"开创了多学科交叉研究的一个很好的范例,其学科联合的规模和组织的严密程度,在我国似乎还不曾有过,在世界上也是罕见的。这种探索、尝试的实践经验,对我们正在进行着的历史研究方法论的改革无疑是一个重大促进。

中国科技史学会名誉理事长柯俊院士在高度赞扬了"工程"所发挥的团队精神之后,对多学科合作的方式和研究成果表达了深刻的体会,认为像"工程"这样多学科交叉渗透,是过去的教育体制所达不到的。他说,过去我们的教育体制是把理科、工科、医科、文科都过细地分开,学科之间很难相互了解和沟通。人的素质很重要的一条是对社会的了解程度,应该广泛地懂得社会各门学科,至少对有些学科有个概念性的了解,使大家能够更好地沟通和讨论,这样整个社会发展的步伐就会加快。"工程"这种正确的科学方法和科学思维,对我们正在进行着的教育体制、内容和教育方法的改革,都具有很好的启迪作用。最后,柯俊讲道,夏商周断代工程,不仅是国家交给的任务,也是祖先赋予我们的一项使命和责任。尽管"工程"成果还需要进一步改进,但总的来看,"工程"的成果是伟大的,也是非常重要的。我们不仅对得起国家、民族，同样对得起祖先，而且对后代子孙也是功德无量的。

除三个学会的负责人发言外，与会学者分成历史组、考古组、科技组等三个组，对"工程"成果展开了广泛的讨论。在历史学组的讨论中，来自东北师范大学历史系和吉林大学古籍研究所的詹子庆、陈恩林两位教授认为，夏商周断代工程得到了全国人民的支持，是学术界的一件盛事。经过几年的努力，"工程"已取得了显著成效，目前所提供的年代方案，可以说是现阶段的最佳方案。来自中国社会科学院历史研究所的王宇信、宋镇豪两位研究员颇有感慨地发表了自己的见地，认为夏商周断代工程是一个世纪课题，现在提供的这个报告，既是对过去年代学研究的总结，也是将来年代学研究的开始。"工程"能取得这样的成果，可以说是中国学术界到目前为止所能达到的最高水平。当然，其中有些问题尚不能明确得以解决，但这不是因为我们的研究水平不够，而是材料不足，这些研究可留待后人继续去做。现在我们能把问题提出来，本身就是对学科的一种推动。夏商周断代工程集中了各方面的人才，联合攻关，推动了有关学科的发展，同时又培养了一批跨世纪的复合型人才，实在是功不可没。来自华东师范大学史学史研究所的谢维扬教授说道，"工程"启动以来，历史学界寄予了很大期望，现在的结果不仅达到了期望，有些还超过了期望。"工程"的成就是多方面的，如采用了多学科相结合的研究方法，为今后的历史学研究提供了借鉴。"工程"所得出的许多有价值的结论，可作为今后古史研究的依据，这对整个历史学研究无疑会起到极大的推动作用。来自吉林大学的吴振武教授，在代表历史学组讨论的总结性发言中，对夏商周断代工程所取得的成果，从几个方面做了概括：第一，年代学的研究方法，不仅使古史学研究者学到了许多东西，更为重要的是，通过这次"工程"的研究，我们知道了哪些方法在年代学研究中是可行的，哪些方法是行不通的，今后的研究，在许多问题和方法上可以少走弯路；第二，在研究中所涉及的基础性文献资料，"工程"都做了彻底的清理，这是前人所未能做到的；第三，给出了许多有价值的结论，可作为今后古史研究的依据；第四，"工程"能够组织如此大规模、多学科的联合攻关，是一次大胆的创新和尝试，这种方式，既出了成果，又培养了人才，是应当给予充分肯定和称颂的。来自中科院自然科学史研究所的苏荣誉研究员，受中国科技史学会负责人和大会科技组主持人的委托，对讨论的情况在总结性发言中说道：科技组对"工程"的总体评价是，"工程"用了几年时间，动用了全国200多位专家学者，这样大规模的联合攻关是少有的，所取得的成绩是巨大的，其研究方法是科学的，结论也多是可靠的。"工程"达到了预定的目标，所取得的成果是一份比较合格的答卷。就我个人而言，有幸在1995年随席泽宗先生参加过"工程"的早期动员会，我觉得现在的成果比我当时的期望要好得多，其中，^{14}C测年有很大的创造，确实有新突破，比如武王伐纣的结论就很可信，原来以为夏商分界定为±50年、夏始年±100年就不错了。但现在^{14}C测年缩小到这样的范围，真是出乎意料。来自中国社会科学院考古研究所的殷玮璋研究员，在代表考古组讨论情况的总结发言中，对"工程"所取得的成果也给予了较高的评价。

就在会议即将结束时，几位代表又根据自己参加"工程"成果研讨的体会做了典型发言。来自陕西省考古研究所的资深研究员、著名考古学家石兴邦说道：我没有具体参加某个课题组，只是断断续续地参加了一些课题的研讨会议，对工作中的一些情况直接地，或是间接地有一些了解。我所知道的，是课题组的同事接到任务以后，以高度的责任心和炽热的事业心，积极高速地履行自己的职责，可以说夜以继日、废寝忘食、孜孜不懈、勤恳拼搏。不论在考古工地还是在室内，都认真负责地探索和求索，以求真谛。"工程"两百多位专家、学者经过几百、几千个日夜，终于在大量资料中，历史性地、全面系统地整理了夏商周三代发展过程的主要数据和积年的范围，取得了阶段性的辉煌成果。这些成果，是所有参与"工程"的同志们辛勤劳动的积累和智慧的结晶，我们表示敬佩和庆贺。

中国考古学会常务理事、夏商周断代工程专家组成员俞伟超，在发言中对"工程"实施的过程做了回顾与评价。他说：在三年前，关于"断代工程"制订什么目标，完成什么样的任务，经过了相当长一段时间的酝酿，最后才确定了夏、商前期、商后期、西周列王等四个目标和不同的断代标准。现在看来这四个目标的标准定得是合理的，也是科学的和实事求是的。但是我知道，这三年多的时间，为了完成这四个标准，许多学者付出了辛勤的劳动，特别是我们几位首席科学家身负重任，为了这个目标的完成不说是废寝忘食，也可以说是坐卧不安。因为这个目标确实是太难了，我想这个任务搁在任何一位伟大的学者身上,将无一例外地会使他们感受到,在短短的几年时间里面,要搞出一个既符合科学,又能为学术界接受的成果,有着怎样的压力。但是通过国家政府的支持和学者们的共同努力,这个任务完成了,目标达到了,我们目前看到的这个报告的成果,比以前想的要好得多。比如对古代史来说,尤其是对考古学来说,^{14}C测年的精度我们大家一直非常关心,"工程"实施后,经过各方面的努力,在短短的几年里面就把我们^{14}C的测定能力提高到国际先进水平。这一点对今后的考古学发展,或者古代史研究、古代文化研究,都具有非常大的推动作用。再如夏商周年代学的研究,过去许多研究都分散在个人手里,总体组织没做过,所以就有一堆问题始终得不到解决。现在通过国家政府的支持,学者们的合作,科学的成果就出来了。就总体范围来说,我们对夏商周年代学的研究已经走在了世界的前列,因而说这个成果是了不起的,这项事业是伟大而光荣的,我想每一位炎黄子孙都会为之自豪和骄傲的。

当然,在充分肯定"工程"成果的同时,学者们也对其存在的不足和缺陷毫无保留地提出了改进意见。如来自南京大学历史系的范毓周教授用形象的比喻说道:关于历史年代问题,就好比是一串断了线的珍珠撒在了河水里,随着河水的冲刷和泥沙的淹没,珍珠的位置更加散乱。现在要把这些已过去几千年的珍珠重新捡回来,其难度可想而知,而要想全部捡回几乎是不可能的。即使有一部分捡了回来,重新串连,也不一定是原来的顺序了。因此,对我们的成果要谨慎对待,建议"工程"报告在处理有关学术问题时,参考外国年代学研究的方法,不要追求唯一解,可采用"最优解""次优解""待解""无解"等有分寸感的提法。只有这样,才是一种实事求是的态度。对范毓周教授的意见,一直从事国外古文明研究的刘健博士表示赞同,她除向与会学者介绍了国外年代学研究及年表处理的情况外,同时提出,国外古文明年代学的研究,依据材料的多少而对具体年代做不同的判断是一种常规。如两河流域的年代学研究中,关于公元前1000年的年代,由于天文记录、考古发现与传世文献的有关记录相互吻合,因此,绝对年代就得以明确。而对公元前2000年的年代,由于材料较为缺乏,就只能提出框架。至于公元前3000年的年代,由于城邦林立,很多年表不统一,考古材料又太少,因此,相关的年表只能冠以"大约"字样。再如,对同一考古材料提出不同见解，也是正常现象。正因为如此，国外古文明年代学的研究者在处理一些具体年代时，往往采用上限、中限、下限，或早期、中期、晚期等体系，而且这种体系又往往以学术专著或学术论文的形式发布。刘健认为，以上两点，值得"工程"参考和借鉴。

参加这次学术成果大检阅的近六十位考古学家，由于人数众多，在宽大的会议室里，讨论极其热烈，有的发言慷慨激昂，有的意见幽默风趣，有的学者与学者之间因同一个问题的不同看法而产生了激烈的争论。如在谈到有关夏文化和河南龙山文化的关系问题时，来自中国社会科学院考古研究所的资深研究员安志敏和来自武汉大学历史系的杨宝成教授，相继发表了如下类似的观点：河南龙山文化和夏文化在考古学上应该是两个文化，两者的文化面貌有很大的区别，这是很多在河南工作过的同志比较一致的看法。如果把它们看成是一个文化，如何解释文化上的这种突变呢？因此，不能仅仅根据河南龙山文化晚期的年代和二里头一期的年代接近，就把它们看成是同一个文化的早晚阶段，这在考古学上是不好处理的。

上述观点遭到了来自中国社会科学院考古研究所研究员、曾长期主持二里头遗址发掘工作的赵芝荃的反驳，赵芝荃说，"工程"将夏文化的上限提到河南龙山文化晚段是一个重要的突破，河南龙山文化和夏文化虽然是两个文化，但后者是前者的发展，这个观点"工程"一定要坚持下去，不要因为有些不同意见就发生动摇。来自河南省考古研究所的研究员许顺湛认为二里头文化不能代表整个夏文化，早期夏文化要到河南龙山晚期去寻找，但是河南龙山文化晚期有若干个类型，如王湾类型、煤山类型等，这些类型和二里头文化之间都有断茬，因此"工程"需要慎重考虑。同时，针对"工程"把登封王城岗遗址看成是禹都阳城的观点，许顺湛表示不敢苟同，其原因是王城岗遗址的规模太小，总共才一万平方米左右，有人戏称为"羊圈"，同时期的龙山城比它大得多。前些时候在河南密县发现了一个古城堡有十六七万平方米，城墙有几米高，且这个城堡保存得很好。如果王城岗是所谓禹所居的阳城，令人产生疑问的是，为什么禹不在大的城堡里去统治别人，而是跑到一个被戏称"羊圈"的地方去呢？所以，"工程"需对这个问题慎重考虑。针对许顺湛的质疑，来自北京大学的部分学者反驳道："王城岗遗址在同时代出现的城堡中的确不能算大，但其所处的地理位置十分重要，因为这正是先秦古籍中'禹居阳城'的所在地,而且恰恰就在其东不远处发现了战国时期的阳城城址。过去安金槐先生首倡王城岗龙山城堡'禹都阳城'说,不少人以该城面积太小、时代过早而加以否定。不过细细研究有关文献记载,说的都是'禹居阳城''禹都阳城',禹避商均于阳城,还没有一处是说'禹筑阳城'。因此我们不能排除禹受舜禅之前阳城已经存在的可能。如果允许做这种推测,那么将王城岗古城使用期的晚期遗存作为最早的夏文化,便不无道理。"

针对《简稿》提到的"当前学术界主要有郑州商城亳都说、隞都说、偃师商城西亳说和二里头遗址西亳说",以及"工程"认为"郑州商城即成汤始居之亳的说法最具说服力"和"偃师商城最有可能为汤都西亳"的观点,来自中国历史博物馆的研究员俞伟超和来自河南省文物考古研究所的研究员杨育彬,都认为郑州商城不是商汤所都的亳,偃师商城才是真正的亳都。对俞伟超、杨育彬两人的观点,来自中国社会科学院考古研究所的研究员殷玮璋及部分与会学者,又有不同的看法。殷玮璋等认为,有些问题,尽管表面看似乎是材料多一些,譬如关于郑亳说、西亳说,或者是阳城说等,但实际上,它们内部还包含着许多矛盾的地方,这些矛盾应该被充分地看到。"亳"怎么可能有两个?郑州是"亳",偃师也是"亳",还说偃师可能是"西亳",又说郑州是"郑亳"。成汤时,他在同一时代建了两个都城到底是怎么回事?为什么要建两个都城?是出于政治、经济、军事还是其他方面的考虑?这里就遇到一些费解的、在考古学上目前不能完全解决的问题。我们今天急于下结论的话,就不是一种实事求是的科学态度了。

关于沣西H18灰坑的考古发现及^{14}C测年与武王克商范围界定的问题,"工程"在成果报告简稿中做了如下表述:"沣西97CMT1探方,是由一组系列地层单位构成的,其中最底层的是H18,由四个小层构成,时代相当于文王迁丰到武王克商之间,属于先周文化晚期单位……叠压其上的是T1第四层,时代相当于西周初期;打破第四层和H18的有H16、H11和H8,其中H16、H11属西周早期,H8属西周中期。以上单位均出土有典型特征的陶器群。T1第四层与H18的交界,可作为商周间的界标。经过对T1系列样品^{14}C测年,得出武王克商年范围为公元前1050—前1020年。这与殷墟末期及琉璃河早期的^{14}C测年结果也相吻合。"

针对以上这段描述和测年数据，来自吉林大学的林法教授提出质疑，认为将T1第四层与H18的交界作为商周间的界标是不合理的，一条线怎么能作为界标？可以作为界标的应是T1第四层和H18这个地层段，而不是两个地层之间的那条线。同时，林法还提出，沣西H18是一个地层单位，而武王克商是一个政治事件，两者之间没有必然的联系，"工程"通过H18的年代来确定武王克商的年代，这在研究方法上是否合理？面对林法教授的质疑，来自河南省文物考古研究所的研究员郝本性认为，虽然"工程"把沣西H18灰坑的地层关系和武王克商联系起来有不足之处，但在目前的研究条件和状况下也是可取的。来自西北大学历史系的刘士莪教授根据自己亲自到沣西H18灰坑察看的情况，认为沣西H18的地层关系是没有问题的，但应当说是整个H18的年代代表了文王作丰到武王克商这一阶段。这一阶段究竟有多少年，在文献上有不同的说法。刘士莪认为从文王去世到武王即位并克商历时不到五年，可"工程"在H18的 ^{14}C测年为公元前1050—前1020年间，所跨的年代就显得长了。著名考古学家俞伟超在大会发言中说：我觉得H18对确定商、周的分界是个重要材料，但要把它说成是一个类似决定性的材料，至少从考古学来看还不成熟。H18所出的遗物是周文化的东西，考古界能够公认是文王迁丰以后的，这一点没有问题。但是否就是武王灭商那一年之前的，这个材料的证据就有些欠缺了。道理很简单，这个划分所根据的主要是所谓早周瘪裆鬲，而早周瘪裆鬲的下限完全断绝的时间是什么时候，现在还定不下来。是不是一定卡在武王灭商那一年？我看谁也不敢下结论。整个H18的文化延续时间很长，西周到早周都可以，但是若要确定H18的第一层就是武王灭商的分界，证据是不足的。同样的道理，如果说瘪裆鬲在武王灭商以后立刻就消失了，我看现在还没有可靠的证据……

这次为期三天的学术会议，标志着学术界对夏商周断代工程阶段性成果进行了一次大检阅的同时，也体现出与会专家对"工程"寄予的殷切期望，对该成果的进一步修订和完善，无疑起到了重大的推动作用。

第十一章　当惊世界殊

❀科学进程的里程碑

夏商周断代工程成果学术报告会结束后,"工程"办公室对有关会议的发言资料做了全面的收集和整理,除大会和分组讨论会上七十余名学者的发言外,还收集、整理了学者们于会后提交的近四十份书面意见。

1999年10月18日,"工程"召开了专家组组长会议,对收集到的意见做了归类和讨论,并提出了相应的处理方案。如对一些考古问题、商后期日月食的推算问题、金文历谱的排序问题,专家组认为,应尽可能参考并吸取正确内容以改进"工程"成果。对涉及不同学科存在的学术观点分歧,有的难以在短时间内形成统一的意见。如关于夏文化的分歧,对郑州商城、偃师商城等遗址历史名称的分歧,以及西周金文月相的分歧等。这些方面应采取兼听的态度,尽可能了解各方面的看法,但在报告中只能根据"工程"的研究成果采取一种意见。而对少数专家所提出的对"工程"采取的途径路线和方法等不够理解的意见,可以认为是这些专家未亲自参加"工程",加之相关部门对"工程"宣传及说明做得不够到位造成的。同时《简稿》限于篇幅,只能以结论为主,对其他不可能做详细的说明,修订后的《简稿》应在这方面尽可能地加以改进。

邓楠在观看夏商周断代工程成果展览(作者摄)

就以上归纳和研究的方案,"工程"首席科学家采取了如下具体的改进措施:1.进一步加强常规^{14}C和甲骨测年工作,具体落实所补充的测试内容,并根据进展

情况做进一步研究。2.对西周王年所依据的七个支点的论证，进一步组织讨论，研究主要分歧。3.进一步加强对若干考古遗址的发掘和研究。4.在认真梳理、研究"报告会"中学者们的意见的同时，组织更强大的班子，对《简稿》进行全面修改，以达到尽可能完善的目标。

1999年11月26日，"工程"四位首席科学家就以上制订的具体措施向科技部邓楠等领导做了汇报。鉴于有些^{14}C测年数据还需要继续测试，李学勤代表"工程"专家组提出将"工程"的验收推迟到2000年第一季度，这个请求得到了科技部领导的同意和支持。早在此前，邓楠就根据"工程"的进展情况，同领导小组成员进行了研究，最终决定调整原来制订的在新中国成立50周年（1999年10月1日）前完成的计划，并强调"工程"要放稳进度，一定要坚持科学性与客观性的原则，不要为急着赶国庆节的献礼而影响"工程"的质量。所以，邓楠在听取了汇报后，再次对四位首席科学家强调："不赶进度，加强交流，召开一些会议，把工作做细；继续广泛、充分地听取意见，修改并充实《简稿》，列出各家观点，验收时还要补充附件。同时要加强科学精神、民主作风，实事求是，以诚待人。"

继这次汇报会之后，根据预定的方案，"工程"本着实事求是的科学精神，对已有成果进行了充实和修改。如针对报告会中，考古学家俞伟超、林法等学者提出的沣西H18灰坑的地层关系、^{14}C测年数据与武王克商范围的界定等问题，"工程"专门召开专家组会议进行了进一步探讨和研究，并责成^{14}C测年专家对商后期和西周初期的测定数据全部重新进行检查、排比、拟合。根据工作的情况，"工程"专家组认为原《简稿》中有些表达方式和^{14}C测年数据不够精确，有必要重新修改。如《简稿》所叙述的"T1第四层与H18的交界，可作为商周间的界标"一说，确实是把两者之间的一条横线当成了分界，这种说法自然就不够科学，事实也并不如此。较准确的表达方式应该是："作为先周文化晚期，即商代末期典型单位的H18和作为灭商后西周初期文化典型单位的T1第四层，为从考古学上划分商周界限，提供了理想的地层依据，武王克商之年应包含在这一年代范围内。"后来"工程"按这种说法对《简稿》进行了修改。在^{14}C测年数据的一系列工作中，对沣西H18灰坑所出一组数据，用树轮校正曲线重新进行高精度扭摆匹配，得到武王克商年的范围为公元前1050—前1010年。而AMS法的测年数据则为公元前

第十一章 当惊世界殊

1060—前995年。这两组数据，跟《简稿》中所提的公元前1050—前1020年稍有差异。

当然，要确定武王克商的年代范围，以及商周的分界，正如"报告会"中考古学家俞伟超所言，沣西H18是个重要材料，但不是决定性的和唯一的材料。"工程"专家组经过深入探讨后认为，与推定武王克商年范围有较直接关系的考古遗址样品系列，除上述沣西H18的系列外，还有商后期的殷墟系列、西周的琉璃河系列和天马—曲村系列。经过对这些遗址系列样品的五十多个数据的重新检查、树轮校正和拟合匹配，将所得数据与沣西H18测年结果对比研究，再结合其他方面的材料，最后得出武王克商年的范围为公元前1050—前1020年。尽管这个数据同《简稿》相比没有改变，但其中的研究思路和方法却有了很大变化，而这种方法所得数据的科学性也较之以前有了很大进步和提高，并使所定武王克商年的范围更加扎实和可靠。

在"工程"对《简稿》进行修改、充实的过程中，首席专家除布置^{14}C测年继续工作外，还根据"工程"需要，布置了一些新的考古发掘工作，如利用遥感技术对安阳"洹北商城"的探测、对河南密县的新砦遗址和陕西周原遗址进行发

李铁映（左一）、宋健（左二）分别在会上发表讲话（作者摄）

掘等。特别是对金文历谱的问题，根据考古学的类型学研究，进行了新的研究和新的调整。参加"工程"的考古学家、古文字学家以及天文历法专家达成了相当一致的意见。而其他若干问题，也在陆续召开的学术讨论会中得到了合理的解决。

2000年4月24日，夏商周断代工程召开专家组扩大会议，就最新修订而成的《夏商周断代工程1996—2000阶段成果报告·简稿》（下称《简稿》）进行了全面讨论。会后，"工程"首席科学家又对《简稿》的具体细节再度做了修订，使《简稿》得到了进一步完善。

2000年5月11日，夏商周断代工程领导小组召开会议，邓楠、陈佳洱、韦钰、张文彬、江蓝生、刘恕、钱文藻（代表路甬祥）等领导小组成员，以及"工程"特别顾问李铁映、宋健等，共同听取了"工程"专家组的汇报。与会的领导人员对"工程"所进行的自然科学与人文社会科学相结合的实践，以及所取得的夏商周三代年代学成果，给予了充分肯定和高度评价。宋健在"喜颂初获，不恤闲言"的讲话中说道："关于中国古代史，已经争论了两千多年。三代年代学的难度之大是众所周知的，当年孔夫子作《春秋》，就战战兢兢，没有把握，并产生了'知我者春秋，罪我者春秋'的感慨。但是，两千多年来，对于中国文明历史的探索，成为中华民族历代学者和仁人志士所追寻的科学理想和怀有的伟大志向。每逢盛世，庙堂民间，就有人站出来为中国古代史的研究做出努力和贡献，其中不少鸿学硕儒为此耗尽了自己一辈子的生命。西汉的司马迁，唐代的张守节就是典型的代表。不过从司马迁到夏商周断代工程实施之前，对三代年代学的研究都是孤身奋斗，发奋而为，从没有像现在这样大规模地以多种学科相结合的阵容和方法来研究中国古代史。就我们正在进行着的夏商周断代工程而言，这是中国学术界第一次把大家团结起来，沿着共同方向，为一个目标而努力。我们应感谢四位首席科学家和参加'工程'的历史学家、考古学家和各个学科的自然科学家。正是大家的同心合力，才取得了这样一个阶段性成果，这不能不说是中国科学事业的一大进步。"

在谈到关于年代学研究的意义时，宋健列举了一个生动的个案对与会者说，"我今天把一个材料顺便给大家念一段，以说明'工程'成果将可能产生的影响。20世纪30年代末，获诺贝尔文学奖的美国女作家赛珍珠，她生在中国，在中国生活了很多年，并做过南京大学（原中央大学）的教授。60年代初期，美国竭力反对和封锁正处于经济困难时期的中国。1962年，赛珍珠在华盛顿附近召开的一个会议上，针对美国的这种行为，发表了一篇公开演讲，她说道：'各位，我知道中国，我在中国住过很多年，有很多朋友，我在南京教过书。我还记得我那些非常优秀的学生们，他们是在如何地奋斗、努力学习和掌握现代知识。……时常有人问，为什么这么高比例的中国人是卓越的人呢？是绝对卓越的人民呢？这是因为他们的历史很久，今年（1962年）是黄帝纪元4660年。在四千六百多年中，中国一代一代地经历过苦难、贫困、死亡，只有最强的人、最聪明的人才能留存下来，弱者都死光了。……我对达尔文的进化论是很信的，现在留下的中国人都是非常优秀的、杰出的、伟大的，值得尊敬的人。'在这篇演讲的第三段中，赛珍珠说，'中国人是人类历史上杰出的一个民族，现在他们拼命地搞现代化建设，搞工业化建设。你们可以相信，他们会以闪电般的速度完成他们的工业化和现代化建设。……我认为美国对中国的政策是错误的。几年前，美国把通向中国的大门关闭了，应该尽快地开放，要和他们交流、对话。可以提建议、提批评，不能这样绝交。我相信，这件事必须在最近完成，否则是对一个伟大民族的污辱。''宋健说："赛珍珠讲的这段话现在看了仍令人感动。我过去没有读过她写的书，最近一位朋友帮我从亚马逊网站订了她写的三本书，赛珍珠记住了孙中山先生选定的黄帝纪元，并以这个年代为起始，论述了中国的历史和中华民族的优秀精神。从而可以看出，年代学对整个社会和世界人类都将产生潜在的、多方面的重大影响。所以，对中国古代史，应该坚定不移地继续研究下去。只要是科学的、真实的新发现、新理论，而不是假造的、无根据的臆想，都应鼓励和支持。当然，为了今后的发展，夏商周断代工程这个阶段性成果，在科学上要留有余地，所下的结论不要太绝对，这一点我是深为赞同的。"

继宋健之后，"工程"特别顾问李铁映在总结性的发言中讲道："在中华文明史上，夏商周断代工程所取得的成果具有开创性和里程碑式的意义。在科学领域，自然科学的重要性早已为人们所认识，但对社会科学重要性的认识尚不充分。我想，人类首先要把自身的问题搞清楚，把自己生活于其中的社会搞清楚。社会科学的重要就在于它是关于人的自身、关于人类社会

"工程"专题验收会会场（作者摄）

的科学。在20世纪末，特别是面临即将到来的新世纪，如何找到一条途径，进一步加强自然科学和社会科学的结合，并在国家的支持下，通过这种结合，卓有成效地对一些中国历史上的重大理论和学术问题进行探讨，是我国科学界面临的重大问题之一，而夏商周断代工程为我们提供了一个很好的范例。我相信，随着时间的推移，人们越来越会看到'断代工程'这个成果的价值和意义。……由此，我建议，应该把夏商周断代工程的研究途径和方法，作为20世纪90年代末在探索中华民族的振兴之路，以及在社会主义现代化建设过程中，对具有同等复杂性和综合性课题进行研究的成功个案，推广到其他研究领域，以加快中华民族复兴的步伐。"

最后，李铁映讲道，"在充分肯定这项科研成果的同时，还要以科学的态度和发展的眼光，在对外公布时的文字表述上，诚恳地说明这是当代中国科学家目前所能达到的最高水平，并不是终极的真理。欢迎世界各地学者乃至我们的后人对成果加以修订和补充，使之更加准确和完善……"

这次会议结束之后，自2000年6月开始，夏商周断代工程各个课题相继通过国家科技部验收。

2000年9月15日，由科技部组织的"国家九五科技攻关计划夏商周断代工程项目验收会"正式召开，验收专家组由15人组成，分别是：

组　　长：陈佳洱　国家自然科学基金委主任、院士
副组长：钱文藻　中国科学院副秘书长、研究员
　　　　刘庆柱　中国社会科学院考古研究所所长、研究员
成　　员：柯　俊　北京科技大学教授、院士
　　　　方守贤　中国科学院高能所研究员、院士
　　　　刘家和　北京师范大学史学史所教授
　　　　张岂之　清华大学思想文化研究所教授
　　　　詹子庆　东北师范大学历史系教授
　　　　石兴邦　陕西省考古研究所研究员
　　　　郑振香　中国社会科学院考古研究所研究员
　　　　卢　央　南京大学天文系教授
　　　　杜升云　北京师范大学天文系教授
　　　　蒋崧生　中国原子能研究所研究员
　　　　陈传宏　科技部农村与社会发展司副司长、副研究员
　　　　谢焕忠　教育部科技司副司长

根据国家科研项目验收会所规定的一系列议程，验收专家组对夏商周断代工程的阶段性成果进行反复审议后一致表示通过。验收专家组认为：夏商周断代工程项目预定的研究目标已经达到，在此基础上得出的《夏商周年表》，是迄今关于我国西周晚期共和元年以前的古代历史，最有科学依据的年表，是现阶段所能达到的最好的结果。其中武王克商年代、武丁在位年代、夏商分界年代以及夏代始年的推算和估定具有重要的创新意义。"工程"阶段性成果的取得，标志着三代年代学的研究达到了前所未有的新水平。这个成果，不但为今后进一步使夏商周的年代科学化奠定了良好基础，更重要的是为追溯中国文明的起源找到了可以依据的出发点。此外，工程在历史学、文献学、古文字学、考古学和 ^{14}C 测年技术领域都取得了前沿性的

成绩。特别是在"工程"中改进的 ^{14}C 测年技术，取得了达到国际先进水平的可喜成果。与此同时，这一"工程"的实施，有效地培养了一批研究生和复合型人才，为研究中国古代文明培养锻炼了一支新生力量……

2000年11月9日，夏商周断代工程阶段成果在北京正式对外公布，"工程"的标志性成果有如下12项：

1. 在我国历史时代测年中，采用系列考古样品。^{14}C 测年的方法，使误差缩小，获得成功，在断代工程中发挥了重要作用。

2. ^{14}C 测年样品的制备质量稳定，骨质样品的提纯方法可靠。常规法测试精度达到 0.3‰；AMS 法测试精度达到 0.5%，并首次对系列的有字卜骨进行 AMS 法测年。

3. 沣西 H18 的发现与测年，为商周分界确定了范围。琉璃河 H108 "成周"卜甲的发现与测年，琉璃河 M1193、晋侯墓地 M8 的研究与测年，晋侯稣钟的研究，以及有关遗址的分期和系统测年等，为建立西周年代学体系，提供了重要依据。

4. 以严格的考古类型学方法，排定"四要素"俱全的西周青铜器顺序，为金文历谱研究奠定了基础。通过对吴虎鼎等关键青铜器的断代研究，推定西周诸王年代，并证明共和以下历谱可信。

5. 对1997年3月9日新疆北部的日全食进行观测，从理论和实践上证明黎明时的大食分日食会形成天再旦现象，并确认"懿王元年天再旦"时间在公元前899年4月21日。

6. 根据天文推算、文献和金文历日研究、考古与 ^{14}C 测年的综合研究，选定公元前1046年为武王克商年。

7. 采用黄组周祭卜辞三系统说，排定商王帝辛的祀谱，经与商末历日比对研究，推定帝辛年代。

8. 排除"三焰食日"为日食的可能性。结合甲骨分期研究与宾组卜辞五次月食的证认，推定了商王武丁的年代。

9. 安阳洹北商城遗址的发现，在商文化考古学上有重大意义。

10. 确认郑州商城和偃师商城的始建为夏商分界的界标。

11. 对仲康日食的已有研究成果做出总结，并进行新的研究和推算。

12. 在自然科学与人文社会科学相结合、多学科交叉研究途径上做出探索，并积累了一定经验。

夏商周断代工程所推定的三代年表如下：

夏商周年表

朝代	王	年代（公元前）	年数
夏	禹	2070—1600	
	启		
	太康		
	仲康		
	相		
	少康		
	予		
	槐		
	芒		
	泄		
	不降		
	扃		
	廑		
	孔甲		
	皋		
	发		
	癸		
商前期	汤	1600—1300	
	太丁		
	外丙		
	中壬		
	太甲		
	沃丁		
	太庚		
	小甲		
	雍己		
	太戊		
	中丁		
	外壬		
	河亶甲		
	祖乙		
	祖辛		
	沃甲		
	祖丁		
	南庚		
	阳甲		
	盘庚（迁殷前）		

续表

朝代	王	年代（公元前）	年数
商后期	盘庚（迁殷后） 小辛 小乙	1300—1251	50
	武丁	1250—1192	59
	祖庚 祖甲 廪辛 康丁	1191—1148	44
	武乙	1147—1113	35
	文丁	1112—1102	11
	帝乙	1101—1076	26
	帝辛（纣）	1075—1046	30
西周	武王	1046—1043	4
	成王	1042—1021	22
	康王	1020—996	25
	昭王	995—977	19
	穆王	976—922	55（共王当年改元）
	共王	922—900	23
	懿王	899—892	8
	孝王	891—886	6
	夷王	885—878	8
	厉王	877—841	37（共和当年改元）
	共和	841—828	14
	宣王	827—782	46
	幽王	781—771	11

从上表可以看出，夏商周断代工程为中国公元前841年以前的历史，建立起了三代年代学的框架。工程定夏代始年约为公元前2070年；夏商分界约为公元前1600年；盘庚迁殷约为公元前1300年；商周分界为公元前1046年。

同时排出西周十王具体在位年数和商代后期从盘庚到帝辛（纣）的十二王大致的在位之年。历史的迷雾终于得以廓清，遗留千古的学术悬案得以破译。至此，中国古代文明史的纪年向前延伸了1229年。

世纪回声

夏商周断代工程自1996年5月16日正式启动，至2000年11月9日对外公布成果，前后共经历了四年多的时间。在这样一个或许有些短暂的时间界限内，要对两千多年来瑕瑜互见、纷繁复杂的前贤研究成果，给予全面综合评估，本身就不是一件轻而易举的事情。而要取得超越历代鸿学硕儒的研究成果，破解延续两千余年的学术悬案，参与"工程"的两百多位专家、学者所承载的学术重压和面临的现实困难是可想而知的。

所幸的是，"工程"一开始就受到了国家政府和社会各界的有力支持。由中央国家机关七个部门的主要负责人组成的项目领导小组，在整个"工程"开展过程中，始终给予支持和指导，并协调解决了"工程"在实施过程中一切重大问题和困难。在夏商周断代工程启动不久的1996年6月，国家文物局张文彬局长即召集"工程"考古任务所涉及的各省市的文物局长到京开会，明确要求各省文物、考古部门要统一思想，无条件支持"工程"研究。继1996年2月，"工程"第一次领导小组会议做出"加快速度，争取时间，国家科委可按特事特办的原则给予必要支持"的决定之后，随着研究工作的全面展开，1997年，"工程"被国家科技部定为"九五国家科技攻关计划"的"重中之重"项目，从根本上保障了"工程"的顺利进展。

在夏商周断代工程的研究过程中，始终坚持了科学精神和学术民主的原则，充分发挥了各方面的作用，使参与"工程"研究的每一位专家、学者都能够充分运用自己的知识和经验，在不同的环节上提出自己独到的见解，就各种学术问题广泛进行反复深入的讨论，使"工程"所采用的以历史学、考古学、天文学、测年技术等多学科交叉的综合性研究，得以相互印证和启迪，从根本上保障了最终结论的科学性和可靠性。可以说，夏商周断代工程的成果，不是任何个人的发明创造，而是真正意义上的集体研究的成果，是所有关怀、支持、参与"工程"研究者的心血的结晶。

受"工程"研究途径、方法和重大意义的启发，北京大学以天时、地利、人和的优势，闻风而动，于1996年3月，率先成立了"北京大学·夏商周断代工程领导小组"和"学术顾问小组"。校长吴树青对此做出了"全力以赴做好工作，发挥北大多学科的优势，在这项国家重大工程中，做出无愧于北大的贡献"的批示，以实际行动支持"工程"的开展。与此同时，北京大学校方还通过关心、参与"工程"，推动以社会科学和自然科学相结合为目标的学科建设，并在全校范围内形成了读史爱国的氛围。"工程"启动的消息传出后，山西大学专门设立了与"工程"对应、配合的研究项目。四川大学、山东大学等多家高校和科研单位，纷纷提出请求，希望能参与到"工程"中来，为三代年代学的研究助一臂之力。国内学术界巨擘，如著名历史学家吴泽、杨向奎，著名考古学家苏秉琦，著名科学家钱学森、钱临照、钱伟长、彭桓武、何泽慧、柯俊、王绶琯等学者，都以不同的方式对"工程"表达了诚挚的祝贺与期待。苏秉琦说，"这是华夏子孙在寻找民族之根。一个民族有了深厚、坚固的根基，将永世长青地屹立于世界民族之林。"已是九十多岁高龄的著名考古学家、古人类学家贾兰坡院士，对夏商周断代工程的启动和进展，以及研究成果，给予了极大的赞赏和鼓励。这位德高望重的三院院士（中国科学院院士、美国国家科学院外籍院士、第三世界科学院院士）表示，自司马迁以来，西周共和元年之前的纪年不很清楚，于是有些人就开始"疑古"，否定历史的真实。要超越"疑古"，就要拿出科学的证据，这个证据只靠查典籍是不够的，还要靠地下的考古材料，以及天文学、科技测年等方面的研究，要多学科一齐攻关。现在夏商周断代工程开始首次这样做了，而且做得很好，取得的成果是可信任的，完全是一件可喜可贺的事情。我们常常这样想，历史给予了我们什么？历史给予了我们以民族自豪感和民族自信心，也给予了我们民族强大的凝聚力。今天我们正在进行着的现代化建设，正需要历史所赋予的民族凝聚力、民族自信心和自豪感。从这个意义上来说，夏商周断代工程功不可没。

除在国内引起的一系列反响和赢得的赞誉之外，夏商周断代工程同样引起了世界性的关注，寓居海外的华人华侨，对"工程"给予了极大重视和关

切。美国最大的中文报刊《世界日报》，于1997年春节，刊载了《大陆夏商周断代工程启动了》的长篇报道，该文除对"工程"的实施表现出相见恨晚的真情实感外，对"工程"研究的学术路线和方式、方法，给予了充分的肯定和赞许。此文刊出后，东西海岸的华人、华侨激情荡漾，奔走相告，以真切的欣喜之情，企盼"工程"通过科学研究，早日对三代纪年"廓清悬疑"，把西周共和元年以前的中国历史带入信史。

媒体对夏商周断代工程阶段性成果的报道

夏商周断代工程的巨大成就，越来越受到学界的瞩目。中国科学院和中国工程院524位院士投票，推举"工程"成果为1999年中国十大科技成就之一。2001年2月16日，"工程"成果又荣获"九五"国家重点科技攻关重大科技成果奖，并在这个奖项中名列第一。

毫无疑问，"工程"所取得的阶段性成果，解决了一批历史纪年中长期悬而未决的疑难问题，廓清了遗留千古的学术迷雾，填补了中国古代纪年中最令人迷茫的一段空白。这是新中国成立以来中国古代文明史研究领域最为重大的研究成果之一。这项成果在弥补了中国古代文明史研究领域一个缺憾的同时,也使两千多年来历代鸿学硕儒对三代纪年探寻的理想和求索的火种得以延续,并了却了前学先贤的愿望。同世界上其他远古文明以不同的方式孕育了它的子孙一样,博大久远的中国和中国文化,塑造了中华民族坚毅的性格、不屈的灵魂和宽广的胸襟,炎黄子孙在这母体的滋润中,也在不断地为中国文化宝库增添强壮不衰的养分,维持永不枯竭的源泉。夏商周断代工程是一扇当代学者开启古老文明的窗,是一声当今人类投给历史的呼唤,是对中国新的关切和拥抱中国的开始。它将作为一盏文化的灯火,在未来的漫漫征程中,映照出一条科学的、远航的路,使更多的有识之士,举一反三、触类旁通,在历史的长河中溯流而上,去做更加高深的研究,缔造更丰硕的成果,追索与探寻中华民族五千年文明历史的源头,为中国文化传香火于天下。

当然,由于时间、研究条件和科技水平等诸方面的局限,夏商周断代工程所达到的只是当前最好的成果,"不敢相信这是最后的真理"。但是,随着新的世纪和新的千年的到来,中国古代文明大厦在科学家们不断的探寻与追索中,将以更加清新、亮丽、辉煌、壮观的面目呈现于世人的眼前,而这座古老文明大厦所昭示的,将是在伟大的民族复兴中崛起的繁荣富强、民主自由的现代化中国。

——历史在期待!

附录一 商后期课题组甲骨测年研讨会纪要

2009年7月15日，商后期课题组甲骨测年研讨会在北京中国社会科学院考古研究所会议室举行。出席会议的有殷玮璋、郭之虞、原思训、陈铁梅、蔡莲珍、吴小红、刘克新、刘一曼、曹定云、黄天树、郑振香、郑光、罗琨、陈久金、李学勤、仇士华、李伯谦，项目办公室朱学文、周年昌、王肃端、王泽文、苏辉。

会议由商后期课题组组长殷玮璋主持。

首先由甲骨测年相关专题负责人汇报工作。

一、原思训汇报关于甲骨前处理及有关问题的研究工作

1.关于卜骨前处理和测年概况

从1999年5月到2009年7月，前后延续十年，起步时先做的是考古发掘得到的普通骨样，积累一定经验后才做卜骨。卜骨样品包括有字卜骨107个，无字卜骨9个，其他骨料3个。107个有字卜骨中，12个样品无碳或者含碳量太少无法制样，其他样品经过前处理制样、测量最后得到^{14}C数据95个；这其中，1—5期分期明确的数据71个，历组数据19个，来源或分期不确定的

5个。

2.关于卜骨^{14}C样品前处理过程和污染物的清除

工作大致分三个阶段，2000年结题以前，使用通常处理考古遗址骨样方法处理卜骨样品35个（其中4个碳含量太少）；经加速器测量，发现有些数据异常偏老；经调查研究及红外光谱分析，发现卜骨受到不同程度的污染。用系列有机溶剂方法纯化了12个明胶样品。2000年，在使用常规前处理方法之前，先采用系列有机溶剂纯化，处理有字卜骨样品8个，经2002年测量，结果无离奇偏老现象。以上两批数据是用原基于EN串列加速器的AMS系统（以下简称老加速器）测量的，其中第一批的测年数据已收入《简本》。在经过大量对污染物成分分析及清洗效果试验之后，2004年，先采用系列有机溶剂纯化，再用常规前处理方法，处理有字卜骨样品62个（其中8个碳含量太少或无碳），这部分样品使用新NEC加速器质谱计（以下简称新加速器）测量。

3.关于卜骨中污染物的清除

首先，对可能存在的污染物进行分析检测。通过红外光谱检测，了解到污染物有三甲树脂、硝基清漆和链状烷烃类物质等。经过分析检测，存在各种污染物的卜骨比例大约占试验样品数量的50%左右。清除污染的方法，2000年之前是纯化明胶；2000年之后，首先是直接对卜骨进行系列有机溶剂纯化，然后再进行常规前处理方法。明胶纯化试验了三种方法，通过甲醇淋洗加萃取纯化（P1方法）、只用五种溶剂依次淋洗纯化（P2方法）、改用乙醇淋洗加萃取纯化方法（P3方法）。试验表明，三种不同纯化方法对明胶溶解和测量的年代数据的可靠性的影响不一样。虽然P1方法会因为有的明胶样品易溶于甲醇而导致回收率低，但得到的^{14}C年代数据可靠。还针对骨头中可能存在的三甲树脂和硝基清漆做了模拟清除污染试验。结果表示，经过萃取清洗处理的模拟加固样品年代，都与原来测量的年代基本一致，这说明，三甲树脂和硝基清漆污染残留不明显。通过对71个卜骨样品在不同时期按照不同方法处理并进行测量得到的^{14}C数据最后能够纳入系列样品年代校正模型的比例分析，能够清楚地看出在前处理过程中增加纯化处理的效果。1999年处理，按普通骨样品制样，入列比例只有58.3%；2000年和2004年处理，另外增加系列有机溶剂纯化，用旧加速器测量，入列比例增加到85.1%；

2004年处理，另外增加系列有机溶剂纯化，新加速器测量，入列比例可达92%以上。

4.工作经验总结

由上述数据和分析，可以得到如下结论：样品前处理纯化方法总体上看是有效的，处理方法基本上是成功的，提供的入列甲骨数据是可信的。纵观甲骨测年研究工作，由于多种因素，进展一波三折。最主要的原因有二：首先，相对于甲骨测年这样要求十分高的研究来说，当年安排的结题时间过于紧迫，加速器设备的性能一时很难满足要求；其次，虽然对处理普通骨头样品方法做了较为充分的探讨，实践证明也能满足处理断代工程中普通样品的要求，但是对卜骨样品的复杂的污染情况估计不足，国际上也极少有可供借鉴的经验。通过2000年之后，亦即断代工程结题后的艰苦摸索才基本上解决了这个问题。十年的探索过程使我们深深感到，前处理过程中污染物的分析检测和除污染方法是十分复杂的，两者都尚待进一步改善与提高。

原思训还介绍了"工程"启动之前国际上有关卜骨^{14}C测年的研究情况。

二、郭之虞汇报殷墟卜骨^{14}C测年和校正工作

1.卜骨AMS^{14}C年代测定概况

这项工作是由"殷墟甲骨分期与年代测定""骨质样品的制备研究""AMS法技术改造与测试研究"三个专题密切配合完成。采样主要由刘一曼、曹定云、黄天树完成。在经过制样之后，AMS的年代测定从1999年5月至2008年，延续近十年，共测量有字卜骨样品95个，无字卜骨以及骨器骨料样品11个，其他样品因为没能提取足够的明胶，无法制备石墨样品，所以没有^{14}C年代数据。1998年底老加速器开始投入测量，1999年5月对卜骨进行测量，并在工作中对发现的问题逐步研究解决，提高测年水平，到1999年10月，老加速器的测量精度达到好于0.5%。对在此之前测量的数据，从数据处理方法方面进行了深入的研究，以保证报道误差的合理性。老加速器测量卜骨止于2002年。2004年秋新加速器正式投入使用，通过用其自身测量的δ^{13}C值进行分馏校正，可以对流强相关的分馏效应进行有效的校正，从而得到正

确的测年结果。还采取诸如一致性统计检验、标准样检测、国内国际比对等一系列的质量控制措施，保证测年数据的可靠性。多数卜骨的年代数据由新加速器测量。关于测年数据的系列样品年代校正，这次会议上提交了2008年的两份结果，其中"0811全"系列收入了尽可能多的样品，而"0811选"系列则是由"殷墟甲骨分期与年代测定"专题的甲骨学家再度挑选出的、认为时代分期更可靠的样品组成。

2. 卜骨AMS^{14}C测年数据

1999年5月至8月，测量了32片有字卜骨样品，当时样品是按照通常的骨样品方法制备的，没有进行特殊纯化处理，结果发现其中约有1/3的甲骨年龄有不同程度的明显偏老。为验证测量的可靠性，1999年7月至8月对一些年代偏老的有字卜骨进行了第二次制石墨，然后再进行复测。绝大多数样品的复测结果与原测量结果相符，仍旧偏老。鉴于以上情况，判断偏老的主要原因来自卜骨样品本身，很有可能是在收藏过程中所使用的加固剂和保护剂引入了死碳污染。制样专题对32片样品中剩余的12个样品的明胶试验三种不同工艺（P1、P2、P3）进行纯化，再重新制备石墨，1999年12月至2000年1月对这些纯化后的12个样品重新测年，其中有一部分原来偏老卜骨的年龄降到了正常范围。在这一研究的基础上，随后在2002至2004年测量时就采取了先对卜骨样品进行纯化，然后再按通常提取明胶的方法制样。2004年用新加速器测量55个有字卜骨，结果仍有少量样品的年龄偏老。为检验测量的可重复性及新设备的稳定性，对其中的15个样品进行了复测，复测结果均与原结果相符，包括4个原来偏老的样品复测结果仍旧偏老（其中SA00038和SA98224分别偏老了约400年和200年）。应殷墟甲骨分期与年代测定专题在2005年对10个测量结果偏老的重要样品进行复测的提议，在2007至2008年对其中7个尚有剩余明胶的偏老有字卜骨样品重新制样复测，有6个样品的复测结果仍旧偏老。从以上情况看，部分卜骨的年代偏老可能还有其他原因。例如，所用纯化方法和流程还不足以彻底清除个别样品中的污染，或存在着污染以外的使样品年龄偏老的其他未知原因。

对在上述过程中因复测而出现多个年代数据的样品，根据以下原则对年代数据进行选择与合并。首先，舍弃明显有问题（流弱或纯化效果不佳）的数据。其次，根据国际上通用的方法检验同一样品多个数据的一致性，如果同一样品的所有数据源于同一分布,则予以合并处理;如果不满足上述判据,则对明显偏老的数据予以舍弃。经过以上各步骤,最后每个甲骨样品得到一个 ^{14}C 年代数据。在提供的数据表里面,分为有字卜骨、无字卜骨及其他骨样两部分。有字卜骨数据里面,又将有分期争议的历组卜骨和其他分期不明确或者怀疑来源不可靠的卜骨分别列出。

3. 卜骨AMS^{14}C测年数据的日历年代校正

基本方法:使用系列样品校正方法,采用程序OxCal v3.9和校正曲线IntCal98进行,将卜骨^{14}C年代数据按分期顺序排列,首尾加边界,构成一个序列模型。由于各分期里面的样品数量不均衡和各分期的时间跨度不均衡而可能导致校正结果发生偏离,构建样品序列时需要在各个分期之间插入中间边界,来消除导致这种偏离的因素的影响。校正的结果还受到与商后期时间段相对应的树轮校正曲线的复杂形状的影响。

系列样品校正模型的构建和校正的结果。构建系列样品年代校正模型的原则是:(1)首先排除来历不可靠和分期存疑的样品;(2)历组分期有不同看法,暂不纳入校正模型;(3)排除年代明显偏老(^{14}C年龄大于3100年)的样品;(4)按卜骨分期构建校正模型进行初步校正,排除符合率低于40%的样品,在保证系列总符合率的前提下,考虑尽可能将符合率稍低于60%但认为有效的样品数据纳入校正系列。经筛选,可以纳入系列样品年代校正模型"0811全"的有55片有字卜骨,还有无字卜骨6片和骨器骨料3件,共64个样品。可以纳入系列样品年代校正模型"0811选"的有35个有字卜骨,还有无字卜骨和其他骨器骨料6件,共41个样品。

对卜骨系列样品年代校正结果的分析。"0811全"和"0811选"两个系列的结果基本一致,甲骨一期(武丁)始于约公元前1260—公元前1250年,五期结束于约公元前1055—公元前1040年,总体时间跨度在两百年左右。而且总符合率都比较高,分别为122.6%、146.9%,表明系列校正模型的构建是合理的。对系列"0811全"中样品数量较多的甲骨一期,对其进行单期校正(首尾加边界),得到的年代范围与全系列年代校正的一期年代范围相合。这也是对全系列年代校正结果的一种检验。各分期的日历年代范围还与^{14}C年代校正曲线的形状有密切关系。卜骨系列样品年代校正结果与《简本》的"夏商周年表"中商后期各王的年代以及殷墟遗址墓葬的测年结果大体

483

吻合。

历次卜骨系列样品年代校正不同情况的说明。《简本》中样品数比较少，且未使用边界命令，故系列首尾向两端有较多的延伸。2005年，全部卜骨已经测量完毕，构造了系列样品校正模型"2005全m"，该系列收入了64个样品，采用了首尾边界和中间边界，总符合率达到了121.5%。2008年，在对甲骨数据初步复核的基础上构建了模型"0810全"，该模型仍为64个样品，但是更正了2005年模型中的一些不当之处。之后，在以上工作的基础上，又对卜骨数据进行了进一步复核，由此产生了模型"0811全"与"0811选"。与以前的模型相比，此次最大的变动是，对一个样品有多个测量数据的情况，不是从中选用一个，而是按照一定的原则进行合并处理。

总之，"工程"三个相关专题充分合作，在过去的十年里对殷墟卜骨^{14}C测年进行了深入的研究，有效地排除了大部分卜骨样品的加固剂与保护剂污染，有效地提高了AMS^{14}C测年数据的可靠性，掌握了系列样品年代校正的方法，反复核实了各卜骨样品的分期属性，为得到可靠的殷墟卜骨年代测定结果打下坚实的基础。将样品^{14}C测年数据通过系列样品年代校正方法校正，得到的结果与《简本》给出的"夏商周年表"中商后期各王的年代以及殷墟遗址墓葬的测年结果大体吻合，与商前期和西周的年代框架相协调。

4.存在的遗憾

受采样条件的限制，二期、四期和五期有字卜骨的样品数量相对较少，所构建的校正模型的各期样品量不平衡，给系列样品年代校正带来一些不利影响。结题时间受限制，而卜骨测年的工作量很大，在1999年5月就启动了甲骨测年工作，前期研究不够充分，特别是对卜骨的污染程度估计不足，在早期的测量中未能采取有效的纯化措施，使得有些样品的测年数据偏离正常年代值，未能纳入校正模型。通过实验研究认识到：（1）在所采集的卜骨样品中，确有相当比例受到了不同程度的加固剂、保护剂等的污染，这种污染可导致所测得的卜骨年代产生不同程度的偏老。（2）早期数据偏老的比例要高一些，而后期经纯化处理再测量的数据偏老的比例有所降低，表明所采取的纯化处理措施是有效的。（3）后期经纯化处理再测量的数据，偏老的比例仍然高于正常值，表明可能有些污染还不能用目前的纯化措施彻底消除，同时，卜骨数据偏老可能还有其他未知原因。

三、与会者对专题汇报给予充分肯定,并就相关问题讨论

仇士华首先简要回顾了"工程"之前国内外在卜骨测年方面的一些尝试,指出,卜骨测年是世界性难题,在骨头清除污染、制样及加速器测量精度等环节存在诸多困难,所以对这项工作持审慎态度。"工程"进行卜骨测年研究和探索有两个条件,一是改进加速器测量精度并使之稳定运行,二是中国成熟和细致的夏商周考古学工作为系列样品应用提供了条件。在深入研究的基础上,"工程"采用高精度系列样品方法,以提高数据质量,增强可靠性,缩小日历年误差。"工程"立项以后,在各学科合作过程中,对高精度系列样品方法的认识有一个过程。甲骨、制样、加速器测年各方面学者紧密合作、积极沟通,在工作过程中多次讨论,取得共识。在任务重、时间紧的情况下,加速器改造过程还是相当快的。他对卜骨测年工作给予充分肯定,认为相关人员尽了很大努力,克服种种困难,在骨质样品制备、加速器测年技术改造和测试等方面进行深入研究,达到世界水平,当然,"工程"是对历史年代的研究,对^{14}C测年的要求也很高。这次^{14}C卜骨测年专题向大家汇报工作,以供互相沟通讨论,以便完成《总报告》(繁本)相关内容的撰写。

李学勤表示听了报告很感动。"工程"是国家"九五"重大科技攻关项目,从正式启动到结题,时间很短。在2000年结题后,研究从未停止,不同学科的专家学者为了做得更好,仍然集中精力努力工作。特别是^{14}C测年,做了大量工作,成果为大家所期待,也是即将完成的《总报告》(繁本)中的重要组成部分。^{14}C测年研究,包括长系列年代框架的建立论证,以及甲骨测年等,为"工程"整个工作做出了重大贡献,这种科学创新精神也值得所有人认真学习。从甲骨学研究看,^{14}C测年研究也做出了很大贡献,是过去所无法想象的。虽然还有若干遗憾,但在"工程"中的相关工作应该可以画一个很完美的句号了。这项研究为以后类似的工作开辟了很广阔的道路。今天的工作是一个很好的基础,将来一定有机会再继续做甲骨测年,届时可以更好地设计、更多地结合科学发掘材料,并和地层、遗址等更好地结合,一定会比今天更进一步。他向参加这项工作的诸位学者表示衷心的敬意。李学勤还介绍了《总报告》中他所承担的有关内容的修改情况。

郑振香认为，报告讲得实实在在，十年磨一剑取得现在的成果，很不容易。任何科学都不是一次就完成。当年夏先生不让做殷墟样品的测年，因为那时^{14}C误差太大，能达到几百年，历史年代要寻的点就找不到了，没法用。到断代工程有了进步，从2000年的《简本》，就感到有了一个框架，现在更进了一步。殷墟发掘今后还要继续，还可能会发现新的甲骨材料，^{14}C测年也会进一步发展。只要能把武丁的年代确定下来，作为一个基点，前推就有了依据。"工程"年代学研究也推动了考古学的发展，比如为了寻找殷墟第一期，就在花园庄一带做工作，后来在那里发现了城；而二里头作为夏代典型遗址，在"工程"中成为重视焦点，做了很多工作。

陈久金表示，卜骨测年得到的结果与《简本》的"夏商周年表"中商后期各王的年代以及殷墟遗址墓葬的测年结果大体吻合，既表明^{14}C卜骨测年比较精确，也是对"工程"的年代学研究的一个很大的支持。他提出，不要把《简本》给出的年表看作一个完全正确的结果，^{14}C测年要完全客观、独立，避免给人以向年表上靠之嫌。卜骨^{14}C测年数据，四、五期材料较少，比较遗憾。有关的研究还可以继续进行。武王克商年代范围的确定，是"工程"一项重要成果，目前还没有发现能直接证明武王克商年代的出土材料，如果相信文献关于武王克商的历日记载，结合沣西H18的^{14}C测年结果，那么把武王克商的年代范围缩短到三十年以内，可信度还是很高的。他还简要讨论了《简本》中武王克商之年的三种方案。

蔡莲珍提出，2000年之后，常规^{14}C测年数据在进行系列样品校正的时候加了边界，已较《简本》中的数据有所改进。

刘一曼说，十多年来，测年专家和我们联系密切。^{14}C卜骨测年研究工作做得很好。他们每一个步骤都非常认真、细致，尽了最大努力，达到现在的结果不容易，的确是世界水平。测年结果与《简本》的"夏商周年表"中商后期各王的年代以及殷墟遗址墓葬的测年结果大体吻合，与商前期和西周的年代框架相协调，支持了"工程"的年代框架，可以结题了。当然，科学实验存在遗憾，也很正常。之前我们对加速器测量精度等情况了解不够，对卜骨的污染等问题的难度估计不足，期望太高。回顾工作，如果当初^{14}C制样和测年的人员参与采样环节会更好，起初定的取样量（1—2克）是少了，诸如此类，留下一些缺憾。一些疑难问题有待今后进一步研究。

罗琨说，以往参加 ^{14}C 研讨会都是扫盲，今天的会听懂了。从今天专题汇报可以看出，"工程"开展十几年以来，^{14}C 测年研究在中国取得非常大的进展，走在世界前面了；她说今年访问岐山（研讨工作），看到考古方法有改进，她相信今后会有更好的条件把甲骨测年和考古学结合起来，这项工作前景广阔。^{14}C 测年的发展，对甲骨学、商代史，乃至整个考古学、历史学都会有推动。

陈铁梅说，"工程"年代学研究，主要目的是定几个重要年代，比如武王克商、殷墟、二里冈、二里头。在2000年结题之后，仇士华又对新砦、二里头、二里冈等年代测定做了不少工作，改变了以前的一些看法，把二里头、二里冈的年代都往后压，得到的结果比较符合实际，而且和吴小红在"探源"中进行的龙山晚期年代研究的结果前后能够衔接。"工程"这项成果不可磨灭。长系列年代框架的建立与论证，也排除了武王克商的长年说。卜骨测年专题做了很多努力，得到了很好的成果。

曹定云认为，卜骨测年很不容易，各专题之间合作，不断改进，取得很大的成绩，为今后的工作打下很好的基础，提供了宝贵经验；当然，不能指望通过测年解决所有问题，学术总是不断研究，不断发展。

朱学文说，"工程"坚持到今天，还会有这么精彩的报告和讨论，令人十分感动。从卜骨测年工作看出，自然科学不仅有方法去做，而且有方法自查并反复检验，可以给人文社会科学研究很多启发。她还提出，希望把卜骨测年数据补充完善到有关专题的结题报告里。

郑光表示，^{14}C 测年工作总体成绩很大；虽然他对一些年代的认识和"工程"不一致，现在的 ^{14}C 测年数据较过去也有所不同，有些年代向后压，但 ^{14}C 测年对他研究夏、商文化帮助很大。郑光还从 ^{14}C 测年数据和考古学材料结合的角度，讨论了王城岗的年代、二里头与新砦的年代关系、二里头与二里冈的年代关系等问题，认为"工程"中发掘的二里头四期、五期的材料很重要，涉及二里头和二里冈的关系；已有学者就郑州商城的新材料和二里头的新材料做比较研究工作。

大家在讨论中对一些数据偏老的现象重点交换了意见。郑振香建议将测量的 ^{14}C 数据全部附上，供将来研究参考，并以无名组样品的数据为例，认为无名组的年代可能就是比较早。刘一曼认为，后两期样品少，对校正结果产生一定影响；71片有字卜骨，由于偏老或偏年轻的原因，舍弃了16片，比例超过20%；偏老的成因比较复杂，例如有些经科学发掘出土的质地特别好的卜骨样品，^{14}C年代明显偏老，或许另有不明原因，有没有在使用之前曾放置过一段时间的可能，值得考虑。罗琨提出，可以从多学科更广泛的方面去探讨，比如从甲骨分期角度再考察一下，是否有这方面的原因。陈铁梅以五期中进入系列样品校正模型的5个样品年代为例，表示同意郭之虞的意见，把那些明显偏老的数据去掉之后，目前的年代仍然稍显偏老，在清除污染环节、测量环节之外，可能还存在其他尚未确定的原因，比如某些甲骨有没有搁置一定年代才使用的可能性，也许这是导致现在甲骨测年数据偏老的原因之一。应该把存在的问题及各种可能性的分析在《总报告》中清楚交代，表述要留有余地。曹定云认为，导致有些样品年代数据偏老的原因比较复杂，比如卜骨有些是殷墟当地的，也有其他地方输入的；使用之前保存时间长短也可能有别；另外，甲骨学的认识也有一个过程，比如，一期的样品，有没有早于武丁的材料，无名组的年代，是否比过去所认为的时代要长；卜骨测年测的是骨头的年代，而不是上面的文字的年代。郑光认为，有些卜骨测年数据偏老值得重视，要保留完整的测年数据供以后的研究参考。

原思训、郭之虞等还对会上提出的问题给予了解答。

李伯谦总结，谈了几点感想。第一点，"工程"商后期年代学研究，涉及考古、^{14}C测年、文献、甲骨、天文等学科，其中卜骨测年是其他课题部分没有的，难度很大。从取样、清除污染、制样，到测量、数据分析和年代校正，整个工作本着科学态度，非常认真。"工程"在2000年结题后仍然努力继续研究，并取得重要进展，而且坚持实事求是，完全不是为了迎合什么。应通过适当渠道，让"工程"的倡导者宋健同志、李铁映同志等了解参加"工程"的学者的这种可贵精神。第二点，卜骨测年结果，和殷墟考古学文化分期、殷墟常规^{14}C测年结果以及通过天文、历法等研究途径得出的《简本》"夏商周年表"大体吻合，很不容易，取得的结果相当理想。第三点，撰写《总报告》要本着实事求是态度，对那些感觉偏老的数据，以及造成这种情况的可能的原因，都可以进行分析，提供给研究者参考。希望今后有机会继续甲骨测年探索,比如周公庙甲骨,研究有无可能在龟甲测年方面取得进展。第四点,^{14}C测年对考古学研究是一个革命,真正体现了对考古学极大的促进,革命还在继续,甲骨测年,就是这个革命发展的一个新阶段。仇士华提出的长系列考古^{14}C年代框架以及系列样品方法的应用,促进了考古学和^{14}C测年的磨合,促进了常规和加速器质谱^{14}C测年的磨合,有重要意义。应该大力加强这方面的介绍,使更多的考古学者认识和了解。考古学的产生和发展,从类型学、地层学,到更广泛的自然科学和各种技术手段的介入,是不可抗拒的潮流,而且成为考古学的必需的环节,^{14}C测年如此,其他新的技术手段也是如此,这样才能理解科技考古是怎么一回事、方向在哪里。各种手段结合的目的,最后还是落实到对社会的认识。李伯谦说,这是"工程"召开的最后一个针对具体专题的研讨会,这种坚持和严谨的精神要发扬,这种作风要发扬,这种各学科之间的理解支持合作也要发扬。

作为会议主持人,殷玮璋最后发言说:"今天这两个报告太好了!"他总结,第一,专题报告有证据、有解释,摆事实、讲道理,工作很辛苦,也很重要。商后期年代学研究,需要殷墟卜骨分期测年来支持殷墟考古分期和年代研究。第二,"工程"的年代框架,可以概括为,将考古学的分期断代成果所包含的年代信息,通过^{14}C测年体现出来。历史学、天文学、历法等学科很重要,但不能构成夏商周三代一个完整的年代系列。而考古学的分期断代,从夏商西周,一直到东周,可以建立一个系列,再通过^{14}C测年,得出具体的历史年代数据。在这个过程中,考古学和^{14}C测年密切合作非常关键。这种合作是成功的,是充分合作后的成功。起初,我们的合作经常表现为打架,今天不再打架了,彼此达成了共识,这才是丰硕的成果。这项成果,可以宣传。成果发布之后,尽管也会有不同看法,但不同看法会比过去少很多。第三,"工程"年代学研究工作的价值,由于你们的报告而更进一步得到了体现。1996年"工程"启动之初,领导小组也曾对这项研究存有疑虑,2000年《简本》发表,认识到,考古学是能够把其他自然科学手段结合在一起的学科,认为"探源"可以实施。社会上也认识到,这种由人文社会科学与自然科学相结合进行的重大科研项目的研究,破天荒第一次,很不容易,对此抱以尊重的态度。从结题到现在,继续进行的工作又不断夯实了研究的基础，促进了学科的发展，卜骨测年的成果进一步完善了年代框架，达到了研究的预期目的。对存在的问题，有待将来的研究进一步完善，科学研究一定要实事求是，实事求是最能说服人。把研究建立在实事求是的基础上，我们今天的成果一定会被更多人认可。

（王泽文　整理）

附录二 席泽宗院士与夏商周断代工程①

今天大家在一起追念、缅怀席泽宗先生。我是来学习的，同时应张所长邀请，受夏商周断代工程同事们的委托，我也要向各位介绍席先生在夏商周断代工程中的重要贡献，在工程中表现出来的开放、民主、公正、无私的精神风貌，以及席先生在工程中的威望。

夏商周断代工程是一个相当特殊的团队。

1995年宋健院士倡议通过社会科学与自然科学联合攻关尝试解决三代年代问题。②倡议一经提出，李学勤、席泽宗、仇士华、俞伟超、严文明，后来还有李伯谦几位先生就开始着手酝酿、制订工程实施计划和组织攻关团队的工作。

李学勤先生在第一时间提出"要找到真正干事的人"，这也是其他几位专家的心声。他们恭恭敬敬地请来相关领域几乎所有最有成就的专家，请来真正在第一线实干的中青年研究人员。1996年工程启动时，人数170人，后来几年间增设几个专题，2000年工程验收时人数已达200人。

这个团队的组成，从一开始就不讲师承门派、不讲彼此观点相同与否，每一个人都有鲜明的个性，每个人都有公认的成就。是解决三代年代学使命的感召力把大家团结在一起，受命于国家，大家铆足了劲要为实现这个目标而奋斗。

这种精神力量实实在在根植于每位参加者的内心。但项目运作起来，几个大学科，这么多有成就的学者们一起工作，要做到协调谈何容易。面对艰巨的任务，既要发挥每一位专家的能量，又要形成合力来完成三代年表，究竟靠什么？

靠的是四位首席科学家李学勤、席泽宗、仇士华、李伯谦先生以身作则，自始至终坚持开放、包容、民主、公正的原则，严守科学精神，从来不搞党同伐异。

他们的工作作风，最终成为整个断代工程的集体风气——开放、自由、相互尊重、服从真理、严守科学精神，党同伐异在这里完全没有市场。于是乎断代工程形成一个习惯——人人都可以畅所欲言，会上专家们发表针锋相对的意见是常态，会下可以发表不同观点的文章，甚至还可以骂街。再次聚首，首席科学家带头，专家们相互间照样真诚地以礼相待。

如此，民主做到了，需要做决断，需要拍板时怎么办？这就要靠四位首席科学家的驾驭能力。

四位首席都善于在纷纭众说中把握最本质的趋同的部分。他们都能做到，把个人非常有把握的研究心得，只要一时得不到广泛认同，只要不影响年代学结论的得出，统统放下，置于脑后。在拍板、决断时真心做到公正、无私。

2000年，在断代工程提出《夏商周年表》公布商末武丁到帝辛大致在位年，西周初十王在位年的时候，我们内部已经形成接近一致的局面。有不同意见的专家虽然坚持己见，但也明白这个结论的理由。

关于断代工程团队的故事并非今日会议的主题，今天我只讲席先生和断代工程的三个故事，说明他是如何身体力行，严守科学精神。

第一个故事：在多学科合作的实践中，席先生的智慧。

多学科合作，真可谓是知易而行难。

断代工程的多学科合作，不是形式的合作，而是真正要求交融在一起的合作。

每一个专题的成果得出时，专家们不论资格多老，都期待别的学科专题的结论，看是否能得到支持。不同学科和专题之间的相互关系既独立又依赖。既然期待别的学科的结论，就需要理解别人结论的由来。所以，文科专家和理科专家一起讨论的机会非常多。

这种讨论通常是文科专家人数居多，人文色彩因而比较浓厚。会上往往因为各执己见，出现意见纠结难解的局面。每当此时，席先生常常轻声细语地做一个短短的发言，讲一个中国的、外国的学术史上的小故事，极其通俗平易、有时还相当幽默。听完大家哈哈大笑。一笑之余，放松了心中那根紧绷的弦。他的故事不见得能解决矛盾，但是他带来了一种超脱一点的立场和气息，人人能领悟他的深意，能体会他的诚恳，和富有哲理的思想。

2000年5月11日，在科技部会堂召开的"夏商周断代工程成果汇报会"上，席泽宗（左）与朱学文合影

所以，席先生过世后，我们发的唁函中说，"他的发言常常有如一缕智慧之光，令人拳拳服膺"，此话绝非虚言。

席先生在断代工程中真的说话不多，声量不大，但是人人喜欢听他智慧的讲话，就是这个道理。

第二个故事。2000年前，关于断代工程，媒体热议中，间或有一种舆论，认为断代工程是"以民族主义为宗旨"，是"为把中国历史抻长"，总的来说，就是不相信你的科学性。

在我们公布成果[3]后第20天，2000年11月29日，席先生在《中国文物报》发表《三个确定，一个否定——夏商周断代工程中的天文学成果》，这篇文章是对那种不信任舆论的最有力的回应。以下，请允许我介绍这篇文章。

第一个确定是，"'天再旦'确定了懿王元年为公元前

899年"。

席先生评价了中外前辈的研究。肯定了刘次沅在理论和观测研究基础上得出的结论，认为是完美地解释了"懿王元年天再旦于郑"的记载。并说明师虎簋铭文中的历日与它互证匹配。

第二个确定是，"根据'岁鼎克昏'确定武王克商年为公元前1046年"。

席先生从断代工程整理出版古今中外武王克商年研究的44种说法开始，进而说明了断代工程收集与武王克商战争相关的所有天象记录一共16项，指出其中最可信的是利簋铭文"岁鼎克昏"；第二重要的是《淮南子·兵略训》中"武王伐纣，东面而迎岁"的记录；还有《国语·周语》中有关伐纣时的天象记录，同时还需符合《汉书·律历志》所引《武成》篇的历日记载。

席先生充分肯定了江晓原计算、筛选出公元前1044年1月4日的结论所采用的全新思路。同时指出两点不足，其中最重要的是，他的计算采用月相定点说，与西周铜器历谱研究的月相认识不一致（在这里要说明一点，断代工程中，对月相的认识有一个过程，是逐步走向相对明确的）。

首席专家们决定请刘次沅重新做一遍演算。条件依旧是那些条件。席先生在文章中浓缩地告诉大家，刘次沅的工作特点在于：把《武成》篇历日的月相，做了三种假设。他否认了刘歆的定点说，也否定了王国维的四分说，他选择了第三种假设——以初见月亮的一两天为生霸，以望后月面开始亏损的一两天为死霸。最后刘次沅筛选克商时间是公元前1046年1月20日。

江晓原的公元前1044年是第一方案；

刘次沅的公元前1046年是第二方案。

两个方案所满足的天象条件差不多，只相差两年。而且都在^{14}C测年得出的武王克商年代范围公元前1050—前1020年之间。席先生说"如此不谋而合令人喜出望外，最后我们选择了公元前1046年为武王克商年"。

首席专家做出这个裁定主要是考虑第二方案的月相说和后面金文历谱的月相认识吻合。

席先生用最简短的篇幅，把断代工程最复杂的难题的研究全貌，清晰、准确地表达得一清二楚，明确地告诉大家为什么选定公元前1046年。

第三个确定是,"五次月食确定了商王武丁在位年代为公元前1250—前1192年"。这项成果是工程首先宣告成功的天文学成果,为工程确定了武丁年代的支点,意义十分重大。

这项研究是张培瑜先生做的。

席先生的文章不只介绍了天文学的研究,而且全面介绍了甲骨学家为五次月食记录排序的研究;还介绍了裘锡圭先生对一个时间过渡词"兇"(向)的考证;最后还讨论了如何确定商后期日界不是在天明时分,而是在夜半时分的问题。

席先生的文章把甲骨学和天文学两个学科的研究在这项成果中如何密不可分,表达得淋漓尽致。

三个确定之外,还有一个否定。

一个否定是对"三焰食日"的否定。宾组卜辞里有一个"三焰食日"的记录。席先生把1945年以后视"三焰食日"为日食的相关研究做了介绍,这个研究已经受到国际的重视,席先生告诉我们,如果"三焰食日"确定为日食,能给我们带来的光荣,用席先生的话说"中国可以得三项世界冠军:最早的日食记录,最早的日珥记录,最早的日食和水星并见的记录"。

可是断代工程一开始,李学勤先生和罗琨先生做的第一件事,就是分别解决了这个问题,他们公布:所谓"食日"是清晨到午餐前的一个时间段的概念,而不是"日食"的概念。

席先生用轻松的口气在文章最后说:

这片甲骨谈的完全是天气问题,与日食无关。这样,我们就把三项世界冠军纪录自动给掷掉了,岂不是可惜?不可惜,我们觉得实事求是,科学性是第一位的。那些诬蔑断代工程是搞"民族主义"者,可以休矣。[④]

他连一个惊叹号都没有加。

以上我这么详细介绍《三个确定,一个否定——夏商周断代工程中的天文学成果》这篇文章,是想告诉各位,席先生这位首席科学家是真正的名至实归,指挥若定的。

席先生没有插手任何一个天文学专题的具体工作,但是他把握了所有天文学专题的细节；甚至掌握与天文学交叉的文献、甲骨、金文和^{14}C测年研究中的所有相关成果，甚至连几位甲骨学者之间细微的观点差异，他都了如指掌。他真正把握了全局，在处理复杂局面时，他有决断，能仲裁。他是一位统帅。

席先生的决断力来自哪里？来自他的学识，他的慎思缜密，他的高屋建瓴，更来自他的公正无私。

我还想告诉各位，这篇文章首先发表在《中国文物报》上，而非其他科学刊物上。我个人能领悟他的用心之细。因为，对断代工程，最高的反对声浪不是来自自然科学界，而是来自社会科学界，特别是考古界。

我还想告诉各位的是，自从这篇文章发表之后，那种"搞民族主义""想把历史抻长"的诬蔑之词，渐渐淡去了，听不到了。

席先生在断代工程的第三个故事——他在学术上的倡导开放精神，鼓励创造思维，推动学术自由。

夏商周断代工程是以举国之力支持、推动社会科学与自然科学相结合的实践，这个实践，或者说这个期望中的结合成功了。

当武王伐纣研究的第二方案完成论文《武王伐纣天象解析》，向《中国科学》投稿时，遇到困难。刘次沅被告知，由于论文中人文学科的内容太多，他们没法刊用。刘次沅希望办公室帮助他。

我想来想去，只有找领导小组。2000年前后，领导小组成员路甬祥院长几次请钱文藻秘书长代表出席会议。我便打电话找钱文藻[5]先生，我说："社会科学和自然科学结合的果实成熟了，可是国家没有准备好一个盘子承接这个果实。像武王伐纣这样的成果，如果最高刊物《中国科学》不承接，您是否可以告诉我，应该找哪家杂志承接？总不至于让他们去找外国刊物吧。"钱先生说，"你说的有道理"。他给我一个电话，要我找《中国科学》的一位执行领导。

那位领导很通情理，说："这样吧，我们请《中国科学》天文史最高审稿人席泽宗先生看看，听听他的意见。"我高兴极了，心想席先生是自己人。

于是刘次沅、周晓陆两位的论文《武王伐纣天象解析》在2001年第6期《中国科学》A辑发表了。

那时我对席先生的认识还是一知半解的。是以后的事实帮助我认识步步加深。

断代工程后期，李学勤、席泽宗两位先生联合招收了最后一位博士后，来自南京大学天文系的李勇博士。这位李勇博士少言寡语，一来主要承担编《简报》的工作。那时《简报》最集中讨论的是西周金文历谱。约半年，他开始尝试建立月龄历的数学模型。

李学勤先生和张培瑜先生对他的尝试表示赞赏。席先生还在工程验收会上表彰了他。

博士后出站，李勇到了北京天文台工作。2003年，他的建模和月龄历理论研究渐趋成型。一时兴起，他写了一篇《武王伐纣年质疑——研究中国历史年代的材料及天文学途径》直投《中国科学》，文章在G辑第2期发表了，反响很大，网络、媒体推波助澜。

席先生主动打电话给李勇，直言相告文章是他审稿后同意发表的。意思是要他别有思想负担。这个情况席先生也告诉我，我说："《中国科学》真厉害，质疑的文章偏偏找您这位断代首席审。"席先生淡淡地说，"不管我在不在断代工程，都应该支持的"。他说，"关键是要支持年轻人表达新思路"。

我听了恍然大悟，2001年刘次沅文章由席先生审稿，我以为先生是自己人所以放心，简直是小人之心。

与此差不多时候，李勇已经把他的研究整理成《月龄历谱与夏商周年代》的书稿，计划在《夏商周断代工程丛书》中出版。这时，我们内部审稿遇到了问题，天文学家们多认为：这个方法提出时间不久，还有必要继续完善，稳妥为宜，不要急于出书。大家都是出于好意。

再请示席先生，他态度鲜明，力排众议，主张立即出版，他亲口对我说："李勇可以用一辈子来完善他的研究，他甚至可能还会补些课，但作为一个全新的方法，应该赶快出版公布。我们中国人往往因为太求稳而吃亏。"于是2004年这部专著出版了。席先生还以微弱的视力亲自为他作序。

李勇发表质疑武王伐纣年的文章和出版专著是2003、2004年间相继发生的。席先生的态度一丝不变。

由此我懂了，席先生支持年轻人表达新思路，表达独立见解，力推自由开放的学术气氛，鼓励创造的立场是何等鲜明，何等坚定。他的内心是既无小我（他个人）也无大我（他负责的一方工作），他只坚持一个科学家的良心和原则。

席先生的高贵品格远不止上述表达的点滴。席先生的为人，对一切共事者都心怀善意，对一切不同观点都真诚宽容。……我的介绍实在感到言不尽意。

席先生的离去是断代工程无法弥补的损失。我们深知，他在最后的时日，一直惦记着工程成果总报告的出版。我想，当我们完成出版时，一定会到席先生灵前去祭奠他，郑重地向他报告。

希望大家，特别是年轻的后来者，能继承发扬席先生的科学精神、宽容精神、开放自由的学术精神。席先生的在天之灵一定在看着我们大家。

朱学文

（朱学文，女，1940年生，江苏赣榆人，北京市社会科学院历史研究所副研究员，夏商周断代工程项目办公室主任。）

注释：

①此文是2009年9月10日在席泽宗先生追思会上的发言，略有改动。

②席泽宗.解决上古纪年的重大措施："夏商周断代工程"正式启动[A].自然科学史研究，1996，15（3）:295.

③夏商周断代工程专家组.夏商周断代工程1996—2000年阶段成果报告:简本[M].北京：世界图书出版公司北京分公司，2000.

④席泽宗.三个确定，一个否定——夏商周断代工程中的天文学成果[N].中国文物报，2000-11-29.

⑤钱文藻，时任中国科学院秘书长，2000年担任夏商周断代工程验收组副组长。

主要参考文献

一、著作

《十三经注疏》，中华书局，1980年。
《史记》，中华书局，1982年2版。
《史记会注考证附校补》，上海古籍出版社，1986年。
《古本竹书纪年辑证》，方诗铭、王修龄著，上海古籍出版社，1981年。
《汉书》，中华书局，1983年6月。
《中国大百科全书·考古卷》，中国大百科全书出版社，1991年。
《中国大百科全书·中国历史卷》，中国大百科全书出版社，1992年。
《中国大百科全书·外国历史卷》，中国大百科全书出版社，1993年。
《郭沫若全集·历史编》，人民出版社。
    第1卷，中国古代社会研究、青铜时代，1982年；
    第2卷，十批判书1982年；
    第3卷，奴隶制时代、史学论集，1984年。
《郭沫若与中国史学》，黄烈、林甘泉主编，中国社会科学出版社，1992年。
《李济考古学论文选集》，文物出版社，1990年。
《考古琐谈》，李济著，湖北教育出版社，1998年。
《安阳》，李济著，河北教育出版社，2000年。

《夏鼐文集》，社会科学文献出版社，2000年。

《中国通史》，范文澜著，人民出版社，1995年。

《中国历史研究法》，梁启超著，上海古籍出版社，1998年。

《顾颉刚古史论文集》，中华书局，1996年。

《中国古史的传说》，徐旭生著，文物出版社，1985年。

《西周史》，杨宽著，上海人民出版社，1999年。

《尚书通论》，陈梦家著，河北教育出版社，2000年。

《考古人类学随笔》，张光直著，三联书店，1999年。

《中国青铜时代》，张光直著，三联书店，1999年。

《中国文明起源新探》，苏秉琦著，三联书店，1996年。

《〈尚书·虞夏书〉新解》，金景芳、吕绍纲著，辽宁古籍出版社，1996年。

《中国史学发展史》，尹达主编，中州古籍出版社，1985年。

《罗振玉评传》，罗琨、张永山著，百花洲文艺出版社，1996年。

《王国维评传》，袁英光著，上海人民出版社，1999年。

《王国维年谱长编》，袁英光、刘寅生著，天津人民出版社，1996年。

《追忆王国维》，陈平原、王枫著，中国广播电视出版社，1997年。

《顾颉刚评传》，顾潮、顾洪著，百花洲文艺出版社，1995年。

《古史辨伪与现代史学》，王煦华著，上海文艺出版社，1998年。

《中国辨伪学史》，杨绪敏著，天津人民出版社，1999年。

《古文字学初阶》，李学勤著，中华书局，1985年。

《比较考古学随笔》，李学勤著，广西师范大学出版社，1997年。

《走出疑古时代》，李学勤著，辽宁大学出版社，1997年。

《缀古集》，李学勤著，上海古籍出版社，1998年。

《夏商周年代学札记》，李学勤著，辽宁大学出版社，1999年。

《中国史学史论集》，白寿彝著，中华书局，1999年。

《中西古典学引论》，日知著，东北师范大学出版社，1999年。

《日本的尚书学与其文献》，刘起釪著，商务印书馆，1997年。

《尚书源流及传本》，刘起釪著，辽宁大学出版社，1997年。

《走向世界的考古学》，严文明著，三秦出版社，1997年。

《中国青铜器发展史》，杜迺松著，紫禁城出版社，1995年。

《西周青铜器分期断代研究》，王世民、陈公柔、张长寿著，文物出版社，1999年。

《简明中国科学技术史话》，陈美东主编，中国青年出版社，1990年。

《天文历数》，杜升云、陈久金著，山东科学技术出版社，1992年。

《陈久金集》，陈久金著，黑龙江教育出版社，1993年。

《中国古代的天文与历法》，陈久金、杨怡著，台湾商务印书馆，1993年。

《殷商历法研究》，常玉芝著，吉林文史出版社，1998年。

《郭沫若的史学生涯》，叶桂生、谢保成著，社会科学文献出版社，1992年。

《史圣司马迁》，晏昌贵著，湖北人民出版社，1998年。

《傅斯年》，岳玉玺、李泉、马亮宽著，天津人民出版社，1994年。

《甲骨文之父王懿荣》，吕伟达著，山东画报社，1995年。

《纪念王懿荣发现甲骨文一百周年论文集》，吕伟达主编，齐鲁书社，2000年。

《李济与清华》，李光谟编，清华大学出版社，1994年。

《胡适印象》，邰元宝编，学林出版社，1987年。

《钱玄同印象》，沈永宝著，学林出版社，1987年。

《夏商周考古学论文集·续集》，邹衡著，科学出版社，1998年。

《郑州商城考古新发现与研究》，河南文物考古研究所编，中州古籍出版社，1993年。

《神祇·坟墓·学者》，C.W.西拉姆著，三联书店，1991年。

《中国史前艺术》，谢崇安著，三环出版社，1990年。

《考古与文化》，曹兵武著，文物出版社，1999年。

《中国古代文明与国家形成研究》，李学勤主编，云南人民出版社，1997年。

《武王克商之年研究》，北京师范大学国学研究所编，北京师范大学出版社，1997年。

《西周诸王年代研究》，朱凤瀚等编，贵州人民出版社，1999年。

《世界诸古代文明年代学研究的历史与现状》，东北师大世界古典文明史研究所编著，世界图书出版公司，1999年。

《中国民族文化源新探》，徐良高著，社会科学文献出版社，1999年。

《周礼：远古的理想》，冯绍霆著，上海古籍出版社，1997年。

《中国历代纪年手册》，顾静编，上海古籍出版社，1995年。

《中华文明的历史足迹》，孙维昌等著，上海远东出版社，1999年。

《中国大历史》，黄仁宇著，三联书店，1997年。

《著名军事家演讲鉴赏》，尹洪滨编，山东人民出版社，1996年。

《尚书：原始的史册》，章行著，上海古籍出版社，1997年。

《中华文明简史》，王炜民编，内蒙古大学出版社，1999年。

《字里乾坤》，林成滔著，中国档案出版社，1998年。

《乾嘉考据学研究》，漆永祥著，中国社会科学出版社，1998年。

《世界历史》，马克垚编，北京大学出版社，1991年。

《百年话甲骨》，刘志伟著，海潮出版社，1999年。

《晋国史》，李孟存、李尚师著，山西古籍出版社，1999年。

《早商文化研究》，王立新著，高等教育出版社，1998年。

《考古学一百五十年》，格林·丹尼尔著，文物出版社，1987年。

《夏商周断代工程1996—2000年阶段成果报告》，夏商周断代工程专家组编著，世界图书出版公司，2000年。

《新中国的考古发现和研究》，中国社会科学院考古研究所编著，文物出版社，1984年。

《新中国考古五十年》，文物出版社，1999年。

二、论文

《陕西临潼发现武王征商簋》，临潼县文化馆，载《文物》1977年8期。

《周原发现师同鼎》，陕西周原扶风文管所，载《文物》1982年12期。

《从二里头类型文化试谈中国的国家起源问题》，佟柱臣，载《文物》1975年6期。

《郑州商代城址试掘简报》，河南省博物馆、郑州市博物馆，载《文物》1977年1期。

《郑州商代遗址》，河南省博物馆、郑州市博物馆，载《文物》1977年1期。

《关于夏文化及其来源的初步探索》，吴汝祚，载《文物》1978年9期。

《河南登封阳城遗址的调查与铸铁遗址的试掘》，登封工作站等，载《文物》1977年12期。

《从〈易经〉看武王克商后统治殷人的策略》，李大用，载《河北学刊》1985年6期。

《商族的婚姻制度》，郑慧生，载《史学月刊》1988年6期。

《再论小屯与仰韶》，徐中舒，载《安阳发掘报告》3期。

《在甲骨金文中所见的一种已经遗失的中国古代文字》，唐兰，载《考古学报》1957年2期。

《梁思永先生传略》，夏鼐，载《考古学报》第7册。

《北京琉璃河1193号大墓发掘简报》，琉璃河考古队，载《考古》1990年1期。

《周初太保器综合研究》，殷玮璋、曹淑琴，载《考古学报》1991年1期。

《锲而不舍金石可镂》，骏征，载《人民教育》1978年6期。

《碳—14测定年代和中国史前考古学》，夏鼐，载《考古》1977年4期。

《追溯商代邢都地望》，李民，载《中原文物》1999年2期。

《五星合聚与历史记载》，张培瑜，载《人文杂志》1991年5期。

《利簋铭文再认识》，黄怀信，载《历史研究》1998年6期。

《陕西长安县出土西周吴虎鼎》，穆晓军，载《考古与文物》1998年3期。

《吴虎鼎考释》，李学勤，载《考古与文物》1998年3期。

《谈谈夏代文化的问题》，杨育彬，载《河南文博通讯》1980年4期。

《从三处窖藏坑看郑州商城为何王都》，方酉生，载《考古与文物》1999年3期。

《试论郑州商城遗址——隞都》，安金槐，载《中国历史博物馆馆刊》

1979年1期。

《自强不息 开拓创新》，艾一，载《东北师大学报》1999年5期。

《懿王元年天再旦于郑考证》，刘次沅、周晓陆，载《自然科学史研究》1999年第18卷第1期。

《1997年3月9日日食新疆北部天光观测报告》，刘次沅、周晓陆，载《陕西天文台台刊》第21卷。

《带食而出的天光变化》，刘次沅、周晓陆，载《天文学报》1998年8月3期。

《著名天文学史家席泽宗》，江晓原，载《中国科技史料》第14卷第1期。

《伽利略前二千年甘德对木卫的发现》，席泽宗，载《天体物理学报》1981年4月第1卷第2期。

《河南偃师商城东北隅发掘简报》，社科院考古所河南二队，载《考古》1998年6期。

《试论偃师商城东北隅考古新收获》，杜金鹏、王学荣等，载《考古》1998年6期。

《偃师商城与二里头遗址的几个问题》，王学荣，载《考古》1996年5期。

《河南偃师商城遗址的考古发掘与研究述评》，王学荣，载《考古求知集》社会科学出版社1996年。

《1995年琉璃河遗址墓葬区发掘简报》，北京市文物研究所，北京大学考古学系，载《文物》1996年6期。

《日本出光美术馆收藏的静方鼎》，徐天进，载《文物》1998年5期。

《胡厚宣先生对甲骨学的贡献》，郭胜强，载《中原文物》1990年3期。

《武王伐纣探略》，彭邦炯，载《中原文物》1990年2期。

《世纪之交中国历史学的回顾与展望》，戴逸，载《历史研究》1998年6期。

《古本〈竹书纪年〉与西周年代》，王占奎，载《考古与文物》1999年4期。

《缅怀前辈 继往开来》，王宇信，载《寻根》1999年4期。

《考古学与甲骨学研究》，刘一曼，载《寻根》1999年4期。

《一代宗师 学术巨擘》，李宏、南海森、夏志峰，载《中原文物》1999年2期。

《殷墟考古七十年的主要收获》，杨锡璋、刘一曼，载《中原文物》1999年2期。

《丰镐一带考古调查简报》，考古研究所陕西调查发掘队，载《考古通讯》1955年创刊号。

《丰镐考古工作三十年的回顾》，胡谦盈，载《文物》1982年10期。

《放射性同位素在考古学上的应用》，夏鼐，载《考古通讯》1955年4期。

《夏商周断代工程与碳—14年代测年》，仇士华、蔡莲珍，载《百科知识》1998年7期。

《殷都屡迁原因试探》，黎虎，载《北师大学报》1982年4期。

《羿浞代夏与年代学和考古学解释》，庄春波，载《中原文物》1990年2期。

《中国文明起源的考古学研究》，耿铁华，载《中原文物》1990年2期。

《夏商文化是二元还是一元》，郑光，载《考古与文物》2000年3期。

《河南偃师商城小城发掘简报》，社科院考古所河南二队，载《考古》1999年2期。

《试论偃师商城小城的几个问题》，杜金鹏、王学荣、张良仁，载《考古》1999年2期。

《晋豫鄂三省考古调查简报》，北京大学、山西省考古所等，载《文物》1982年7期。

《1992年春天马—曲村遗址墓葬发掘报告》，北京大学考古系、山西省考古所，载《文物》1993年3期。

《天马—曲村遗址北赵晋侯墓地第二次发掘》，北京大学考古系、山西省考古所，载《文物》1994年1期。

《五四运动和中国近代考古学的兴起》，夏鼐，载《考古》1979年3期。

《夏文化研讨的回顾与展望》，邹衡，载《中原文物》1990年2期。

《千古疑案敢问天》，戴开元，载美国《世界日报》2000年7月。

《让废墟再现辉煌——记著名考古学家安金槐先生》，朱凯，载《黄河文化》1999年6期。

《夏商周断代工程各课题、专题论证报告》（初稿），夏商周断代工程办公室1999年2月印。

《夏商周断代工程工作报告》，夏商周断代工程办公室2000年10月印。

《夏商周断代工程简报》第1—112期，夏商周断代工程办公室1996—2010年印。

后 记

在本书采访和写作过程中，得到了夏商周断代工程首席科学家、各位专家、学者的关怀与帮助。特别是夏商周断代工程办公室主任朱学文，给予了大力支持并提出了指导性意见，为本书的完成和出版创造了良好条件。"工程"办公室秘书长周年昌、副主任王肃端以及学术秘书江林昌，对本书的采写给予了无私的支持与帮助，在此对各位专家和领导一并表示感谢。夏商周断代办公室提供了大量图片，未能一一标注，这里特此说明。

岳南

2011年1月21日